アメリカという記憶

ベトナム戦争、エイズ、記念碑的表象

マリタ・スターケン〔著〕
岩崎稔・杉山茂・千田有紀・高橋明史・平山陽洋〔訳〕

未來社

日本語版序文

『アメリカという記憶』が一九九七年に出版されてから、文化的記憶のポリティクスはナショナル・アイデンティティを論じる際に大変重要なものとなった。一九九〇年代初頭、第二次世界大戦から五〇年を記念する行事が、ヨーロッパ、日本、合州国などでたくさん行われ、それを通して歴史的出来事が想起され、議論された。そういった行事はとりわけ緊急を要した。ひとつには、戦争経験者の多くが死んでいき、それとともに戦争の記憶も消えていくという恐れがあったからだ。一九九〇年代終わりには、今にも二十世紀が終わるという恐れが、人びとを文化的記憶に没頭させるという効果をもたらした。合州国とヨーロッパでは、まるで過去への回帰が未来への不安を鎮めるかのように、たくさんの記念建造物が建てられた。記憶せよという要求は、記憶をロマン主義化するでもなく、癒す力を与えすぎもしないように慎重になされるべきだ。記憶は流動的であり、固定的なものではなく、幻想と欲望が絡み合っている。本書は、記憶が癒しであったりなかったりするありよう、そしていかに記憶と癒しとの関係が政治的であることから逃れられないかというテーマに取り組んだ。

本書では合州国におけるベトナム戦争とエイズ流行の国民的トラウマに焦点をあてたが、文化的記憶とアメリカのナショナル・アイデンティティとの関係は、一九九五年のオクラホマ市連邦ビル爆破事件と、二〇〇一年の9・11事件によって、強く規定されてきた。オクラホマ市国立記念碑は二〇〇〇年四月に開館し、それ以来ベトナム戦争記念碑と並ぶ観光名所となった。ニューヨークでは、9・11事件の死者を記憶することについての活発な議論が何年にもわたって続くことが確実であり、すでにこの事件と国民的歴史におけるその位置づけについての葛藤をかかえた語り方が存在することが明らかになっている。これらの事件はどちらも、アメリカの無垢さが表面的には(再び)失われ、同時にヴァルネラビリティをそのひとつの要素とする新種のナショナル・アイデンティティが兆しているという言説を生みだしている。そこでこの日本語版には、記憶化することと9・11事件について、ニューヨーク社会科学研究協議会に依頼されたエッセイを収録するのがよいと思った。

わたしは本書が日本語に翻訳されることを大変光栄に思い、岩崎稔氏をはじめとする訳者のみなさんに心より感謝する。わたしは岩崎氏の紹介で、日仏会館に招かれ、二〇〇二年の三月に、戦争とメディアに関する会議に参加するために日本に行く機会に恵まれた。日本で文化的記憶の問題について研究している研究者と会うなかで、例えば第二次世界大戦の記憶について、記憶の政治が日本文化においてどのような複雑な作用をおよぼしてきたのか、理解を深めることができた。そのうえ、例えば一九九五年に東京で起こったオウム真理教による地下鉄サリン事件のような近年の国民的トラウマとなるような事件が、オクラホマ市の爆破事件や9・11事件とパラレルな出来事であることも知ることができた。確かにアメリカの文化と日本の文化は、文化的記憶、忘却という文化、そして文化的記憶の再生産の形式など、それぞれ全く違う形態をとっているが、しかしたくさんの連結点があるのも事実である。本書で、二十世紀後半のアメリカにおけるトラウマ的な事件がいかに文化的記憶とナショナル・アイデンティティについての議論をうんだかということについて探求しているように、米山リサや五十嵐恵邦らによる重要な研究は、日本の戦後史のトラウマ的な余波において記憶はどのように機能しているのかを論じている。本書において探求された記憶のテクノロジー——記念碑、写真、アート、映画、そしてもっとも重要な、身体——は、日本の戦後体験の中心でもありつづけている。われわれはそれぞれの文化のなかに、集合的に記憶され共有されているもののなか、この記憶の形態のなかに、すさまじく重要な賭金が存在しているということを知っている。アメリカ研究のフィールドにおける仕事として、本書の記述は、合州国のナショナル・アイデンティティと文化的記憶の問題の関係についての議論に依拠して進められた。わたしは本書が他のナショナル・アイデンティティ、そしてポスト・ナショナル・アイデンティティについての対話の一端を担うことを願っている。そしてこの翻訳が、記憶の政治についての日本とアメリカの研究者たちのあいだの対話を促進することを切望してやまない。

マリタ・スターケン

アメリカという記憶——ベトナム戦争、エイズ、記念碑的表象★目次

凡例

・原文中、強調を示すイタリック体の語句には傍点を付し、書名を示すイタリック体については『』で括った。
・原文中、引用を示す〝〟は「」で括った。
・訳者による訳語の補足・説明などは〔〕で示した。
・原註は章ごとに★で註番号を示し、巻末に一括して掲載した。
・引用については、既訳があるものについてはできるだけ参照したが、若干表記を変更した部分もある。

アメリカという記憶——ベトナム戦争、エイズ、記念碑的表象

装幀——市村繁和（i-Media）

カリン・グラッドストーン（一九四四―一九九五）の思い出に

序章

人間の生は記憶によって織りなされている。記憶は、日々のありふれた仕事をこなす能力から、自分が自分として承認されることにいたるまで、およそありとあらゆる営みに作用を及ぼしているのである。たとえば、記憶は「生が連続している」という感覚をしっかりしたものにしてくれる。どんな瞬間もそれに先立つ過去があってはじめて作られているのだから、記憶は現在という時間に意味を与えている。その場合に記憶は、われわれが自分は誰であるのかを思い出すための手だてとして働いており、アイデンティティの核心そのものを提供しているのである。

では、個人ではなく文化にとっては、思い出すという作用はいったいどんな意味をもっているのだろうか。一見すると、ある特定の文化において働く集合的な想起作用は、個人の記憶の場合とよく似た姿をとることが多いと言ってしまうことはできる。たしかに想起作用が文化的アイデンティティを生みだし、過去は大切なものだという感覚を与えるからである。しかし、文化的記憶という過程は、複雑な政治的争点や政治的意味に深くかかわりをもっている。この過程は、ある文化がなんであるかを規定するばかりでなく、その文化の及ぶ範囲やそこにはらまれている争点まであらわにする手段でもある。要するに、われわれがある記憶を文化として限定することは、その記憶が意味するものをめぐる論争のなかに足を踏みいれることなのである。しかも、この文化的記憶という過程は個人の記憶をかき消してしまうわけではなく、むしろそこには、その文化的意味の創造にさいして諸個人がどんな相互作用のうちにあるのかという論点も含まれてくる。文化的記憶とは文化的ネゴシエーションの領域であり、このネゴシエーションを通じて、さまざまな物語が、自分こそ歴史のなかに位置を占めようと争いあっている。

本書は、一九八〇年代から一九九〇年代の時期にアメリカ合州国において、どのように文化的記憶が作用してきたのか、という問題を扱っている。これが吟味し探求しているのは、「国民」や「アメリカ人」といった概念を産出するにあたって、文化的記憶がどのような役割を果たしたのかということであり、また諸個人と文化的生産物とが互いにどのように作用しあっているのかという主題である。★1 文化的記憶は、合州国ではじつにさまざまな形態で産出されている。そこには、記念碑、パブリック・アート、ポピュラー・カルチャー、文学作品から、商品や運動(アクティヴィズム)といったものまでが含まれている。合州国の文化的記憶が生み出されているのは、誰がそれを文化と規定するのか、何が文化的記憶に値するのかという論争のなかで、つまり、文化的記憶とは何を意味しているのかという論争のなかでのことである。

文化的記憶に関する研究として、本書はふたつの重要な出来事に焦点を絞りこんでいる。ひとつは、一九五九年から一九七五年におよぶアメリカのベトナム戦争への介入である。もうひとつは、一九八〇年代前半に合州国で起きたエイズの流行である。これらはどちらも心的外傷となった出来事だ。このふたつの出来事のなかで多くの生命が失われたのだが、同時に、悲しみのなかにあって、そこに意味を発見しようとする試みがともなっていた。これらの事件は、とてつもなく大きな社会的変動を引き起こし、家族、ジェンダー、道徳観、そしてネーションの意味内容を混乱させた。結果として、これらは、じつに豊富な種類の記憶と記憶をめぐる争いを作りだしてきたのである。

よくアメリカの政治文化は、忘れっぽい文化として描きだされることがある。大衆が一見簡単に重要な政治的事実や出来事を忘却するのには、メディアも共犯者として手を貸しているように見える。しかし、アメリカの文化をこのように定義してしまうのは、じつに皮相な判断である。その場合には、伝統的な形式での記憶やナラティヴだけを見て、その判断の証拠としている。本書の核心となる前提とは、アメリカ文化はけっして健忘症的ではなく、むしろ記憶が充満した存在だということであり、また文化的記憶は、いかにアメリカの文化が機能し、ネーションが限定されるかという問題の核心的な論点を構成しているということである。「忘れっぽい文化」と一括して考えられているものをよく吟味してみると、実際にそのなかには、新しい形態をとる記憶を担う世代が、言い換えれば、しばしば忘却作用として間違って解釈されがちな過程を含んでいる。ようするに、記憶と忘却は、相互にとってなくてはならない過程である。そのそれぞれが他方の存在にたいして本質的な役割を果たしている。

記憶を願望するあまり、記憶が現に不確かでうつろいやすいものである場合には、それが壊れやすく脅かされているように見える場合が多い。しかし、記憶の不確かさは、ポストモダン時代に限ったことではないし、不確かであるといっても、それは過去がもはや意味をもたなくなったということの証拠にはならない。むしろ、この不確かさの契機があるからこそ、記憶は政治的なものになるし、論争の渦中に引き込まれるものとなるのである。記憶の可変性は、どのようにして過去が確証され、理解され、意味を付与されるのかという問題についての重要な関心を引き起こす。しかしながら、記憶が信頼に足るかどうかという厄介な難問に記憶をめぐる議論をそのまま引きずりこまないことが大切である。記憶は、まさにそれが集合的な欲望や欲求や自己定義を指し示しているからこそ、文化を理解するためには決定的に重要なのである。われわれは、ある記憶が真実であるのかどうかを問い尋ねる必要はない。むしろ求められているのは、いかに過去が現在に影響を及ぼしているのかについて、記憶の物語が明らかにしていることなのである。

わたしは、とくに文化的記憶を特徴づけるにあたって、それらが個人的な記憶や歴史とのあいだにもっている距離に注目したい。アメリカ人たちがネーションの概念を産出するために、文化的要素に影響を与え、またそこから影響を受けもする関係が成立するのは、対立をはらんだ意味の領域である。とくに、文化の構造や機構が露呈させられる心的外傷（トラウマ）としての出来事においてである。したがって、文化的記憶を吟味することは、いかにアメリカの文化が機能しているのか、いかに支配勢力に対抗する政治がナショナリズムに関与しているのか、またいかにしてアート、ポピュラー・カルチャー、運動、消費者文化といった文化的アリーナが交錯しあうのかについて、洞察を提供することである。

文化的記憶

公認された歴史的言説という領域の外部でひとびとに共有されているが、文化的生産物に絡まりあい、文化的意味に染めあげられているような記憶である。こうした記憶を指すために、わたしは「文化的記憶」という術語を用いている。したがって、エイズ・メモリアル・キルト——キルトのパネルのコレクションであり、そのひとつひとつにエイズで死んだ人の名前を縫い込んである——は、それを通じて個人がもっている記憶が他のひとびとと共有されるような装置であるとともに、制作したひとびとからは、それが文化的な意味をもっていると理解されているオブジェである。このために、本書が「文化的記憶」という術語を採用することによって、たとえば、いかにポピュラー・カルチャーがベトナム戦争の記憶を産出しているか、いかにこうした映画やテレビ番組の映像が、文化的記憶と歴史のあいだを行き交ってきたのかを吟味することが可能になる。また、文化の概念がこうした記憶のオブジェに固着しているのだという自覚があるからこそ、「集合的」という表現よりは「文化的」という形容詞を選んだのである。

したがって、わたしとしては、文化的記憶、個人的な記憶、正史としての歴史的言説の三つを区別しておきたい。本書は、あくまでも個人的なものにとどまるかぎりでの記憶については関知していない。しかし、いったん公的出来事に関する個人的な記憶が他のひとびとと共有されるときには、個人の記憶の意味も変化する。たとえば、ワシントンD・Cにあるベトナム戦争記念碑の前に、戦争の記憶にかかわる個人的な所有物が置いていかれるとき、残されたものは文化的記憶の一部となる。ついでそれらが政府の文書館のなかに場所を移されると、美的で、かつ歴史的な意味も獲得する。しかし、そうした事物の本性そのものが、とりわけそれらのたいていは隠されたままの実質そのものが、それらに、歴史的言説の伝統的なナラティヴに手際よく適合させられることを阻むのである。

文化的記憶という規定を用いると、個人的な記憶を構成する本質とは何かという厄介な問題を避けて通ることができる。そもそも、何か純粋に個人的な記憶といったものは存在するのだろうか。個人的な記憶に関する現代のあらゆる理論はジグムント・フロイトの仕事に影響を受けている。とくにかれが、経験の記憶は無意識のうちにすべて保存されている、と主張したことは大きな意味をもっている。[★2] フロイトにとって、ある人間は、自分の記憶のすべてに自動的にアクセスできるわけではないにしても、それらはそのひとの内面に存在しつづけている。実際フロイトは、多くの精神身体医学的な疾患やその疾患の身体的徴候が、抑圧された幼児期の記憶の回帰から生まれると考えた。この仮説の根底にあるのは、記憶は蓄積を重ねるが、多くの場合にそれは分節化されていないという考え方である。フロイトは随所で記憶の抑圧を論じ、記憶は理解不可能とまではいわないにしても、少なくとも不可避に蓄積されると論じている。こうした言明の多くは、厳しい異論にさらされる主題となってきた。とくに近年では、抑圧の概念は、近親かんや性的虐待の記憶が発見されたという主張をめぐる気まぐれな論争の焦点ともなってきた。しかし、フロイトの仕事は、記憶の可変性を考えるための、つまり記憶の信頼性の低さという問題をじっくり考えるための重要な手がかりである。フロイトはまた、「二次的修正」における記憶の書きなおし、記憶と想像との関係、そして別の記憶を排除する場合の隠蔽記憶の役割についても考察した。ようするにかれは、記憶をめぐる二十世紀の論争に、記憶のもろさについてばかりでなく、記憶の持続性についても、説得力のあるイメージを提供しているのである。

多くの理論家たちは、共有された記憶、つまり集合的な記憶の観念が、個人がもっている個人的な記憶の観念と対立するものだと考えている。モーリス・アルブヴァックスは、集合的記憶を論じてもっとも影響力のある哲学者のひとりだが、かれはフロイトとは反対に、あらゆる個人的な記憶は社会的に生産されると考えていた。個人はしばしば、他の人が何かを思い出すことによって、自分たちの記憶を呼び戻したり訂正したりする、とアルブヴァックスは書いている。★3 フロイトは、無意識のなかに記憶の巨大な貯蔵所を思い描いていたが、それとは違って、アルブヴァックスは個人の記憶が断片的で不完全なものであると考えた。つまり個人的な記憶は、集合的記憶が提供する物語の枠組みによって誘導されるようなものなのである。フロイトと同様にアルブヴァックスの仕事も大きな影響を残し、個人的想起と集合的想起とに関する概念内容を揺るがせたのである。

わたしが主張したいことは、文化的記憶はたしかに歴史とは別のものであると言うことはできるにしても、それは歴史の構成にとって本質的な役割は果たしているということである。歴史を書くという営みについて、これを一般的に論じることは賢明ではない。歴史学という専門は、よりどりみどりの方法論を手にしている。そうした方法論の多くは、伝統的な歴史叙述にたいして批判的である。歴史学とは、制度化されたフレームワークや出版事業によって正当性を与えられ、安定化された物語であると考えることができる。ただし、歴史が単一の物語を構成しているということはできない。多くの歴史がつねに論争の渦中にあり、互いに対立しあっている。しかしながら、本書で論じた出来事のひとつひとつが歴史をもっていると言うことはできる。たとえばベトナム戦争の歴史は、矛盾した語りで構成されているが、にもかかわらずそれらの物語の内部において、戦争が合州国において分裂的に作用したようなある要素が、手つかずのまま残されている。

　さらに言えば、歴史を書くということは、共有された現実のありかたや経験の伝達可能性についての特殊なコードに依存している。歴史は、記憶と対立した関係にあるように見られることが多かった。現にピエール・ノラはこう書いている。「歴史にとって記憶はつねに怪しい存在であり、歴史の真の使命は記憶を破壊し抑圧することにこそある」と。[★4] ところが、ノラの考える記憶の概念はじつにノスタルジックなものである。わたしは、文化的記憶と歴史とを対立する存在というよりむしろ絡み合ったものとして設定したいと思う。実際、文化的記憶と歴史とのあいだの境界域では、非常に頻繁な相互交流がある。そのため多くの事例において、文化的記憶と歴史の截然とした区別にこだわることは不毛な結果を招きかねない。ただし、両者を区別して考えることが、政治的な意図を理解するために重要となるようなときはある。また、記憶が歴史的物語の外部で、あるいは歴史的物語に応じて主張される場面もある。

　伝統的な歴史学は、ある所与の出来事を体験してきた個人――たとえば、ベトナム戦争帰還兵、湾岸戦争帰還兵、エイズ感染者――の身体にたいしては逆説的な関係にある。最近の政治的事件の生き残りたちは、特定の歴史という閉域を衝き壊してしまうことがよくある。歴史学は、その出来事の当事者たちが死んでしまったときにより効果的に作用する。ところが、歴史的出来事の生き残りたちというのは、しばしば文化的権威と価値を体現した形象である。

本書は、歴史を作るという過程を、文化的記憶にかかわる範囲で考察している。つまり、記憶を担う物体や物語が文化的記憶の領域から歴史の領域へと移動したり、またその逆の動きを示している範囲である。歴史を作るという過程を分析するさいに、わたしは、歴史の資料とは文書館や残された文書や口承史のことだと考えているたくさんの歴史家たちの仕事から引用を行なっている。しかしながらわたしが主として関心をもっているのは、歴史が大衆化するという問題である。とくに、歴史がポピュラー・カルチャー、メディア、パブリック・イメージ、パブリック・メモリアルを通じてどのように語られているのかという問題に焦点を絞っている。これは、どのように文化的記憶が、この公的領域のなかでの歴史的物語に関与しているのかという問題なのである。

個人的な記憶、文化的記憶、そして歴史は、手際よく定義された領域の内部に納まっているわけではない。むしろ記憶や記憶を担った物体は、あるひとつの領域から他の領域へと移ることができる。それとともに意味とコンテクストを変えるのである。したがって、個人的な記憶はときには歴史に包摂されることがある。文化的記憶の諸要素が、歴史的物語と共鳴しながら存在することもありうる。たとえば、トラウマとなる歴史的出来事の生き残りたちは、時間が経つにつれて自分の個人的な記憶とポピュラー・カルチャーの記憶とを区別することに困難を覚えるとよく表明している。多くの第二次世界大戦帰還兵たちにとって、ハリウッドの第二次世界大戦映画が、かれらの個人的な記憶をある一般的な物語の枠組みのなかに包摂する役割を果たしてきた。何を思い出すのかということについて、こういった種類の歴史的混同があるために、個人的な記憶、文化的記憶、そして歴史とのあいだでは、本当の意味での区別は行ないようがないのである。

本書を執筆するにあたって、ミシェル・フーコーの仕事に大きな恩恵をこうむっている。フーコーの知と権力と近代国家に関する哲学的著作は、歴史が構成される過程を明らかにするとともに、文書館や、歴史の語りと絡み合った正統化されない部分から届く声をあらわにしたのである。フーコーは、これらを「従属的知」と呼んでいる。その知は「歴史家の仕事には不適切で十分洗練されていないからと、おとしめられてきた。言い換えれば、素朴な知であり、ヒエラルキーの底辺に、認識ないし科学性の要求水準よりも下に位置づけられている」[★5]。フーコーは、医療機関が担うような知ではなく、たとえば精神医学の患者や看護師が担うような「低位の知」に関心を抱いた。わたしは、かれが「素朴な」という言葉を用いながらアイロニカルに語っていると理解している。かれはこの種の認められていない知が過去を理解するために決定的役割を果たすと直感していたように見えるのである。またフーコーは、出版社や映画スタジオに回路をもたないようなひとびとにとっての集合的知の形式として、「ポピュラー・メモリアル」についても論じている。記憶はフーコーにとって政治的な力であった。「実際に記憶は、闘争における非常に重要な要素であるので(実際にこうした闘争は、歴史の方に歩み寄ろうとしながら発展する)、大衆がコントロールされるときには、かれらの動態を支配することである」[★6]。

わたしがフーコーの著作の助けを借りようと考え、同時にまたかれの仕事から本書を区別しておきたいと思っているのも、まさにこの点、つまり記憶の政治的本性という論点である。フーコーは歴史家に歴史を作る過程を考えなおしてみるように挑発し、じつに大きな影響力を与えた。「従属的知」という存在を浮かび上がらせることで、過去についての知と見なされるようになった存在、つまり歴史的学問知がもつ政治的本性を明らかにしたのである。本書は、こうした理解をアメリカ史における最近の出来事に適用し、記憶の政治的本性を、そのコンテクストのなかで生産されたり共有されてきたものとして吟味しようと試みる。たしかに、エイズで亡くなったあるひとのためにエイズ・キルトのパネルを作ることは、個人的な想起の行為であるかもしれない。しかし、それは同時に政治的な行為でもあるのである。

他方で、わたしが用いる文化的記憶という概念は、フーコーの定義に暗黙のうちに含まれているような民衆の記憶のロマン主義化からは区別しておきたい。かれの多くの著作のなかに、抵抗と同化をめぐる複雑な問題が編み合わされている。文化的記憶はたいていは正史にたいして位置をとるのだが、だからといって、それが自動的に文化的抵抗の局面となるというわけではない。わたしがこれまで注釈をくわえてきたように、文化的記憶は頻繁に歴史学的知と絡み合い、大衆文化のなかに堆積する意味によって物語の枠組みを与えられ、また、それ自体が深刻な対立や葛藤をはらんでいる。たとえば、文化的記憶がワシントンD・Cのベトナム戦争記念碑において生産されていることは誰も否定できないが、これはじつに多様な内実をもっているのである。国のために払われた犠牲と名誉という観念を高く掲げようとするものから、戦争規範にたいする深層からの徹底した対抗まで、とうていひとつにまとめることはできない。文化的記憶という設定をしたからといって、そのことで規定されていることは何もないのである。

記憶と忘却

本書が基礎に据えている前提とは、記憶とは物語であって、けっして取り戻したりもう一度体験したりできるような経験のレプリカではないという点である。この前提に立って、文化的記憶が想起されるときに、それはいかに構成されるのかということを探求しているのである。記憶は解釈の一形式なのである。記憶がオリジナルな経験にどれだけ「忠実である」かどうかは、確証しようにも不可能である。われわれが想起するものは、高度に選択的である。そして、われわれがどのようにして記憶を取り戻すのかを考察することは、想起作用について論じるばかりでなく、同時に過去の物語にたいする願望や過去の行為の否認の問題についても問うということである。

　あらゆる記憶は、忘却と対になって「創造されて」いる。もしもあらゆることを想起できる人間がいたならば、そのひとは記憶によって圧倒されることになってしまう。[★7] 忘却は、記憶を構成するための必要不可欠な構成要素である。しかし、ある文化のなかでの過去の忘却はたいてい深いレベルまで組織だてられており、戦略的に行なわれることなのである。ミラン・クンデラは述べている。「忘却は生のなかにいつもある死の一形態だ。……でもまた一方では、忘却は政治の大問題でもある。大きな権力が小さな国から国家意識を奪いとろうとするとき、かれらは組織的忘却という方法を使う。……過去への注意を失った国はゆっくり実体を失くすばかりなんですよ」[★8]。クンデラは、例として、占領国がはびこらせる「組織的忘却」を挙げている。しかし文化は、生々しい記憶を持ちつづけると危険なことになりかねない痛苦にみちた出来事を「戦略的に」忘却する過程にもかかわりをもつことがある。その場合には、同時にあらゆる文化的記憶とすべての歴史とが、過去のディテール、声、印象が忘却されたコンテクストのなかで育て上げられる。歴史的な物語を書くことが、おのずから一定の要素の消去を含んでいるのである。このために、合州国で語られているベトナム戦争の物語では、ベトナム戦争帰還兵の痛ましい経験が全面に迫り出してきているために、市民にしろ、兵士にしろ、とにかくベトナムのひとびとのことは忘却されてしまうのである。こうした抹消作用は、ある部分は物語が作られていく過程から生まれた結果なのである。つまりアメリカ史のなかに、敗北した戦争という破壊的な物語が政治的に書き込まれる過程が、ベトナムのひとびとの存在を抹消してしまったのである。要するに、一貫性と連続性への欲望が忘却を生み出す。ヘイドン・ホワイトは述べている。「わたしが提案しようとしてきたことは、現実の出来事を表現するとき物語性に付与されるこの価値が、架空のものでありかつ架空でしかありえないような人生像のもつ一貫性、統一感、完成度と終末とが、現実の出来事においても示されて欲しいという願望から生まれるのだということだった。われわれが架空の出来事について言うような話としての属性は、事件が現実に連続して起きる場合にも備わっているという考えは、願望、白昼夢、あるいは幻想からしか生まれてこない」[9]。このように、物語が完結した閉じたものであってほしいという願望は、歴史的出来事に物語形式の外枠をもつように強制し、忘却を可能にするのである。

フロイトの著作は、忘却の概念を問題視するという点でとりわけ重要な役割を果たしてきた。主としてかれは、なぜ記憶は保持されるのかではなく、それが何を隠しているのかという点に関心を抱いたのだった。フロイトが突き当たったのは、たとえば、小児健忘という現象である。われわれは自分の幼児期について何も思い出すことができないし、子供時代の記憶がとびきりありふれた「どうでもいいような」素材から成り立っていることは頻繁にある。かれはこのことに衝撃を受けたのだ。こうした記憶が、現実にはもっと負荷を負った感情的な記憶を転移させているのかもしれないという考えが、かれを「隠蔽記憶」という観念に導いたのである。ここで言う隠蔽記憶とは、取り戻すにはあまりに辛く心をかき乱すような別の記憶の代替として存在しているような記憶である[10]。フロイトの立論においては、忘却とは抑圧という能動的な過程である。この過程は、無意識をたえず警戒しようとし、主体を不安や恐怖や嫉妬、そしてそれ以外の処理しがたい感情から防衛するようにできている。隠蔽記憶という概念は、文化が想起するありかたを考察する場合には、とくに益するところが多い。文化的記憶は表象によって産出される。これは、現代文化のなかではたいてい写真や映画やテレビによって与えられている。こうした記憶術的な手助けはスクリーンであり、それは、いっそう表象することが困難な他の記憶を積極的に隠蔽している。記憶は正確なのかどうかという問題は、幽霊のように忘却作用という論点にとりついている。そもそも、われわれが「正確に」想起することができるかどうかという問いは意味があるのだろうか。たしかにある。だが、記憶が検証不可能であることについては悪名がとどろいている。写真ですら、それが現に証明しているものをめぐって生まれる解釈に支配されている。記憶の原初的な経験はあとから取り戻すわけにはいかないものである。われわれはただ、そうした経験を記憶の残存物であるイメージ、物体、テクスト、物語によって「認識すること」ができるだけである。記憶は可変的である。しかし、そう言ったからといって、だから記憶は、現在直面している争点を通して構成されているだけのことだということを意味しない。というよりもむしろ、記憶が可変的であるということによって、記憶をめぐる、とくに文化的記憶をめぐる議論は、真理の問題ではなく、政治的な意図の問題となるのである。本書に登場するベトナム戦争やエイズについて紡ぎだされた物語の多くが、はたして実際に本当のことだったのかどうかはわからない。わたしにとって意味があるのは、それらの物語が語られたとたんに獲得される衝撃力である。何よりも記憶がわれわれに告げているのは、過去に意味を与えることで個人や制度が支えている利害関係にほかならない。★11

記憶のテクノロジー

文化的記憶は、物体、イメージ、表象によって産出される。これらは、記憶が受動的に納まるような容器ではなく、むしろ記憶のテクノロジーである。また、それを通じて記憶が共有され、生産され、意味を与えられるようなオブジェでもある。

記憶は表象の過程を通じて形をもつ。アンドレアス・ヒュイッセンはこう書いている。

たとえあるメディアが、純粋な現前という妄想をわれわれに与えようとするにしても、表象(リプレゼンテーション)というものは *re*-presentation の re- という接頭辞が暗示しているように、つねに遅れてやってくる。記憶は、われわれをある真正な起源に導いたり、われわれを実在的なものにたいして実証可能な仕方で接近させてくれるのではない。むしろ記憶は、まさにその遅延性のゆえにこそ、それ自体が表象に依拠している。過去は単純に記憶のなかに存在するのではない。過去が記憶となるためには明確に形をとって分節化されなくてはならない。出来事を経験することと、それを表象において想起することとのあいだに開いている亀裂は、避けることのできないものなのである。この裂け目を嘆いたり悲しんだりしてもらちはあかない。むしろこれは、文化的、芸術的創造力にとっての逞しい刺激剤として理解するべきである。[★12]

ヒュイッセンの議論によれば、記憶の表象と出来事の経験とのあいだに存在する緊張こそが、過去の理解をめぐる芸術的企てを鼓吹するのである。

本書で論じている出来事の文化的記憶――ベトナム戦争、エイズ流行、ケネディ暗殺、チャレンジャー号爆発事故、警官によるロドニー・キング殴打事件、そしてペルシャ湾岸戦争――は、パブリック・アート、メモリアル、ドキュドラマ、テレビ映像、写真、広告、黄色いリボン、赤いリボン、オルタナティヴ・メディア、アクティヴィスト・アート、芸術活動、そして身体そのものにいたるまで、広範囲にわたる文化的生産物によって生み出されてきた。これらが記憶の「テクノロジー」である。そこでは、文化的生産物が記憶を具体的な形態で創出し、そのことによって記憶の生産という権力の動的メカニズムのなかに入り込む。フーコーは、「自己のテクノロジー」について次のように書いていた。「自己のテクノロジーがあって、そのおかげで個々の人間は自分自身の手段を用いたり他人の助けを借りたりすることによって、自分自身の身体および魂、思考、行為、存在方法に働きかけることができるのであり、そのねらいは、幸福とか純潔とか知恵とか完全無欠とか不死とかのなんらかの状態に達するために自分自身を変えることである」[★13]。フーコーの明確な定義においては、テクノロジーとは権力の動態に避けがたく関係づけられた社会的実践である。それらはまた、ひとびとが自分自身にたいして行なう実践でもある。この意味では、記憶が身体化するということは(また、身体の代補として機能する具体的物体のなかに、記憶の場所があるという理解が成立することは)、そのことによって主体が社会的制度や実践との関係で能動的に関与する過程でもある。

メモリアルというものは、ひょっとすると、もっとも伝統的なカテゴリーに属する記憶のオブジェや記憶のテクノロジーであると言えるかもしれない。ベトナム戦争もエイズ流行も、どちらも他のケースとは違った姿をとったとはいえ、ともあれメモリアルを生みだしてきた。ベトナム戦争記念碑のデザインは、緊迫した公共的論争や社会的発言の争点だった。エイズ・メモリアル・キルトは、伝統的な家族のなかで伝えられてきたキルトに、それまでとは違ったありかたで光をあてたものである。これらふたつの斬新なメモリアルの企ては、ちょうど近代主義が自らの死を自己宣告した時代に登場した。これらは、ホロコースト博物館やいくつかの新しいコンセプトをもった博物館――それには、一九九三年にオープンした合州国ホロコースト記念博物館も含まれている――とは、記憶の文化を共有している。というのも、これらの新しいメモリアルや博物館は、文化的記憶の研究と同様に、まさしく記憶の複雑性というコンテクストのなかで、過去の人間的行為の遺物を提示しようと試みているからである。[★14]

ベトナム戦争記念碑やエイズ・キルトのなかで共有される記憶を通じて、個人は過去に意味を付与する過程に参加している。キルトはさまざまな地域を巡回しているにもかかわらず、そのなかに記憶の位置、記憶の場所を具現しているということができる。それは、生き残りたちは、その記憶の場所でこそ、エイズで死んだひとびとを見いだしたり、かれらに話しかけたりできると考える。同時に、ベトナム戦争記念碑は、首都において、アメリカの戦争の記憶の場所を象徴することとなった。ふたつの事例が証明しているのは、記憶はたいてい特殊な位置や物体のなかに場所をもったものとして理解されているという事実である。ピエール・ノラが書いているように、「記憶は場所に固着するが、歴史は出来事に固着する」[★15]。

メモリアルとキルトは、文化的記憶というありかたにおいても、引きつづき場所が重要な役割を果たしているということの実証例ではあるが、しかし、カメラ映像については、これが現代アメリカ文化における重要な記憶のテクノロジーをなしているということもできる。アメリカでは、カメラ映像は過去の解釈にとって中心的な役割を果たしている。それが写真であろうと、映画であろうと、テレビフィルムであろうと、あるいはドキュメンタリーであろうと、ドキュドラマであろうと、さらにはフィクションであろうと、事情は同じである。写真はよく記憶を具体的な存在として残していると理解される。他方、映像による過去の表象は個人的な記憶や文化的記憶に絡みついていく力をもっている。記憶は、それがイメージとして考えられることが多いとおりに、まさにイメージによって、イメージを通じて産出されているのである。

ロラン・バルトはかつて、写真が現にモニュメントにとって変わった、と書いたことがあった。「古代社会は、生の代理物である思い出が永遠に残るように、また少なくとも「死」を記念する事物そのものだけは滅びないように工夫した。それが「記念建造物」であった。しかし近代社会は、「記念建造物」を廃止して、死すべきものである「写真」を、《かつてあったもの》の普通の、いわば自然な証人としたのである」[★16]。バルトの言明は、かつての記憶という形態がもっていたいわゆる強さにたいするかれのノスタルジーを露呈している。かれはこの一節を、一九八〇年代において生じたメモリアル文化の再来よりも前に書いている。ベトナム戦争記念碑やエイズ・キルトのようなメモリアルが証明していることは、モニュメントないしメモリアルというものは置き換えられたのではなく、むしろイメージの現前を要求してきたのだということである。メモリアルの傍らに写真を置いていくことや、キルトパネルのなかに写真を組み込むことが頻繁に行なわれる。このことは、イメージがいぜんとして記憶のオブジェのもっとも説得力ある属性でありつづけている、ということを示しているのかもしれない。

さらに、記憶がただたんにメモリアルやイメージによってばかりでなく、商品によっても生産されているということが、二十世紀後半におけるアメリカ文化の複雑性を現わしている。テオドール・アドルノのようなマルクス主義の理論家が主張するのは、商品文化の「空虚な」オブジェは、どんな意味にも染めあげられるということであった[★17]。かれやかれと立場を同じくするひとびとは、商品文化の出現を一種の文化的忘却作用であると定義していたわけである。しかし、一九九〇年代のパースペクティヴからすれば、

「消費文化には文化的意味の源泉としての積極的な可能性はない」という判断は、もはや存立可能な選択とは考えられない。われわれは、商品化と市場戦略が非常に広範囲に及んでいる社会に暮らしている。この社会では、芸術と商品、それに想起作用のあいだの各境界はいともたやすく越境される。商品は消費者の底辺のニーズに応じて生産されることが多いために、それを空虚な作りものとして軽視することは、よしんばかつては妥当な判断であったにしても、現在ではナンセンスである。こうした新しい流れは、とくにエイズ流行のコンテクストでははっきりしている。このケースでは、NPOがエイズに感染しているひとびとを支援するために資金を出し、赤いリボン、Tシャツ、書籍、バトン、ポスター、マグカップなどといった商品を販売している。これらの商品がエイズをスローガンやパッケージに還元してしまう傾向にあることは避けられないが、それにもかかわらず、エイズ教育とその表象の政治学のさらに広いコンテクストの一部を形成しているのである。

最後に、わたしは「記憶のテクノロジー」という述語をメモリアルやオブジェやイメージばかりでなく、身体そのものをも意味する言葉として考えている。いつの時代にも、身体は記憶の受容器として理解されてきた。それは、たとえば歩き辿った道というような身体運動の記憶から、身体的傷痕のような過去の出来事の記憶、さらにはあらゆる細胞のなかにおける個人の遺伝情報という記憶にいたるまで、共通している。本書の最終章では、生医学的な言説が免疫システムを、たとえばそれがかつて遭遇したウィルスを想起する記憶のシステムとして定義しているやりかたについて論じた。

身体が現にそこにあるということは、文化的記憶の生産にとっては本質的なことである。ベトナム帰還兵であれ、エイズに感染したひとびとであれ、あるいはトラウマとなる公的出来事を体験してきたその他のひとびとであれ、ともあれ出来事のなかで生き残ったひとびとは、かれらの身体が現に存在していることとそれ自体を通して、記憶の物質性の証拠となっている。メモリアルの前にたたずんでいる戦傷者の身体は、戦争の代償がなんであったのかを能弁に物語る。エイズ・キルトのなかに縫い込まれた空っぽの服は、エイズによる死者の身体がもはやそこには存在しないことを如実に告げている。生き残りたちは、文化的記憶と歴史の接合点に立ち、かれらの身体を記憶の物語の多様性の証拠として提示しているのである。しかしながら、厳密に言えば、生き残りたちの言説は抵抗の言説であるばかりではない。メモリアルの前に立つ傷ついた帰還兵の身体が戦争によって失われたものを証言しているかもしれないにしても、同時にまたかれが現にそこにいるということが、かれの負傷をもたらした戦争における名誉と犠牲という規範そのものを強化するためであることもありうるのである。

文化的記憶と国民

何を文化的記憶とするのかという点をめぐる論争は、だれが国民的意味の創出に参加することになるのかということに関する論争でもある。ベトナム戦争記念碑のような場所に立って文化的記憶を生産することに参与しているとき、そのひとびとは一方では国民の概念に対抗して振る舞いつつ、同時にまたその概念と共鳴もしている。したがって文化的記憶は、ローレン・バーラントが「国民的シンボル系」と名づけたものとの緊張のなかで作用していると見ることもできる。彼女はこう書いている。「国民的シンボル系」は「個人を集合的に共有される歴史の主体に変容させる。文化的記憶の伝統的なイコン、メタファー、英雄、祭儀、物語は、集合的意識やナショナルな主体性のための具体的な本質構成内容となっている。……

このような、あたかもその国民を他から区別できる本質的属性であるかのように見える条件は、その市民が彼ないし彼女の政治的権利を主体的に経験することに強く作用しているだけではなく、市民生活、私的生活、身体そのものの生にも作用している」[18]。「国民的シンボル系」は、ある人間の主体性に広範な影響をあたえるナショナリズムの感受性という能力である。

文化的記憶を通じて、国民の定義や「アメリカ的であること」が打ち立てられ、かつ同時に問題視され、そうしてその形象を刷新する。たとえば、エイズ・キルトは、ワシントン・モールで展示されるときには、それ自体が抵抗であるとともに、アメリカ国民のなかに受け入れられるようにと要求もしている。ワシントン・モールという合州国におけるもっともシンボリックな国民的場所に配置されることで、キルトという形式はアメリカ性の感覚を喚起しているが、しかし同時にそれは、ドラッグ使用者、黒人、ラテン系、そしてゲイといった、アメリカからシンボリックに排除されてきたひとびとを代理表象もしている。そもそもワシントン・モールは、白いモニュメント群のなかにじつにくっきりしたナショナリズムの物語を包み込んでいながら、同時に国民的抵抗の最初の場所でもある。このようにして、ベトナム戦争記念碑も、モールにおけるその場所から特殊な意味を獲得している。そこは、愛国主義と同時に抵抗も表現する建造物が設置されている場所なのである[19]。

文化的記憶が明らかにしていることは、アメリカのけっして一枚岩的ではない、包括的なイメージにたいする要求が存在するということである。このために、文化的記憶は、アイデンティティ・ポリティクスとポリティカル・コレクトネスをめぐる現代の闘争とつねに交錯してきた。だれが特殊な記憶を語ることを許されているのかという問題が頻繁に浮上し、国民の「想像の共同体」からの差異化と排除という問題が迫り出してくる。

アメリカという概念は非常に多様であり、多くの異なったひとびとによって異なった内容で用いられている。しかし、わたしは、ひとびとが自分を国民の構成員だと考える瞬間に視線を凝らすことが大切だと思う。これは、メディアによっても起こる。アメリカ人が「国民的」重要性をもった出来事を観ているときは、つまり、湾岸戦争、アニタ・ヒルとクラーレンス・トーマスの事情聴取、そしてチャレンジャー号爆発事故といった出来事をテレビで観ているときは、それぞれの政治的立場や文化的背景とは無関係に、自分を国民的聴衆の一部なのだと理解している。だから、アメリカ市民であることは、テレビの生中継を通じて規定されることがあるのである。

同じように、文化的記憶の場所に参与することにもまた、聴衆としての国民という理解が含まれている。エイズ・キルトの制作者たちがワシントンに行進するとき、かれらは自分が国民とコミュニケーションしていると考える。ベトナム戦争記念碑の前に個人の思い出を刻んだものが残されているとき、自分が国民の前で死者に話しかけているのだと考えられていることが多い。こうした参加の形式は、国民が耳を傾けているという考え方があってはじめて成立する。

ベトナム戦争とエイズの流行

ベトナム戦争とエイズの流行は、それによってアメリカ国民の概念がもっともはっきりと疑問にさらされてきた二十世紀後半におけるふたつの出来事である。本書は、ケネディ暗殺やチャレンジャー号爆発事件や、ロドニー・キング殴打事件、そして湾岸戦争という他の国民的重要性をもったいくつかの事件も取り上げてはいる。しかし、焦点はあくまで、ベトナム戦争とエイズ流行にある。なぜなら、これらこそが、歴史におけるこの特定の瞬間においてアメリカが何を意味するのかを作りだした際だった存在だったからである。両者は、合州国に関してあらかじめ抱かれていた信念を深刻に破壊したのであり、両者は、グローバルなコンテクストにおいて、もはや後戻りがきかないほどにこの国のイメージを変更したのである。エイズは治療されるかもしれないし、その意味も変わるかもしれない。それでも、そうした展開が、これまで書かれてきたエイズの物語に影響を与えることはおそらくありそうにない。ウィルスは、アメリカ社会のなかにある分裂を露呈させるとともに、新しい共同性を創出したのである。ジョン・アーニは書いている。「エイズのナラティヴの力は、エイズという物質的な出来事から相対的にそれが自立していることのうちにある。ウィルスを殺す薬やワクチンは、エイズについて、あるいはエイズをめぐって語られた物語を殺すことはできはしない。かつてわたしの友人が、奇妙にも親密な並行関係にあるふたつの危機についてこう論評した。「ちょうどベトナムなしにアメリカを考えることができないのと同様に、エイズなしに世界を考えることはできない」[★20]。ベトナム戦争もエイズ流行も、ナショナリティの経験に深い影響を及ぼした。アメリカはそれをぬきにしてはイメージすることができなくなっている。

　ベトナム戦争とエイズ流行がいかに想起され記念されてきたのかということは、歴史におけるそれぞれの瞬間が指標となって教えてくれる。たとえば、ベトナム戦争は、冷戦の終結の始まりを示している。これは、公民権運動の歴史的な争乱を招き、またフェミニスト運動の勃興と交差している。それは、アメリカのテクノロジーとグローバルな権力のイメージだけでなく、アメリカの男性のイメージ、そしてアメリカ男性の女性にたいする態度のイメージをも作り変えてきた。それは、アメリカの帰還兵のイメージを決定的に変更した。またたとえば、エイズ流行は、合州国において、ゲイ・レズビアン運動が新しいピークを迎えていた瞬間に、あるいはマージナリズムとアイデンティティ・ポリティクスが先鋭になり、宗教的権力が政治的権力を獲得し、道徳や芸術をめぐって文化戦争が開始された瞬間に発生したのである。

これらふたつの出来事をめぐる文化的記憶の生産は、したがって、歴史的な特定状況のなかに根ざしており、特殊なものである。また、それらのインパクトに関しては、重要な世代差が存在している。わたしの世代は、時間的な距離をとってベトナム戦争を目撃したが、直接の影響を受けるには若すぎた。しかし、それに魅了され、その時代の濃密さにたいするノスタルジーに身をあずけるには年をとりすぎているのである。合州国にとってその戦争が終了した年、わたしは十八歳だった。つまり、わたしは、今日言われている「ベトナム世代」とベトナム戦争中に生まれた世代とのあいだに挟まっていた。ベトナム戦争のイメージは、わたしが成長していくとき、いたるところに存在していたが、戦争そのものからは快適な隔たりがあった。

わたしはまた、エイズの流行がもっとも重要な危機となった世代に属している。この出来事は、喪失、絶望、無力、そして道徳性と責任をどう理解するべきかを刻み込んだ。エイズは、わたしの世代にとって、そして、ベトナム戦争のあいだに生まれた世代にとっては、まさにまざまざとそこに存在する切迫した問題であった。運動であれ、非難や反抗や社会的責任感であれ、あるいは先行する世代にたいする若者の怒りであれ、ともかくエイズがわれわれの自己イメージを二重、三重に規定している。この世代にとって、ベトナム戦争も決定的にエイズに結びついている。エイズの活動家たちは、病気の流行を戦争にたとえ、エイズ・アクティヴィズムを反戦運動との類推で考えた。このふたつの出来事は、エイズの最初の死者たちのなかにベトナム帰還兵がいたという事実、そして、多くの若いひとびとがベトナムで死に、多くの若者たちがさらにエイズで死につづけているという事実を通じても、互いに結びついている。

このふたつの出来事が突出して文化的記憶を産出してきたのは、それらがトラウマであるからである。フリードリッヒ・ニーチェはかつて、地球上でもっとも古く、もっとも永続している心理学とは、記憶術であると書いた。「烙きつけるのは記憶に残すためである。苦痛を与えることをやめないもののみが記憶に残る」。[★21]ニーチェの言葉は、身体内部や身体上でのトラウマの再現を求めている。苦痛というこのコンテクストにおいて文化的記憶が顕著に生産されてきたということは、記憶が癒しの手段として、また贖いの道具として重要性をもっているということを示している。そして、それは記憶にとっての身体の重要性を表現してもいる。しかしながら、癒しの言説は、多様な意味を産出し、しばしば、忘却と脱政治化の形式として採用されうるものでもある。ベトナム戦争の歴史を書きなおすという試みは、身体的なメタファーによって癒しにかかわってきたのと同様に、戦争の物語の破壊を穏便なものに取り繕うことにもかかわってきた。同時に、エイズ流行がまだ出来事の真っ最中であったにもかかわらず、それを記憶化しようという欲望が存在することは、死のなかに癒しを見つけたいという欲求を表現しているのである。

アイロニカルなことに、ベトナム戦争帰還兵とエイズに感染したひとびとはともに、ひとに訴えるものをもった具体的形象となった。戦争を記憶化しつつ、多くのひとびと（たとえばベトナム戦争映画の俳優や監督たちのようなひとびと）が、自分たちが帰還兵の立場に立っていると主張したし、それによって、かつて悪しざまに言われたベトナム帰還兵は、浮薄な世界とは違って社会的知恵をもった存在として書きなおされてきた。同様に、エイズ流行の「第二の波」のなかで、一部のゲイたちは、かれらが目的のある人生を送っているという感覚のようなものを手にいれるために、進んでＨＩＶポジティブになりたいという欲望を表明してきたのである。このように、これらふたつの出来事を記憶とすることは、かれらをロマン主義化することでもあったのである。不可避に、これらの出来事のなかの「善きこと」を見いだすことのなかには、その出来事が生みだした受難のなかに意味を見いだしたいという欲望がまぎれ込んでいたのであった。

ポストモダンの記憶――想起と再現

わたしはベトナム戦争の記憶とエイズ流行とをポストモダン・カルチャーのコンテクストのなかに置いて考察した。それは、そうした出来事がかつてはしっかりと保持されていた真理を破壊したからというだけではない。そうした出来事が記憶そのものの過程をいま一度考えなおすようにわれわれに強いているからである。ベトナム戦争もエイズ流行も、ともにマスター・ナラティヴを、つまり、アメリカ帝国主義の、テクノロジーの、科学の、そして男性性のマスター・ナラティヴを破壊していると言ってもいい。

ポストモダンの条件とは、歴史のあらゆる意味が失われ、健忘症（アムネジア）が支配し、過去が現在のパスティーシュな形式によって故意に破壊されるようなコンテクストとして理論化されることが一般的だった。本書は、ポストモダニズムが過去にたいしてもつ関係は、非歴史的であるのでも、健忘症的（アムネジアック）であるのでもないと論じている。たしかに、記憶が本来の経験にたいしてもつ関係は、検証不可能とはいわないにしても、きわめて厄介な問題をはらんでいる。しかし、だからといって、このことは記憶からその決定的な役割を奪うわけではない。リンダ・ハッチオンはこう書いている。「ポストモダニズムが行なっていることは、その当の名前から暗示されているように、近代主義の手で、未来の名前において過去を処分したり回復したりする操作と対決し、それと争うことなのである。ポストモダニズムが暗示しているのは、けっして、超越的で無時間的な意味を探求することではなく、むしろそれは、現在の光のもとで過去を再評価し、過去と対話することなのである。……ポストモダニズムは過去が現実に存在したということを否定したりしない。ポストモダニズムは、はたしてわれわれは、そもそもその織り編まれた残存物を通じて以外に過去を知ることができるのかどうかということを問うているのである」[★22]。文化的記憶は産出され、新しい形態をまとう。忘却を装われることさえありうるのだ。

近代主義とポストモダニズムの関係を考察する場合に、記憶の議論は、たいていが記憶の危機という論点をとりあげるものになってきた。多くの理論家たちは、集合的記憶はかつては——つまり、近代主義と近代テクノロジーの出現以前には——単純で明確な物語の枠組みであったという。そう主張することで、記憶の死を悲しんでいたのである。記憶について書かれた最近流通しているテクストの多くは、エクリチュールとしての歴史学や都市生活、コンピュータ文化の成立する以前には、つまり、村落生活の時期には、集合的記憶は安定していて純粋であったし、口から口に言葉で伝えられていたという理解を反復している[★23]。この厄介な文化的クリシェが、文化的健忘症をめぐるもったいぶった言説を焚きつけることになっている。歴史を通じて、一貫して記憶のもっとも顕著な特徴であったのは、それが危機にあるという考え方であった。記憶は、古代以来、つねにテクノロジーによって脅かされていると考えられてきた。実際にプラトンは、エクリチュールの発展を、個人的記憶への脅威と見ていた[★24]。

記憶の概念に関して言えば、それがまったき存在であって欲しいというようなノスタルジックに渇望するのではなく、むしろ可変的な物語の枠組みとしてのその役割が、いかに記憶の文化的機能にとって決定的であるのかを考察しようと思う。要するに記憶は、想起という形式ではなく、カタルシスと癒し[★25]への重要な欲求に奉仕する文化的再現という形式をとることが多い。ベトナム戦争に関する映画において、記念碑を前にしたベトナム帰還兵の行動において、エイズをめぐる芸術的な行為において、再現行為は喪失と向かい合い、それを癒しに転換する手段を提供するという点で決定的に重要である。厳密にいえば、過去の緊密な力を現在において雲散霧消させてしまうことなく、しかも再生と贖いを可能にするものこそ、記憶がけっして確固とした定まった存在ではないということなのである。

第一章　カメラ・イメージ、国民としての意味

わたしは、東京で過ごしたあるひと月のことを覚えている、というより、そのひと月の東京を撮影したイメージを覚えている。それらのイメージが、まさにそれらのイメージとしてわたしの記憶に置き換わる。それらのイメージこそがわたしの記憶なのだ。

クリス・マルケル『サン・ソレイユ』

記憶はさまざまなかたちで具体化される。記念碑、テクスト、お守り、イメージ、など。これらのものは、ひとびとが過去の出来事を記憶するのを助けるはたらきをする一方で、それら自身のうちに実際に記憶を孕み、それらこそが記憶と等しくなっていると思われることが多い。記憶を具体化するもののうちで、際立って記憶と等しくなっているものといえば、カメラ・イメージ、とくに写真である。写真のイメージのなかに記憶が住み、その写真を見つめるわれわれの視線に応じてその記憶が自ら語り出すかのようである。

発明以来写真はずっと、記憶や喪失と結びつけられてきた。発明されて間もないころ、写真といえば肖像写真が重視されたが、このことから明らかなのは、被写体である人のアイデンティティをイメージのなかに固定化しようという願望、その人が死んだ後もイメージをいきいきと保とうという願望が、写真に向けられていたことである。★1 写真が呼び起こすのは、被写体となった人がたどってきた生であり、やがて訪れる死であるのだ。ロラン・バルトが述べた有名な言葉で次のようなものがある。「結局のところわたしが、わたしを写した写真を通して狙うものは、……「死」である。死がそうした写真のエイドス（本性）なのだ」。★2 連続した時間の流れがとどめられることで、写真のなかに記憶が留められ、過去の経験を取り戻す手段が提供されるかに思われる。

しかし記憶は写真のなかに住むわけではない。どのようなカメラ・イメージであっても、そこに記憶が住むのではない。記憶はカメラ・イメージによって作り出されるのだ。それはひとつの記憶の技術（テクノロジー）であり、そのメカニズムによって、過去が構築され、その構築された過去が現在に配置される。われわれが個人としてあるいは国民として抱く記憶をカメラ・イメージは作り出し、干渉し、かき乱す。それは、真実とはこのようなものだという主張を支える物質的な証拠を提供することによって、われわれの個人の物語や歴史を形作るのだが、それはまた、得ることのできない特別な瞬間を捕らえるものでもある。

カメラ・イメージが記憶や歴史にたいしてもつ関係は矛盾を孕んでもいる。一方でそれは、写真であれフィルムに残されたものであれビデオテープに残されたものであれ、記憶を具体化し作り出す。他方、現実はこうあったと固定化し提示する力によって、記憶を排除してもいる。ベトナム戦争帰還兵で、自分の記憶がどこからきたのか――自分自身の経験からきたのか、ドキュメンタリー写真からきたのか、ハリウッドの映画からきたのか――忘れてしまったという者がいる。エイズ・キルトでは、エイズによる死者が健康で力強い個人のイメージで表わされることによって、それらの死者がやつれた姿となり死んでいったことが忘れ去られている。記憶があるイメージを作り出すとき、必ず何かが忘れ去られている。

カメラ・イメージによって、記憶や記憶喪失がいかに生み出されるのか、文化的記憶や歴史がいかに作り出されるのか？　この章ではこれらの問いに焦点をあてる。静止画であれ動画であれ、カメラ・イメージによって、過去について確かな証拠が提供され、その過去がもつ文化的な意味が限定される。過去についての不完全ではあるが強制的な力をもつひとつの見解をそれは提供し、より詳細な歴史的文書をその見解がしばしば見えなくする。それはまた、個人が国民へ参加するための第一義的なメカニズムとして機能する。実際、国民の物語は、いくつかの特定のカメラ・イメージによって成立していることが多い。この章では、文化的記憶や歴史が作られるさいにカメラ・イメージが果たした役割を追いかけるために、三つのよく知られたイメージ、ジョン・F・ケネディの暗殺を撮影したザプルーダーフィルムの映像、チャレンジャー号爆発のテレビ映像、そしてロドニー・キング殴打事件を撮影したホーム・ビデオの映像を取り上げる。

イメージを記憶する

クリス・マルケルは、自分が撮影したイメージ「こそがわたしの記憶である」と述べているが、マルケルのこの言葉から次のような一般的な考えに思いいたる。写真のイメージは記憶を入れる器であり、記憶が住む場所である、というものだ。時のなかで捕らえられたものとしてイメージがあり、そのイメージは記憶と等しいと主張することは、いったいどのような意味をもつのだろうか？　カメラ・イメージのもっとも基本的な特徴のひとつとして、ある出来事をある瞬間において視覚的に固定化するというものがあるが、まさにこの特徴こそが、それと記憶が異なることを示す。写真やフィルムのイメージと異なり、記憶は時の流れとともに変化するのであり、つまり記憶は再形成され再構成され、色褪せ書きなおされるのだ。ある出来事をカメラ・イメージが永遠に固定化するとしても、そのイメージのもつ意味は文脈によってつねに変化する。

写真は、ある出来事が起こったことやある人物がいたことを保証し、関係性についての証拠を提供する。写真に手をくわえて改竄するのは簡単なことだということも広く理解されてはいるが、カメラ・イメージが現実について証拠を提供しているのだとする考えが疑われることはまずない。★3 しかし、カメラが被写体を「見て」いること、「カメラがそこに媒介として存在する」ことを否定はできない。ひとがカメラ・イメージをとおして、それが表わす「現実」を見るとき、カメラが媒介として存在していることが、根本的に忘れ去られてしまうのだ。それゆえ、カメラ・イメージであることによって、そのイメージがまさにその通りのものとして保証される。

一九八二年に公開された、リドリー・スコットのSF映画『ブレードランナー』に、人造人間（レプリカント）（寿命四年のサイボーグ）が出てくる。人造人間（レプリカント）には、子供のころの経験がないのだが、それを描いた写真が与えられる。自分の父と母、自分が過ごした子供のころの家、そして誕生日のお祝いが写真に記録されており、これまで人間として人生を送ってきたことの証拠が写真によって与えられている。人造人間の設計者ティレルの説明によれば、感情的な経験をしてこなかった人造人間に、写真によって「偽の」記憶を補っているのだ。けれどもそれらの写真は、人造人間たちを、感情の安定した従順なものに変えるだけではない。人造人間が主観をもつことの証拠が提供されもする。カジャ・シルヴァーマンによれば、写真によって作り出される偽の記憶は構成的なものであり、写真の記憶によって人造人間が、いまあるような主体として、子供時代の経験をもつ主体として構築されるのである。★4

『ブレードランナー』において、写真は記憶を提供するものと強調されているが、このことについて多くの議論が重ねられてきた。記憶の正確さや、記憶が構築されるさいに写真が果たす役割について、この映画が不安を投げかけてくるからだ。ある記憶が「本当」であるか「偽」であるかを判断することは可能なのか？　判断不可能というあいまいさが引き起こされるとき、写真はどのような機能を果たすのか？『ブレードランナー』における写真が投げかける問いは根本的なものである。写真をもとに作り出されたすべての記憶が、人造人間の記憶と異なり「偽」でないと、ひとはどのように知ることができるのか？

すべてのカメラ・イメージは「隠蔽記憶」であるということもできる。フロイトは、主体が思い出したくない記憶を見えなくし、その記憶をスクリーンの向こうへ遮断する機能を果たす記憶として、隠蔽記憶を定義している。★5 隠蔽記憶と同様、カメラ・イメージも、ある記憶に置き換わりその記憶の代用を果たしており、イメージと記憶との違いや、スクリーンと本当のものとの違いが見えないものとなっている。後から取り戻される「もともとの」記憶などなく、記憶とはつねに書き込みなおされ形を変えられるものなのだ。子供のころからのすべての記憶は隠蔽記憶でありうると、フロイトは述べている。

> そもそもわれわれは幼児期からの意識的な記憶をもっているのか、それともただたんに幼児期に関する記憶をもつにすぎないかは、本来不確かな問題なのである。われわれの幼児期記憶が示してくれる幼児期というものは、昔のままの幼児期ではなく、むしろのちの再生の時点になってそれがどう現われたかを示しているのである。つまり幼児期記憶は、よく言われるようにこの再生の時期に浮かび上がってきたのではない。むしろそれはそのときに形成されたのである。歴史上の正確さを保とうという意図など少しももたないさまざまの動因がともに働いて、記憶そのものの形成や選択に影響をおよ

ぼすのである。★6

記憶がありのままに出現するのでなく、形成されるとすることは、決定的に重要である。カメラ・イメージによって、記憶はたんに出現するのだろうか、実際に記憶が作り出されるのだろうか？

子供のころについての個人の記憶だけでなく、カメラ・イメージによって引き起こされる集団的・国民的記憶についても、この問いを批判的に差し向けることができる。フロイトは、子供のころ以降の時期において記憶が形作られ書き込まれることが多いと示唆すると同時に、記憶と空想との関係についても明らかにしている。記憶は欲望の対象であるとフロイトは定義しており、「呼び起こされる時期」にそれが形作られ、個人のなかに記憶と空想のもつれ合った状態が生み出される、と述べる。個人の場合と同様、国民のより大きな物語において語られる個々の筋書きにあっても、空想はその中心をなす。

文化的記憶を求める欲望を形作るとき、とくに個人の経験を共有する必要を形作るさいに、カメラ・イメージが中心的な役割を果たしている。それは、文化的記憶と歴史との境界線を曖昧にもする。よく知られたカメラ・イメージが個人の記憶の一部となることがしばしば起こるし、個人による（「素人による」）カメラ・イメージが公共の場に移し変えられるのも珍しくない。ハリウッドのドキュドラマが、「国民の」出来事について個々の人がもっている記憶を書き換えることもある。

カメラ・イメージは、歴史に証拠を提供すると同時に、それ自体歴史を表わすものとなりうるのだ。イメージのメタファーで歴史が描かれることもしばしばであり、ヴァルター・ベンヤミンが書いた文章などは、歴史をひとつのイメージで表わしたものとしてもっとも影響力をもつであろう。★7「歴史哲学テーゼ」に有名な節がある。

過去の真のイメージは、ちらりとしかあらわれぬ。一回かぎり、さっとひらめくイメージとしてしか過去は捉えられない。……過去を歴史的に関連づけることは、それを「もともとあったとおりに」認識することではない。危機の瞬間にひらめくような回想を捉えることである。★8

ベンヤミンにとって、歴史とは束の間に過ぎ去る瞬間というイメージであり、この歴史としてのイメージによって、何かが不在であること、何かが喪われていること、何かが取り戻すことができないことが宣告される。隠蔽記憶と同様、歴史としてのイメージもそれ自身が過去の記憶の代用を果たす。「歴史哲学テーゼ」でベンヤミンが描いたイメージとは、光り輝く瞬間に呼び起こされる一瞬のときというイメージであった。捕らえられた歴史としてのイメージ、すべてが停止し呼び戻すことができぬほど変化してしまう、歴史の裂け目の瞬間というイメージなのだ。写真的イメージとして歴史があり、歴史が静止画のように静かに留まりつづける。★9 けれども、動画についても考えねばならない。静止画のイメージと動画のイメージは、根本的に異なる方法で記憶や歴史を形作る。静止画においては時が静止状態に捕らえられ、そこに写し出されたものがそのようなものとしてありつづけることが喚起される。静止画とは、写し出されたものにたいして、それが最終的にそうありつづけることを保証するアウラをもつのだ。エデュアルド・カダバの言葉を借りれば、写真は、写し出されたものが静止状態であることで、「われわれの記憶の気味の悪い墓所」となっている。★10 ある瞬間がもはや死んでしまったことに証拠を与え、その瞬間が不在であることを呼び起こすことで、写真は写し出された瞬間が確かなものだと保証する。★11

映画の物語やテレビの物語という二つの領域において、ドラマやドキュメンタリーというかたちで、イメージとしての歴史が構築される。国民的な意味を構築するさいに中心的な役割を果たすのは、ハリウッドのドキュドラマである。たとえば第二次世界大戦を扱った映画が強い文化的影響力をもっているが、これらの映画は戦争についてのより一般的な物語を提供し、静止画のドキュメンタリー・イメージや書かれたテクストの陰を薄くさせる。第三章で扱うように、歴史家によってだけでなく、より広い観衆に向けて作られたハリウッド映画の物語をとおしてベトナム戦争の歴史についても、それは「書かれる」。これらの映画が歴史的に正確であることをメディアが保証し、有名なドキュメンタリー・イメージが映画で演じなおされる。同時代のものとして戦争をテレビで見た経験のない若い世代の人間にとってとくに、これらの映画はその戦争の歴史を表わすものとなる。

歴史としてのテレビ・イメージが喚起するのは、固定化された歴史ではなく、作り出されるただなかにある歴史というものである。テレビ・イメージは、視聴者に直接訴えかける性質や、映像を連続して放送する特徴をもつからだ。テレビ・イメージの本質は、それが放送されることにある。そのイメージは、同時性、継続性、緊急性を持ち、いまというときのなかに厳然とある。それゆえテレビは次のようなものとしてあるといえる。(監視カメラによって)対象をモニターし、モニターした映像をひとびとがのぞき見ること、誰が見ているかにかかわらずイメージを転送することが、テレビによって可能になる。テレビによる歴史化は、イメージを反復すること、再演すること、そしてドキュドラマを提示することに本質的な機能をもつのだ。

歴史はこのようなものだとイメージをもつこととひとつのイメージとして歴史を捉えること、静止画のイメージと動画のイメージ、ドキュメンタリーとふたたび演じられること、記憶と空想、文化的記憶と歴史、これらの領域のあいだの境界が、国民の記憶が構築されるさいに曖昧なものとなる。静止画であれ映画であれテレビであれドキュメンタリーのイメージであれドキュドラマのイメージであれ、カメラ・イメージは、国民的な意味を展開するさいに重要な役割を果たしており、自分が他のひとびととともに国民というものに参加し、国民の経験を共有しているという感覚が生み出される。湾岸戦争が「国民の経験」として成立しえたのも、多くのひとびとがひとつの集団として湾岸戦争のイメージをテレビで見たことによる。スペース・シャトルのチャレンジャー号が爆発した事件については、そのイメージがテレビで放送されることで、ある文化的記憶の共有が促されている。写真の静止画のイメージが記憶にたいして決定的な役割を果たしているし、記憶や歴史がイメージの光り輝く瞬間として呼び起こされることもしばしばであるが、記憶は過去を文化的にふたたび演じふたたび語るというかたちをとることがより多いのであって、そのことによって過去を完結させる物語が作り出され、癒しのプロセスが促されるとも言えよう。

しかし、テレビで「国民の」出来事を集団的に見る経験をするからといって、それを見る人すべてが、まったく同じ単一の解釈をもつことにはならない。テレビをとおして国民の出来事を見ることで、国民性や国民としての意味という概念に、賛同するか抵抗するにかかわらず、ひとびとは否応なく結びつけられるのだ。ベネディクト・アンダーソンは、「想像の共同体」として近代国民があることが、国民が首尾一貫したものであるために決定的に重要だと述べている。

> 国民とはイメージとして心に描かれた想像の政治共同体（イマジンド・ポリティカル・コミュニティ）である——そしてそれは、本来的に限定され、かつ主権的なもの〔最高の意思決定主体〕として想像されると。
>
> 国民は〔イメージとして心のなかに〕想像されたものである。というのは、いかに小さな国民であろうと、これを構成する人びとは、その大多数の同胞を知ることも、会うことも、あるいはかれらについて聞

くこともなく、それでいてなお、ひとりひとりの心のなかには、共同の聖餐（コミュニオン）のイメージが生きているからである。……そして最後に、国民は一つの共同体として想像される。なぜなら、国民のなかにたとえ現実には不平等と搾取があるにせよ、国民は、常に、水平的な深い同志愛として心に思い描かれるからである。そして結局のところ、この同胞愛の故に、過去二世紀にわたり、数千、数百万の人びとが、かくも限られた想像力の産物のために、殺し合い、あるいはむしろみずからすすんで死んでいったのである。★12

アンダーソンは、無名兵士の墓を例としてあげ、これこそがナショナリズムという近代文化の象徴であるという。無名兵士の墓は、実際には何も入っていないか、身元不明の死体によって満たされているだけであって、そこに納められる死体は、国民という地位によってのみ、（文字通りに、あるいは象徴的に）意味を限定されるからである。ベトナム戦争記念碑やエイズ・キルトと異なり、無名兵士の墓にあっては個人が記されることがない。アンダーソンの言葉を借りれば、無名兵士の墓は、「幽霊のように実体のない国民的な想像物で満ちている」。ハリウッドのドキュドラマやテレビ報道など、公共の詳細な吟味にかけられる出来事を主題とする「国民的」テクストに触れるとき、とくにアメリカ人として規範化された想像の観衆のひとりとして、人は想像された共同体に参加するのだ。

国民的な出来事はトラウマを残すものであることが多いが、その出来事が起こったとき自分がどこにいたかわれわれは憶えているものである。ジョン・F・ケネディ暗殺、マーティン・ルーサー・キング暗殺、ロバート・ケネディ暗殺、あるいはチャレンジャー号の爆発などが衝撃の瞬間として際立っているが、これらの瞬間は、歴史の連続する流れの一部として経験されたのではなく、歴史の流れにおける裂け目として経験された（真珠湾（パール・ハーバー）攻撃やルーズベルト大統領の死といった、これら以前の衝撃的な出来事は、まずラジオをとおして経験され、集団としての国民的な目撃がなされた）。

心理学者、ロジャー・ブラウンとジェームズ・クリークは、このような種類の記憶を「閃光電球の記憶（フラッシュバルブ・メモリー）」と呼び、この記憶を、「ひとびとを驚かし、無差別にその光で照らし、短い一瞬に終わる」ものと説明する。[★13]トラウマを残す個人的な出来事についての固定化された記憶と、国民的な出来事についての固定化されたそれが、相関関係にあると二人は指摘する。かれらによれば、ある出来事が起きてひとびとが驚き、（たとえば権威のある人が泣くのを見るなどして）尋常でないことが起こったと感じ、さまざまな結果がもたらされる（国民的な出来事がひとびとの生活に影響をもたらす）と意識することが、その出来事の記憶を保つことにおいて中心的な役割を果たす。このような鮮やかな記憶は、歴史が静止して現われる、写真的な（「閃光電球（フラッシュバルブ）」の）瞬間を呼び起こす。けれども過去についての記憶がどれだけ鮮やかなものであれ、その記憶は、初めに経験されたものとは似ても似つかない場合が多い。

アメリカのひとびとはますますカメラ・イメージをとおして歴史を目撃することに参加するようになっている。歴史的な出来事が起こったときに「自分がどこにいたか」というと、テレビのスクリーンの前と決まっているのだ。心理学の最近の調査で明らかになったように、テレビ・セットの前にいる自分を想像しなおすことによって、ひとびとはしばしば、国民的な大惨事（カタストロフ）を初めて知ったときの状況を誤って記憶しなおす。[★14]まさにこのような記憶のメカニズムによって、われわれは自分の肉体をある特定の空間的な場所に想像し、自分の肉体を国民というもののなかに位置づける。写真もフィルムもテレビの映像も、二十世紀のアメリカにおいて、アメリカ市民であることを定義する役割を果たしているのだ。ケネディ暗殺から世界初の月面歩行にいたるまで、「国民的な」出来事を見る経験によって、アメリカのひとびとは、どれほど大きな相違というものをお互いのあいだに抱えていようとも、自分たちを国民文化の構成員として位置づけることが可能になる。「ひとびと」や国民文化が固持するような感覚が生み出されるとき、この経験は欠かすことのできない構成要素としてある。

ザプルーダーフィルム――静止画像から再演へ

トラウマを残す国民的な出来事が歴史の裂け目として起こり、その出来事にある映像がともなうと、国民的な意味の構築においてその映像が中心的な役割を担う。アメリカの歴史のなかでもっとも有名なドキュメンタリー・フィルムは、おそらく一九六三年のケネディ大統領の暗殺を収めたエイブラハム・ザプルーダーのフィルム（図1）であろう。ザプルーダーフィルムは静止画像としても動画としてもイコンとなっているが、なぜ動画であるにもかかわらず静止画像として力をえているかというと、動画については一般公開が十二年間制限されていて、そのあいだひとびとは、静止画像の連続したコマとしてしかザプルーダーフィルムを見ることができなかったからである。ザプルーダーフィルムは、スローモーションで進む一コマ一コマのつらなりとして、出来事についての断片的な手がかりのみを提示した歴史の表象である。大衆の目から隠されていたこともあり、ザプルーダーフィルムは、ある種の神聖さを帯びた極秘のイメージとなっている。ケネディ大統領暗殺という出来事が意味するものについて、ザプルーダーフィルムには何か決定的に重要な手がかりが留められている、というわけだ。ザプルーダーフィルムほど、そこに真実が留められていると――フレームとフレームのあいだにこそ真実があると――信じられ、徹底的に分解さ

図1　ザプルーダーフィルムからの静止画像

れ分析されたフィルムはない（それはケネディの不在の死体の代わりの役割を果たしたのでもある）。

ケネディ大統領と妻ジャクリーン、テキサス州知事ジョン・コナリーと妻ネリー、この四人を乗せたリムジンがほんの数秒カメラの前を横切る、これがザプルーダーフィルムに収められた映像である。一瞬木立ちに遮られて姿を消したあとで、ケネディはすぐまたフレームのなかに姿を現わすが、このときにはケネディは初めの狙撃をすでに受けている。カメラはこの後、ケネディが致命的な狙撃を受けるのを収め、車が右の方へとスピードを上げ走り去るのを追う。ジャクリーン・ケネディはピンクのスーツを着て縁なし婦人帽をかぶっており、夫が狙撃されるとまずその頭を両手で抱え、次いで、おそらくは車に走り寄ってくるシークレット・サービスに助けを求めるために、車の後部トランクの方へ這っていく。このフィルムはスーパー8ミリのフィルムであるため、映像は粒の粗いカラー画像である。映像の動きによってその細部がわかりにくくなっており、このイメージは詳細を明らかにするとともに隠しもしている。
ザプルーダーフィルムはそれ自体歴史をもっており、その文化的な地位もさまざまな変遷を経てきた。ザプルーダーフィルムはもともと、エイブラハム・ザプルーダーが、ケネディが目の前を車で通り過ぎるのをホーム・ビデオで収めたものである。ザプルーダーは、ダラスの洋服工場経営者であり、カメラ撮影については素人であったが、適格な撮影技術を身につけていた。ザプルーダーからこのフィルムをタイム・ライフ社のために買い取ったリチャード・ストーレイが述べている。

ザプルーダーは銃声を聞いてまずそれが車の逆火（バックファイア）の音だと思った。ケネディが崩れ落ちるのをファインダーをとおして見て、ケネディが傷を負ったとわかった。ザプルーダーは次のように述べている。「正気だったら、すぐに地面に伏せていたと思う。まず感じた印象では、銃声は後ろからきていたから」。そうするかわりにザプルーダーは、凍てついたように立ったまま、「やられた、やられた」と叫び、リムジンが道を通り過ぎるまで、リムジンと内部の血の惨劇にカメラを向けつづけた。★15

ザプルーダーはタイム・ライフ社にフィルムを十五万ドルで売ったが、翌週の「ライフ」に、静止画像のイメージがいくつか、ザプルーダーについて触れられることなく掲載された。まるで「ライフ」のカメラマンの誰かがその写真を撮ったというかのように、「本誌独占」写真を掲載することで、「ライフ」は、その写真も元をたどれば素人が撮ったフィルムにたどり着くことを拭い消す。ひとつづきの映像としてのザプルーダーフィルムは、タイム・ライフ社の門外不出となり、ごく少数の人だけが見ることを許されるにすぎなかったのだ（映像を見ることを許された人として、ダン・ラザーがいる。ラザーは、この事件の周辺にいたことによって、ジャーナリストとして成功することになる）。暗殺について研究している歴史家が指摘するように、ウォーレン報告で写真が掲載されたとき、それらのフレームは左右逆にされていたし、また「ライフ」で写真が掲載されたときにも、個々のフレームの並べ方やキャプションは誤解を招くものだった。★16

ザプルーダーフィルムはそれゆえ、静止画像としてもつ意味と動画としてもつ意味が異なっている。ザプルーダーフィルムがもつ力は、ひとつづきのフレームによる映像だったことにこそあり、そのような映像であることによって、ある物語、ある恐ろしい物語が、出来事が起こったそのときの正確さでもって語られるように思えるのだ。「ライフ」の出版者C・D・ジャクソンがザプルーダーフィルムをはじめてみたとき、その動画としての力に不安になって、動画の版権をタイム・ライフ社で買い取ることにしたと言われている。「ライフ」にとっては印刷の版権がありさえすればよかったが、動画のイメージによってもたらされるものをジャクソンは抑えたかったのである。★17　たしかに、ひとつづきのフレームによる動画は、静止画像の連続したコマよりも大きな影響力をもつのであって、一九七五年にザプルーダーフィルムが動画として公にされたときには、よりくわしい調査を求める声を上げる人が数多く現われた。政府の分析や公共の言説において、ザプルーダーフィルムに収められた映像が徹底して精密に調べられた。動きのひとつひとつが何を意味するのかにとくに焦点をあて、次のような問いがたてられた。ケネディの頭は前に落ちたのかそれとも後ろか、どの方向から銃弾が撃たれたのか、などである。ザプルーダーフィルムの映像は、国民的な悲劇の記録としてのみその力をもつのではなく、カメラが決定的な役割を果たすことの証拠としても力をもつ。フレームの数が少ない映像であるにもかかわらず、ザプルーダーフィルムの動画がイコンとして力をもっているのは、カメラの技術が、決定的瞬間を収めうること、「裸の」目では見ることができない物語を語りうることを、ザプルーダーフィルムの動画が明らかにするからなのだ。
素人が撮った家庭用映像（ホーム・ムービー）から、版権付きのニュース映像へ、ニュース映像から、ある陰謀事件の「証拠」についての法的な、かつ歴史的な証拠品へと、ザプルーダーフィルムは文化的意味を変えてきた。ザプルーダーフィルムに収められた映像は、アメリカの歴史的意識のまさに中心をなし、ケネディ大統領暗殺事件と切り離すことができないものである。それゆえこのイメージは、ケネディの人生そのものを、当時はあったがいまは失われてしまったアメリカの国民的純潔さとして、回顧的に書き込まれるものを象徴的に示す役割を果たす。ザプルーダーフィルムに収められたほんの一瞬の時間が、アメリカという国がそこから変化してしまった転換点として歴史化されたのであり、アメリカという国が、将来の約束された、よい志をもった、若い楽観に満ちた国から、シニカルで、暴力と悲観に満ちた国へと変化してしまった、というわけだ。このような歴史的叙述によって、五〇年代のアメリカや、ケネディ政権下の「魅惑の」時代を、単純なノスタルジアとして回想することが促されるだけでなく、国民が癒しを得ることが妨げられもする。マイケル・ローギンは次のように述べている。

ケネディの没後にアメリカの没落が始まったという、広く共有された感情によって、国民による哀悼がいつまでもつづく事態になっている……。ケネディの暗殺事件は未解決のままであり、ケネディ自身、かれを殺したと思われる権力と結びつきをもっていたために、この大統領にたいしてその実像を把握したうえで国民による哀悼を捧げることができなくなってしまった。（メラニー・）クラインが抑うつ性態勢と呼んだもの、つまり喪失がきちんと認識され克服される状態からの退行、過去の理想化、分裂状態、そしてパラノイアへの退行が促される。★18

ある時点においてアメリカが純潔さを失ってしまったという言い回しは、繰り返し使われてきたものであり、真珠湾攻撃のときにも、ベトナム戦争のときにも、ウォーターゲート事件のときにも、一九九五年のオクラホマ市爆弾事件のときにも、この言い回しが使われている。ローギンが述べる「退行」は、ケネディが暗殺されたその瞬間に、つまりザプルーダーフィルムに収められたほんの一瞬の時間にすべてが変わったとする考えと、不可分の関係をもっている。ザプルーダーフィルムの映像なしにケネディ暗殺事件を想像することは不可能であり、ザプルーダーフィルムこそがケネディ暗殺事件となっている。

写真として残されるにせよそうでないにせよ、ケネディ大統領暗殺が議論の対象として取り扱われることになったであろうことは想像に難くない。けれどもザプルーダーフィルムは存在した。そのことによって、科学的な調査への道が開かれたが、ザプルーダーフィルムに収められたひとつづきの映像自体が、そのような調査や分析を拒んでもいる。イメージが真実を留め、証拠を曇らせ、結局われわれは何も知ることができない。科学的調査がいくらなされようともザプルーダーフィルムのもつ意味が固定化されることはない。国民的な、感情的な喪失についての物語が、経験主義的な調査よりもずっと重いものとしてあるのだ。なぜ事件は起こったのか？　それはどのようにして起こったのか？　このような問いへの決定的な答えを、われわれはけっして得ることはないだろうし、おそらく究極的にはそれを得たくもないのである——そのように決定的な答えというものは、はっきりと表に出てくることはけっしてなく、つねに潜在的なものとして圧倒的な力を持ちつづけているだけなのだ。それゆえ、「真実」の残余のかけらと同様、何が起こったかを空想することが、国民的意味にとって重要なのだ。★19

ザプルーダーフィルムは、空想とノスタルジアに満ち、回顧されるたびに書き込みなおされつづける。

図2　アント・ファーム、T・R・ユースコ『エターナル・フレーム』
撮影：ダイアン・アンドリュース・ホール、1975年

のちの世代のひとびとにとって、ザプルーダーフィルムはケネディ大統領暗殺事件と同義になっており、そのフィルムがテレビのライブ放送だったと考えてしまう者もなかにはいる。ザプルーダーフィルムの映像がテレビで初めて放送されたのは一九七五年のことであり、この暗殺事件について調査したロバート・グローデンと、テレビ・ジャーナリストであるジェラルド・リヴェラの手によるものだった。サンフランシスコに拠点を置く二つのメディア・アート集団、アント・ファームとT・R・ユースコが、このイメージに刺激を受けて、ダラスへ渡りザプルーダーフィルムを再演して『エターナル・フレーム』（一九七六、図2）というビデオを作った。[20]第一に「真実」（けれどもこの場合の真実とは、イメージとしての真実である）にたどり着くための試みとして、第二に悪趣味な実演として、かれらはケネディが暗殺されたときと同じように車で何度もディアレイ・プラザを通り過ぎた。

このとき、この集団のメンバーが（ひとりはジャクリーンに扮するために女装して）有名な場面を繰り返した。しかし、かれらがふたたび演じた事件とは、ケネディ大統領が暗殺された場面というよりも、ザプルーダーフィルムそのものから取られた場面であるのだ。ザプルーダーフィルムのイメージが何度も何度も放送されたのと同じように、かれらアート集団はディアレイ・プラザを何度も何度も車で通り過ぎる。アート集団の一員であるダグ・ホールが、「アートの偽大統領」ケネディに扮して次のようにスピーチすることで、アント・ファームとT・R・ユースコは、イメージがまず第一にあるということ、つまりイメージの一義性を繰り返す。

> 近年の大統領すべてがそうであったように、わたしは現実にいるというより、みなさんのテレビ・セットに写し出されるイメージのなかにいるのです……。わたしは一連の映像との関係においてのみ現実にいるのであって、その映像の連なりこそが、われわれアメリカ人すべてがアクセスすることのできる情報の総体を仕立て上げるのです。わたしの前任者においてもそうであったように、わたしが提供するイメージのなかにあるものは、イメージそのものとなんら変わりはないのです。わたしはひとつのイメージとしてのみ機能しており、だからこそわたしはこの大統領という役職において、終わりとともに始めることにした、つまりある意味でわたしは死んでいるのだという気持ちをもって生まれることにしたのです。

八〇年代や九〇年代がイメージの政治学（ポリティクス）の時代となることを不気味にも予告して、『エターナル・フレーム』は、出来事についての強制的な力をもつ模像（シミュラークル）を生み出す試みとしてある。『エターナル・フレーム』という題に「フレーム」という語が含まれていることからわかるように――永遠にこの「フレーム」が放送されつづけることが暗示されている――、まず「フレーム」が第一にあるのだ。

死を擬人化したユーモアに取り組んだにもかかわらず、かれらが出来事を模倣によって解釈することや再演することがどのような力をもつのかをあらかじめ理解しえていたわけではない。現に、ディアレイ・プラザは観光の人気スポットとなっていて、ひとびとが巡礼に訪れる。いまでは、ひとびとはまた、書籍倉庫のビルの六階にある博物館を訪ねる。このビルの六階とは、ハーヴェイ・リー・オズワルドが、ケネディを死にいたらしめた狙撃のポイントであるといわれている。『エターナル・フレーム』の撮影が行なわれたときも、この地を訪れていた観光客は、アーティストのパフォーマンスを見て、恐怖に足を止めて立ちすくむというのではなく、むしろいまここで行なわれていることがある公認の行事なのだという印象を抱いたようで、涙を流し、当時を楽しく回想し、写真を撮ったのであった。その再演は、ひとびとをかつていた場所についてのカタルシスを伴う追体験へいざなう。次のようなコメントが残されている。「この出来事が起こったあとで、すべてをテレビで見たんだ」。「とてもリアルじゃないか」。「ここにいれて幸せだ……。美しく演じられていたね」。アーティストと同様、観衆も、ザプルーダーフィルムを再現することで、このトラウマの瞬間を快感をもって経験しなおしている――このパロディーは、もともとふざけた意図をもっていたにもかかわらず、癒しの効果を発揮しているともいえる。

ザプルーダーフィルムを再演した『エターナル・フレーム』は、けっして多くの人に知られることはなかったが、多くの論争を呼ぶことになったオリバー・ストーン監督映画『JFK』(一九九一)では、無許可のままその映像が使用された。この映画では、ザプルーダーフィルムそのものも組み入れられている。このドキュドラマは、他のどのようなドキュメンタリーにもまして、ザプルーダーフィルムが事件の決定的な証拠品であると強く主張する。ザプルーダーフィルムは、ケネディを殺した陰謀者が予期しなかった偶然の証拠品であり、だからこそこのフィルムが隠蔽されることになったと説明される。『JFK』では、実際に存在したルイジアナ州地方検事であるジム・ギャリソン（映画ではケビン・コスナーがこの役を演じる）が、六〇年代後期に、暗殺計画と考えられるものにかかわった人間ならそれが誰であれ裁判にかけようと努力したことに焦点があてられている。最終的にギャリソンは、陰謀にかかわったという罪状で、ニューオリンズのビジネスマン、クレイ・シャウを法廷に引き出すが、有罪判決を勝ち取ることができなかった。

一連の映像と再演された映像を混ぜ合わせ、また実際の映像とフィクション化された映像を混ぜ合わせることによって、『JFK』は、オズワルド事件の事実を暴露し、より大きな陰謀が存在したことをはっきりと示そうとする。オズワルド、反カストロ運動、そしてホモセクシャルの人たちによる地下組織などとのつながりから、『JFK』はニューオリンズにある、影の人物の集団の存在を導き出す。しかし、この映画が焦点をあてるのは、これらの人物を追うギャリソンであり、大統領暗殺事件の真実はアメリカの法システムによって見いだすことができるという熱意あるかれの信念でもあるのだ。「整理された」登場人物やフィクションの場面を作り上げ、これらこそが「真実に近いもの」だとストーンは主張する。そしてストーンは、自分が導き出した事実や自分が行なった調査を擁護するために、そののちになされた議論の大半を費やすことになる。

『JFK』は、ケネディがダラスに到着したところから始まり、通りを自動車パレードが通り過ぎる場面で画面が最高潮に達する。この映画は、歴史的な一連の映像と群集の再演シーンが織りまぜられ、あの一撃の瞬間へと組み立てられていくが、その瞬間のイメージは引き延ばされてしまう。銃声が響き渡り、スクリーンが黒く転じる。映画を見る人には、銃撃の後――鳥の群れが空へはばたき、リムジンがスピードを上げて通り過ぎるのがちらりと見える――が見せられるだけであるのだ。ザプルーダーフィルムがこの映画に現われるのはもっと後のことであって、法廷が最高潮に達したシーンにおいて、新しく改善され、クローズアップされたバージョンで登場する。実際のシャウの裁判は一九六九年に行なわれ、このときザプルーダーフィルムが初めて公の場で流された。それゆえ、ザプルーダーフィルムが長らくひとびとの目から隠されていたこと、それが歴史的なイメージとして出現したことを、『JFK』は再演する。映画を見る人は、あのイメージを、あの衝撃の瞬間を、もういちど映画を見ながら待つことになるのだ。

ザプルーダーフィルムが表に出ることなく取り押さえられていたのは、公の理由としては、ケネディ大統領の遺族を守るためであり、「ライフ」の出版者も語るように、アメリカの大衆が動画のイメージを見て不安をかきたてられるのを防ぐためであった。『JFK』でギャリソンは、暗殺事件にあまりに執着して家族のことをまったく顧みない人物として描かれている。ギャリソンが妻と子供とふたたびいっしょになるのは、ザプルーダーフィルムが流されるまさにその場面においてであり、そのとき妻と子は席に座ってこのフィルムを眺めている。もちろんザプルーダーフィルムでは、大統領家族（ファースト・ファミリー）の崩壊が描かれており、『JFK』もまた、悲劇によってバラバラにされたアメリカの家族というイメージを描こうとしているのだ。ローギンや他の人が批判的に指摘するように、ホモセクシュアルのひとびとが執拗に非難されることで、ザプルーダーフィルムが上映されるこの場面がよりはっきりと強調されてもいる。

『JFK』をめぐる論争の多くは、オリバー・ストーンが歴史家を演じてみせる大胆さを取り上げている。けれどもメディアの批評家たちは、ストーンについて批評するさい、オリバー・ストーンはドキュドラマの作り手という役割を担っていて、そこからストーン自身のもつ力がきていることを見落としている。ザプルーダーフィルムは、再演されるたびごとに意味を変えつづけるのであり、模倣（ミメーシス）こそが歴史となるのだ。事実もフィクションもドキュドラマもすべて混ぜ合わせた、『JFK』におけるストーンの印象主義的なスタイルこそが、この映画を記憶のテクストたらしめている。ザプルーダーフィルムは、ケネディ暗殺についての個々のひとびとの記憶に取って替わりうるし、個々のひとびとの記憶そのものとなりうるのでもあるが、『JFK』もザプルーダーフィルムに取って替わりうるのだ。『JFK』以降にザプルーダーフィルムの描写がなされるとき、『JFK』にザプルーダーフィルムが書き込まれたことによって、その描写は決定的な変化をこうむらざるをえない。第二次世界大戦の映像のフィルムがそうであったように、ストーンのドキュドラマも、それがまさにドキュメンタリー・イメージであることによって、今後二〇年にわたって、ケネディ暗殺についての物語を封じ込めることになるかもしれない。

静止画像のイメージから動画のイメージへ、動画のイメージからその再演へ、ザプルーダーフィルムの変容を追うことで、歴史にたいするイメージの、現象面での関係や、歴史が作られる場所としてドキュドラマが果たす役割が明らかになる。テレビやフィルムのドキュドラマが現われる前から、歴史劇や歴史物語の伝統をとおして、歴史的な戦略として出来事を再演することが長く行なわれてはきた。しかしテレビやフィルムのドキュドラマはマスメディアのなかにあるので、文化的な再演の効果がより大きなものとなる。出来事を再演するという模倣（ミメーシス）が快楽をともなうのは、起こるとわかっている出来事がまさに起こらんとするのを心待ちにすることができるからでもある。われわれの身体があの狙撃の瞬間を待っているのだ。

チャレンジャー号の爆発――テレビと覗き趣味

ザプルーダーフィルムは、いまではテレビの生放送の映像として神話化されているが、実際にはそれは、静止画像として、ゆっくりと国民の意識に浸透した。六〇年代においては、歴史をライブで示す映像といえば、オズワルドが銃撃された映像であり、初めての月面歩行の映像であった。これらライブの映像が可能になったのは、当時まれな生放送用のテレビカメラのおかげである。テレビニュースの映像で当時使われていたのは、ほぼすべてフィルムに落とされたものであったため、それらがニュース映像として放送されるまでに、時間の隔たりが生じていた。この状況は七〇年代後期までつづく。アメリカの歴史を視覚的に記録することにおいて、フィルムからテレビへの転換点となったのは、一九八六年にチャレンジャー号の惨事の映像がテレビで放送されたときである。もとの動画を大衆が見ることに制限がかけられていたため、ザプルーダーフィルムは極秘だったが、チャレンジャー号爆発のテレビ映像（図3）は、この出来事がまったく予測されないものであったため、編集されることなく生で放送された。この映像は、わかりやすいものでなく、対象が遠くて見にくくもあったが、それでもいま起こっていることを厳密に写し出した覗き趣味の映像としてあった。スペースシャトルが爆発したときの煙りの雲でぼやけた映像は、まるでビデオの画像のようでもあり、監視カメラからのぞいた画像のようでもあった。クリスタ・マコーリフの両親とその教え子たちが、両親にとっては娘であり、教え子にとっては先生であるクリスタ・マコーリフが爆発で吹き飛ばされたのだと認識する瞬間も、テレビで放送された。[★21]

テレビの技術（テクノロジー）が発達して、人工衛星経由で即座に映像を転送できるようになると、テレビを見るひとびとも新しいかたちで変化に巻き込まれることになる。チャレンジャー号の爆発について言うと、宇宙探

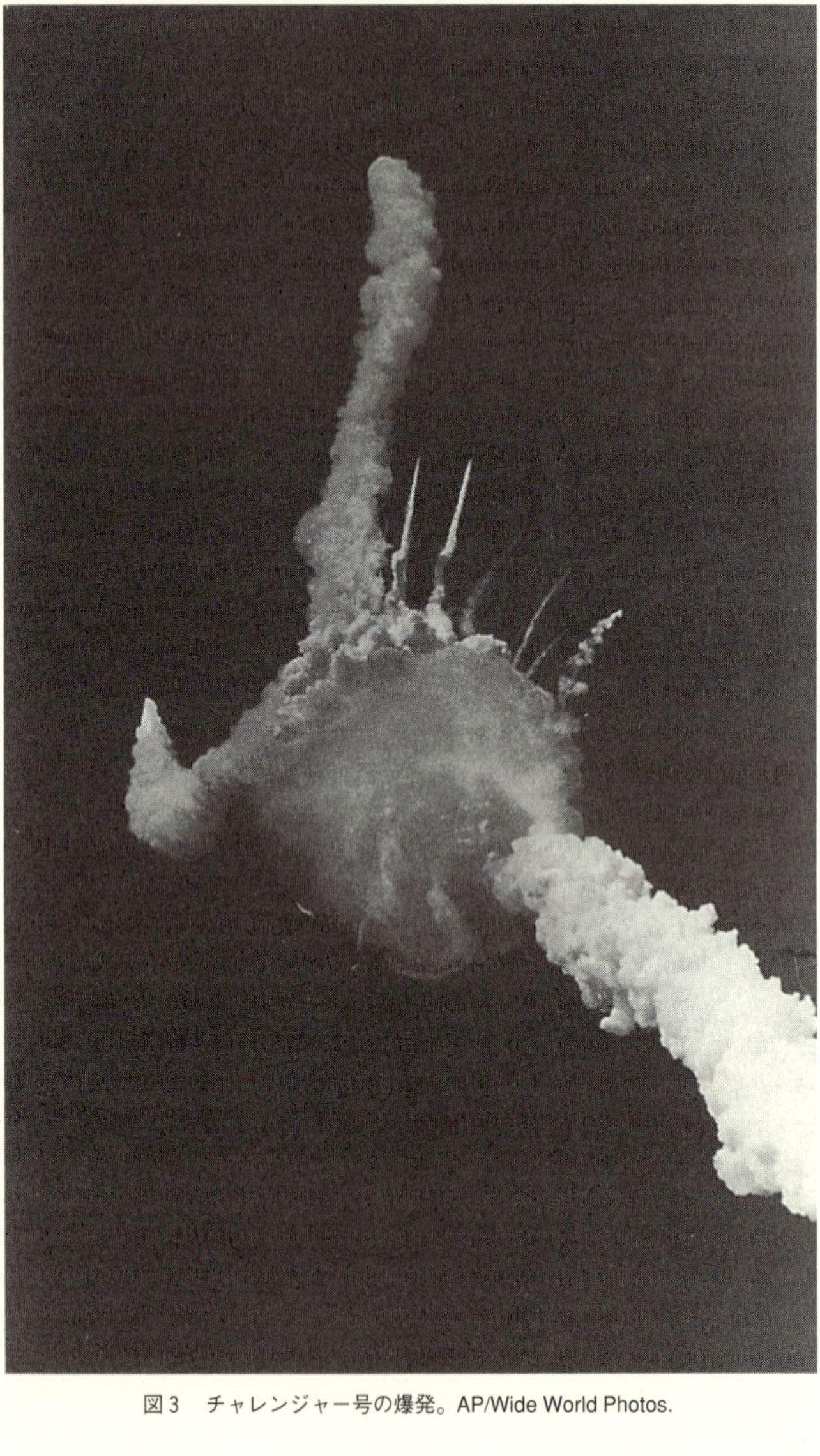

図3　チャレンジャー号の爆発。AP/Wide World Photos.

索のスペクタクルが失敗したこと、冷戦期の宇宙技術開発競争が原因で悲劇が起こったことを、アメリカのひとびとは目撃したのだ。チャレンジャー号爆発の映像は繰り返し放送され、その繰り返し自体が、ある意味でこの出来事を再演することになっている。クリスタ・マコーリフの両親とその教え子を覗き見ることで、「普通の」先生であってもアメリカの技術（テクノロジー）をもってすれば宇宙飛行を経験できることを誇らしく思うことが、アメリカのひとびとに刷り込まれていった。この宇宙計画では、レーガン大統領が一般教書を読むときに、宇宙にいるマコーリフにインタビューをすることも決められていた。公的な行事（イベント）として、あるいは国民的プロジェクトとして、平均的アメリカ人に宇宙計画に関与する機会を与え、アメリカの技術（テクノロジー）をさらに促進するはずだったが、チャレンジャー号の計画は劇的に失敗した。

　この文脈でいうと、クリスタ・マコーリフの両親が自分の娘が吹き飛ばされたと認識した瞬間が、国民的に共有される出来事となったのである。国民のために家族が犠牲を出すことについて、そして自らの子供の喪失を家族が哀悼することについてアメリカの神話が築かれるとき、かれら二人が、この神話をまず第一に演じる者となったのだ。コンスタンス・ペンリーが、クリスタ・マコーリフを記念して書いたエッセイのなかで、次のように述べている。マコーリフが宇宙飛行に選ばれたのは、彼女に才能があったからではなく（もっと才能のある候補者は他にたくさんいた）、彼女が普通の人間だったからこそである——そして彼女もそのことをわかっていた★22。マコーリフは宇宙空間にあっても、ごく普通であるはずだったのだ。皮肉なことに、彼女の物語によって、同じ爆発で死んだ他の宇宙飛行士たちがほとんど見えなくなってもいる。この惨事について作られたテレビ映画に『チャレンジャー』がある。この映画は一九八九年に放送されたが、マコーリフの物語が支配的な力をもっている。マコーリフ（カレン・アレンがこの役を演じている）が宇宙空間から送る予定のメッセージを練習する場面で、このテレビ映画は不気味にも始まる。

宇宙飛行士でない普通のアメリカ人であるが宇宙を旅する資格を与えられた人物としてのマコーリフに、アメリカのひとびとが自分を重ね合わせるように彼女の物語が作られたのだが、チャレンジャー号爆発事故によって逆に、彼女の物語はその映像を見る人間にたいしてマコーリフと同じように自分が空中で吹き飛んで死んでしまうと想像させる。しかし彼女の伝記『未来に手を伸ばして……』やテレビ映画『チャレンジャー』において、マコーリフが、純粋で、愛国的熱意をもつ人間としてイメージされるとき、NASAは、もともとケネディが発案した未来への楽観的な成功の象徴として自らの地位を回復しているのだ。

ザプルーダーフィルムの映像やチャレンジャー号爆発のテレビ映像によって、われわれは出来事を目撃することが可能となる。しかしアメリカの歴史を想像するさいにこれらの映像が中心的な役割を果たすのは、これらの映像によって、目撃されたものがもつ意味が引き延ばされるからでもある。ザプルーダーフィルムを見ても、誰がなぜケネディ大統領に致命的な一撃を放ったのかわからないし、チャレンジャー号爆発の映像を見ても、何が宇宙飛行士たちに起こったかは明らかにならない。たとえばNASAがのちに認めたところでは、チャレンジャー号の機体は爆発後二五秒間空を上がり、その後三秒で水面に落ちた、また、宇宙飛行士たちは爆発の時点で死んだのではなく、水面に叩きつけられたときに死んだ、ということである。爆発後の最後の瞬間を収めた録音テープが存在することも、NASAは認めている。メディア組織によって何度か訴訟が起こされてはいるが、NASAはこれらのテープを機密として扱っている。「タイム」によると、パイロットのミッシェル・スミスが「くそ」という声、いくつか録音された最後の声に混じって、ひとりの宇宙飛行士が別の宇宙飛行士に「手を握らせてくれ」という声がこれらのテープで聞き取れるとのことである。★23

マコーリフ個人のレコーダーからとられたと言われているテープのひとつを文字におこしたと噂される

ものが、ある個人のインターネット掲示板に載せられている。[24]「何があった？　何があったんだ？　なんてことだ、くそ、くそ」という誰かの叫び声、「エアパックを出すんだ！　エアパックをはやく！」という声、それにつづく絶望の叫び、そして主の祈りを口にする声で、この文章が終わる。この文章は、人を強く引きつけると同時に人を不安にさせるが、本物の録音テープを写したものだと証明することはできない。ここにあるのは、イメージによって引き延ばされているものを知りたいという欲望であり、自分がこの出来事を目撃しているという空想である。「差し迫った死にたいして、かれらがどのような反応をしたのか？」という問いは、「死に直面すれば自分はどのように反応するだろう？」という問いへと切り換わる。テープの存在が生み出すこのような欲望と空想が、文化的記憶の構成要素をなす。インターネットの掲示板の世界では、情報がある領域から別の領域へと移される、つまり個人的な空間から公共の空間へと移されるため、文化的記憶が共有され、公的な歴史へと組み込まれることになる。いまさらに推進される宇宙計画が、軍事的事業としてではなく、市民によって共有される科学的事業として受けとめられるのだ。

アメリカの大衆はこのような情報を知る権利をもっているのだろうか？　物質的証拠があれば、哀悼することが容易になるとペンリーは述べている。出来事の細部情報がどれほど受け入れがたいものだとしても、出来事を悼み終わらせるために、われわれはそれらの情報を必要とするのだ。ペンリーも触れているように、チャレンジャー号の機体の破片で回収できるものはすべて回収したとNASAが発表しているにもかかわらず、そのような破片らしきものをフロリダの浜辺から拾ってきては、これこそが本物の機体の破片だと主張する人が後を絶たない。死の空想を築き上げようとすること、機体の破片を集めようとすること、これらの行為自体が哀悼の儀式となっている。

ケネディが暗殺されたときに自分がどこにいたかを憶えている人間にとっては、チャレンジャー号爆発という惨事は、それほど大きな意味をもっていると思えないかもしれない。しかし当時学校にいた人間にとっては、この出来事は決定的な力をもっている。教師が宇宙にいく計画をより広く宣伝することの一環として、チャレンジャー号が発射される場面をかれらは生放送で眺めていたのだ。いくつかの調査研究によって、当時の子供たちがトラウマを感じていることが明らかになっており、何年先になっても、かれらはたいていの場合、この出来事を見たか聞いたかしたときに自分がどこにいたかを憶えていた。自分の先生とマコーリフを重ねあわせることもよく見られることであった。自分自身が爆発することを空想したり、自分の先生がいなくなることを（そうなってほしくないという恐れやそうあってほしいという願いに満ちたかたちで）空想する子供たちもいた。★25 クリスタ・マコーリフの死は、公共の物語となる一方で、悪夢やふざけた冗談や空想のネタともなっている。

すべての記憶がそうであるように、チャレンジャー号が爆発したときに「自分がどこにいたのか」という記憶も、ふたたび書き込まれ、ふたたび演じられ、後から想像される流動的なものである。心理学者、ウルリック・ナイサーとニコル・ハーシュが次のような調査を行なっている。チャレンジャー号爆発の次の日に、生徒たちにインタビューをして、この事故を知ったときどこにいたのか、そのときどのような反応を示したのかについて、かれらの「閃光電球（フラッシュバルブ）」の記憶を調べている。そして何年ものちになって、かれらにまったく同じ質問をした。自分がどこにいたかについて、完全あるいは部分的に憶え間違いを犯す生徒が多くいたが、自分が初めにどのような記憶をもっていたかを見せられたあとでも、かれらはそのことを思い出すことができなかった。重要なのは、この研究で何が明らかになったかである。「もともとの」記憶が消えてしまうだけでなく、これらの生徒たちが、それぞれさまざまな文脈でこの出来事を知ったはずなのに、のちに思い出すときには、自分たちがこの出来事をはじめて知ったのはテレビを見ているときであるとされてしまうのだ。[26] テレビのイメージは目につきやすく、記憶に新たな書き込みがなされるときに、そのイメージが高度に機能する。ナイサーとハーシュが述べるように、「実際に初めにどのような状況でその出来事を知ったかにかかわらず、のちにテレビでそれを見る時間は、それが何度も繰り返され唯一絶対となり、社会的文脈にも適合しやすい」のだ。[27]

テレビでチャレンジャー号爆発を知ったと思い出すことによって、これらの生徒たちは、この出来事についての「国民の」経験にみずからを位置づけ、この壮観でありかつ悲劇的な失敗について、国民という観衆と衝撃を共有する。このような映像によって、自分が国民的な出来事に参加しているとアメリカの大衆は感じるのだが、皮肉なことにこの映像はわれわれの哀悼を助けてはくれない。映像がけっして明らかにすることのない真実を、むしろわれわれがそれに付与する。哀悼のプロセスが促され、出来事が意味を獲得するのは、物語をふたたび演じ、再生し、空想することによってであるのだ。チャレンジャー号爆発は、純潔さの喪失として書き込みなおされ――アメリカがもう一度弱々しい国民となる、つまり自分たちの技術(テクノロジー)を信じたにもかかわらず裏切られてしまったというわけである――、ある普通の人物をとおしてその喪失からの回復が果たされる。クリスタ・マコーリフをとおして、チャレンジャー号爆発という国民的トラウマが、愛国的な犠牲の物語に包み込まれ、そのなかで和らげられることになる。[28]

ロドニー・キングのビデオ――再演とその問題

ザプルーダーフィルムやチャレンジャー号爆発の映像は、国民的なトラウマとしての出来事を描いており、そこに描かれる出来事は、映像ぬきでも歴史的な重要性をもつ出来事であった。一方、ロドニー・キングの殴打事件についてのビデオテープの映像（図4）は、それ自身が歴史を作り出す映像である。このビデオテープの映像はまさに九〇年代の映像である。九〇年代に入って、素人撮影のビデオテープが、エンターテイメントやニュースや歴史などの公共の領域で使われるようになり、家庭内の空間と公共の空間の境界がますますぼやけてきているが、ロドニー・キングの殴打事件の映像も家庭用ビデオテープでとられたものだった。このビデオテープでは、白人の警察官たちがひとりの黒人を残虐に殴打する場面が収められているのだが、このこともまさに九〇年代的なのであり、九〇年代における人種関係のすべてがそこに表わされている。この事件は歴史の「光を放つ瞬間」としてあるのではないし、ひとびとが「そのとき自分がどこにいたか」を記録する瞬間としてあるのでもない。そのイメージは、繰り返される歴史というイメージであり、「ありきたりの」イメージが歴史となったのだ。

ジョージ・ホリディが撮った、ロドニー・キング殴打事件のビデオテープは、ある意味で九〇年代版ザプルーダーフィルムである。けれどもロドニー・キングのビデオの場合、ザプルーダーフィルムとは異なる種類の切迫感が意味されている。ザプルーダーフィルムにおいては、国民的な喪失の瞬間が象徴的に示されており、この瞬間からノスタルジアとしての哀悼が促されたのであった。ロドニー・キングのビデオの場合、容赦のない暴力がいま存在していることが示される。エイブラハム・ザプルーダー撮影のフィルムは、素人が撮ったものであるにもかかわらずその文化的地位を変化させたフィルムであり、当時において例外的な存在だった。一方ホリデイがこのビデオテープを撮影したのは、いたるところにビデオテープが普及した時代においてである。キングを殴打した警察官が無罪となったのちにロサンゼルス暴動が起こったときには、それこそニュース用カメラと同じぐらいの数の家庭用ビデオカメラが持ち出された。

図4　ロドニー・キング殴打事件のビデオテープより。AP/Wide World Photos.

ザプルーダーフィルムと同様、ロドニー・キングのビデオも、静止画像の連続したコマとされると、意味が違ったものとなった。ひとつづきのものとしての動画を分解し、連続する静止画像のフレームとしてこのビデオの映像を見せることで、白人警察官の弁護団は、そこに写し出された暴力を無効化した。ケネディ暗殺の場面が「ライフ」においていくつかの静止画像として掲載されたときにそうであったように、ロドニー・キングのビデオを静止画像として見せることは、起こった出来事を個々の身振りに解体してしまう。動きの流れのなかで暴力が示されなければ、キングを殴った動作も、固定化されたポーズのひとつとして、ただ警告のために前もって手を挙げたものとなってしまった。静止画像としてイメージが示されることでまた、白人警察官を脅かし抵抗する人物としてキングが書き込みなおされ、白人警察官がキングを殴打したことが、この危険な容疑者を取り押さえるために仕方のない行為とされた。キンバリー・クレンショーとゲーリー・ペラーは次のように述べている。

この八一秒間のビデオ映像は、要するに、たくさんの別個の静止画像へ分解されてしまったのである。そしてそれら別個の静止画像が新しい解釈につねにさらされることになった。個々の静止画像では、白人警察官が行きすぎた暴力を振るったことをはっきりと構成して示すことができないために、それらの画像総体としてのビデオテープ自体も、まったく異なった意味をもつようになった——白人警察官が人種差別的に残虐な行為をとったことに、疑いもなく明らかな証拠をつきつけるものとしてではなく、ロドニー・キングが白人警察官にとった激しい行為の瞬間を曖昧に収めた断片的映像として、これらのビデオテープが機能したのだ。★29

ザプルーダーフィルムにおいてもロドニー・キングのビデオにおいても、視覚の持続性に裂け目が生じることによって、映像がもつ意味が変わった。その裂け目のために、動画のフレームとフレームのあいだの隙間を、映像を見るひとびとが埋めることが可能になるのだ。ザプルーダーフィルムにあっては、静止画像が取り出されることによって、その静止画像のあいだに空間が生み出され、ケネディの身体がどのような動きをしたかとか、どの方向から狙撃がなされたかといったことが、曖昧にわかりにくくなってしまった。ロドニー・キングのビデオにあっては、同じように静止画像のあいだに空間が生み出されることで、白人警察官による残虐で不可解な暴力の対象となった人物としてではなく、みずから白人警察官に反抗的態度をとった主体的行為者としてロドニー・キングが書き込まれることになる。ビデオ・テープがはじめて公にされたとき、白人警察官が行きすぎた暴力を振るったことについて、反論できないほど明らかな証拠となると、一般的には考えられていた。しかし最初の公判において、キングが白人警察官に攻撃をくわえ、かれらを脅かそうとしていたことを曖昧に証明する資料としてこのビデオは使われたのだ――ある陪審員の言葉を借りれば、ロドニー・キングがその場の状況を「完全に仕切って」いたことになった。この曖昧さによって、ドキュメンタリー・イメージの本質と考えられていたものの土台が崩されてしまった。このビデオ映像が証拠とならないのなら、視覚的な証拠というもの自体存在しないことになってしまうのではなかろうか？[★30]

これはよく知られたことであるのだが、ロドニー・キング本人は、一挙一動がすべて公共の注目を集めてしまう公の人物になりたいとは思っていなかった。それではなぜ、ロドニー・キングのビデオが、ただのローカルなイメージとして留まることなく、国民的なイメージとなったのか？　ロドニー・キングの物語が国民の物語の一部をなすようになったのは、どの瞬間からであるのか？　白人警察官がキングを殴打した瞬間はそのような瞬間ではない――このような事件はあまりにありきたりのことだ。ジョージ・ホリデイのカメラが事件を捕らえた瞬間でもない――ロサンゼルスでは、地域の組織が、カメラをひとびとに配り、ロサンゼルス市警が行きすぎた暴力を振るう映像を何年にもわたって集めているが、メディアはずっと関心を示してこなかった。ロドニー・キングの物語が国民の物語となったのは、国中のニュース網が、このビデオ映像がニュースになると考えたときであるのだ――これはおそらく、都市の暴力についての関心から、ビデオを使った自警団員を活用することに目がむけられたときでもある。ロドニー・キングのイメージの物語は、国民的主題とぶつかるものであるからこそ、キングも自分が公の人物となるなどとんでもないと考えたのである。このイメージは裂け目としてのイメージであり、ロドニー・キングはアメリカの英雄にはなれないのだ。

ロドニー・キングのビデオは、ロサンゼルス暴動においてその地位を変化させることになる。ロサンゼルス暴動において、ヘリコプターのニュース班が、四人の黒人男性が白人のトラック運転手を残虐に殴打している場面をビデオテープに捕らえたのだが、このときからロドニー・キングのビデオは、国民が抱える問題――アメリカが人種闘争のただなかにいる――をはっきりと示す二つで一組のイメージの片面をなすことになった。ジョージ・ホリデイという素人が撮影した、低視線からのイメージに、ヘリコプターから撮影された、鳥瞰的ななめらかなイメージが取って替わったのだ。別の四人の黒人が家を飛び出して、レジナルド・デニーが逃げるのを助け、命を救ったという英雄的な行為は、このイメージには収められていない。テレビが介入したことがここでは決定的であり、これらのひとびとがデニーを助けたのは、デニーが殴打される映像をテレビで見たあとであるのだ。デニーは、これも公の人物になりたいとは思わなかったのであるが、病院で目覚めたとき、事件の記憶を失っており、混乱して、自分を待つジェス・ジャクソンとアルセニオ・ホールを探した。

ビデオテープのイメージから連続する静止画像のイメージへ、静止画像のイメージから、二つの対称的なイメージの片面へと、ロドニー・キングのビデオ・イメージがかたちを変えたことは、このビデオがもつ国民的意味に決定的な影響を与えている。すべての人が見た映像に陪審団が与えた解釈によって怒りが生み出され、この怒りによってロサンゼルス暴動が引き起こされたのだが、キングの映像を恐ろしいほどはっきりと逆にしてこの怒りが演じられ、四人の黒人男性がレジナルド・デニーを殴打し、デニーはなすすべなく通りにはった。この映像は、ロドニー・キングのビデオと一組の対称をなすことによって、集団的な安堵を生み出す――この新しい映像によって、天秤のバランスがとられ、白人が黒人を殴打するという、歴史的にいくらでもあるおぞましいイメージが緩和されるのだ。多くのひとびとにとって、デニーが殴打されるイメージは、ロドニー・キングのビデオに明らかに収められている残虐な暴力を、逆に正当化する役割を果たした。

それゆえ、ロドニー・キング殴打事件のビデオのイメージは、その意味が変化しつづけてはいるが、ザプルーダーフィルムが再演されたのと同じかたちでは、このビデオ・イメージがふたたび演じられることはないだろう。ロサンゼルス暴動を題材にテレビ映画が作られることもおそらくない。テレビのシリーズドラマ『LA・ロー』でこの暴動が再演されはした。ある弁護士が、自分の車から引きずり出され殴打され、自分の記憶を飛ばした、という話であった。間違ったときに間違った場所にいてしまった罪のない白人犠牲者という話、テレビで扱うことができるのはせいぜいこの程度のものであるかもしれない。模倣による解釈という方式では、四人の英雄的な黒人青年が先を競って自分の家を飛び出しひとりの白人の命を救った話を扱うことはできないのだから、証拠も、テレビで放送された映像も山ほどあるロサンゼルス暴動も、ドキュドラマという形式で映像化されることを拒むのだとでもいうのだろうか？　ドキュドラマという形式によって、地震とかハリケーンなどの一般的(メジャー)な大惨事が再演されることは、テレビで当たり前となっているが、テレビ映画という方式にとっては、ロサンゼルス暴動はあまりに困難であまりに危険なものでありつづけるのだ。

しかし、再演することがロサンゼルス暴動の物語の中心的な側面をなしてもいる。たとえばデニーの殴打事件に関与した男たちの裁判において、証人は――デニーも含めて――記憶に残っていない出来事の証言をした。[★31] 自分の記憶がないわけだから、自分が経験したことがビデオテープで流されるのを見ながら、これらの証人たちは、弁護士の助けを借りつつ、自分の経験について陪審員を前に語った。ビデオ・イメージが記憶として扱われること自体は別段新しいことではないが、ここで特徴的なのは、法廷がそのことを法的・経験法則的に認めたことである。今日にいたるまで、このビデオテープが、レジナルド・デニーの苦難の経験を記憶する唯一のものとなっている。

ロドニー・キングのビデオはさらに、現代版ドキュドラマである、スパイク・リー監督の『マルコムX』（一九九二）のなかで使われることで、新たな意味を獲得する。オープニング・クレジットの映像にキングのビデオのイメージがさしはさまれ、アメリカの黒人にたいしてなされた暴力の歴史全体が表わされるのだ。マルコムXも声高に宣言するように、アメリカの社会にあって黒人がいまだはみ出し者であることが表現される。このビデオはもはやロドニー・キングの物語としてあるのではなく、権利を奪われた黒人全体の物語となっている。歴史の特別な瞬間としてではなく、いま進行中の歴史を象徴するものとしてこのイメージが繰り返される。進行のただなかにある歴史とは、何度も同じことを繰り返されはすれ、けっして変化することがない歴史である。

ロドニー・キングが殴打されているビデオテープのイメージと、レジナルド・デニーが殴打されている対抗的なイメージは、けっして獲得されることなく「存在する」こともない記憶について、証拠を提供するある特別な隠蔽記憶として機能している。これら二つのイメージは、密接に絡み合うことによって、ロサンゼルスで起こった暴動についての文化的記憶の要素を構成し、この出来事についての国民的な「経験」において奇妙な対称関係を構成するのだ。

テレビがもつ絶大な影響力によって、国民的に経験される「出来事」が、「自分がどこにいたか」をわれわれが記録する瞬間として、緊張した関係のなかで作り出されていく。ここにあるのは、ヴァルター・ベンヤミンが描いたような、衝撃としての歴史ではない。光り輝く瞬間でも、捕らえられた瞬間でも、裂け目としての瞬間でもない。ロドニー・キングのビデオによって呼び起こされるのは、たえず繰り返されるループとしての歴史である。

しかしテレビ化された「歴史」においてもっとも問題となるのは、時間が継続的に流れているという幻想が抱かれることである。テレビを見るひとびとは、ロドニー・キングがカーチェイスをしたことや、殴打されているレジナルド・デニーにたいして必死の救出がなされたことをけっしてみることはなかった。数限りない解説つきで暴力の断片的映像を見ることで、かれらは、その映像が部分的に現実を捉えたものであるにもかかわらず、完全な時の流れを幻想として抱くのだ。

過去の再演、国民的な意味

歴史的なイメージは、静止画像のイメージともなるし、再演されるものともなる。主体が、自分の夢や記憶を修正し物語化することによってそれらに一貫性を与える過程、つまり二次修正の過程についてフロイトが述べている箇所で、時間をかけて記憶が継続的に書きなおされ形を変えられ、初めの経験とはまったく似ても似つかないものとなりうるとも述べられている。[★32] 物語として叙述しなおすことは、とくに物事を決定づける性質をもつために、記憶において重要な役割を果たしている。写真やテレビやフィルム映像のイメージは、過去をふたたび語るという点において、石版印刷(リトグラフィー)や歴史劇や歴史小説などの伝統に則っているが、現実に起こったことについての証拠という文化的価値をカメラ・イメージがもつことによって、過去を再演することも、それがどれだけ本物らしいのかというレベルで考えられるようになる。ドキュドラマにおいて過去が再演されるとき、たんに歴史や記憶において再解釈がなされるだけでなく、記憶そのものという流動的な領域において、ある方向づけがなされることにもなるのだ。ドキュドラマが歴史的な裂け目を見えなくさせ、皮肉なことに過去を再演することによって、癒し——過去を忘却することを必要とする癒し——がなされる。

国民への参加は、過去の再演を眺めたりそれに参加するかたちをとることが多い。多くの歴史的儀式で、実際の戦闘場面が再演され、参加者たちはその当時の衣装を身にまとう。ノルマンディー上陸記念日には、第二次世界大戦の帰還兵たちが、フランスに落下傘（パラシュート）で降下することで、自分たちの経験を再演する。この帰還兵たちは、人生においておそらくもっとも意味ある瞬間を生きなおしているのだ。「帰還兵の名誉の夜警」（**Veterans Vigil for Honor**）のメンバーたちは、ベトナム戦争記念碑を守るかのように、記念碑のまわりにキャンプを張り戦争の規律を再現する。ハリウッドの戦争映画が作られるときには、監督や俳優たちは撮影現場で、まさに「戦闘」を遂行する。『プラトーン』（一九八六）などの映画で、ベトナム戦争の有名なドキュメンタリー写真が再演されている。テレビ映画の世界では、テキサス州ウェイコでのＦＢＩとブランチ・ダヴィディアンの対峙や、Ｏ・Ｊ・シンプソンが高速道路でカーチェイスをしたことなど、ごく最近の出来事が、過去のものとなるかならないかのうちに、すでに再演されている。

ある出来事を再演することは、それを終わらせるための、快楽をともなった手段であるのだ。出来事がもつ厄介な性質が、拭い取られ、ならされるのか、あるいはそれがつねに書き込みなおされることで、記憶においてそうであるように過去に積極的に関与することが可能となるのか？　癒しという感覚が何をもたらすかは明らかではない。記憶と歴史は、絡みあい、ぶつかりあい、お互いに構成しあうものである。ポストモダニティの文脈でいえば、現実と虚構とのあいだで、もとの状態を再現することとでっちあげることのあいだで、お互いの領域が地滑りを起こしている。

哀悼の個人的な過程と、ハリウッドのドキュドラマが提供する単純な終結、トラウマを残す出来事についての個人的な記憶と、それらについての国民の物語としての記憶、これらはお互いに緊張した関係にある。ひとつひとつの再演が文化的に異なった意味を持ち、個人においては自分の経験を再演することでその出来事を終わらせることになるのかもしれないが、国民的出来事をポピュラー・カルチャーという装置をとおして再演することにおいては、忘却が促されることにもなる。ひとつひとつの再演が政治的に何を意味するのかも、まったく異なってくるのだ。個人の記憶、文化的記憶、歴史のあいだに横たわる、互いに浸透しあう境界を越えて、文化的な出来事がどのように受けとめられているかをたどることで、過去の再演が何をもたらすかも理解されるのだ。

第二章　壁と隠蔽記憶——ベトナム戦争記念碑

想起という行為がもつ形式がどんなものであるのかを見れば、ある文化のなかで記憶がもっている位置がわかる。公共的な顕彰記念行為においては、歴史、個人の記憶、そして文化的記憶の絶え間なく変化する言説が、一点に収斂している。公共的な顕彰記念行為とは、歴史そのものを創りだす形式なのである。しかし、それが対立を孕んだ想起の形式となる場合もある。そのときには、さまざまな文化的な記憶が転位し、もつれ合い、複雑に絡み合った物語を創りだす。ベトナム戦争を例にとってみると、その場合の公共的な顕彰記念行為は、アメリカ社会のなかでいかにしてこの戦争に決着をつけるのかという問題と絡みあい、容易には解きほぐせないものとなっている。意見の分裂や不一致ばかりが目立ち、その歴史はいまだ書かれつつある途上で、激論を抱えているような戦争を、社会はいったいどのようにして記念したらよいのだろうか？　ベトナム戦争は、明確な目的と結果を規定する単一の歴史的ナラティヴを欠いており、そのために独特の形式をもった顕彰記念行為を生みだすことになった。

ベトナム戦争の公共的な想起という問題は、スクリーンの概念によって吟味することができるかもしれない。スクリーンとは、そこに何かが投射される表面である。また、スクリーンは、視界から何かを隠し、覆ったり保護したりする物体を意味することもある。合州国の首都ワシントンにあるベトナム戦争記念碑（the Vietnam Veterans Memorial）もこのような意味で、何かを隠すとともに、映し出す機能をもっている。まず、この記念碑の黒い壁面は、合州国がベトナム戦争に参戦したこと、戦争にかかわって以来ベトナム帰還兵が体験してきたことにかかわる記憶と歴史とが、数限りなく投影されているスクリーンとして機能している。

ベトナム戦争に関する単一の正統化された歴史は、いまだ創られてはいない。その理由のひとつは、ベトナム戦争での敗北が表わしているように、アメリカの帝国主義、テクノロジー、男性性といったスタンダードなナラティヴが崩壊したからである。ベトナム戦争の歴史は、いまだに対立しあう多くの歴史像によって構成されている段階だが、しかし、物語群が真っ向から対立しあうなかで、手つかずなまま検討もされずに放置されている特殊な要素が存在している。それは、戦争がアメリカ社会に及ぼしている分裂的効果と、ベトナム帰還兵たちが社会のなかでマージナル化されているということである。本章では、わたしはいかにして戦争のナラティヴが、ベトナム戦争記念碑の文化的記憶のなかから、またその内部で作り出されているのかを分析しようと思う。わたしは、歴史像を描きだすさいに、記念碑の壁がいかにして、ベトナム戦争をめぐる個人的記憶や集合的記憶を覆い隠す——遮蔽する（スクリーンアウト）——のか、また、それにもかかわらず、それらのスクリーンを貫いて、いやひょっとするとその表面や背後で、いかにして文化的記憶のテクスチュアが構造的に編み上げられているのかを分析してみたい。

一九八〇年代と一九九〇年代に入って、ベトナム戦争や一九六〇年代を再検証しようとする風潮が高まったが、そこで多用されたのは、ノスタルジー、癒し、赦しといった語彙であった。ベトナム戦争記念碑は、癒すという過程、困難な過去の体験に向き合うという過程のなかでの主要なイコンとなった。一九八二年に建立されて以来、この記念碑は、いかに戦争が記憶されるべきか、誰が記憶されるべきなのか——という命を落とした者か、戦争に参加した者か、戦争を遂行した者か、それとも戦争に反対した者か——という問題をめぐって、まさしく論争の焦点となってきた。記念碑は、とくに注目を惹いたのである。なかでも、無数の手軽な案内書、いくつかの展覧会、テレビ映画の素材になったことは特記しておくべきである。ベトナム帰還兵について今日書かれているテクストは、多かれ少なかれこの記念碑に言及している。ベトナム戦争の再歴史化のなかで重要な役割を演じているのである。

ベトナム戦争記念碑の位置

ベトナム戦争記念碑は、現在は連邦政府の管轄する国立公園局の管理下にあるが、一九八二年に建設されたのは、ベトナム帰還兵の組織の尽力によるものであった。かれらは、ベトナム戦争記念碑基金(The Vietnam Veterans Memorial Fund)を設立し、首都ワシントン・モールに敷地を確保する交渉までしたのである。リンカーン記念堂の近く、憲法庭園の芝生に覆われた斜面に建てられたベトナム戦争記念碑は、マヤ・リンのデザインによるもので、黒のみかげ石で造られた二つの壁が一二五度の角度で接合したものである。二枚の壁はV字形をなして佇立し、その全長はおよそ一五〇メートルにも及んでいる。高さは、中央の接合部分では三メートルほどだ。壁面には、ベトナム戦争で命を落とした五万八一三二人の男女の名前が、死亡した日時の順に刻み込まれ、その最初と最後には碑文が彫られている。名前は、右側の壁の左端、つまり右壁の接合部分から始まって、壁の右側へとつづく。右壁の右端までいった名前の列は、今度は一番遠い左側の壁の左端へと跳んで、右方向につづく順番になっている。最後の名前は、左側の壁の右端、つまり中央の接合部分近くで終わるのである。したがって、一九五九年に最初にベトナムで死亡した米兵の名前は、一九七五年に死亡した最後の米兵の名前と隣り合わせになるというわけである。★1 この最初と最後を枠づける一九五九年と一九七五年という二つの年は、壁に刻まれた唯一の年号である。さらに、名前は「戦死した日」ごとに順番にまとめて刻まれており、同じ日に戦死した者はアルファベット順に並んでいるが、実際の日付は記されていない。それぞれの名前の前にはダイヤ型の印が挟まっている。およそ一三〇〇人のMIA、つまり戦闘中行方不明者(Missing in action)の名前については、小さな十字架がつけられている。これは、その人物に関する事態が確認されたときにはダイヤの形に彫りなおされる。もしだれかMIAが生還したなら、この印は丸型に削りなおされることになっている(もっとも、記念碑の脇に立つボランティアから聞いたところでは「いまのところひとつも丸型に削りなおされた事例はない」)。壁のなかの八人の名前は、女性の戦死者のものである。このような壁にくわえて、一九八四年には、三人の兵士の写実的な彫像が、記念碑の方向に向いた配置で、壁の南側の木立のところに建てられた。また一九九三年には、ベトナム戦争に従軍した女性たちを顕彰する像が壁から約九〇メートルほど離れたところに付設されたのである。

ベトナム戦争記念碑は、ワシントン・モール内の記念建造物とは対立する特性を示している。一群の国立記念建造物や記念碑は、そのほとんどすべてが白い石材で造られ、遠くからも見えるように工夫されている。ところが、ベトナム戦争記念碑は、傾斜面を利用して地面を掘り下げたところに建てられているために、地表よりも低い所に位置しているのだ。そのために、すぐ近くまで寄らなければ記念碑そのものは見えないし、後ろに回れば、風景のなかに消え去って、どこにあるかもわからない(図5)。また、きれいに磨かれた黒のみかげ石の壁は、ワシントン記念塔を壁面に映し出し、リンカーン記念堂の方角に真っすぐに向いているが、これら二つの記念建造物の下からは、このベトナム戦争記念碑を見ることができないのである。黒色の石の表面は鏡のようにあたりを映し出すために(これはリンカーン記念堂の前にあって

図5　ベトナム戦争記念碑（マヤ・リン設計）。撮影：著者

建物の姿を映している池の水面と同じ役割を思わせるが）見学者たちは、まさに記念碑の一部と化すことができる。つまり、名前が刻まれた壁面に自分の姿が映ることで、死者たちのリストに自分自身が深く関係づけられるのである。記念碑の刻み込まれた表面は硬い手触りの材質をもっており、見学者たちは思わず名前に手を触れ、紙をあててこすり出したい気分になる。

ベトナム戦争記念碑は、モニュメントではなく、文字通りメモリアルとして、想起をめぐるある特定のコードに属している。モニュメントもメモリアルも、よく取り替え可能な用語として用いられることがある。しかし、両者には内容において明確な違いがある。アーサー・ダントはこう書いている。

われわれは、何かをつねに覚えておくためにモニュメントを造り、何かをけっして忘れないようにするためにメモリアルを造るのだ。したがって、ワシントン記念塔はモニュメントであり、リンカーン記念堂はメモリアルである。モニュメントは記憶可能なものを顕彰し、始まりの神話を体現する。メモリアルは想起を儀式化し、終焉という現実を徴づけるのである。…メモリアルは、生活からは押し出された空間的な場所であり、そのなかでわれわれが死者を称える閉域である。それにたいしてモニュメントでは、われわれはわれわれ自身を称えている。★2

通常、敗北を記念するためにモニュメントが建てられるということはない。敗北のなかでの死者はメモリアルによって想起されるのである。モニュメントは、ほとんどの場合、勝利を強調して記念するのにたいして、メモリアルは、ある特定の価値観の体系のために犠牲となった生命や生活を表わしている。さらに、メモリアルが何か勝利を表現するものであっても、その勝利の叙述は、そのために失われた生命を前景に押し出す傾向をもっている。

チャールズ・グリズウォルドによれば、メモリアルとは「次世代の者に過去を教える一種の教授法であり、そうすることで当然のことながら、何が教えられるにふさわしいかを決めるところにまで立ち入ってくる」★3。たとえば、リンカーン記念堂（メモリアル）は、葬送の形式をとっており、それを見るひとに与えるのは、やはりかれの突然の死が暗黙のうちに参照されていることから生じている。記念堂は、かれ自身の言葉を壁に刻むことで、リンカーン本人とその思想を具現化しているのである。一方、ワシントン記念塔（モニュメント）は純粋にシンボルであって、この神秘的な政治家についてはその名前以上に何かを表象しているわけではない。この二つの記念建造物の差異が、モニュメントとメモリアルとのあいだの根本的な違いを表わしている。モニュメントには説明書きが少ないのにたいして、メモリアルは死者のリストや特別のテクストを強調する傾向がある。したがって、モニュメントは、通常は匿名的であるのにたいして、メモリアルの場合は、失われたひとびとの個々の名前を明らかにするよう要求しているように見える。ダントは述べている。「ワシントンにあるベトナム戦争記念碑のパラドクスは、殺され、行方不明になった男女は、もしもわれわれがその戦争に勝利し、メモリアルではなくモニュメントを立てていたなら、想起されることはなかったであろうという点にある」。★4

西洋の伝統的なモニュメントは、その主題となるものばかりでなく、古典的建築の歴史をも同様に賛美して建てられている。ワシントン記念塔のあの尖塔(オベリスク)は、一八四八年から一八八五年にかけて建てられたが、その起源はローマ建築にある。オベリスクは、ナポレオンがエジプトで略奪してそれをパリに持ち帰るよりずっと以前から、帝国の戦勝記念を象徴する存在だった。また、一九二二年に造られたリンカーン記念堂は、古代ギリシャの寺院、とくにパルテノン神殿をモデルに造られている。しかし、ベトナム戦争記念碑は、歴史的な建造物や美術作品に直接的に結びつくものではない。★5 この記念碑の形状は、過去のいずれの文明の達成にも、その系統をたどることはできないのである。

しかし、それでもベトナム戦争の記念碑は、まちがいなく西洋美術のある特定の時代を代表してはいる。建設にさいして起こった騒ぎのなかで、この記念碑は、公共の建造物におけるモダニズムの役割をめぐる論争の焦点になったのである。一九八二年十一月に記念碑の序幕式が行なわれたが、その一か月ほど前に、トム・ウルフが「ワシントン・ポスト」紙上で、記念碑のデザインにたいして痛烈な批判をくわえた。

彼女(つまり、デザイナーであるマン・リン)が設計したものは、一九八〇年代初頭の彫刻を支配している様式を体現した完璧な作品であった。(モダニズムの)狂信者たちが今日もっともピュアである(つまり、もっとも非ブルジョア的である)とみなしている彫刻スタイルは、ミニマリズム彫刻のそれである。完璧なまでにミニマルな彫刻は、直線とフラットな平面だけから構成された基本的で、陳腐ですらあるような様式である。……ベトナム帰還兵たちは、ハートフォード市の名士たちと同じように、何が何やらわからないまま仰天し、心のなかでむなしい反感を抱きながら壁を眺める羽目になるだろう。この作品は、ベトナムで戦ったひとびとから糾弾の声があがるどころの話ではない。これは結局は、指弾しようにも仕方のない、なんともひねくれた馬鹿騒ぎになるだろう。要するに、ジェーン・フォンダに捧ぐ、というわけだ！[★6]

ウルフやかれと同類のモダニズム批判者たちは、この記念碑を、やはり政府の基金によって建てられたふたつの悪名高い公共建造物と比較したのである。ひとつは、コネチカット州ハートフォードにあるカール・アンドレの『ストーン・フィールド・ピース』（一九八〇年）。もうひとつは、ニューヨークのマンハッタンにあるリチャード・セラの『傾いた孤』（一九八一年）である。アンドレの作品は、ハートフォード市の市役所近くの芝生のうえにあり、その芝生に置かれた三六の丸い巨石でできている。これについて、地域住民の多くは嘲笑しながら、市当局の誤った判断を象徴するものだと見なしている。[★7]また、セラの名高い『傾いた孤』は、ニューヨーク市のフェデラル・プラザという、それでなくても殺風景な場所を真二つに分断するように建てられた傾いた鉄板であり、見る者には圧迫感を与えた。この作品は、何年かに及ぶ激論を引き起こし、近くにある連邦ビルに働くひとびとから撤去を求める嘆願書が提出されたことで、一九八九年三月には取り壊された。[★8]メディアによれば、この二つの作品は、それを見るひとたちに近代彫刻が与える違和感の格好の標的となり、自分たちの税金を使って作られた奇妙な建造物が押しつけられるというありかたを疑問視するひとびとの声を象徴するようになった。ふたつの作品をめぐる論争では、パブリックな彫刻というときの「パブリック」とは誰を指しているのか、また、アーティストは、かれらのパブリック・アートが設置されることになるコミュニティにたいしてどのような責任をもつべきなのかということを争点として争われた。

記念碑は、それが建てられるまえは、多くの帰還兵やモダニズムに反対するひとびとによって、大衆が解釈できないような抽象的な様式の作品と考えられていた。フレデリック・ハートは、メモリアルの脇に立つリアルな像をデザインするように選ばれた彫刻家であったが、かれは（いささか高圧的に、と言っていいと思うのだが）具象芸術こそ真に公共的なたったひとつの芸術様式であると言明している。かれはこう書いている。

単純で大胆、明快で異論の余地のない真理とは、モダニズムが新しい普遍的言語を創造するというユートピア主義者の夢に失敗したということである。……パブリック・アートがなんらかの意味で真にパブリックなものになるとすれば、その場合には具体的な像が不可欠な要素である。単純な事実とは、「芸術のための芸術」という観念から発した哲学的傲慢さが、芸術の実質についても、意味についても、どんどんわかりやすい要素を削ぎ落としつづけるようにしたことである。芸術はいまでは、何がパブリックな消費に適合し、何が適合していないのかを話して聞かせるうぬぼれたエリート主義者たちの信念のなかの、カルトと化している。★9

しかし、ベトナム戦争記念碑を純粋にモダニズムのコンテクストのなかだけで論じたために、ウルフやハートや、かれらに追随した批評家たちは、この作品のもっとも重要な部分を見逃してしまった。もっとも、いまだデザインのスケッチだけが問題とされていたことが、この点を見落とすことになった原因のひとつであったかもしれないと付言しておこう。見落とされていた点とは、この記念碑がただの黒い平板な抽象的な壁ではないということである。それは、死者の名前が刻まれた壁である。いわゆる「大衆」がこの記念碑を訪れるときには、地表に食い込むように建てられた長い壁を見にいくのではなく、戦争で命を失った者の名前を見て、それに触りにいくのである。したがって、これをモダニズムの作品と呼ぶことは、その実体としてのデザインを過大に問題視しているのであり、その記念碑がもつ顕彰記念的目的を無視している。

彫刻におけるモダニズムは、ある種の場所の喪失によって規定されてきた。★10 ところがベトナム戦争記念碑は、首都ワシントンのモールやそのまわりにある国民的モニュメントに体現されているシンボリックな歴史のなかに、はっきりとその場所を据えているのである。ワシントン記念塔とリンカーン記念堂の両者にはっきり対抗しながら、ベトナム戦争記念碑は、こうした古典的な様式を参照し、吸収し、かつ反映させている。その黒い壁面は、覗き込む人の顔や空に浮かぶ雲だけでなく、ワシントン記念塔のオベリスクをも映しだし、それによって記念建造物の贋造品(パスティーシュ)のような作品を即興的に創り出している。つまり、記念碑は大地との関係でいうと、コンテクストと脱コンテクスト化とのあいだを、切除と包摂のあいだを揺れ動いている。上から見るなら、大地に切り込みをいれたように見えるし、逆に下から見るなら、大地から生えてきたように見える。ベトナム戦争記念碑が建っている場所の特異性を考えるときにもっとも重要なのは、それが一方ではワシントン・モールというナショナリストの言説に対抗的であり、しかも同時にそれと連続しているというその位置である。★11

ベトナム戦争記念碑が他のモダニズム彫刻と何よりも異なっている点は、それが戦争のメモリアルだということである。この記念碑は、第二次世界大戦を顕彰記念して建てられたいくつかのメモリアル以来、アメリカで建てられた最初の国民的戦争メモリアルであるが、戦争に関しては、従来の記念碑が発しているものとは明らかに違ったメッセージを発している。記念碑の建立計画を推進したベトナム戦争記念碑基金は、デザインを公募するにあたってたったふたつの条件だけを要求した。その条件とは、戦死者や戦闘中に行方不明になったひとびとの名前を刻み込むこと、そして記念碑自体が政治的な意味をもたず、周囲に溶け込むようなものにすること、の二点であった。帰還兵たちの最初の指示にはこうあった。「メモリアルは、戦争とその遂行について、いかなる政治的な主張を掲げるものであってもならない。メモリアルは、そうした争点を超越するものとなるべきである。メモリアルを創作することが癒しの過程を始めることになるように希望している」[★12]。こうしたガイドラインのなかに暗黙のうちに含まれているのは、記念碑がベトナム戦争に関する論争に、なんらかの形で終止符を打ってくれるのではないか、という願望であった。しかし、かれらがそうした要求を出したことによって、帰還兵たちはこの記念碑が発するメッセージと、従来の記念碑が発するメッセージとのあいだに劇的なほどに大きな隔絶をもたらすことになった。作品は戦争に関して政治的な立場を明示してはならないという要求は、論争が進むにつれて素朴な要求であることが明らかになるが、ともあれそれがあることで、この記念碑は戦争を賛美できないこともたしかになったからである。

従来の戦争記念碑には、特定の論争に強制的に終止符を打つために建てられたものが多い。この場合の終止符とは、勝利または勝利の痛ましい代償についての特殊なマスター・ナラティヴのなかに戦争を包摂することである。これは、第一次世界大戦のメモリアルに頻出する「二度とふたたび……」というテクストのなかで主調音をなすテーマである。しかし、戦争をめぐる論争に終止符を打とうとすれば、戦争の原因や結果についてのある自己完結的な物語が提供されるために、結果として、将来起こりうる戦争を正当化するのに手を貸してしまいかねない。モニュメントがもつ建築構造上の特徴や、これまでの戦争記念碑の美学的コードを拒絶したという点で、ベトナム戦争記念碑は、論争に終止符を打つことや暗黙のうちにそうした記念建造物が有する伝統を拒んでいる。ベトナム戦争記念碑は、これから建設される未来のメモリアルを非難しつつ、かつ同時に正当化していると言ってもいいかもしれない。

恥辱の黒い傷あと

ベトナム戦争記念碑のデザインは、建設される前から批判の的になったが、それはモダニズムという美学的要素だけがその理由ではなく、むしろもっと重要なこととして、この記念碑が、戦争の想起に関する暗黙のタブーを侵犯していたからである。最初に記念碑のデザインが公表されたとき、一部の帰還兵などからは、これが、敗北を喫した戦争の恥辱についての高度に政治的な言明になっているではないか、という非難が持ち出された。「恥辱と悲しみの黒い傷あと」「みじめな溝」「墓石」「侮辱の一撃」「徴兵忌避者や未来の新左翼のための嘆きの壁」などと呼ばれた。こうした反対派には、帰還兵たちの一定の党派や「新右翼」のメンバーが含まれており、保守主義の活動家フィリス・シュラフリーから、のちの大統領候補で、このコンペのための資金提供者でもあったロス・ペローにまで及んでいた。こうした批判派の多くは、この記念碑が敗北のためのモニュメントであり、戦没者や帰還兵の栄誉を讃えるよりも、むしろ、国民の罪悪感を増幅させるものだと理解した。ベトナム戦争記念碑基金のなかで熱心に活動してきた帰還兵トム・カーハートも、審査員のなかに帰還兵が入っていなかったという事実に異論を唱えて、このモニュメントをベトナム戦争帰還兵を侮辱するものだと考えるひとりだった。「提案されたデザインは、芸術的な理由からよしとされたのであるが、問題なのはアートではない。もしアメリカ人たちがこんな黒い塹壕を掘り返すことを許すなら、未来の世代は明らかに、アメリカがベトナム戦争帰還兵について何を考えているのかをはっきりと理解することになる」[★13]。

そうした記念碑は、いかにメモリアルがその反対派によって「読まれている」か、またかれらの読みがいかに戦争メモリアルの想起のコードを露呈せざるをえないのかを示している。多くの批判者は、壁の黒さを恥辱、悲しみ、不名誉を喚起することと捉え、またこの記念碑が地上高くそびえ立つ形状でないことに触れて、敗北を示唆していると見た。したがって、黒い色を恥辱に満ちたものとする人種的にコード化された読み方は、女性化された大地を力の欠如を含意するものとして理解する読み方と結びついたのである。黒い石に反対する論拠は、みずからが黒人でもあるジョン・ジョージ・プライスが記念碑をめぐるある会議の席でつぎのように発言したことで、決着がつけられた。「黒は恥辱の色なんかじゃない。あなたたちが言い立てることにはもううんざりだ。色なんて、朝鮮半島やベトナムの戦場じゃ、なんの意味もなかったよ。みんな平等に戦闘のなかにいたんだ。だから、色がなんらかの意味をもつべきじゃない」[★14]。

まぎれもなく、この記念碑が、地表高くそびえる白い石造物という伝統的な記念建造物の様式からは逸脱していたがために、そのデザインは政治的意味をもつと理解された。芸術的観点で記念碑を擁護するひとびとを攻撃して、「ナショナル・レヴュー」の論説は次のように論じたてている。

われわれがこのジョージ・オーウェルふうの感傷的がらくたにたいして反対するのは、アートのなかの新しいコンセプトに無理解だからではない。この記念碑のデザインには明らかに政治的メッセージが込められているからである。このデザインによれば、ベトナム戦争は首都ワシントンに特徴的な白い大理石ではなく、黒という色によって記念されるべきだということになる。死者の名前をひとりずつ刻んでいくやりかたにしても、何かの大義のために命を捧げたというよりも、まるで個人的な死を表わしているかのようだ。かれらは交通事故か何かで死んだのだと言っても通用してしまうだろう。しかも、モニュメントが地面より下にも沈んで、離れたところからは見えないようになっていることは、この戦争の「語りがたさ」を象徴しているかのようである。実際、その戦争は、モニュメントそのもののうえでも言及されていないではないか。最後に、黒い壁をV字形に建てたりすれば、「ピース」と言いながら指で表わす反戦派のメッセージ「Vサイン」を永遠化してしまうことになるだろう。★15

記念碑のシンボリックな意味についてのこのような分析は、じつは感覚的にうまく言い当てているところがあり、記念碑をめぐる重要な論点を指し示している。たとえば、ひとりひとりの名前を列挙する方法は、たしかに複数の人間が一丸となって命を捧げたというよりも、個人的に死んでいったということを強調する。また、記念碑と大地との関係も、英雄的な行為や勝利を喚起させず、むしろそれを拒否する性質をもっている。しかし、記念碑についてのこうした保守派の読み方は、デザインを解釈する点では鋭く争点を嗅ぎつけたところがあったにしても、名前を刻み込むというやりかたにたいする大衆の反応を予想することはできなかった。

こうしてみると、メモリアルのデザインについての腹立ちまぎれの反応は、エリートが何か抽象的な物をもったいぶって提示してきたことへの反発だけではない。なぜなら、ワシントン記念塔そのものからして、まさに抽象的と呼ぶにふさわしい建造物であるにもかかわらず、それを建設するさいに論争など起きなかったからだ。むしろ、記念碑が戦争の記憶を正しく伝えていないという非難が出てくる（語られざる）主要因は、この記念碑そのものが反＝男根的な存在だからだろう。「反＝男根的」と言ったからといって、記念碑は受動的ないし「女性的」なものであると言いたいのではない。指摘しておきたいのは、この記念碑が、モニュメントたるものは権力と栄誉を象徴して垂直にそびえ立たなくてはならないというコードに背反しているという点である。記念碑は地表から垂直に屹立してはいない。むしろ大地と連続性をもっている。その形状は、自身が有する意味を広く喧伝するというよりは、深い内省に誘い込むような性質のものである。二つの壁がVの字に接合されている記念碑の構造は、多くの人によって、「ベトナム（Vietnam）」「犠牲者（victim）」「勝利（victory）」「帰還兵（veteran）」「侵犯（violate）」そして「勇猛さ（valor）」を表わす頭文字の「V」だとされてきた。しかし、この論争のなかでは、ここに暗黙のうちに去勢という意味が喚起されていると見る、面食らうようなサブテキストを読みとるものもいた。二つの黒いみかげ石がV字形に接合しているということが、女性性を示すVだとも解釈できるようなのである。「傷あと（gash）」という言葉が、たんに傷だけではなく、俗語では女性性器を意味することとも無関係ではない。この記念碑は、大地、裂け目、死といった、精神分析学的に女性性の恐怖と結びつけられる要素をすべて含んでいる。

批判者のなかには、公然と男根的なメモリアルを求めている者もいる。ジェームズ・ウェッブは、基金を支える財政支援委員会の一員でもあるが、かれはこう書いている。

銃剣のように空を突き刺しているワシントン記念塔は白いペニスだ。これを見ていると、気分は昂揚してくる。昂揚した気分になるようにと後押しされているのだ。これが設計者の意図なのである。それが政治的メッセージだ。そして、それから森をすかして、左手の地面に開いた黒い切れ目をじっと見れば、この悲しい、汚らしい集団墓が、虚無的に死を想起させるものとして横たわっている。それにふさわしいメッセージに出くわすことだろう。それが論争なのである。それは、それのために奉仕した人間にとっては、このメモリアルのもたらす悲劇なのである。[★16]

記念碑を批判するひとびとに言わせれば、この反＝男根という特質は、合州国が戦争へと突き進み、敗北したために負った去勢の生々しい傷口を象徴している。したがって、この傷を「癒す」ためには、技術力を背景とした優越的な軍事力としての合州国というメタ物語を復活させ、米兵の男性性を回復させるようなメモリアルが求められるのである。

そもそも、このように論議を呼びおこす反＝男根的な記念碑をデザインした人物は、戦争を想起するための伝統的なコードに従うつもりはなかったようである。マヤ・イン・リンは、匿名で審査されたコンペにおいて、自作が八人の男性の「専門家」によって採用されたときには、二一歳のイェール大学の学部学生であった。採用された作品は「喪の建築」という科目の課題として制作したものだった。リンは若くて無名であるだけでなく、中国系のアメリカ人女性であった。当初、ベトナム戦争記念碑基金の帰還兵たちは、事の成り行きにたいして好意的だった。かれらは、リンのデザインが選ばれたことで、記念碑のデザインを公募したコンペは開かれたものであり、選考過程でもちゃんと公正さが守られていた証拠になると考えた。[★17]しかし、議論が大きく分かれる戦争について、かなりの影響力を与えることになる解釈者という重要な役割に、文化的には「周縁」に位置する人間が選ばれたことは、事態を複雑にせざるをえなかった。

のちにマヤ・リンは、主としてメディアの手によって、アメリカ人ではなく「他者」だとみなされるようになる。この「他者性」という規定は、メディアや帰還兵たちがリンをどう認識したかを示しているだけではない。議論の争点になったのは、はたして彼女の他者性が、記念碑のデザインそのものに影響を与えたのかどうかという点であった。建築評論家のマイケル・ソーキンは書いている。

おそらくマヤ・リンの「他者性」こそが、このような感動的な作品を可能にしたのだろう。彼女自身がよそ者だからこそ、ベトナム帰りという、国家が十年間も直視しないで避けてきたひとたち、国家によって「他者性」を押しつけられて苦しむひとたちからする、おれたちを承認せよという要求に応えて、あれだけのデザインを創造して成功を収めたのだ。女性たちは、ベトナム帰還兵がこうむった困難よりももっと長いあいだ、社会からは不可視な存在として扱われてきたからである。それによってマヤ・リンは、この差別という事実を曖昧にして戦争の記憶を侮辱してしまうという隘路に陥ることなく、このメモリアルを制作することができたのだ。★18

ソーキンによると、中国系アメリカ人女性であるというリンの周縁的な立場は、ベトナム帰還兵が経験したような周縁化や、彼らの間に存在している人種と世代という差異を著しく消去するというアナロジーへの洞察をもたらすのである。

リンがどういう人物であるのかが知られるようになると、彼女のデザインを受動的なものとして特徴づける傾向が活字メディアのなかに現われた。女性的で、かつアジア的な美的センスが示されているというのである。この作品が戦争の賛美を拒絶していることは明らかであり、同時に暗黙の平和主義的な作品であり、つまりは政治的作品であるといって良い。それはまた、明らかに英雄崇拝に反対する志向性をもっている。しかし、それが観想的であり、大地と連続性をもっているかぎりは、それもまた、大地に切り込みを入れる侵犯的な作品と見なされうるものであった。リンはこう述べた。「わたしは土地とともに仕事をしたいと考えたのです。土地を支配するのではなしにね。土地を切り開きたいという衝動をもっていましたが……それは、原初の侵犯行為であって、それが時間のなかで癒えていくはずなんです。草はまた伸びてきますが、切り取られたところはそのまま、平らな平面として残ります。切り込みをいれて、縁を磨いた晶洞石のようにね[★19]」。つまり、黒い壁が癒えつつある傷を意味するとしても、それはその壁が、傷を作り、大地に切り込み、それを引き裂かれたままにする暴力をも同時に意味することなしには不可能である。

マヤ・リンと帰還兵たちとのあいだで騒動が持ち上がるのはもう時間の問題だった。「基金はつねにわたしを女性として、子供として見てきました」と、リンは語っている。「コンペで一等になってそこに入っていったんです。あのひとたちの態度は「オーケー。よくできたね。でも今度のことでは有能な男を、いいかい、男を雇うつもりさ」とでも言わんばかりでした[★20]」。リンは女性であり、アジア系アメリカ人であるために、そして彼女の作品にたいするアプローチのために、帰還兵たちの言説の局外に置かれたのである。一方、彼女自身は、ベトナム戦争をめぐる論争に影響されないように、戦争史の政治的な部分については、あえて知識や情報を身につけないようにしようと決心していた。この記念碑の建設を推進した中心人物といってよい帰還兵のヤン・スクラグスによれば、「リンは、「戦闘はどんなだったか？」とか、「記念碑に刻む名前のなかのどれがあなたの友人なのか？」といったことはいっさい尋ねてこなかった。われわれベトナム帰りの方でも、「勇気」「犠牲」「義務への献身」といった言葉が本当は何を意味するのかを説明したことは一度もなかった」[★21]。

リンの民族性は、二重の意味で彼女を公的論争から排除した。彼女は、メモリアルのデザインが「アジア的感性」をもったものとして特徴づけられることに異議を唱えた。彼女はオハイオ州エイサンで育ち、十代にはマクドナルドで働き、自分のことをエスニック・アイデンティティをほとんど気にしない平均的な中西部アメリカ人と見ている。しかし、彼女のアジア系アメリカ人としてのアイデンティティは、インドシナで戦われた戦争を想起する言説を規定するメモリアルの設計者という彼女の位置を考えると、とりわけアイロニカルなものになったと、解釈されたのである（中国とベトナムとのあいだの政治的関係がころころ変わる複雑なものであるにしても、このように中国系とベトナム系をごちゃごちゃにして発想することは、いかにもアメリカ的なやりかたである）。論争のなかでは、リンのアメリカ人としての位置はどこかへ消えてしまい、彼女はたんなる「アジア人」とされている。論争が燃えさかっていた時分に、「60ミニッツ」という番組のなかでモーリー・セーファーは尋ねている。「これほどの論争を巻き起こしたのはデザインのせいでしょうか。それとも設計者が学生であり、女性であり、アメリカ人であり、中国系アメリカ人であるからでしょうか」。リンはこう応答した。「いずれにしろ、あのひとたちにはむずかしいことだと思います。あのひとたちは、みんないっしょにしてしまうんです、ひとつのものにね。そういうときに使われる言い方があるでしょう、グーク〔東洋人の蔑称〕って呼ぶんです」。

しかし、リンは「わたしのデザインの一体性」をつねに持ち出して、自分が外部の人間であるという立場を強調したが、他方で帰還兵たちは、赦しという意味であれ、栄誉という言葉であれ、記念碑のデザインが自分たちや戦没者の家族に情緒的な慰めをもたらしてくれるかどうかに関心があった。記念碑のデザインをめぐって、リンと帰還兵たちとのあいだで起こった当初の食い違いは、そののちのいくつかの妥協によって収まった(帰還兵たちは、見つけやすいように索引を別に近くに設けるという条件で、名前を時系列順に並べることに同意し、リンもまた、名前のリストの最初と最後に碑文をくわえることを認めた)。結局、こうした対立は、美学的な問題というよりも、記念碑が誰のために存在するかという問題であったのだ。

美意識と顕彰記念行為に関するこうした言説は、さらに大きな政治の世界のなかでも、同じように作動した。記念碑の基金を拠出した何人かの有力なメンバーは、ロス・ペローも含めて、デザインが気に入らず、内務長官ジェームズ・ワットは設立許可を保留した。[★22] ベトナム戦争記念碑基金の帰還兵たちにとっては、妥協をするか、それとも記念碑の建設自体を延期するしか選択の余地はないことが明らかになった(完成予定日は、一九八二年十一月の復員軍人の日であった)。結果として、マヤ・リンの記念碑は建てるけれども、同時にその壁の近くに、別に彫像を設置し、また国旗を建てるという案がまとめられた。この別に建てる彫像のデザインのために、写実主義の彫刻家フレデリック・ハートが選ばれた。マヤ・リンはデザイン料として二万ドルが払われただけだったが、このハートには、同じ基金から三三万ドルが支払われた。[★23] もともと帰還兵たちは、旗と彫像を壁の付属物として設置する意図をもっていたのである。その計画はマヤ・リンを深く傷つけ、そのため彼女はそれに反対する手助けを求めて法律事務所を雇ったりした。結局その像は、メモリアルから離れた木立ちのなかに設置することが決まった。

一九八四年に建てられたハート作の青銅像は、三人の兵士――ひとりは黒人で二人は白人――が立って記念碑の方向を見ているかたちになっている(図6)。[★24] 約二・五メートルもの高さがあり、訪れるひとに威圧感を与える。兵士の着ている軍服は裂けて破れており、肩から銃をぶら下げ、腰のまわりには銃弾を装備している。かれらの表情はいくぶん当惑気味で、混乱しているようでもある。記念碑のデザインをめぐ

図6　フレデリック・ハート作の彫像。撮影：著者

る論争では、自らモダニズム批判の急先鋒だったハートは、以下のように語っている。「わたしはヒューマニストであって軍国主義者ではない。この戦争では、何が良くて何が悪かったなどと言うつもりもない。わたしは三年間にわたって調査研究をつづけ、関連文献をすべてを読んだつもりだ。その過程で多くの帰還兵たちと知り合い、酒場でいっしょに飲んだりもした。リンの作品は、この主題に関するなんの知識もなしに、まるで真空のなかで造られたような現代美術の超然とした作品である。ニヒリスティックだ。これこそが彼女の作品のテーマだった」[★25]。

ハートは、リンのことを別の機会には「ただの学生」と呼んだこともあるが、帰還兵と酒場でいっしょに飲むといった、リンには近づけない、つまりもっぱら男性にのみ限定された領域内での「知識」を、自分の信念の基準としている。一方でリンは、ハートの彫像がつけくわえられたことについて、「他人の肖像画に髭を描き込むようなことだ」[★26]と表現している。ハートによれば、リンはなんの「知識」や

「研究」もなしに作品をデザインしたばかりか、専門家としての技量を表現してもおらず、ただ女性として感覚と本能のおもむくままに仕事をしたということになる。ハートは、写実主義そのものを男性の特権とみなすだけでなく、戦争を記憶するには必要不可欠な美学であるとも断定する。

ハートの影像では、帰還兵と死者とはまとめて単一のナラティヴに包摂されてしまっている。そのようにしてハートの影像は、太平洋戦争末期の硫黄島で星条旗を立てようとした場面を模写した海兵隊戦争記念碑（the Marine Corps War Memorial）の伝統に忠実にしたがっていたのである。この海兵隊記念碑は、写実主義的な戦争記念碑の極めつけであり、アメリカ合州国は外国の土地であってもそこに自国旗を掲げる権利があるという発想を象徴する作品である。[★27]

ベトナム戦争を表象するのにふさわしい様式は何かという論争は、明らかに、戦争の表象そのものをめぐる闘いである。したがって、ひたすら「非政治的」な記念碑の建立を求めたベトナム戦争記念碑基金の帰還兵たちは、それ自体が論争の対象になるナラティヴである記念碑と、戦争というやはり論争的なナラティヴとを区分けしようと試みてきたが、これは究極的には不可能な課題であった。まさしくベトナム戦争が社会にもたらした分裂効果のために、メモリアルは中立的な場所になりようがなかったのである。のちになって、マヤ・リンは、ふたつのメモリアルの奇妙な特性について付言している。「妙な感じだが、妥協はメモリアルを真実に近づけている。同時に記憶しておくべきことは、いまだにその戦争には決着がついておらず、また係争点を、つまり政治をその戦争から分離することなどできないということである[★28]」。

しかし、実際にリンの記念碑が建てられてしまったあとには、デザインをめぐる美意識や想起についての論争は雲散してしまった。それまでの論争は、想起と癒しにかかわる国民的な討議に覆いかくされてしまったのである。記念碑を訪れてリンの作品に実際に触れた人は、その力強さに圧倒されてしまい、デザインにたいする批判などはどこかに飛んでいってしまったのだ。

名前

この記念碑がもつ圧倒的な力は、まちがいなく、壁に刻み込まれた五万八一九六人の名前が与える影響力によるものだろう（図7）。記念碑のデザインは、それを見るものを内省的にし、下向きに引きつけて、記念碑の中心部分に向かわせる。その結果、地面やワシントン・モールのもとに沈んでいく感覚が生まれるとともに、思わずそれに触れ、自分をそのリストのなかに見いだしたような思いに誘うのである。[★29]

これらの名前は、その数の多さのゆえに、文化的記憶の多様な絡み合いのなかに、ベトナム戦争記念碑を置き入れることになる。この記念碑は、個人の価値の上位にある集合的な存在に力を与えることはしない。記念碑を訪れたひとたちの感想のなかでもっとも多いのは、個々の名前から発せられる痛みが伝わるだけでなく、その輪がどんどん広がっていくというものである。つまり、それぞれの名前の背景には、悲嘆にくれる両親、姉妹、兄弟、恋人、妻、子供がいることが想像でき、その結果、戦争によって直接的な影響をこうむった無数のひとびとを想起するのである。

こうして名前を列挙する行為によって、文化的記憶が膨張した状態が創りだされる。膨れ上がった文化的記憶は、現在も書かれつづけているベトナム戦争史を、覆したり書き変えたり、またときには自らが創出したりするものとして理解されうる。こうした名前が喚起する歴史や、それが生みだす反応は、当然のことながら多種多様であり、複雑で個別的な事情が詰まっている。これらのナラティヴは、生き残ったが、

図7　ベトナム戦争記念碑に刻まれた名前。撮影：著者

戦争によって人生が取り返しのつかないほどに変わってしまったアメリカ人に、戦争が及ぼした影響とも関係がある。名前のリストからは、戦争における運命のアイロニーが伝わってくる。理由もわからないまま失われた生命のアイロニーであり、後から振り返ってみて初めてそれがアイロニーだとわかるのだ。[★30] 戦争についてのあらゆる説明は、この国がベトナム戦争の記憶を受け容れず、帰還兵たちは国民的敗北によってスティグマを刻印されているという認識によってすべて色づけられている。

たしかに、これらの名前はオフィシャルな歴史のなかに記録されているのだが、この歴史は、それぞれの名前から始まって次々に広がっていく人の輪を包摂することはできない。記念碑の壁に刻まれた名前は、戦没者を讃える唄でもある。事実、除幕式でも、十周年式典でも、まるで死者にたいして点呼するように、ひとりひとりの名前が大声で読みあげられた。[★31] 名前は石に刻まれている。戦争で命を落としたひとびとは、かれらが不在の存在であることによって、かえって歴史的な現前を達成するのである。壁に刻まれているのは姓名だけで、賛辞も、死亡した場所や日付も、階級や出身地も添えられていない。軍での階級がないために、名前は軍隊というコンテクストからも逃れ、ある社会の名前を表わすことができる。しばしば指摘されることだが、こうした名前はアメリカの多様性を表現している。フレデス・メンデスーオルティズ、スティーヴン・ボリシェフスキ、ボビー・ジョー・イーウェル、リーロイ・ライトといった具合である。帰還兵ウィリアム・ブロイルズはこう書いている。

これらは、アメリカ人の心深くに届く名前である。ひとつひとつの多種多様な名前からわかるように、多くの家族が、過去のいつかに、アメリカが約束する新しいチャンスとよりよい生活が本当かどうかを試すために、故郷とその文化を捨てるという大きな決心をしたのである。これらの名前は、世界の最果てからやってきたものたちの子孫であり、それが今の世代になって、今度は世界の遠い反対側の片隅へと送られ、そしてアメリカが懸命に忘れようとしている戦争に参加させられたのだ。★32

死者の名前が多様であることをもって、それを約束の地アメリカの指標であると考えたり（したがって、たとえば奴隷貿易の結果として、自分で選んだわけでもないのにこの地にきたひとびとの子孫のことは念頭にないわけである）、合州国を世界の中心に据えて、これらの名前をもつ人びとの出身地や海外戦争の場所を「遠い片隅」と呼ぶブロイルズだが、かれの見方はけっして例外的なものではない。しかし、記念碑に刻まれた名前のエスニシティに関するブロイルズの解釈から抜け落ちているのは、死者の数において、エスニック集団のあいだに不公平な偏りがみられるという事実である。この戦争には、人口比からいって不釣り合いなほど多くの黒人とヒスパニックが参加し、兵士のほとんど大部分は労働者階級か中産階級の出身だったのだ。われわれの文化では、通常固有名詞は、法的かつ父権的で複雑な意味合いを帯びながら、個人個人を社会の一員として特定する機能をもつ。この記念碑についていえば、刻まれた名前はすべてアメリカ人だとコード化されており、アジア系だとか黒人だとか白人だとかとは認識されない。これらの名前が示唆するエスニシティはすべて、アメリカのメルティング・ポットというナラティヴに取り込まれるが、しかし、アイロニカルなことに、この顕彰記念行為の担当者としてのマヤ・リンは、これに当てはまらないことになる。彼女はアメリカ人としてではなく、ただアジア人として表象されたからである。

名前は、ベトナム戦争の死者たちの身体の代補として作用している。訪問者たちが記念碑のところで名前に紙をあてて擦りだし、歴史のなかに記されている名前を手元におくということは、いまでは祭祀のようになっている。こうして、これらの名前は、不在のひとびとの表象として、重要なシンボリックな意味をもつようになる。しかし、厳密に言って、それが呼び起こしているものは何なんだろうか。あきらかに、刻まれた名前の列は、アメリカがベトナム戦争に巻き込まれたという歴史の部分として、呼んでも帰らなくなった死者たちを表わしている。しかし、石に刻まれた名前が個人のどんな意味を表現することができようか。ジュディス・バトラーはこう問うている。「しかし、名前は本当にわれわれに相互主観的な根拠を開いているのだろうか。それとも、名前はただ取り返しがつかないほどに奪われてしまった歴史を表現する数多くの廃墟であるにすぎないのだろうか。こうした名前は、実際にはわれわれにとって、失われた生命が満ちているということを意味するのだろうか。それとも、それについてはわれわれが知ることのできない非常に多くの徴標、不可解で何も語ろうとしない謎なのだろうか[★33]」。名前は、不在の存在の徴として、あらゆるものを喚起するとともに、同時に何も呼び出してこない。これこそが、エイズ・キルトの場合でも、ベトナム戦争記念碑の場合でも、なぜそこを訪れたひとびとが、その名前を個人の意味で充塡しようとして、写真や手紙やその他の思い出の品を付けくわえずにはいられない気持ちになるかの理由である。

ところで、記念碑の名前がアルファベット順ではなく、死亡した時系列順に並べられているということは、決定的な効果を上げている。これは、マヤ・リンの当初からの意図であり、こうすれば「ギリシャの叙事詩」のように「帰還兵を戦争当時の時間的流れのなかに戻せる」からである。帰還兵たちは、初めはこの案に反対していた。かれらは、死亡した年代順に名前を並べると、記念碑を訪問した帰還兵や家族の人たちが、探している名前を見つけられずに不満を抱いたまま帰ってしまうのではないかと恐れたのだ。だから、名前の刻まれている場所がすぐわかるように、アルファベット順に並べるよう要求したのである。しかし、のちに国防省による死者のリストを見せられて、帰還兵たちは意見を変えてしまう。アルファベット順に並べられると、名前は個人ではなく、何か文化的な実体を表現することになった。たとえば、スミスという姓をもつものが六百人以上いたし、ジェームズ・ジョーンズという名前の持ち主だけで十六人もいた。アルファベット順に読むと、名前は匿名化し、個人ではなく統計的なものとなってしまったのだ。

しかしながら、時系列的に読まれることで、ベトナム戦争記念碑の名前は、ある特定の物語のフレームワークを創りだす。それらは、葛藤の物語をまざまざと描いている。壁に沿って歩いてみると、まるで戦争の歴史のなかを歩いているような気もしてくる。たとえば、日付けごとに見ていくと、そのなかでアルファベット順に並んだ名前の数が増えていくのだが、そこから戦闘が激化した状況がうかがえる。くわえて、訪問者たちが索引である名前を見つけだし、それからそれを壁のなかに発見しなくてはならないという事実は、かれらをある能動的な行為のなかに引き込むことになる。設計者リンも含めて、それを「旅」

と呼ぶものもいる。こうして、年代順のリストは、帰還兵たちに戦争体験を思いだす空間的なレファランス、つまり、記憶の地図を提供している。同じ日付けのところに集中している名前の群をみて、敵の待ち伏せにあったこと、死者が多数出て悲劇に終わった夜間索敵行動のこと、そして自分が負傷した夜のことなどを、思い出すのだ。

しかし、これは直線的なナラティヴの枠組みではない。むしろ、時系列的に並べられた名前は、中央の壁の接合部分から始まって右側の壁を右端へと進み、左の壁の左端へとんでからまた中央へ戻ってくるので、いわば環状に連なっている。つまり、これは循環する物語の構造であって、最後の名前の次に最初の名前を読むこともできる。このよう直線的な物語の構造を拒否したことは、見せかけの決着などありえないベトナム戦争についての論争を表象するにはふさわしい方法だろう。二つの壁の接合部分は重要な軸となる場であり、戦争の始めと終わりのあいだに設けられたわずかな隙間である。このわずかな空間は、平和を、それも戦争と戦争のあいだの一時的な平和を暗示している。

ところで、誰の名前が壁に刻まれ、誰が除外されるかは、文化的な記憶と歴史が交錯する場を表象しているこの記念碑においては、非常に重要な問題となっている。ベトナム戦争記念碑基金の帰還兵たちは、死者たちにだけでなく残された者たちにも、この記念碑が捧げられることを希望していた。こうして碑文の最初と最後に次のような文章を読むことができるようになった。「ベトナム戦争に従軍したあらゆる戦闘員の男女の名誉のために。命をささげたひとびとの名前、行方不明になったままのひとびとの名前は、かれらがわれわれから奪われた順にこの石に刻まれている」。記念碑がすべての帰還兵にとって強力なシンボルになったことは疑いもないが、実際は戦死者と行方不明者の名前だけが壁に刻まれ、歴史のなかに記されているのだ。名前が出た者とそうでない者との違いは、記念碑という場で交錯する記憶や歴史にとっては重要である。とくに、いまは生存している帰還兵たちがやがて死去したのちに、記念碑がいかなるベトナム戦争の歴史を創っていくかという点が問題となろう。

名前が挙がっていないいまのひとたちがいるために、名前のリストを作ったとしても、記念碑の物語には限界がある、ということができるかもしれない。ワシントン・モールのナショナリストたちのコンテクストでは、ベトナム人たちは言及の対象ではない。かれらは、協力者、犠牲者、敵として、そしてもっと単純には、このひとたちのためと称して、かれらの国土のうえでこの戦争が戦われたのだが、そうした国民としても、その名前は明らかに不在のものにされている。人生が取り返しがつかないほどに変わってしまったひとびと、あるいは戦争に反対したがために殺されたひとびとも、記念碑をめぐる言説のなかには存在しない。唯一の例外は、反戦運動の活動家たちが、戦争を負けたままにしておきたくないために論争に乗り出していく保守的な論客によって、けしからん存在として引き合いに出されるときであり、この壁には登場しようがない。

実際上の問題として、記念碑に刻まれた名前について、多くの分類上の問題も提起されている。ベトナム戦争記念碑基金は何ヶ月もかけて死者を綿密にチェックし、統計の数値を検証したが、それでも誤りが起きた。少なくとも十四人、また推定では三八人が、名前は記念碑に刻まれているにもかかわらず、実際は生存していた。[★34] また、建立されて以来(最初に壁に刻まれた名前の数は五万七九三九人だった)記念碑には二百の名前が後からくわえられた。これらの名前は、「技術的」な理由で刻印を差し控えられたものである(たとえば、あるケースでは、当該人物が「大統領によって指定された」戦闘地帯の内部で死んだのかどうかという点が問題になった)。[★35] そうした問題が示しているのは、戦争には終わりがないということである。たしかに、五万八一九六名にも及ぶ名前は、その扱いもむずかしく、遺体等の識別も不可能な戦争のなかでは個別のくわしい事情（誰がいつどこで死んだのか）を知ることもできないために、物語に終止符を打つことができないのである。メディアなどでほとんど取り上げられたことはないのだが、ベトナム戦争における無名戦士の墓は、一九七四年にその造成が議会で承認されたが、その後は空っぽのまま墓碑も彫られず、この状況は一九八四年に報道されて注目を集めるまでつづいた。[★36] 軍部によれば、造成が遅れたのは、身元が確認できないような遺体がないからだという（実際は、陸軍にはいくつかの身元不明の遺体があったが、行方不明者の家族からの圧力もあって、身元不明として分類してしまうことを避けたのだ）。したがって、ここで問われているのは、ある特定の遺体の身元を確認して、一種の決着をつける技術力である。

これからも記念碑には名前がつけくわえられていくだろう。この過程は、いつ終わるとも知れない。戦後に戦争に由来する原因で亡くなった帰還兵たちは記念碑には含まれていないということはずっと指摘されてきている。たとえば、自殺をしたものや、枯れ葉剤を浴びて後遺症で死んだひとびとのことである。[★37] かれらは戦争の犠牲者ではないのだろうか？　なによりも、帰還兵たちによっていまも戦われている戦闘は、ベトナム戦争の単純な物語を許さないのである。

しかし、この記念碑は、他のあらゆるメモリアルと同様に、本質的には、ジェームズ・ヤングの言葉を用いるならば、「忘却のためのモニュメント」である。ヤングは書いている。「ある国民のモニュメントは、そのなかにかれらが描き込むのと同じだけの歴史を、記憶から切除している」。[★38] ワシントン・モールのナショナリストのコンテクストのなかで枠づけられるならば、ベトナム戦争記念碑は、必然的にベトナム人を忘却しなくてはならず、ベトナム戦争からの帰還兵に戦争の第一の犠牲者という役回りをあてがわなくてはならない。[★39]

ベトナム帰還兵――永遠の兵士

〔第一次〕世界大戦とともにひとつの現象が目に見えてあらわになり、その後、その現象はいっこうにしずまりそうもない。戦争が終わったとき、戦場から帰還した兵隊が一様にむっつりおしだまっていたのに、ぼくらは気がつかなかっただろうか。ひとに告げることのできるような、ゆたかな経験などなかった。経験はすっかり貧弱なものになってしまっていた。あれから十年後、戦記物の氾濫のなかで堰を切ったように出てきたものも、ひとの口から口へと伝えられてゆく経験などでは、けっしてなかった。それは奇妙なことでもなんでもなかった。経験はすべて虚偽と化していた。戦略上の経験は陣地戦によって、経済上の経験はインフレーションによって、体力上の経験は科学戦によって、道徳上の経験は権力者の実態によって、あのころほどみごとに化けの皮を剝がされたことはない。まだ鉄道馬車で学校へかよったことのあるひとつの世代が、いま、青空に浮かぶ雲のほかは何もかも変貌してしまった風景のなかに立っていた。その雲のしたで、破壊的な力と力がぶつかりあい、爆発をつづけるなかに、ちっぽけなよわよわしい肉体の人間が立っていた。

ヴァルター・ベンヤミン「物語作者」

〔高木久雄、佐藤康彦訳『ヴァルター・ベンヤミン著作集7』一九六九年、晶文社、一七九―八〇頁〕

「物語作者」というベンヤミンの有名なエッセイのなかに描かれている経験の伝達不可能性は、非連続的で断片的な経験、近代的な戦争遂行の経験から生じる帰結である。同じように、ベトナム戦争の体験を人に伝えることは不可能だというのが、ベトナム戦争の表象の主要なナラティヴであった。こうした沈黙は、理解しがたい戦争によってもたらされるものとして描かれてきた。戦争に関するこれまでのどんなイメージにも適合しない戦争。アメリカの大衆がかたくなに信じようとしない戦争。ひとに伝達することがこのように不可能だからこそ、ベトナム戦争記念碑の建立が必要であった。これが結果としては、帰還兵たちの経験の伝えがたさを軽減したのである。

ベトナム戦争記念碑は、戦争のさなかに命を落としたひとびとの記憶に捧げられていることは明らかだが、これはベトナム帰還兵にとっても、もっとも重要なイコンなのである。記念碑は、帰還兵たちにアイデンティティを確認できる場所、集まって自分たちの声を挙げるための場所を現実のものにしたと言われてきた。「帰還兵の名誉の夜警」と呼ばれる元グリーンベレー隊員からなるボランティア団体は、戦場で亡くなった戦友のために、記念碑を二四時間監視すると申し出ている。帰還兵たちは、しばしば夜、群衆の足が遠のいた時間帯になって、記念碑のまわりに現われるのである。ここは、帰還兵たちがかれらの亡くなった友人たちに話しかけることのできる場所、瞑想の場所、かれらのアイデンティティに特別な意味を与える場所である。[★40] 二人の帰還兵は、この場所でピストル自殺をしている。一九八四年にそこで自殺したのはワシントンD・Cの警官だったが、かれは「壁の最初の犠牲者」と呼ばれた。[★41] 一方の自殺があったあとに、帰還兵の妻が次のように述べていた。「わたしの夫は、心に何かこだわっていることがあった時……壁に行ったものです。あのひとは、午前二時であろうが、雨がふっていようが、氷点下の寒い天候であろうが、お構いなしなんです。みんなそんな感じだわ。壁には何かがあるの。なんか磁石みたいに」。[★42]

多くの帰還兵は壁を、自分たちの記憶を訪れることができる場所だと見なしている。いくつかの国立在郷軍人病院では、PTSD（心的外傷後ストレス障害）に苦しむ患者を、治療のために定期的に記念碑を訪れるようにさせている。[★43]このような具合で、記念碑は、死者を悼むとともに、生き残ったひとびとにたいしても寄与するところは大きいということなのである。

帰還兵にとってアイデンティティの構築ということは、記念碑をめぐる物語のなかではもっとも忘れることのできない、いまもつづいている問題である。記念碑が建てられ戦争について語ることに関心が向くようになる以前には、いかに帰還兵が無視され、語る声をもたなかったかということ、これがこの物語の中心テーマである。ベトナム帰還兵のための「復員」パレードが、メモリアルが建築されたのちにいたるところで行なわれ、イラン大使館占拠事件の人質が一九八一年にもどってきたときの巨大な祝賀式典は、ベトナム帰還兵がまだ「ちゃんと家に戻ってきていないこと」について社会が一般的に自覚するようになるターニングポイントだった。[★44]

帰還兵たちの扱いは、ごく部分的でしかないにしろ、ベトナム戦争の特異性に由来しているのかもしれない。よく知られたエッセー「パパ、階級戦争に行ってきたの？」のなかで、ジェームズ・ファローは、アメリカの兵役に影響を与えている強い階級対立があるということを指摘している。[★45]この対立は、ベトナム戦争の最初期から存在していた。したがって帰還兵たちの扱い方がひどかったのは、誰が帰還兵であったのかということの直接の帰結であった。つまり、かれらは学校を出た白人中産階級ではなく、労働者階級の白人であり、黒人であり、ラテン系であり、グアム島出身者であり、さらにはネイティヴアメリカンであった。ベトナム帰還兵たちは、最初にかれらの戦後の扱い方に直面したとき、それを衝撃を受けながらも黙って受け容れた。[★46]第二次世界大戦のパラダイムであれば、帰還兵たちはかれらの努力のおかげで繁栄する国家にもどってきて、紙吹雪の舞い散るパレードや戦勝記念日に迎えられ、仕事がかれらを待っている。こうした神話的なストーリーは多くのことを見せないようにしている。たとえば、黒人帰還兵にたいする差別的な扱い、第二次世界大戦の復員兵のＰＴＳＤ、帰還兵のための雇用を確保するための工場労働からの女性の追放といったことである。もっとも、こうした事実があったからといって、第二次世界大戦の神話があとあとの戦争経験に与える影響力を減じることはなかった。★47

第二次世界大戦の帰還兵とは違って、ベトナム帰還兵は、大挙して祝福の嵐のなかに帰ってきたというわけにはいかなかった。帰還兵たちの経験のなかでももっとも困難な物語は、帰還後にひどい扱いを受けたということにかかわっている。兵士たちは一年間の兵役でベトナムに送られた。この政策のために、帰還兵たちが個々ばらばらに復員し、多くの場合、かれらを待ち受けているような移行支援サービスが存在しないという事態が生まれたのである。多くの帰還兵たちの物語に出てくるのは、そのおりに空港で知らないひとたちに憎しみのこもった視線でにらみつけられたり、ときには唾を吐きかけられたりしたということである。こうした事件は、帰還兵たちが痛感するどこまでも癒されない疎外感や虐待をもっとも象徴的に表現するものとなった。記念碑の建立式典が行なわれたあとに、死んだと思っていた友人を見つけだして歓喜する兵士たちのなかからじつに多くの物語が浮上してきたのだが、それを考えると、なぜかれらが帰還後に、みながみなかくも孤立した状況を余儀なくされていたのかという疑問は当然でてきておかしくはない。★48

帰還兵の多くは、財政難で人員も少ない軍人病院に入院する羽目になった。しかも、帰還兵には戦争の体験を忘れて、すみやかに社会に復帰することが期待されたのだ。しかし、そのようなことがうまくできたものたちはわずかであり、帰還兵はいよいよ周縁化されていった。ベトナム帰還兵は社会的に不適応者とされ、いつ精神的に爆発するかわからず、暴力を振るう可能性のある危険人物というステレオタイプで見られた。帰還兵のジョージ・スワイアーズは述べている。

> 政治家や困惑した大衆がおれたちに送っていたメッセージは明らかだった。ベトナム帰還兵は悪者で、嘘つきで、変人で、負け犬だと言うのだ。ハリウッドだって、世の中のネタを売り出すぞ、っていういつもの大安売りで、まんまと金になる悪役を見つけたわけさ。『刑事コジャック』に『鬼警部アイアンサイド』、それから『特捜ハワイ5－O』じゃ、主人公が少し頭のおかしくなっちまったヘロイン中毒の帰還兵と対決するのがいつものストーリーだ。むかしは日曜日の朝番組のヒーローが、文明を知らないインディアンのような野蛮人と戦ったのと同じ構図だ。B級メロドラマでも、おなじみの帰還兵が登場しないと話にならない。きまって精神異常で欲望むき出しのレイプ魔なんだ。むかしハリウッドが創り出した悪役は、ふらふらと落ち着かない怠け者のギョロ目の黒人だったが、それと同じぐらい、ひとを侮辱した話だった。[★49]

帰還兵を精神異常者として描くのは一種のスケープゴートづくりであり、それによってアメリカの一般大衆の戦争にたいする共犯性は免除されたし、アメリカの軍事力はいぜんとして健全であるというナラティヴもまだ可能になった。こうした矛盾したナラティヴのなかに含意されていたのは、帰還兵たちは戦争の犠牲者たちとして表象されるべきか、それとも戦争の共犯者としてそうされるべきなのかという問題であった。ピーター・マーチンは、こう書いている。「帰還兵たちは両義的な状況に立たされている。かれらはある特定の暴力行為に関して、その加害者であるとともに、同時にその犠牲者でもある。これこそが、他の誰もが理解できないかれらの苦しみのもとなのだ」と。[50]

ベトナム帰還兵が周縁化されてきたという問題は、ベトナム戦争の「癒し」と「赦し」という近年の言説のなかでも認識されるようになってはきている。しかし、帰還兵のなかには、世論の変化に待つだけでなく、自分たちに強いられた沈黙と戦おうとしたいまひとつのグループもあった。それは、女性の帰還兵たちである。ベトナムでは、八人の従軍看護婦がベトナム戦争で戦死し、壁に記憶されている。概数を見積もられているところでは、一万一五〇〇名の女性がベトナムに派遣され、そのうちの半分は非戦闘員としてであり、大半は看護婦だった。また、二万六五〇〇名の女性がベトナム戦争中の軍事行動に従軍した。ベトナムで働いた女性たちの経験も、男性兵士と同じように、かつてのアメリカの戦争とベトナム戦争の違いに強く影響されていた。彼女たちの多く、四分の三もの女性兵士が敵軍の砲火にされされた。彼女たちは復員してからのちも、PTSDに苦しめられただけでなく、男性帰還兵たちのコミュニティからも排除された。リンダ・ヴァン・デヴォンターは、帰還兵たちの抗議デモに参加することを許されなかったときのことを物語っている。男性帰還兵たちは「ニクソンやネットワーク・ニュースの記者どもが、帰還兵じゃない人間まで混ぜて動員数を水増ししていると考えるかもしれない」と考えたからである。[51] 多くの女性たちは、自分の戦争経験を秘密にし、夫にさえベトナムに行っていたことを話さなかったのだが、いまは少しずつ口を開き始めている。

女性帰還兵たちは、こうして帰還兵としても女性としても声を挙げることを許されず、二重の意味で排除されたのである。その結果、何人かの女性帰還兵たちが、自分たち自身のメモリアルを建築しようと考えて、基金を立ち上げ、一九九三年十一月にはベトナム戦争記念碑の近くにベトナム女性記念碑(Vietnam Women's Memorial)が建てられた(図8)。この像は、グレンナ・ゴーダクルがデザインした作

図８　グレンナ・ゴーダクル作のベトナム女性記念碑の奉納式でのダイアン・カールソン・エヴァンズと女性帰還兵。AP/Wide World Photos.

品であり、三人の軍服を着た女性がひとりの男性負傷兵を介護している姿を描いている。最初は女性たちの記念碑を作る計画は、美術委員会から却下された。申請を拒絶するにあたって、ナショナル・アート・ギャラリー館長であり、美術委員会の委員長でもあったJ・カーター・ブラウンは言明した。ハートが制作した三人の男たちは「すでに人類を象徴しており、従軍した全員を表現している」。また、女性の像をくわえたりすれば、「エスニック・グループごとに、軍務ごとに自分たちを描いた像を作れと言いだすものが出てきかねない」。おまけにかれは、国立公園局は軍用犬のことまで想定して、愛犬協会にまでヒアリングをしたと付けくわえたのである。[★52]ベトナム女性記念碑プロジェクトの女性たちは次のような意味で侮辱を受けたのである。「まともな知性をもった人間なら、いったい全体、そうした勇者である女性たちと犬とを並べて考えるなんて真似ができるだろうか」[53]。

女性帰還兵によるこのプロジェクトを指揮した二人の女性、ダイアン・エヴァンスとドナ・マリー・ブーレイは、あのハート作の三人の男性兵士の彫像こそが女性の不在を可視化したのであり、リンの記念碑がそれだけで立っていたならば、いまのようなプロジェクトは始めなかっただろうと語っている。エヴァンスの言葉によると、「壁はそれだけで十分でした。でも、そこに男たちがつけくわえられたからには、メモリアルを完全なものにするために、女性の像をくわえる必要が出てきました」[54]。このように、ハートの像について、描かれている三人の男たちのエスニシティについてはしきりに議論が行なわれてきた。ハートの写実的な表現のもつ単一的なナラティヴは、包摂と排除のナラティヴであることがはっきりする。ひとりは明らかに黒人である。しかし、もうひとりはヒスパニックである特徴がどちらかというとはっきりしないように作られている。そのために、これを観察してユダヤ系ではないかという思惑を述べるひとも出てきた（実際のところ、ハートはヒスパニックをモデルに使用していた）。しかし、女性の記念碑が引き起こした問いは、何があれば記念碑は完全なものになるのか、そして、ある意味ではあらゆる記念碑が不完全なものなのではないか、という争点であった[55]。

リンの記念碑をめぐって、それが癒しをもたらすという言説が広く広がったために、女性の帰還兵たちも、自分たちの記念碑を要求するようになったと言えるかもしれない。ただし、彼女たちにとっては、癒しのプロセスが大きな効果を挙げた結果としてそういう計画が出てきたというのではない。むしろ、彼女たちにとっては、自分たちの記念碑を求めることがせいぜい自分たちの癒しの過程の手がかりを得ようということでしかなかった。エヴァンスは言う。「われわれの大半にとって、旅はまだ終わっていないんです。多くのひとたちには、癒しは始まったばかりです。でも、ここがわれわれの出発点です」[56]。しかし、戦争における女性たちの顕彰記念行為の必要性を訴えるというラディカルなメッセージは、この像そのものが非常に伝統的な様式にしたがって作られているということによって半減されている。これは「ピエタ」の現代版である。ひとりの女性看護婦は傷ついた兵士の体を英雄的に支えており、いまひとりは救援を求めて空を見上げ、最後のひとりは見捨てられたように地表を見ている。[★57] ベンジャミン・フォージェリーは「ワシントン・ポスト」紙上で女性祈念碑を「多すぎる」と称した人物であり、効果のない彫像によって景観が雑然とするようになったと批判した。

そのアイデアやポーズにおいては、彫刻家は漠然とミケランジェロの「ピエタ」を思い出させようとしている。十字架上で亡くなったイエスの身体を抱いてマリアが嘆き悲しむあのヴァチカンの大きな大理石像である。しかし、その構想は、いざミケランジェロのキリスト像に比べてみると、主題や作家の才能の限界によってうまくいっていない。結果として、むしろ映画『M★A★S★H』のワンシーンから採ったドタバタ劇に似通っている。……この真っ正直で、饒舌で、センチメンタルな彫刻は、明らかにこの女性帰還兵たちが何を求めているかを、壁のなかの数万人の名前のなかの八人分よりより劇的に表わしてはいる。彼女たちは、自分たちが従軍したということ、また自分たちの払った犠牲を承認してもらいたいのだ、ということが。[★58]

女性記念碑を建築するという決定は、（それがハートの像が表現している美意識を再確認しているという点を除けば）美学的な問題を争点とすることはなかった。むしろ大切だったのは、彼女たちの存在が承認され、彼女たちが帰還兵の経験のなかに包摂されるのかどうかということであった。しかし、この記念碑は、男性帰還兵の身体を前景に据え、介護者という女性の原型的イメージをあらためて刻み込んだために、女性帰還兵が直面している彼女たちの癒しの過程を妨げている主たる障害をむしろ再生産することになった。何人かの女性帰還兵の事例が、彼女たちの苦しむＰＴＳＤについての社会的関心を引きつけることになったが、それ以前は、自分たちの記憶と折り合いをつけようと努力するときには、彼女たちの多くは男性帰還兵の支援グループのところにいくしかなかったのである。そこでは彼女たちは、癒してもらうどころか、否応なくこの男たちを介護する側に回らなくてはならないことになる。ローラ・パーマーはこう書いている。「結局は、こうした女性たちは、自分たちのことよりも前に、他人の要求のほうを優先しなくてはならないという位置づけが決まっている。ある元看護婦の言を借りれば、「戦場でしていたみたいに、そこに座って、てきぱきとそのグループを捌こうとしてしまう」のである」[59]。さらに、こうした女性たちの経験は、死にたいしていかにも殺伐とした関係をもたずにはいられないという点でも、男性帰還兵とは違っている。女性記念碑の鍬入れ式での風変わりな発言のなかで、統合参謀本部議長コリン・パウエルはこう述べている。「わたしは初めて理解しました。男性帰還兵にとっては、戦争とは、恐怖や突然の死が、そして痛みの瞬間が、間欠的に襲いかかってくるという経験なのです。ところが、こちらにいらっしゃる女性たちにとっては、戦闘に先だってわれわれを助けてくれた女性たち、とくに看護婦たちにとっては、死と痛みとは無慈悲な現実であり、禁欲的に遂行されなくてはならない日常的な恐るべき職務だったのであります[60]」。

女性帰還兵たちのことを適切に記憶することのむずかしさは、もっと大きな文脈でみると、ベトナム戦争における男性的アイデンティティに由来している。戦闘における兵士の、伝統的に男性的なものとされてきた特殊領域は、まさにその本性的性格からして女性を排除する（前線とは、女たちがいない場所として定義されるのである)。女性は不安定で、戦闘における男たちの結びつきを脅かす存在として表象される。そのため、彼女たちは、男たちが共有する経験のコードに関与することはできない。くわえてベトナム戦争の帰還兵たちは、とりわけ複雑なコードをもっている。このコードは、皮肉にもかれらが社会から排除され周縁化されることで、ますます強固にされてきたものなのである。ベトナム戦争はアメリカの男らしさが敗北した場だと理解され、したがって帰還兵の社会復帰は、アメリカの男らしさの復帰と結びつけられてしまっているのだ。結局、かれらが戦後に体験した痛みや苦しみは、「男らしさ」の枠組みのなかで解釈されるために、その悲しみと怒りの言説のなかに女性を含めると、劇的な部分が薄れて男らしさの復帰に支障をきたすというわけである。

こうしてベトナム帰還兵たちは、アメリカにおける男性性が瀕している危機的状況を体現した存在になった。男性性の危機ということには、部分的にフェミニズム運動も与っている。スーザン・ジェフォーズは書いている。「男性のベトナム帰還兵の姿は、何よりも白人男性としてイメージされるのだが、それはうち負かされて脱男性化したアメリカ男の記号として用いられた。かれらは間違って社会から軽蔑され、自国政府によって不当にも犠牲者化されてきた存在である。……かれらはもはや抑圧的な存在としては受け止められていない。男たちは、自分たちが抑圧された存在であると見られるようになったのである。そして、何よりもそうした見方を決定づけたのは、ベトナム帰還兵のイメージによってであった」★61。

記念碑をめぐる言説において、何が主要なナラティヴかといえば、それは帰還兵たちの直接の戦争体験ではなく、むしろ戦後になってかれらが体験した扱い方についてである。このナラティヴは「戦闘の物語」という形式をもつのだが、登場する敵は北ベトナム人やベトコンではなく、反戦運動、冷淡なアメリカ人大衆、復員軍人局、そして政府に姿を変えている。ベトナム戦争記念碑を建設するための格闘の物語も、戦闘行動の形式をとった。記念碑の計画を考案し、その中心的存在だった帰還兵ヤン・スクラグスも『癒される国家』のなかで（この本はのちにＴＶ番組にもなった）、一九八二年の復員軍人記念日までに記念碑を建立しようという帰還兵たちの戦いを、ベトナムにおける戦闘そのものになぞらえている。「五万八千人の米兵は死してなお、生きていたときと同じ状況にある。ワシントンにいる政治家どもの駒にされているのだ」。★62

『癒される国家』は、記念碑の起源の物語である。映画『ディア・ハンター』（一九七八年）を観たあとだった。スクラグスはウィスキーの瓶を摑んで立ち上がっていた。死んだ日の情景がフラッシュバックのように脳裡に去来する戦友たちの名前を、自分が思い出すことができないということに思いいたったのである。そのとき、かれはメモリアルを建てようと誓ったのだった。かれはこの物語の多くの場面で孤立した戦士である。初めは、多くの帰還兵たちは、充分な支援の手が差し延べられていないのに記念碑を創るなんて計画は馬鹿げていると考えていた。この戦闘では、敵はワシントン・モール内の敷地を提供することを渋っている上院議員どもから、内務長官ジェイムズ・ワット（この人物はハートの像が認められるまでは記念碑を建てるプロジェクトに敵対的であった）やロス・ペローにまで及んでいる。英雄とは、上院議員チャールズ・マティアスやジョン・ワーナー、スクラグス自身、そして何人かの奔走してくれる帰還兵たちであった。スクラグスの物語のなかでは、「歩兵（グラント）」たちは——これはかれにとって、戦闘という「本当の」戦争を経験した人間のことを指す尊称なのだ——エスタブリッシュメントと戦い、勝利を収めた。この物語は、いくつかのドラマチックな瞬間に盛り上がる。兄弟の名前を石に刻んでいる女性、序幕式の日に帰還兵たちが感じた連帯感、壁の前でいま一度結びついた帰還兵たち、そして、除幕式の前日、記念碑を爆破するという脅迫が届いてよみがえる戦闘の感覚。「基金は地元の警察、連邦公園管理警察、そしてＦＢ

Iに電話した。保護しようと特別の配慮を表明してくれたのは、多くがベトナム帰還兵だった。おまけに、こうした脅迫を受けているという話が広がると、元グリーンベレーのグループがボランティアで終日監視に立つことを申し出てくれた。壁に名前が刻まれたひとびとは、けっして孤立などしていなかったのだ」。★63

この「帰還兵の名誉の夜警」グループの活動にこだましているのも、記念碑を戦場の延長として描こうとする発想である。このグループはいまでも記念碑を見守っている。ハリー・ハインズはこう書いている。

夜警に立つメンバーたちは迷彩服を着て、ジャングルブーツを履き、戦闘用ヘルメットや軍帽（ブーニーハット）をかぶっている。記念碑の近くには大型の軍用テントが張られ、そこに寄れば、コールマン式ランタン、国旗、各種の請願書やその他の備品が準備されている。夜は、誰だか名前はわからないミステリアスな人物が迷彩服を着て、記念碑近くの木立ちの樹木境界線から進み出てきて、消灯ラッパを吹くのである。これらの帰還兵たち、そしてかれらと同じようなひとびとにとって、記念碑の壁は記憶の聖なる保管所にはとどまらない。この壁はかれらにとってはベトナムそのものなのである。★64

一種の再演行為の形式として、記念碑と戦争とがこのように融合している。これは、たしかに帰還兵たちが演じられるものにすっかりとらわれ、戦争のナラティヴを超えていくことに抵抗しつづけているように見えるのだが、それでもひとつの癒しの祭儀なのである。★65「帰還兵の夜警」グループにとっては、戦争だけが意味ある存在である。その戦争を毎日戦いなおしていることで、かれらはヒロイズムと犠牲というナラティヴを書きなおしつづけているのである。

しかし、それ以外のひとびとにとっては、記念碑とは、はっきりと決着をつけることである。記念碑によってその解決が提供されているように見える物語とは、帰還兵たちがひとびとがよしとしない戦争で戦ってきてしまったという感覚に苛まれる恥辱の物語である。この物語こそ、歴史とかれらの主要な戦闘なのである。

癒える傷

ベトナム戦争記念碑をめぐる叙述に顕著に登場する「傷を癒す」というメタファーは、身体性に深くかかわるレトリックである。といっても、さまざまな身体が思い浮かぶ。ベトナム戦争の死者の身体、帰還兵たちの身体、アメリカの大衆という身体＝実体。最後の想像上の身体＝実体の傷は、戦争の想起と顕彰記念行為によって癒されるように見える。脱メンバー化（to dis-member）とは、身体や記憶を断片化することである。再メンバー化＝想起すること（to re-member）とは、身体を完全化することである。

どこにメモリアルの身体があるのか。名前のクロノロジーが、破壊され、戦死者として永遠に同定される身体を表象している。家族は、墓地を訪れるときのように、戦死者の身体が永眠している場所として、自分が知っていた死者の名前を探し求める。ひとびとの多くが、死者の身体が壁の向こう側にあるものなのだと想像しているが、これは設計者リンが死者のいるところとして思い描いた場所でもある。[★66] こうした身体の位置は、戦争技術のことを考え合わせると、変容してきている。戦死者の家族には、ちゃんとした遺体や遺品を受け取っていないと主張しているひとびともいる。具体的に言えば、その遺体や遺品はあまりに扱いにくいやっかいなものである。★67 それだけではない。無名戦士の墓についてこっそり進められていた争いは、死者の身体の一部が残されているが、それをどう処理するのかということについての論争であった。テクノロジー崇拝は、一方では死者が残したものすべてを使って、それが誰の体の一部であるのかを精密に特定することを可能にしてくれるが、皮肉なことに、その技術力は近代戦争の破壊力の大きさの証明でもある。見積もりでは体の部分の三〇パーセント以下しか残っていない兵士たちがいる。第一次世界大戦の塹壕戦以来はじまったこのような破壊力は、戦死者の死体の扱い方をますます怪しげなものにしている。ベトナムでの戦闘をもっともおぞましいものとして描いた表現の多くは、戦死体がまるごと消失してしまう情景を扱っている。『ディスパッチズ　ヴェトナム特電』でマイケル・ハーはこう書いている。

戦術作戦本部を迂回する道路を上って行った奥にごみ捨て場があり、そこで不要になった作業服や軍服を焼却した。……一台のジープがごみ捨て場で停まると、一人の海兵隊員がぐしゃぐしゃに丸めた軍服の上衣を、手前に差し出すようにして飛び降りてきた。彼は真剣な顔つきで、おびえていた。自分の中隊の、自分の知り合いでもない誰かが、すぐ隣でやられ、その下敷きになったのだ。その兵士がその作業服を差し出したとき、わたしはその兵士の言うことを信じた。「あんたが、服を洗うわけにはいかなかったろうしな」とわたしは言った。ごみ捨て場にその服を投げ棄てるとき、彼は今にも泣き出しそうだった。彼はこう言った。「そりゃ、百万年もあの服をごしごしやっていてもいいよ。だけど、そんなわけには行かねえや」。★68

戦争では、「ちっぽけで壊れやすい人間の身体」が文字どおり切断の対象となるので、切断された身体は、廃棄場に送られ、「反＝記憶」とでも呼ぶべき存在になる。抹消され、埋葬された死体。こうした死体の不在は、記念碑のうえの名前によって、隠されると同時に呼びだされてもいる。しかし、生存しているベトナム帰還兵の身体は、まだ記憶から消去されたわけではない。生き残ったものたちの身体として、かれらは戦争の歴史に複雑に絡みついている。たしかに歴史は、その担い手がすでに死んでしまったときから、いっそう効果的に作動するものである。雑役用ジャケットにくるまれた、負傷し障碍を抱えている身体、枯れ葉剤の有毒物質で汚染された身体、こうした帰還兵たちの身体は、自己完結する都合のよい歴史的ナラティヴを拒絶している。戦争の記憶はかれらの身体の奥深くにコード化され、文字通りの意味でも比喩的な意味でも、ともかくもかれらの肉のなかに刻み込まれている。ベトナム戦争があとの時代にももたらしたもっとも悲劇的な状況のひとつは、枯れ葉剤を原因として、帰還兵やベトナム人の子供たちのあいだに先天的な奇形児が頻繁に生まれていることである。

生存している帰還兵の身体そのものが、歴史に終止符を打つことに抵抗し、戦争がもたらしたものについての記憶をたえず想起させる可視的な場所を提供している。エレイン・スキャリーは『傷みつづける身体』のなかで、戦争負傷者自身が記憶化の担い手としていかに機能するかを描いている。彼女は、負傷は「勝者も敗者も関係なく記憶化の作用を及ぼし」、そこでは「争われている問題とはかかわりがない」と記している。スキャリーによれば、「負傷するという行為」にはふたつの機能がある。ひとつは、「勝者または敗者がそれによって行なった任務」としてであり、いまひとつは「かれら自身の行動の記録」を提供する媒体としてである。[★69] 傷は、負傷したという行為の証言として機能している。したがって帰還兵の身体そのものは壊れやすい記録であり、一種の戦争記念碑なのである。

帰還兵の癒しの過程は、戦争をめぐる一定のナラティヴを個人的ないし集合的に完結させることを意味する。ところが、この癒しの過程に国家がかかわってくると（たとえばスクラグスの『癒される国家』のケースのような場合には）、この過程に含まれていた個別的身体は、むしろ逆に消されてしまう。国家は自らの傷を癒そうとするとき、各個人が負った傷を国家の傷として包摂するからだ。同じように、軍隊をひとつの身体として表象するお馴染みのメタファーは、ひとりひとりの兵士の身体というものを無視してしまうと、スキャリーは書いている。

われわれは戦傷というものにたいして、それが想像の軍隊の想像の負傷であるかのように対応している。もっともこの想像上の身体は、それ自体が何千何万のリアルな人間的身体からできており、したがって、本物の（だから負傷することのある）人間の神経組織、筋肉組織からなっているという事実はわきまえておかなくてはならない。……たとえば、軍隊そのものをひとつの身体と見立てて表現し、「敵の中枢神経を分断し……」などという大仰なイメージを使うとき、この手のメタファーは、ほとんど間違いなくそうしたイメージの表層を一歩入り込みさえすれば突きつけられざるをえない戦場のリアルな現実について、それに注目するようになるどころか、むしろそこから視線をそらさせる結果をもたらす。そこにあるのは、仰々しいレトリックどころか、実際に中枢神経を切断されて横たわる恐ろしい数の身体である。★70

スキャリーは兵士の身体になぞらえて傷ついた軍隊を描いている。前線、後方、側面という表現とともに、司令部は「中枢」と表現されている。ベトナム戦争では、軍隊は最初から完全な身体として存在してはいなかった。混乱した通信系、敵に侵入された基地、敵味方識別不能、手榴弾の暴発（これは自分の軍隊の無能であったり人気がなかったりする将校を殺すときに使われた)、そして敵味方の混線という事態が深刻であった。身体が国家の手に渡されるときに何が起きるのか。癒しとは、戦争の言説を打ち止めにすることなのか、それともさらに増幅させることなのか。それは適切な表現なのか、それとも戦争を忘れさりたいという願望なのか。帰還兵たちの癒しの過程は、償いや赦しを求めることといったような言葉によって言い表わされてきた。国民に適用されたときには、この過程は想起を意味しておらず、むしろ忘却を指していたのである。それは、困難なナラティヴを現在にとどこおりなく手渡しするために、やっかいな出来事を消去するということでしかなかった。

聖地としての記念碑

ベトナム戦争記念碑は、その建立以来つねに、激しくほとばしる情動の対象となってきた。十五万人以上のひとびとが建立の記念式典に出席したし、その後も二万人以上のひとが壁を訪れる日があった。記念碑は、ワシントン・モールのなかではもっとも訪問者の多い場所である。総計では、これまでに訪問したひとびとは、二千二百万人から三千万人に及ぶのではないかと推定されている。[★71] それはあたかも宗教的な聖地であるかのような様相を呈しており、ルルドの泉やイェルサレムの嘆きの壁にも匹敵するほどである。死者に捧げるために、そこに手作りの品々を置いていくひとびとがいる。こうした訪問者たちの経験を知って、これはベトナム戦争の傷からの集合的な快癒過程であると解釈したり記録したりする大判のカラフルな写真集までいくつか出版されている。この記念碑が刺激剤となって、少なくとも一五〇以上の記念碑が計画されたり実際に建設されたりしている。そのなかには朝鮮戦争記念碑も含まれている。一九九五年七月にお披露目されたこの記念碑は、人の背丈より大きな十九人の灰色の人物像からなっており、そのひとつひとつがまるで野原を歩いているかのように配置されている。この記念碑は、ベトナム戦争記念碑から見ると、池をはさんでちょうど反対側に位置している。★72

ベトナム戦争記念碑を文化的なシンボルとして受け止めようとする風潮は急激に高まってきたが、その現象には、ずっとタブーとされてきた歴史をやっと語ることができるという安堵感だけではなく、当の歴史そのものを書き換えたいという願望も含まれていたことがわかる。黒いみかげ石でできた記念碑の壁は、無数の文化的記憶が投影されるスクリーンの機能を果たしている。したがってこの壁は、戦争や戦争で亡くなったひとびとの経験を、多種多様に解釈することが容易に行なわれる場所でもある。たとえば、帰還兵からみれば、ベトナム戦争記念碑は、戦後社会がかれらにたいして働いたつれない仕打ちを贖罪していることの象徴である。また、戦死者の家族や友人にとっては、かれらの悲しみを公的に承認するものであると同時に、その悲しみを公然と表現してもいいという、かれらには長く認められていなかった機会を提供してくれる存在である。そして一般のひとびとにとっては、記念碑は強烈で深みのある反戦のメッセージを意味しているか、あるいは逆に栄誉と犠牲といった言葉を使って戦争の物語を輝かしい国民の歴史に書き換えてしまう試みであるか、そのいずれかであろう。

記念碑がここまで一般的に受け入れられていることの背景には、ベトナム戦争の歴史が書かれ、また書きなおされるという作業が近年さかんに行なわれているという事情があるが、そればかりではない。実際にベトナム戦争へのノスタルジーを利用するような産業が急成長していることも、強い影響を与えている。このノスタルジーは、なにも戦時中の緊張感を懐かしんで、あの当時に帰りたいと思っているものたちの専売特許であるのではない。ニュースメディアまでもがそのようなノスタルジーを感じているのである。いまとは違って、かつてのようにモラルの力が有効に機能していたような瞬間をふたたび手にしたい、ということが求められている。だからこそベトナム戦争がテレビの格好のネタとなる。マイケル・クラークは次のように書いている。

ベトナム戦争についてのわれわれの記憶をずっと構成してきた文化的装置によって、ベトナムが想起されたのであった。……これが何千人ものひとびとをニューヨークの通りに繰りださせ、ギクシャクしていた戦争についての情報をまとめあげた。この十年間、けっして塞がろうとしなかった傷口も、ノスタルジーという妙薬であっさりと癒され、アメリカ人の内面にあった罪の意識や疑惑の念は、義務感と誇りの意識に変換させられてしまった。勝ち誇ったような戦争の美辞麗句があふれかえり、もっとも成功した作品のスペクタクルが提供されるのである。つまり、それは、次に起こる戦争でも進んで戦う帰還兵たちという作品である。[★73]

ベトナム戦争における癒しの過程がスペクタクルや商品に変えられるにつれて、ノスタルジーを売り物にする多様な産業が成長してきた。このノスタルジーにおいては、ベトナム帰還兵ももはや、ただ当事者然としているだけではない。なかには巧みなノスタルジーの喧噪戦のなかに自分から積極的に身を委ねていくものも出てくる。ベトナムの体験を検証したり綴ったりする数え切れない雑誌が公刊され、フレデリック・ハート作の彫像は商品化されて（ポスター、Tシャツ、フランクリン・ミント社製ミニチュアプラモデルのキットなど）年間五万ドルの売り上げを計上し、売り上げはベトナム戦争記念碑基金と作者とのあいだで折半されている。★74 また、旅行代理店は帰還兵たちのために、インドシナ旅行まで企画するといった具合である。タカ派の「ベトナム」誌上では、バラエティーに富んだベトナム戦争グッズの広告が目を引く。ベトナム戦争記念ショットガン、ベトナム帰還兵雑学ゲーム、ベトナム戦争メダル、ポスター、Tシャツ、カレンダーなど、きりもない。言うまでもないことだが、ベトナム戦争ものは、テレビドラマでもハリウッドでもドル箱である。

マイケル・ケイメンによると、ノスタルジーとは「罪の意識を伴わない歴史」であり、したがって、それを追い求めるのは、かつてそのことにかかわった当事者だけではない。ベトナム戦争のノスタルジーも、多様な形式をとることがある。帰還兵、報道関係者、後方支援要員など、戦争を経験し実際に戦ったひとびとが思い起こすのは、極度に緊張した戦闘の経験、かれらが築いた緊密な人間関係、そして、どれほどアイロニカルな事態であったにせよ、かれらの多くが感じていた目的意識である（最後の要素は、とりわけ元従軍看護婦が自分の経験を話すときに、一番顕著に現われてくる）。他方、メディアがノスタルジックになっているときのその対象は、軍や公権力が隠蔽しようとした戦争についての「本当の」物語を暴きだし報道した目的意識に満ちた瞬間である。ベトナム戦争や反戦運動を経験することのなかった若い世代にとっては、この時代は魅力に満ちたものとしてある。第三章で論じるように、若い世代のひとびとは、誰もが好んでベトナム戦争映画を観に行っており、かれらにとってのベトナム戦争像は『地獄の黙示録』（一九七九）や『プラトーン』（一九八六）などの映画を通して構成されたものなのである。★75 その世代にとってのノスタルジーは、戦争のような強烈な生を経験したいという願望を表現している。

マヤ・リン作の記念碑からは、まだ関連グッズは生産されてはいないが、記念碑もこのノスタルジーを昂揚させる触媒機能を果たしていることは否めない。★76 ベトナム戦争記念碑について十二冊以上の本が書か

図9　ベトナム戦争記念碑におかれた私物。撮影：著者

れ、その多くは、記念碑の訪問者が壁に刻まれた名前といかに触れ合っているのかということに焦点を絞っている。[★77] ベトナム戦争の苦しみを公的に表明したい、また、そうすることで個人的な記憶を集合的な体験へと変換したいという願望が渦巻くなかで、この記念碑はそうした願望のはけ口の役割を果たしてきた。写真、手紙、詩歌、テディーベア、軍人認識票、戦闘靴にヘルメット、行方不明者や捕虜を示す腕章、服、功労章メダル、ヘッドバンド、ビール缶、勲章、十字架、トランプカードなど、記念碑のもとには数多くの私物が残されている（図9）。[★78] こうしたものは、壁のもとに放置されることで、個人的な私物から文化的な私物に変わり、そこを訪れるひとたちが負っている痛みがどんなものであるのかということの証拠となる。

　このようにして、ベトナム戦争記念碑のもとでは、たしかに非常に私的なものではあるにせよ、たえず反芻されてきた記憶がまことに豊かに、生気に満ちたありかたで対話しあっている。壁のもとに残されたおよそ四万点の私物のうち、その多くは無記名である。たとえば、壁の前に置き去りにされた手紙は、たくさんの物語を教えてくれる。

――マイケル。あなたの名前があるわ。でもあなたはここにいない。あなたの名前を撫でて擦るの。強く撫でれば、あなたの名前を削ぎ取ることができるかもしれない、そうすればあなたもわたしのもとに帰ってくるかもしれない、そんなことを無益にも考えながら。あなたがいなくて寂しい。

――できるかぎりのことをしたんだ。でも力が及ばなかった。おまえの名前が壁のなかにあるなんて。おまえは壁に刻まれたただの名前なんかじゃない。おまえは生きている。おまえは、おれの手を濡らす血、おれの耳に響く叫び声、おれの心のなかの目。あの日、「大丈夫だ」っておまえに言ったけど、あれは嘘だった。どうか許してくれ。おれの息子を見ると、おまえの顔が重なることがある。いくらそうはするまいとしてもそうなんだ。女房や子供やガールフレンドや、それにお袋さんの話をしてくれたっけな。そして死んじまった。おまえの痛みはおれのものだ。おまえの顔を忘れないぜ。忘れることなんてできやしない。おまえは生きてるんだから。

――名も知らぬあなたへ。この二二年間というもの、ぼくはずっとあなたの写真を財布にしまいこんできました。あの日、ぼくはまだ十八歳でした。ベトナムのチューライの山道であなたと向かい合ったあの日。なぜあなたはぼくの命を取ろうとしなかったのか、ぼくにわかる日はこないでしょう。あなたは、AK-47自動小銃を手にしたまま、ぼくをずっと見つめていました。けっして発砲しようともせず。あなたの命を奪ったことをどうか許してください。ぼくはただ訓練された通り、ベトコンを殺す訓練で教えられたとおりのことをしただけだったんです……。[★79]

ベトナム戦争記念碑は訪問者にとって、かれらが死者に話しかけることのできる場所（死者がそこに現前していると暗黙に了解されている場所）であり、また、アメリカの大衆や帰還兵のコミュニティなどのような、さまざまな特定のオーディエンスへ向けて発言することのできる場所でもある。そして訪問者のこのような行為があるからこそ、記念碑の壁は「生きた記念碑」と呼ばれるのである。私物を放置していくという儀式が定着しているのは、ワシントンD・Cのなかでも、この記念碑においてだけである。[★80]

壁に残された手紙の多くは、訪問者にたいしてでなく、死者にあてられている。それは死者へのメッセージであり、文化的記憶として共有されるものなのだ。たいていは失われた死者が生きることのできなかった人生に思いが飛翔している。ウェディング・ブーケ、赤ちゃんの靴、クリスマスツリーの飾り、「結婚二五周年記念を祝う」シャンパン・グラスなど、人生の習慣的な道程を示すいくつものシンボルが捧げられている。なかには、まだ母胎内にいる孫の超音波グラム写真を収めた金縁の写真立てもある。また、GI自身が生前に書いた手紙のコピーを、残された家族が記念碑のもとに置いていく場合もある。この場合には、ベトナム戦争による死者の声は、まさにかれら自身の言葉で綴られているわけである。こうした手紙は、突然中断された人生を表わしているだけに、アイロニーに彩られたものになっている。

多くのひとびとにとって、記念碑のもとに私物を残して立ち去ることは、長年自分が抱えてきたそれらのものを、記憶の領域へと解放するカタルシスをともなった行為なのである。たとえば使い古された腕時計が壁のもとに残されたとき、その時計についての添え書きには、いつも自分に時間を尋ねていた友人のためにこれを置いていくのだということ、そしてその友人は、それを手に巻いて死んだということが記されていた。また、ベトコン兵士の結婚指輪が残されたときには、次のような文句が添えられていた。「ぼくはこの指輪を一八年間守ってきた。いまこそこれをここに残すときだ」。他にも、戦場配給食の缶、「短支棒」（GIたちが「その国」にどれだけ長くいたのかを記していたのだろう）、銃身に（おそらくは、殺した人間の数か、自分がベトナムにいた月数を意味する）十八の刻みが入ったライフル銃、ベトナムサンダル、手榴弾のピンなど、すべての私物が記憶を染みこませたまま、何年間も保存されてきたのだ。これらの私物を残していく者にとって、記念碑は最後の目的地であり、かれらは自分たちの記憶もまたそこに置き残していくのである。

記念碑に残される私物はまた、贖罪、罪責意識、喪失感、そして憤激といった感情を示す霊的な存在でもある。多くの私物は、赦しを請おうとする感情に満ち、「われわれのために死んでいったひとびと」を宛先にしている。ウィスキーのワンショットやテレビセットなど、皮肉なユーモアがこもったものもあれば、「ハノイジェーン尿瓶ステッカー」のように、激しい怒りを感じさせるものもある。また、ハーレーダビッドソンのバイクのように、ぎょっとさせられるものが放置されることもある。しかし、死者の苦難や喪失への陳謝の念、そして自分たちが生き残ったことへの陳謝の念といったものが、これらの遺留物が示す支配的なトーンである。

ベトナム戦争記念碑の維持や管理を行なっている国立公園局は、いまでは記念碑に残された私物の保管を担当している。★81 当初、公園局はこれらのものを「遺失物」として扱ったが、のちになって意図的に残されたものだと気づいて、保管することにしたのである。つまりこうした品々は、（分類もされない）たんなる「落とし物」から、歴史的な作品に変貌したのである。いまやこれらは美術作品だといってもよいだろう。資料保管にあたる担当官も、次のように書いている。

これをもはや壁に残された物件と呼ぶだけではすまされない。それは心を通いあわせることであり、聖像(イコン)であり、これがその基底に流れている感情をしっかりとつかんでいる。その意味がいかに複雑であろうと、文化の産物であり、また、個人の選好が反映した生産物でもある。そのひとつひとつを取り上げるごとに、われわれは、深い個々人の黙想がこもった一種の美術作品を目にしている気がする。その物自体は、じつにありふれたどこにでもある品物だから、われわれを圧倒するわけではない。ところが、それがいったん記念碑の足下に置かれると、ユニークでかけがえのない、そう、何よりも神秘的なものに変貌するのである。★82

「神秘的」と表現され、独創的な美術作品と解釈されることで、これらの品々をめぐって、芸術作品としての価値とその著者の存在意義が問題になってくる。ものを残していったひとびとを追跡することが可能な場合もあり、実際にローラ・パーマーは、『心の中の砲弾片』を書きあげたさいには、いくつかの手紙についてその書き主を捜しだし、インタビューを試みている(もちろん申し出を拒む者もいた)★83。また、ベトナム戦争記念碑を扱ったテレビ番組では、それらの私物の持ち主がだれであるのかを特定する企画が何度か試みられた。残された品々や手紙を持ち主と結びつけようという試みは、個人の記憶と文化的記憶との境界領域が相互に曖昧なものであることを教えてくれる。というのも、これらの品々を残していったひとが確認され、それが歴史資料館に保管されることによって、かえってこれらは、文化の記憶の領域から引き離されてしまう。文化の記憶の領域においてこそ、こうした品々は他のひとびとと共有され、他のひとびとの記憶に与るという意味をあたえられていたのに、置いていったひとびとが特定されることで、意味が変わってきてしまうのである。

逆に、残された私物の多くが無記名であることは、ベトナム戦争記念碑が、文化的想起の場として強力に作用していることを示している。当初は、その場の思いつきで私物を記念碑のもとに残していくケースが多かったようで、たとえばホテルの便箋を使って手紙が書かれるなどしていた。ところが、現在ではコンピュータを使って書かれた手紙も多くなり、資料保管担当のキュレーターであるデュエリー・フェルトン・ジュニアのもとに直接手紙が送られてくるケースもある。いまとなっては、記念碑のもとに品々が放置されるということは、それらが保管され歴史的作品としての地位を獲得することを意味すると、ひとびとが理解してしまったからであるのかもしれない。さらに、遺留品がこのように保管され分類されることで、記念碑の訪問者がそれらの品物に触れる条件も変わってしまう。ボランティアがそれらの多くをプラスチックの袋のなかに収めるため、ひとびとは直接手で触れることにためらいを感じるようになる。一日の終わりには、その日残された私物はすべて回収されてしまうのだ。

しかし、ベトナム戦争記念碑は、たんにベトナム戦争を想起する重要な場所として存在しているだけではない。この記念碑はまた、対立を孕み、議論を呼んで現在争点となっている出来事にたいして、ひとびとが関心を表明する格好の場所ともなっている。たとえば、妊娠中絶論争、エイズの流行、ゲイの権利、そして湾岸戦争などについての私物までがベトナム戦争記念碑のもとに残されていくのである。そのために、この記念碑に残された品々が名指す歴史は、アメリカがベトナム戦争に参加したことだけではなく、ベトナム戦争以来国民的な関心の的となったいくつもの出来事にまで及んでいる。湾岸戦争のさいには、戦争に賛成することを示すような個人的品々も、また戦争に反対していることを示す品々もともに壁のもとに残されていた。それを見ても、ベトナム戦争記念碑がいかに可塑的で多変的で多様な意味を担いうるイコンの機能を有しているかを理解することができるだろう。

このように何かを残していくという儀式は、複数の歴史をたえず多層的に重ね書きしていく行為に積極的に参加することである。そしてこれらの置き去られたものを集めて保管することは、それらを歴史のなかに取りこむことを意味するのである。ミシェル・フーコーは、次のように書いている。

集蔵体(アルシーヴ)とは、第一に、言われうることの法則であり、独自の出来事としての言表の出現を支配するシステムである。だが、集蔵体はまた、次のことをももたらす。すなわち、これらすべての言われた事物は、無定形な多数のうちに無際限に集積されることも……ない。しかし、それらは、明確な形象のうちに集まり合い、多様な関係にしたがって相互に組み立てられ、特殊的な規則性に応じて、互いに維持し合い、ぼかし合う。……それは、……〈言表可能性のシステム〉を最初から規定するものである。★84

伝統的なアーカイブはある物語的な機能を果たしており、歴史の臨界を規定する。つまり、歴史はなんであろうとし、どんなものとして維持されることになるのかを定義する。それはつまり、何が歴史として語られるべきかを決定するのである。しかし、ベトナム戦争記念碑のアーカイブの場合は、通常の歴史資料館と較べると、そこに制限がくわえられることは少ない。なんらかの仕方で個々の人間と結びついて考えることのできるような、記念碑に残されたあらゆる人工的な遺留物すべてが、そこに収集されている（収蔵の指針として、生花は保管されないことになっている。国旗については、そこに何かが書き込まれている場合にのみ保管される)。[★85] こうした品々は毎日回収され、日付と残されていた場所が書き込まれる。このようにして、収集品にくわえられるものが何であるのかということを決定する基準は、それを残していくひとびとによって決定されるのだと言える。そして、かれらが行なっている品々を残していく行為は、歴史を作りだす作業にひとびとが意識的に参加しているということを、ますますはっきりと照らしだしている。

『壁が語りかけること』という本が出版されたことも含めて、遺留品のコレクションには多大な関心が寄せられている。そのため、フェルトンもこれらを広く公開することに注意を払ってきた。一九九二年にはこれら遺留品の展示会が、スミソニアン・アメリカ歴史博物館で開催されたが、反響が大きく、六ヶ月の予定だった開催期間は無期限延長となった。それ以来、国内各地で同様の展示会が何度か開催されている。さらに、このコレクションを写真に収めCD－ROM化する作業も行なわれている。しかし、それら遺留品のコレクションを展示し刊行するとき、それらが実際にはだれのものであるのかという、著作権や所有権の問題が起こってしまう。そこでフェルトンは、生存者のプライバシーを保護する基準を設けた(たとえば、生きているひとの名前や住所が記された物品については、これを展示しないという)。このほかにフェルトンは、信仰上の問題もまた留意しなくてはならないと感じており、展示会を開く前にネイティヴ・アメリカンのシャーマンを招いて、アーカイブで禊ぎ祓いの儀式を行なっている。[★86]

ベトナム戦争記念碑に残された遺留品コレクションのもっとも目につく特徴のひとつは、それが匿名で、神秘的で、しかも両義的であるという点である。フェルトン自身も戦闘に参加した経験があり、わかりにくい記章や品々が表わしている意味について、理解を助けてもらうための帰還兵のネットワークを、アメリカ中に作り上げた。このネットワークを通して、ベトナムで従軍した人びとだけが知っている特殊なコードで描かれた、かなり特殊な歴史がまとめられている。かれによれば、実際に記念碑に品々を残していくひとびとはさまざまであり、フェルトンにだけその品々の背後にある物語を明かしたがるひともいれば、黙してまったく何も語ろうとしないひともおり、さらには、しきりにメディアの注意を惹きたがる者もいる。しかしいくら詳細な歴史を書こうとしても、数限りない遺留品の蔵しているこれまた膨大な数の物語をすべて知るということは不可能であろうし、またそうした物語を歴史にたいして語ることが、記念碑に私物が残されたことのそもそもの目的でもないだろう。死者にあてられたこれらの手紙や私物は、政府組織により管理されているという意味で公的な歴史のなかに組み込まれているとはいえ、個人の物語を、文化的記憶の織り糸としてたえず主張しつづけるだろう。そしてそうすることによって、歴史的な物語もたえず攪乱されつづける。それらの遺留品は、まさにその曖昧さという性質によってこそ、特定の意味に屈することを拒絶し、歴史に抗するのだ。

歴史を構築すること

ベトナム戦争記念碑をめぐる記憶のポリティクスは、戦争の物語が誰に帰属するのか、その物語がいかに複雑であるのかをめぐって、緊張関係のなかでたえず揺らぎつづけている。ベトナム戦争の経験について話すことを許されているのは、結局のところ誰であるのか？　ベトナム戦争記念碑のおかげで、メディアや政府の声に抗って、帰還兵やその家族、あるいはその友人たちが声を上げることができる状況が生み出されたということなのだろうか。いずれにせよ、過去の痛みを癒すというプロセスは、個人的なものでもありうるし、ナショナルなものでも文化的なものでもありうる。それぞれポリティクスはまったく違ったものになる。

ベトナム戦争記念碑の壁は、ベトナム戦争とその戦後史について、多種多様な意識を投影するスクリーンとして機能している。個人の名前を全面に押し出したその構成や、その並べ方に暗に含まれている戦争への批判を別にすれば、この記念碑はベトナム戦争をめぐるなんらかの論争を後押ししているということではない。それにもかかわらず、記念碑は、戦争の歴史のある書きなおし行為を触発することにはなった。そうなったのは、記念碑が帰還兵と戦死者に焦点を絞り、そこにヒロイズムや犠牲的精神、国のために戦って死んだ栄誉といった主題をふたたび浮かびあがらせることを許してしまったからである。

このようにして、ベトナム帰還兵が社会から疎外される状況が終わるのは当然であるだろうし、遅きに失したほどだ。しかし、そのことの意味は、記念碑についての体制内的な言説に転移されるや、とたんに狡猾なものとなることがある。たとえば、一九八二年には「ニューズウィーク」で、「ついに、ベトナム戦争帰還兵に栄誉を……」という記事が掲載された。これは、帰還兵にたいするそれまでの社会的な扱いを改めるということだけではなく、そもそもそのように扱ってきたこと自体を忘れてしまいたいという願望が顕著に現われていた。ベトナム戦争記念碑を意にかなったものとして取り込もうとする言説の多くは、つまるところ歴史修正主義にいき着くのである。ベトナム戦争が終結してから、国家の嘆きの壁としてこの記念碑が建立されるまでのあいだに経過した歳月は、戦争の記憶やその罪責感を薄れさせるには十分な長さであった。そしてアイロニカルに言えば、記念碑の存在そのものが、歴史上の多くの特有な契機が抹消されることを許している。たとえば、記念碑をめぐる議論のなかでベトナム人について論じられたことはまったくなかったが、だれもその事実には触れようとしない。この記念碑は、ベトナムのひとびとが失ったものにたいして造られたのではないからだ。ワシントン・モールの国民主義的なコンテクストのなかでは、かれらのことは言及されることすらない。言及されないだけでなく、ワシントン・モールのせいばかりではなく、記念碑もそれを許さないのである。記念碑は、溢れんばかりの悲しみをその回りに渦巻かせてはいるものの、そもそもそこに名前を刻まれたひとびとが、なぜ、無意味に命を落とさなくてはいけなかったのかという複雑な原因については、語りだそうとはしないのだ。

このように、想起するという行為そのものが、一種の忘却である。帰還兵がベトナムやアメリカ国内で戦ってきたということを想起する行為は、戦争がベトナムのひとびとに与えた効果について認識することを遮断してしまうのだろうか？　ベトナム戦争記念碑は、合州国の死者を列挙し、ワシントン・モールの文脈のなかに位置づけられることで、ベトナム人ではなく、アメリカ人こそがこの戦争の第一義的な犠牲者なのだという価値づけを明確にしている。たとえば、記念碑の前で千三百人のアメリカ人戦時行方不明者に関する問題が提起されることはあっても、三〇万人におよぶベトナム人戦時行方不明者に触れられることはまったく起こらない。顕彰記念行為のプロセスは、おのずから、戦争を行なった両者のうちのどちらかの側を選択するように強いるのだろうか。★87

芸術家クリス・バーデンの彫刻作品『もうひとつのベトナム戦争記念碑』は、ベトナム戦争記念碑にはベトナム人についての言及がないことに触発されて、一九九一年に制作された。バーデンの作品では、一枚が約三・五メートル×二・五メートルの大きさに銅製のレリーフが、ちょうど本が円形に立てられているような具合に配置されており、そのうえに、ベトナム戦争中に死亡した三百万人のベトナムのひとびとを記念するために、その数だけのベトナム人の名前が彫り込まれている。「（ベトナム戦争記念碑に）名前を刻まれているひとには申し訳なく思うけど、ぼくはあのアイデアには何か腑に落ちないものがあった。

ぼくらがぼくらの死者を追悼しても、それは基本的には侵略者であったわけで、じゃあベトナムのひとたちの名前はどこにあるんだと考えざるをえなかった」と、バーデンは述べている。[★88]バーデンが名前を列挙したやりかたに問題がなかったわけではない。実際の死者すべての名前のリストを入手することは不可能だったため、とりあえず入手できた四千人の名前を、繰り返し繰り返し繰り返し刻み込んでいったのである。しかし、バーデンの彫刻作品は、不器用な手際で名前を総称のような扱いで挙げているにもかかわらず、ナショナリズムの枠組みの内部における顕彰記念行為が抱える根本的な限界を暴きだしている。国民的な記念碑はなぜ、戦争で戦った片側だけを選択し、その対立を繰り返してしまうのか？　国民的記念碑が作り出す記憶とは、つまるところなんであるのか？

ワシントン・モールに設置されたことで、記念碑はナショナリズムの言説のなかに組み込まれ、したがって、それが喚起することができる記憶の言説にも制約を与えてしまうのである。記念碑の存在は、ナショナリズムの言説の限界を表わすとともに、その複雑さをも表示している。ローレン・バーラントは次のように書いている。

アメリカ人がワシントン詣でをするときには、かれらは国民を総体として把握しようとしている。しかし、首都でみいだされる国民という全体像は、さまざまな歴史的様相が混ぜ合わさったものにすぎない。その全体像とはつまり、ローカルな文化とナショナルな文化、私的なものと公的なもの、伝統的な品々と現在も使用されている品々とが、お互いに浸透しあっている空間である。……そこは国民的な「調停」の場所である。ナショナルな観点から歪められた多様なメディアが、はっきりと目に見えるかたちで、ときには共約不可能なありかたで接しあっている場所である。[★89]

ベトナム戦争記念碑は、このような「さまざまな歴史的様相が混ぜ合わさった」場所に出現し、ナショナリズムの言説に抵抗しつつ、同時にまたそれに向かって従順な顔も見せている。それはけっして単一のステートメントではない。調停の場所であり、争い合う声がせめぎあい、対立する問題が取り上げられる場所である。こうした多義性が、ベトナム戦争記念碑を、バーラントが複雑なものだと呼んだワシントンの公共空間のなかの、中心的な存在にするのである。

しかしながら、顕彰記念行為が究極的には正統化の行為であり、記念碑は物語の対立の中心に位置している。記念碑は、ふたつのまったく違った性質の想起を引き起こしたのである。そのひとつは、アメリカ帝国主義と男性性を復活させ、ベトナム戦争の歴史を書き変えようと試みている防衛的な歴史物語である。もうひとつは、この戦争で多大な影響をこうむったアメリカ人が――つまり、帰還兵とその家族、戦死者の友人や家族が――自分たちの喪失感、傷み、徒労感などを言葉にすることができるような、襞の入り組んだ複雑な想起の言説であろう。[★90] こうして、ベトナム戦争記念碑は、このような対立しあう戦争解釈のはざまに開かれる不確かな空間に立っているのである。

第三章　歴史の再演と作成——ドキュドラマとしてのベトナム戦争

歴史と文化的記憶とが、非常に特殊なありかたをへてドキュドラマ（docudrama）という形式のなかでひとつになる。歴史的事実と劇的形態とを抱き合わせるドキュドラマは、要するに、過去を模倣しながら解釈するというものである。本当におきた耳目を引くような出来事を文化的に再現するとき、一貫性と叙述の構造が立ち現われ、細分化した記憶の断片がそっくりそのままの間違いのない事実とされる。

映画で上映されるドキュドラマは、合州国における国民国家的な意味の構築に重大な影響を及ぼす。多くのアメリカ国民にとって、ドキュドラマは歴史的情報を得る第一の拠りどころである。ドキュドラマ映画は、精神的外傷を残した出来事の不愉快な歴史を、飲み込みやすいように改作し、そのような不愉快な歴史に新しい意味を与える手段を提供する。記念碑と同じように、ドキュドラマは議論の終結、つまり文化的記憶と個人の記憶とを歴史に包含できるプロセスを提供する。

ベトナム戦争の歴史は、メディアのなかで多様な視点から書かれてきた。歴史学者は戦争が提起した問題や戦争が生んだ遺物、そしてベトナム帰還兵の記憶を多様な視点から検討してきた。くわえて、ベトナム戦争の歴史は、テレビドキュメンタリーや特別記念番組、さらにはCD－ROMなどの形式ででき合いのプログラムとして制作される。こうした複雑な歴史の配置のなかで、わたしはドキュドラマ映画の役割を検討したい。その理由は、まさに、ドキュドラマ映画は戦争に関する大衆的な解釈を生み出す能力をもっているからである。たしかにドキュドラマ映画は、歴史学的な記述よりも完全でも正確でもない。しかし、ドキュドラマ映画がもつ文化的意義は歴史学のテキストよりも大きい。なぜなら、これらのドキュドラマ映画は、ベトナム戦争の予備知識に欠ける大衆や若者を視聴者に含むからである。

ベトナム戦争のドキュメンタリー写真や映画のイメージは、特定の国民国家的な意味を帯びているが、ベトナム戦争の物語を語るうえでもっとも重要な役割を果たすのは現代のハリウッド映画である。これらハリウッドの大衆的映画は、ベトナム戦争の「本当らしい」物語を表現する。これらの映画はベトナム戦争の記録映像（ドキュメンタリー・イメージ）の影を薄くする。たしかに、これらの映画の多くはみなれたものとなっている記録映像を意図的に再利用する。これらの映画では、ベトナム戦争をめぐるジェンダーと人種とに関する政治が表現され、書きなおされる。またベトナム戦争に関する神話が確立され、その神話に疑問が付され、そして新しい神話に置き換えられる。最後にこれらの映画のなかで、ベトナム戦争帰還兵自身の直接的な表象も構築される。帰還兵ウィリアム・アダムズは次のように述べる。

> 『プラトーン』が初めて上映されたとき、たくさんの人がわたしにこんな質問をした、「ベトナム戦争は本当にあんなだったのかい?」と。わたしには答えが見つかったためしがない。その理由は、どんなにグラフィックにそしてリアリスティックであっても映画はしょせん映画にすぎないからだ。戦争は、戦争にしか似ていない。でも、次の理由から答えがみつからなかったのも本当だ。「本当に」起こったことは、わたしの記憶のなかでは、起きたことについて語られたことと完全に混ざり合ってしまって、純粋な経験とはわたしの記憶のなかにもはや存在していないからだ。これは奇妙なことで、ある意味でじつに苦痛でもある。でもこのことはわれわれの記憶がどのように変化するのかをよく物語っている。ベトナム戦争はもはや明確な出来事ではない。ベトナム戦争とは、われわれが、自己に

たいするわれわれの相矛盾し変化している見方を書き散らし、消しゴムで消し、そして書き換えつづける集団的で決定版になることのない台本なのだ。★1

大衆映画の物語は、ベトナム戦争に実際に参加した帰還兵の体験と記憶にも、戦争のニュースを見たことを思い出す人びとの体験と記憶にも織り込まれる。大衆映画の物語は文化的記憶のひとつとなる。たとえばベトナム戦争記念碑では、人びとがひとつの特定の名前——アーサー・ジョン・ランボー——をこすり写しにしばしば集まる。★2このようにして、ランボーを主人公とする映画の虚構が、記念碑で表現される記憶と分かちがたいものになる。ランボーを主人公とした映画は、実際にあったことと似た「体験」をベトナム戦争後世代に与える。こうしてランボーを主人公とする映画が真実味を持ち現実主義的であるとする主張は、特定のひと連なりの歴史叙述をこれらの映画によって構築する欲求を反映する。その特定のひと連なりの歴史叙述とは、ベトナムにおいてアメリカ人総体が体験した残酷な経験やベトナム戦争の不毛性であり、「歩兵」として戦った兵士を犠牲者に祭り上げることであり、そして知恵を持ち真実を知っている人物としてベトナム帰還兵を描くことである。

大衆文化におけるベトナム戦争の描写が、どこまで実際に起きたことを表現できるかということがつねに問われる。ベトナム戦争は対抗しあう物語をともなう戦争として、表象しえない(unrepresentable)ものとして、また帰還兵の体験した経験は伝達しえないものとして分析されてきた。この表象不可能性と伝達不可能という概念は、ホロコーストの遺産から借りてきたものである。ホロコーストは表象不可能なものとして表現され、ベトナム戦争のすべての表現を支配してきた。ミリアム・クークは次のようにこれを表わしている。「ベトナムは断固として表象(represent)を拒む、しかしこの拒絶は絶え間なく表現

(represent) される」[3]。こうして、ベトナム戦争に関する批判的な議論は、ベトナム戦争体験の際限のない表現を解釈するときでさえ、ベトナム戦争が表象不可能であるという考えを繰り返す[4]。

表象不可能なものを表現するという この性質は、マイケル・ハーの『ディスパッチズ　ヴェトナム特電』――もっとも批評家によって賞賛されているベトナム戦争に関する著作――が絶大な人気を博している理由をも説明する。この本の文体は、断片的で早口で映画的であり、満載されているイメージのモンタージュはすばやく切れ味がよい。一九七八年にハーは次のように述べている。「他の戦争だったら、われわれも映画にでることになったろう。『地獄からの発信！』とか『ドン・ハ特電』……なんて映画まできたろう。……しかしベトナムは始末が悪かった。その厄介さは誰もが知っていた。話を聞きたくない人間が、わざわざ暗いところに腰かけて自分の目の前に嫌なものを持ち出されるのに金を払うようなまねはしないのははっきりしている……。だからわれわれは、自分自身の映画をつくりたかった。記者の数だけ映画をつくらざるをえなかったのだ」[5]。ハーは、自分を映画製作者と位置づける。かれは脚本の共同製作者としてフランシス・フォード・コッポラの『地獄の黙示録』（一九七九）とスタンリー・キューブリックの『フルメタル・ジャケット』（一九八七）に参加したが、『ディスパッチズ　ヴェトナム特電』では、地上軍の兵士の役割を自分に与えている。ベトナム戦争体験の伝達不可能性を描いたことによって、ハーの著作は神話的地位を獲得した。

ベトナム戦争におけるアメリカの体験のなかで、何が表現できないのだろうか？　明らかに第二次世界大戦のドキュドラマは、実際の戦闘の上っ面しか表現しなかった。同じ映像表現上の限界は、ベトナム戦争を対象とした映画にも当てはまる。しかし次のような疑問が残る。表現可能性に関する本質的問題は、戦闘経験そのものにあるのだろうか、それともベトナム戦争がテクノロジーや男らしさや合州国ナショナリズムの標準的な叙述に抵抗していることに存するのだろうか、という疑問である。表現することができたのは、矛盾や緊張、混沌であった。しかし、アメリカの娯楽産業の文脈では、このような戦争のイメージはは、あまりに飲み込みがたく衝撃的で、あまりに破壊的であった。

デヴィッド・ジェームズは、ベトナム戦争について作られた主流の映画を四段階に分類する。[★6] 第一は、ベトナム戦争中および一九七〇年代後半までに製作された映画である。映画の本数は少ないが、もっとも有名なものは、『グリーン・ベレー』（ジョン・ウェイン、レイ・ケロッグ監督、一九六八）であった。一九七〇年代後半に始まる第二の段階の映画には、『帰郷』（ハル・アシュビー監督、一九七八）『ドッグ・ソルジャー』（カレル・ライス監督、一九七八）、『戦場』（テッド・ポスト監督、一九七八）、『ヤング・ソルジャー　米海兵隊／青春の記録』（シドニー・フューリー監督、一九七八）、『ディア・ハンター』（マイケル・チミノ監督、一九七八）、そして『地獄の黙示録』（フランシス・フォード・コッポラ監督、一九七九）がある。この時期は、ベトナム戦争映画の第一の波であった。第三段階の一九八〇年代前半（この時期、レーガン政権はベトナム戦争史を書き換える運動をはじめた）のベトナム映画は、戦時行方不明者を重要な象徴として描写し、ベトナム戦争の戦いを繰り返す復讐心に燃えた帰還兵に重要な役割を与えた。この第三段階の映画には、『ランボー』（テッド・コッチェフ監督、一九八三）、『地獄のヒーロー』（ジョセフ・ジトー監督、一九八四）、『地獄のヒーロー2』（ランス・ホール監督、一九八五）、『ランボー　怒りの脱出』（ジョージ・P・コスマトス監督、一九八五）、そして『ランボー3　怒りのアフガン』（ピーター・マクドナルド監督、一九八八）がある。一九八〇年代後半から一九九〇年代の第四段階に製作された映画がもっとも関心を払ったのは、リアリズムであった。こうした映画の例として、『プラトーン』（オリバー・ストーン監督、一九八六）、『フルメタル・ジャケット』（スタンリー・キューブリック監督、一九八七）、『ハンバーガー・ヒル』（ジョン・アービン監督、一九八七）、『カジュアリティーズ』（ブライアン・デ・パルマ監督、一九八九）、『84★チャーリー・モピック　ベトナムの照準』（パトリック・ダンカン監督、一九八九）、『7月4日に生まれて』（オリバー・ストーン監督、一九八九）、そして『天と地』（オリバー・ストーン監督、一九九三）がある。この第四グループの映画には、ベトナム戦争帰還兵が監督したものと著名な映画監督が監督したものがある。これらの映画の特徴についてよく言われることは、アメリカがとうとうベトナム戦争を受け入れ、それに対処できるようになったことを象徴するということだ。[7]

合州国の歴史のなかで非常に感情的な反応を呼び起こす出来事を叙述する映画として、ベトナム戦争のドキュドラマには、二つの矛盾し合う意図がよく見うけられる。ひとつは、ベトナム戦争を写実主義的に表現することである。もうひとつは隠喩的な解釈を通じて、戦争のもつより大きな意味を検討することである。一九七〇年代後半のベトナム映画は、ベトナム戦争を隠喩的に描き、リアリズムという規範の意義を小さくして、ベトナム戦争のもつより大きな意味をみいだそうとした。マイケル・チミノ監督による『ディア・ハンター』は、いくつかのあからさまな事実誤認に完全に依拠している。そうした事実誤認のなかでもっとも有名なのが、アメリカ人捕虜が水檻にいれられたりロシアン・ルーレットを強制されたりするというものであった。フランシス・コッポラ監督の『地獄の黙示録』は、ナパーム弾攻撃の最中に海兵隊兵士が近くの海辺でサーフィンをしているシーンを使っている。このシーンは、この映画のもつ二つの混ざり合った意図を表現している。それは第一に「実際の」戦争のイメージを提供することである（この映画のシーンの多くは、脚本家ジョン・ミリアスの友人である帰還兵の記憶からとられた）。もうひとつは、ジョセフ・コンラッドの小説『闇の奥』の解釈として、戦争において人間が直面する極限というより大きな物語を語ることである。これらの映画につづく戦時行方不明者の復讐映画では、歴史の書き換えはさらにあからさまである。ここでは、アメリカ人がベトナム戦争をふたたび戦って戦時行方不明者を救出すると同時に、救出に向かった、忘れ去られていた帰還兵の名誉も回復させる。第四段階のベトナム戦争映画は、それ以前のベトナム戦争映画の誤りにたいして多くのやり方で対応した結果であった。ベトナム戦争記念碑が作られたのちに製作された第四段階の映画は、記念碑の建設にともなって生まれたベトナム戦争の物語の書き換えと、それにともなう癒しと記憶のプロセスの一部となっている。これらの映画は、また、歴史的行為としての役割をより強く意識している。

この第三章でこれからわたしが検討するのは、リアリズムの規範にしたがってベトナム戦争に言及する物語映画からベトナム戦争の象徴的なイメージまでを含む広範なベトナム戦争の再演と、記録映画のイメージとの関係である。これらの映画は、その生産においてもその上映においても文化的再演の場である。これらの映画が行なうベトナム戦争の語りなおしは、物語を単純にし、癒しと救済の場を与える。歴史を人間の身体にたとえれば、その裂傷が生む痛みを和らげるものである。大衆文化の一要素であるこれらベトナム戦争映画は、文化的記憶と緊張関係にある。これらの映画は個々人の記憶と文化的記憶とを溶け合わすことができ、ベトナム戦争を書き換える。それは、ウィリアム・アダムズが言っていたように「われわれが、自己にたいするわれわれの相矛盾し変化している見方を書き散らし、消しゴムで消し、そして書き換えつづける集団的で決定版になることのない台本」として、ベトナム戦争を書き換えるのである。ベトナム戦争記念碑と同じように、これらのベトナム戦争映画は、議論に終結を求めてベトナム戦争帰還兵が戦う戦いの物語を語るのだ。

歴史の映像記録

ベトナム戦争が生んだ多くの映像によって、ベトナム戦争を集団的に目撃することがアメリカ人に可能になった。ベトナム戦争は、東南アジアでの五感をともなう身体のみならず、議会や一般大衆の前に出された映像と戦死者数においてもたたかわれた「テレビ戦争」として誰もが思い描いてきた。このイメージ戦争の衝撃は現在でも議論の対象である。議論がとりわけ集中するのは、テレビや新聞報道が、戦争の恐ろしさにたいして大衆を過敏にしたのか、それとも残虐な大量殺戮を日々の出来事の流れのなかの退屈な一連の瞬間に貶めたのかという問題である。

しかし、ベトナム戦争の記録映像にたいして大衆が下した解釈はきわめて明確である。これらの映像は、一般大衆が反戦に向けて最終的に方針を転換するさいに欠くべからざるものであったとされる。いまから振り返ってみると、ベトナム戦争の記録映像は、象徴的なイメージの絡みあった集合体のなかに見えなくなっている。今日、テレビニュースがベトナム戦争を数分に要約して視聴者に示そうとするとき、次のような馴染み深い映像を必ず利用する。米軍の爆弾が終わることなく森林に落ちていくシーンを空中から見たもの、ベトナム村民の嘆願するような顔、焼け落ちた村を重装備で歩く米兵、ホバリングするヘリコプターから走り出る米兵などである。これらの記録映像が、ビデオテープではなく映画用フィルムに記録されたことは、これらの映像が歴史的地位を獲得するさいに重要な役割を果たす。映画用フィルムの記録は、映画の映像の鮮明で、ザラザラした性質を持ち、時代を経ると白黒画面は荒れ、色彩は色あせて、その歴史性を増すからである。

しかし、テレビで映された映像ではなくモノクロ写真こそが、ベトナム戦争のなかでもっと象徴的なイメージであった。その例として、一九七二年にグエン・コン（ニック）・ウトが写した、ナパーム弾の爆発から逃げるために裸でカメラに向かって道路を走っており、身体に火傷を負い顔を痛みと信じられないという驚きにゆがませていた少女、ファン・ティ・キム・フックの写真（図10）や、エディ・アダムズが一九六八年に撮った、南ベトナム国家警察長官グエン・ゴク・ロアン将軍が至近距離でひとりのベトコン容疑者の頭を射抜いている写真（図11）、そして一九六八年にロナルド・ヘーベルが記録した、撃ち殺される直前の恐怖の瞬間に寄り添い、そして農道で折り重なって死んでいるミ・ライ虐殺の犠牲者の写真（図12）がある。★8

アダムズとウトの記録した写真は、フィルム映像としても存在している。写真のほうが、フィルム映像よりもはるかに有名で、典型的な写真映像として認められているのは次の理由による。まず頭を撃たれて血を吹き出しながら倒れるベトコン容疑者のフィルム映像を見ることはきわめて困難である。さらに静止画像の強さは、撃たれる瞬間に容疑者が見せる恐怖の表情にある。ナパーム弾攻撃のフィルム映像は静止画像よりもはるかに不鮮明で、キム・フックの表情を静止画像ほどとらえていない。もっとも重要な理由は、一般的にいって写真映像というものは、動画映像より象徴的地位を獲得する力をもつからだ。つまり、静止画像は、書籍などの出版物を通じて広く配布されるから、大衆がその複写を所有しやすい。さらに静止画像は、完結性を暗示し過去を呼び起こす力をもつ。

ベトナム戦争は、数知れない写真映像を生み出した。そのなかには、米兵がとった個人的なスナップ写真がある。現在、こうした多くのスナップ写真がベトナム戦争記念碑に出現する。ダグラス・カーンは、これら個人的なスナップ写真について次のように述べる。「いま現在、アメリカじゅうに、ベトナムで実際に起きたことがいっぱい詰まっている写真が、靴箱に入れられて、屋根裏部屋や押入れにしまわれてい

図10　トラン・バン村へのナパーム弾攻撃。1972年
撮影：グエン・コン（ニック）・ウト。AP/Wide World Photos.

図11　ベトコン容疑者を撃つグエン・ゴク・ロアン将軍
撮影：エディ・アダムズ。AP/Wide World Photos.

図12　ミ・ライ虐殺。1968年。撮影：ロナルド・ヘーベル。「ライフ」より
Ⓒ Time, inc.

る」。カーンは、ベトナム戦争のもっとも痛々しい記憶のイメージは公になった映像にはない、と主張する。

本当の話だけれども、精神病院にひとりの帰還兵がいるんだ。でもそいつはベトナムには一度も行ったことはない。そいつは国防総省の写真・映像資料館員だった。かれはある帰還兵に一度次のように言った、「おまえは、あれやこれやの虐殺行為に参加したかもしれないが、俺は全部の虐殺行為を見た。だから俺は狂っちまったんだ」と。一九六〇年代後半の高校時代、俺は基地町で育った。そこで、大学生の兄貴がもってきたたくさんのスナップ写真を見た。そのなかには、多くの死体切断の写真、首を切り取られて一物を口からのぞかせている写真があった。こうした写真は、ポルノふうの写真カードや他のタブーだった写真

と同じように、高校生のあいだでまわされていた。★9

これらの数え切れない映像は、公的なものであっても私的なものであっても、災厄を取り除くための一種の呪符である。ではなぜキム・フックやロアン将軍、そしてミ・ライ虐殺事件の写真は、ベトナム戦争全体を魔法のように出現させる能力があるのだろうか？　この三つの映像がどれも、ベトナム人を犠牲者として描く純粋な暴力を記録しているというのは偶然ではない。キム・フックの顔に浮かぶ信じられないという表情は、アメリカ人が「われわれのやったこと」を信じることができないという感情を象徴している。キム・フックはアメリカのナパームで火傷を負った若い無垢な犠牲者であるから（この写真は、一九七二年にトラン・バン村で行なわれた偶発的な攻撃を記録したものである）、この写真は合州国の戦争のやりかたにたいする重大な告発である。若い女性であり、裸の人間として、キム・フックは、犠牲者とされ女性化されたベトナムという国を象徴する。

ベトコン容疑者を射殺するシーンを撮ったアダムズの写真は、戦争の無差別的な残虐性を描いている点で有名になった。そしてその後の歴史の進展を変えたという評価をえた。この写真が発表された当初に大きな影響力をもった理由は、一九六八年のテト攻勢が最高潮のとき、つまりベトナム戦争も反戦運動もエスカレートしていたときに発表されたからである。実際テト攻勢以前、新聞社はこの種の殺人を記録した写真を新聞に発表することを拒絶していた。★10 ロアンが射殺した男は、南ベトナム政府軍に捕えられ、ロアン将軍の前まで連行されてきた。そして、ロアン将軍は連行してきた兵士を脇にどかせて、報道関係者の前でこの男を射殺した。★11 激しさをくわえていく戦闘が戦争の不毛さをますます明らかにしていたときだったので、当初この写真は裁判抜きにひとりの男を射殺する写真と解釈された。しかしいまではこの写真はより単純な映像になっている、つまりベトナム人が別のベトナム人を殺す映像として。この写真の単純さは残酷である。この写真が描く戦争は人間対人間の戦争であって、爆弾や枯葉作戦、見えざる敵からなる複雑な戦争ではない。さらに、この写真の象徴的な力は、死の瞬間をとらえることのできるカメラの能力を示していることに淵源をもつ。

ミ・ライ虐殺の写真が象徴的であるのは、恐怖とアメリカの戦争残虐行為を私的な詳細さで表現しているからである。この事件にたいするヘーベルの説明は、感情がまったくないことでよく知られている。「兵隊たちはまさしくこれらの村人を撃つところだった。俺は「待った」と叫んだんだ。そして写真を撮ったのさ。M16が火を吹いて、視野の片隅から人間の体が倒れていくのが見えた。けれども俺は振り返らなかった」[★12]。かれの写真は、虐殺が明らかになってから一年半後にやっと公表された。ウトとアダムズの写真のように、ミ・ライのイメージは、一般大衆を驚かせ、ベトナム戦争における合州国の役割にたいする幻滅を広く生み出したことで、象徴的な地位をえた。

ベトナム戦争の歴史はしばしば短いフィルムショットを使って語られるが、これらのスチール写真は、戦争をその全体性——米軍の犠牲者としてのベトナム人、戦争の暴力の残虐さと気まぐれさ——を象徴化する能力を保持している。静止画像として、これらの写真は過去を停止させる。しかし、写真の意味は変化しつづける。たとえば、オランダ人映画製作者マヌス・ヴァン・デ・ケンプは、写真に撮られてから二〇年後のキム・フックを苦労して見つけ出し、戦争中の彼女のイメージを現在のイメージで更新した[★13]。ベトナム戦争記念碑に残された遺物の出所を探り当てるように、「本当の」キム・フックと名づけて理解する欲望は、国民的なシンボルから生存のための個人的物語への変化が、キム・フックの写真のなかでおきたことを明らかにする。キム・フックの写真は、アメリカの文化的記憶のなかで通用し、美術のなかでベ

トナム戦争に関する象徴としてしばしば再登場する。★14

これらベトナム戦争のイメージのイコンは、裂け目の象徴であり、平穏のなかに引き下がることを断固として拒絶し、叙述を要求している。これらの象徴は、議論の終結ではなく、ベトナム戦争にたいして一種の恐怖を感じる機会を与える。議論の終結が与えられるのは、むしろハリウッド映画の叙述とドキュドラマという形式のなかである。ハリウッドのこれらの映画はアメリカのベトナム戦争経験を支配的に代表するものである。映画のなかのでたらめな叙述にもかかわらず、これらの映画は、ベトナム戦争の筋書きを書き換え、ドキュメンタリー映像を包摂する。じつに多くの映画が、再演とその映像のもととなった出来事とのあいだの境界を曖昧にさせ、意図的にドキュメンタリー映像を再演している。

戦争映画、映画の戦争

第二次世界大戦に関するハリウッド映画が、ベトナム戦争の表現に影響を与えた最初の物語映画である。これら第二次世界大戦映画は、愛国主義や善対悪、男性的な卓越した能力を強力に描く。この第二次世界大戦映画は、ベトナム戦争で戦った兵士たちの世代が戦争をイメージするありようを根底から決定づけた。いかに兵士や特派員が、第二次世界大戦映画のイメージをもってベトナムに赴いたかが、ベトナム戦争に関する映画や文学の支配的な主題である。『ディスパッチズ　ヴェトナム特電』――その映画的な文体で三〇年にわたってベトナム戦争映画に影響を与えたといわれる――の有名なフレーズのなかで、マイケル・ハーは次のように述べる。

十七年間にわたって戦争映画にすっかり夢中になったあげく、ベトナムにきて永遠に消されてしまった少年たちのことがわたしの頭から離れない。近くにテレビ班が来ていると分かると、交戦中にもかかわらず走り寄ってくる兵士たちを見れば、初めてメディア・フリークのなんたるかが分かるというものだ。この兵士たちは事実頭のなかで戦争映画を製作し、砲火のもとでささやかな度胸と栄光の海兵隊タップダンスを踊り、放送局のためにニキビ面を写してみせた。かれらは異常だったが、戦争で頭がおかしくなったのではなかった。戦闘部隊の隊員の大部分は最初に何回か砲撃戦を経験すると、戦争を冒険と考えることはやめてしまったが、その考えを捨てされない兵士たちもいて、数は少ないがかれらはカメラのために演技をすることに熱中した。……砲撃を受けたり、戦闘で戦死者を見ても最初の数回は何も感じなかった。すべての反応はわたしの頭のなかにしまいこまれた。それはあのお馴染みの暴力で、ただメディアが変わっただけだった。それは大型ヘリコプターやみごとな特殊効果を使ったジャングルのシーンのようなもので、俳優はズックの死体袋に入ったまま戦場に寝て、そのシーンの撮影が終わるのを待ってまた立ち上がり、歩いていくように思われた。しかしそれは本物のすごいシーン（気がついてみると）であり、ノーカットだった。★15

この叙述は、第二次世界大戦についてアメリカ人のもっているイメージにとりつかれたベトナムのアメリカ人を描写したもののなかでもっとも有名なものだ。しかしこれ以外にも同じ描写は数知れずある。ベトナム戦争とハリウッドの戦争映画との相違は、米兵が交渉することを困難にしたばかりではなく、生存の機会を少なくさせたものとして表現される。帰還兵はこの主題をつねに繰り返す。

——今でも憶えている一番すごい映画は、オーディ・マーフィの『地獄の戦線』だった。最後のところで、オーディ・マーフィが火をふくタンクのうえにとびあがって、機関銃をつかみ、ドイツ軍のなかに突進していくやつだ。そのすごさにまったく、ぶったまげた。あんなになりたいと思った。オーディ・マーフィの脚が本当に燃えているようだったし、本物の機関銃を撃っているようだった。あんな映画はみたこともなかった。★16

——足場を失って水路にはまり込んで、やっと浮かび上がると俺は叫んだ。「これは戦争映画なんかじゃねぇ。ジョン・ウェインの映画なんかじゃねぇ！」ってな。俺が笑い始めたら、小隊のみんなも笑い始めた。なぜって、みんなもわかったからさ。ベトナムは戦争映画じゃない。ベトナムに六ヶ月いて、やっと目が覚めて第二次世界大戦の映画を記憶から消し去った。あんな映画は、現実から目をそらせ、痛みと怒りを忘れさせ、ベトナム人を救うためにベトナム人を殺す善良なアメリカ人として自分を正当化する助けにはならない。なぜって？ あんな映画は、本当のところ、みんな宣伝映画だからだよ。★17

——おれは、こんな映画は気にくわん。★18

——ほんとに、思い上がった戦争だった。そのことを映画にすべきだった。★19

以上の引用のなかに見られる怒りは、先行する世代が伝えた戦争神話、いわば父親のついた嘘にたいしてばかりでなく、戦争の表現そのものにも向けられている。ある帰還兵は、自動車のバンパーに、「ベトナムは戦争だ。映画じゃない」というステッカーを貼りつけた。かれは、ベトナム戦争映画を見れば正統なベトナム戦争体験ができる、という大衆の感情にも反発している。

大衆向け映画は、歴史的叙述を形作るうえで重要な役割を果たすばかりでなく、観客に、そして究極的には国民国家にカタルシスをもたらす。再演は追体験の形式である。観客は、リアリズムのコードのなかで映画的な表現を体験することによって、自分たちも戦争のトラウマを体験したと感じることができる。体験に関する諸カテゴリーの境界は曖昧になり、これらの映画の監督や俳優は、映画製作過程で作られた戦場において戦争を体験した、と主張する。帰還兵のヘンリー・アレンは、これについて次のように述べる。

こうして、『地獄の黙示録』や『帰郷』、『ディア・ハンター』のような映画が出てきた。みんな、俺もこの映画を見るべきだっていう。みんなは、俺が考えることを知りたがった。言ってやるさ、「でも、なんていい映画だ」って。するとみんなは、次のように尋ねてくるだろう、「ベトナムとはどれほど違うの？」。俺は説明してやるよ。あれはただの映画だ、スクリーンの上の動いている色つきの光だって。みんなが戦争と映画の違いがわからないってことじゃないんだ。知りたがらない……。たぶん、かれらなりのやりかたで、自分たちも帰還兵になりたかったんだろう。★20

文化的記憶と歴史が絡み合ったベトナム戦争映画は、帰還兵、映画製作者、そして一般大衆にカタルシスをもたらす。しかし、そのカタルシスの政治学と地位は、これら三者によって異なる。これら映画をめぐる論争が明らかにするのは、「帰還兵らしさ」の諸特徴を、つまり生き残ったことのカタルシス、怒りを抱く権利、そして多くの人が困難な経験を通じて得られると考える叡智を得たいという欲望である。

ベトナム戦争映画に応用されたリアリズムの特定の規範は、直接的に、観客でいながらある種の帰還兵らしさが獲得できるかのような立場を観客に与える。第四期のこの種の映画において、リアリズムと本当らしさを確立することは非常に重要である。とくに、映画監督自身が帰還兵のときはそうである。たとえば、オリバー・ストーン監督の『プラトーン』が封切られたとき、この映画は、「最初の本当のベトナム戦争映画」だと称えられた。このジャンルのどの映画よりも、『プラトーン』は観客に、現場の気分、つまりジャングルで待ち伏せ攻撃のために待機し、戦闘を肌で感じ、実際に見、そしてその匂いをかいだ気分にさせる力があるとして賞賛された。

これは映画以上のものだ。まるでベトナムにいるかのようだ。『プラトーン』を見てあなたは実際にそこにいるかのように感じ、二度と戻りたいと思わないだろう。★21

『プラトーン』は、他のどの映画よりもベトナムで戦っているかのように五感のすべてで感じさせる。映画を見て、このアンリ・ルソーふうのジャングルの密室恐怖症的な暑さで弱りきり、自身を失うことができる。ヒルがクリスの肉体に吸いつくとき、ヒルが肌を刺す痛みを感じることができる。虫の鳴き声と緑の絨毯の上を歩み寄ってくる敵の足音、そして夜間パトロール中のクリスの心臓の音を、同時に聞くことができる。★22

『プラトーン』の最大の力は、社会的リアリズム、つまり不快感、蟻、暑熱、そして泥の本当らしさの感覚にある。そのリアリズムは、ジャングルや藪のパトロールによる疲労、ベースキャンプでの退屈と解放感、待ち伏せの恐怖、そして夜間戦闘の混沌とした騒音を表現する。★23

ハリウッド製のほかのベトナム映画は、歴史にたいするレイプであった。しかし、『プラトーン』は、歴史的にも政治的にも正確である。この映画は、ベトナム戦争を画策した人間がわからなかった何かを理解している。その何かとは、ジャングルの葉群の濃密さが米軍のテクノロジーの優越性をいかに無効にしたか、ということである。映画を見れば、ジャングルがいかに米兵を吸い込んだかがわかる。かれらはパッと消えてしまったのだ。思うに、この映画は古典的なものになる。いまから三〇年後、ベトナム戦争といえば『プラトーン』のことになるだろう。★24

ストーン監督は、この映画の自伝的な性質を重々しく宣伝した。そして『プラトーン』の宣伝もこの監督自身とベトナム戦争との関連を強調した。宣伝用ポスターには、ストーンと他のGIがいっしょに写っている戦時中の写真が使われた。真実性にたいするこのような主張のために、この映画の作られ方も強調された。ストーン監督は、脚本を完成させるために何年もハリウッドと「戦争状態」にあったばかりか、デール・ダイという元海兵隊大佐を雇い、俳優を映画のロケ場所であったフィリピンのジャングルに送り込んで、かれらに厳しい訓練を課した。俳優たちは、三〇キロの背嚢を背負い、戦闘用非常食を食べなければならなかった。俳優は、あたかもこの訓練がかれらを帰還兵にするかのように、反応した。俳優のひとり、トム・ベレンジャーは次のようにこの経験を説明した。「われわれは演技をする必要もなかった。なぜなら、われわれはそこにいたからだ」[★25]。ハリウッドはこの映画を全面的に受け入れ支持し、ベトナム戦争を戦争参加者の視点から描くという新たな発見を祝福した。

アメリカ人映画監督のなかには、ベトナム戦争映画を製作する戦いは、実際のベトナム戦争と似ているというものがいる。たとえばコッポラ監督の『地獄の黙示録 Apocalypse Now』は、封切り前に悪名をはせていた。それは巨額の制作費、監督と投資家やフィリピンのジャングル、そして天候との長い闘いがあったからである（新聞は、『地獄の黙示録、いつ？ Apocalypse When?』とか『地獄の黙示録、永遠に Apocalypse Forever』とか揶揄した）。コッポラは、一九七九年のカンヌ映画祭で次のように述べた。「わたしの映画は映画ではない。わたしの映画はベトナムに関するものではない。この映画そのものがベトナムなのだ。この映画は、ベトナムが現実にそうであったものだ。それは狂気だった。われわれの映画製作のありかたは、アメリカ人がベトナムにいたときのありかたと非常に似ている。われわれはジャングルにいた。そしてあまりにも多くの人数がいた。巨額の資金と莫大な装備を使うことができた。そして徐々にわれわれは正気を失っていった」[★26]。明らかにこの発言は、ベトナム戦争に関する映画製作の経験を、ベトナム戦争の体験そのものと同一視している。当初、コッポラとジョージ・ルーカスおよびジョン・ミリアス両監督は、ベトナムで一九六九年に映画を撮影することを望んだ。ベトナム戦争の真っただなかでベトナム戦争の幻影を製作したかったのである。しかし、この企画に興味をもつ映画スタジオはどこにもなかった。

『地獄の黙示録』製作過程を記録した『ハート・オブ・ダークネス』というドキュメンタリー映画がある。このなかでコッポラは、山のような問題と、自分の映画が「二千万ドルの失敗」になるのではないかという絶望感と闘う。コッポラが撮影に使用していたヘリコプターを所有するフィリピン政府は、撮影のもっとも重要な瞬間に、近在の丘陵に潜むゲリラを実際に討伐するため、そのヘリコプターをしばしば徴用した。ウィラード大佐役――明らかに正気を失った米軍大佐を「ターミネート」するために川上に派遣された暗殺者――を演じたマーティン・シーンは、撮影中に心臓発作を起こした。また、モンスーンのために撮影は何ヶ月も遅れた。ちょうどジャングルがベトナム戦争において米軍のテクノロジーの力を無効にしたように、ジャングルは映画のテクノロジーがその力を発揮するのを妨げた。自らを事実上の帰還兵だと宣言する（「わたしの映画は、映画ではない。ベトナムなのだ」）とき、コッポラは、戦争体験を通じた自分自身の（そして出演俳優と裏方の）カタルシス的変容を宣言し、フィリピンのジャングルとベトナムのジャングルとを同一視する。ブライアン・デ・パルマ監督の『カジュアリティーズ』とストーン監督の『プラトーン』は、映画製作の過程でベトナム戦争を模擬体験するこの主題を繰り返した。これらの監督は、ベトナムと交換可能とみなされた「エキゾチック」な風景――フィリピンやタイ、メキシコ――と戦ったのである。

デヴィッド・ハルバースタムがいう「人びとは『プラトーン』をベトナムと考えるだろう」ということの意味は、そしてスピルバーグが「これは映画以上のものだ。実際にベトナムにいるのと同じだ」と述べることの意味はなんだろうか？　おそらくこの意味を問うことよりも重要なのは、なぜ観客はベトナムにいたという体験を欲するのか、そして観客のなかで働いている体験の概念は何か、という問いであろう。「われわれは演技する必要はなかった。なぜならわれわれはそこにいたからだ」という発言が含み伝えるのは、トリックが乗り越えられ、再現がドキュメンタリーとなり、再現が文化的権威を得ているということである。これが、真実の第一義的な基礎としての体験概念である。ジョーン・スコットは、「提供された証拠が「体験」にもとづいたものであるとき、参照性の主張はさらに強められる。結局のところ彼／彼女の体験したことを説明する主体の説明よりも真実に近いものがあるだろうか？」と疑問を提起する。[★27]だから、ベトナム戦争映画の観客は、ベトナム戦争について真実味のある体験をもった、と主張をする。このように自分を帰還兵として描写する背後に潜んでいるのは、ベトナム戦争にたいするノスタルジアである。ベトナム戦争記念碑は、一方で死者を悼む空間を与えながら、他方でベトナム戦争の強烈な体験にたいする複雑なノスタルジアを掻き立てた。まさしくこれと同じように、観客は、『プラトーン』のようなハリウッド映画がベトナム戦争の不毛性と残酷さを暗に批判しているにもかかわらず、その劇的映像を通じて戦争の「本当の」体験――この体験を通して唯一の真実が獲得されるのだが――を描くものとして鑑賞する。

『プラトーン』がこの「体験」を提供できた理由は、次のような映画的なリアリズムのいくつかの規範に依拠していたからである。その規範とは、哨戒行動の詳細や退屈さ、戦闘の混乱、そしてジャングルの存在を描くことである。この映画にドキュメンタリー映画の感覚を与えたのは、強調され、「自然化」された夜のジャングルの音や、速い展開をもつように編集された戦闘シーン、そして現場撮影での射撃である。だが、この映画は、劇的に演出されたシーンとクラシック音楽の著名なBGMを用いており、非常に定式化された映画でもある。

歴史的ドキュメントとして自覚的に製作されたとき、『プラトーン』はそのイデオロギーをなんら人為性のない自然なものとして確立する。この映画は、ひとりの若い新兵の、つまりストーン監督自身の身代わりでもあるチャーリー・シーンの演じるクリス・テーラーの視線で一小隊の物語や夜間哨戒、索敵殲滅戦、そして激戦の体験を語る。この映画は、最初のシーンからテーラーが規律化される過程を追う。テーラーと他の新兵（「童貞（チェリーズ）」と呼ばれた）は、輸送機から生まれ（その輸送機は遺体袋をいっぱい詰め込んで返るのだが）、シニカルで賢い兵士に変容する。テーラーは到着したとき、新鮮な顔をしていて一生懸命のように見える。かれは、将来の自分である冷淡で打ちひしがれた古参兵と視線を交わす。ストーン自身と同じように、かれは、「一兵卒」になりたいがために、ベトナムにやってきた中産階級出身の志願兵だ。そしてかれは、唯一の目的は一年の任務を生き残ることだということをすばやく学ぶ。かれの小隊には、どちらも「職業軍人＝終身刑囚 lifers」である二人の軍曹のあいだにライバル関係があった。ひとりはトム・ベレンジャーの演ずるバーンズで、鍛えぬかれた計算高い戦闘マシーンである。かれは、不死身で、道徳的原則をもたず、戦争の狂気に長いあいだ鍛えられた兵士である（バーンズが頬に深い傷跡をもっていることは、この映画の多元決定的スタイルの証拠である）。もうひとりはウィレム・デフォーの演じるエリアスで、慈悲心をもつ理想主義者で、ベトナム戦争にたいする信念は失いつつあるが、戦闘においても許すことのできない種類の行為がなんであるかについて道義的な基準をもっている。かれもまた、勇敢で熟練したゲリラ戦争に長けた、生まれながらの戦士である。予想に違わず、テーラーは、エリアスの陣営に取り込まれ、かれを崇拝する。ミ・ライ虐殺とロアン将軍によるベトコン容疑者の射殺シーンを撮ったアダムズの写真を思い出させるシーンで、バーンズとかれの陣営の兵士たちは、数人の村民を残虐な方法で殺害する。このとき、エリアスは、殺戮現場に到着してバーンズたちが少女を殺害するのを阻止する。『プラトーン』では、テーラーは、エリアスは善と悪とのあいだのこの戦いの目撃者、つまりその目を通して善対悪の戦いが再現される人物である。そしてベトナム人は、この戦いが戦われる身体なのである。

『プラトーン』は、小隊内の善と悪との戦いがベトナム戦争の小宇宙、アメリカ人男性の心理の小宇宙、そしてアメリカの集合的心理の小宇宙として提出される道徳的寓意譚である。皮肉にも、ベトナム戦争を象徴できる映画にしたいという願望のために、オリバー・ストーンはベトナム戦争を脱歴史化し、ベトナム戦争を戦争一般に解消する。若者が無垢さを失い、通過儀礼を経験し、戦闘を通して経験を積んだ賢明な兵士に変容するというこの映画の物語は、ベトナム戦争にとどまらない陳腐な叙述である。ベトナム戦争のイデオロギーの中心として米軍兵士を設定するなかで、『プラトーン』はベトナム戦争の多くの側面を見えなくする。この見えなくされたもののなかには、アメリカを東南アジアにかかわらせたイデオロギー上の装置も含まれている。

『プラトーン』がハリウッド映画の慣例に従うのにたいして、パトリック・ダンカンの『84★チャーリー・モピック　ベトナムの照準』は独立系映画である。これは、擬似ドキュメンタリーのスタイルのなかで、『プラトーン』よりも厳密で誇張のないリアリズムの定式を利用する。ダンカン監督も帰還兵であるけれども、(人間の)主役という装置を使うことを避けて、ベトナム戦争を定義するうえでカメラが果たす役割を映画のもっとも重要なテーマとすることを選んだ。映画全体を語る視点は、「新米（グリーン）」中尉とともにベトナムに派遣され、藪の中で戦う戦術をGIに教育する資料として哨戒任務中の分隊を記録するカメラマンの視点である。ダンカン監督は、ベトナム戦争を視覚で理解させるうえでカメラ映像の役割を強調する。その目的は、ベトナム戦争が写真や映画映像によって影響され、そして現在、想起されているということを、われわれに思い出させるためである。この映画には有名な俳優もいないしロックンロールのサウンド・トラックもない。映画は赤裸々な映画的リアリズムの規範を用いる。それらは、一六ミリフィルムのモノクロ映像であり、環境音、ゆっくりとしたペース、そしてハンド・カメラである。ダンカン監督は、「マイケル・ハーは必要ない。かれを尊敬するけれども、かれの見方は、そのほかの映画と同じように、教育のある観察者の視点だ。教育のある観察者は、対立を理解するために対立の局外に立つことができる。わたしはその対立のなかにいた。その対立を内側から感じた、そしてその対立を内側から表現する……。たくさんの人がハーの表現を好むと思う、なぜなら見えない敵の手で殺される悲惨な破滅感を感じないですむ距離を保つことができるからだ。かれらがどのように死んだのか誰も知らないし、なぜ死んだのかはなおさらわからない」★28と述べた。ベトナム戦争の物語を語るという試みをあえて選ばないことによって、ダンカンの映画は、『プラトーン』のような道徳的寓意譚になることを回避する。しかし、『84★チャーリー・モピック』はリアリズムの別の定式に従う。それは、ドキュメンタリー・カメラが何かをわれわれ自身がまさにそこにいるかのようにわれわれに示すことができるという信念である。

歩兵の戦争——ジャングルのなかの無垢な者たち

ベトナム戦争を再演する表現のほとんどで、「本当」の戦争は「歩兵」の戦争として描かれる。多くのベトナム戦争映画は、状況によって、あるいは純真さゆえに誤り導かれてベトナム戦争に引き込まれ、不可避的に変容させられる無垢な主役に焦点を当てる。『プラトーン』では、この役割を果たしたのは、テーラーである。『プラトーン』の宣伝は次のように述べる、「戦争の最初の死者は、無垢さだった」。そして失われた無垢さは、テーラーと他のアメリカ人のものであるのは明らかである。『7月4日に生まれて』では、トム・クルーズの演じるロン・コビックは、ロングアイランドで、カトリックの反共主義というイデオロギー的文脈のなかで成長した。映画『カジュアリティーズ』では、マイケル・J・フォックスの演じるエリクソンは、レイプに加わることを拒否する。『フルメタル・ジャケット』では、マシュー・モディンの演じるジョーカーは、観察者として振る舞うことが許された軍事記者の役割が与えられる。これらの登場人物は、みな無垢な状態でベトナム戦争に入っていく。かれらの変容は、観客に次のような手段を与える。つまり、ベトナム戦争の厄介な記憶を追い払うために、ベトナム戦争を哀悼して戦争への贖いを感じ、ベトナムにおける死と苦痛を体験する手段なのである。一般大衆は、映画の出演者と同じように、アメリカが最初は無垢であったこと、われわれは何に踏み込んでゆくのか知らなかったこと、そしてわれわれは善良な意図をもっていたと、感じることができる。

パット・アウフデルハイドは、これらのベトナム戦争映画のことを、ハイテクの空中戦を無視し、地上兵の戦争として「本当の」戦争を描く「高貴な歩兵」映画だと指摘する。「歩兵たち」は、ベトナム戦争の政策や軍事的戦術にどのような発言権もない。このような「歩兵」が、これらのベトナム戦争映画では、一義的な犠牲者としての地位を得る。アウフデルハイドは次のように書く、「これらの映画では、ベトナムは、無力者のカルヴァリの丘、つまり受難の場――歩兵ばかりではなく観客のための――となる。アメリカの映画愛好家は、ベトナムにいた兵士のように政策決定過程から遠く離れているけれども、その政策の結果に責任をもつ市民 - 消費者である。かれらはここで同情すべき多くのことを発見することができる。映画愛好家は、また、抜きがたい罪悪感に襲われ、そのような重荷を負わなければならないことで鈍い怒りに満たされる」[★29]。帰還兵から一般大衆への怒りのこの転移は、帰還兵が表象する苦い記憶の責任をかれら帰還兵に負わせる形態をしばしばとった。

しかし、これらの映画で「歩兵」は、「本当の」アメリカ人、その精神がベトナム戦争で破壊されたアメリカの男性として描かれる。テーラーの考えは、『プラトーン』のなかで、祖母への手紙というかたちで提出される。テーラーは次のように書く。

だから僕も志願したんだ、一兵卒としてね。兵隊はたいてい地方出身で底辺の人たちだ。ポランスキーとかブランドンとか……聞いたことのない町から来ている。せいぜいで高卒、地元に工員の口でもあればいい方だ。恵まれていないかれらが国のために戦ってる。縁の下の力持ちを自任している。踏みつけにされてたくましくなっているんだ。かれらこそ真のアメリカ人だ。

歩兵は、アメリカの自由のために一生懸命働く象徴としてのみならず、中産階級や上流階級の人間が自分たちの本当の自己を発見させる手段という立場にある。このようにして、大学院の徴兵忌避の特権もなくベトナム戦争の矢面に立った労働者階級は、かれらが当初もっていた無垢さおよびかれらの体験した幻滅と裏切りとによって、より純粋なアメリカ人として描かれる。

『7月4日に生まれて』では、高貴な「歩兵」という主題が母国を舞台にして容赦なく繰り返される。ロン・コビックは、独立記念日の行進を見ながらロングアイランド州にある郊外の住宅街で育った（このシーンは、フォーカスを甘くしてぼかして撮られている）。ストーン監督は、コビックにアメリカの若者を象徴する地位を与える。かれの父は、「七月四日生まれにふさわしい子供だ」と言う。母親は、「わたしの大事なヤンキー・ボーイよ」と言う。子供のコビックは、負傷した第二次世界大戦の帰還兵が歩み去りながら爆竹の音に怯えて縮み上がるのを見る。戦争が破壊する男のテーマがここで確立する。テーラーと同じように、コビックはかれ自身の将来を表現する男と視線を交わす。自叙伝やストーン監督の映画版では、コビックは、裏切り行為の象徴、つまり信じそして不当な扱いを受けた若者という立場にある。コビックは、ベトナムにおける二つの現場でベトナム戦争の現実に覚醒する。最初の現場は、コビックの属する小隊がある村を攻撃し、偶然にも大勢の女性と子供を射殺したときである。解放戦線の攻撃を受けてこの現場から小隊が退却するとき、コビックは誤って小隊の新兵であったウィルソンを射殺してしまい、指揮官にこのことをかれの胸のなかにしまっておくようにと言われる。コビックもこのすぐあとに負傷し、陰惨な野戦病院に行き着き、神父から最後の祈りを捧げられる。

しかし、この映画が明らかにするのは、本当の裏切りがコビックのアメリカへの帰還後におきるということである。祖国でかれを収容した病院は、ベトナム戦費削減によって資金不足に陥って身の毛もよだつような状態になった退役軍人病院だった。この映画は、この病院の患者に、汚物のなかで生活し看護人によって虐待されるベトナム戦争の廃棄物としての地位を与える。コビックが回復して車椅子で自宅に帰ると、かれと家族との関係は非常にギクシャクしたものとなった。弟はベトナム戦争に反対しているし、友人はベトナム戦争が存在していることを忘れているかのようだ。かれが愛国的な帰還兵から反戦運動家に変容するのは、大学キャンパスでの反戦デモを見物しているときに催涙ガスをあび暴行を受けたときである。現実のロン・コビックは、次のように述べて愛国主義の修辞を効果的にひっくり返す、「俺は生きるしかばね／第一次大戦記念日は／車椅子にのって／俺はアメリカ一の良い男／ジョン・ウェインが凱旋してくる／建国記念日の花火／墓にくだけ散る[★30]」。

これらのベトナム戦争映画のなかでは、無垢な兵士は、他人の善意など信用しない、鍛えられた、けれども内省的な英雄となる。つまり無垢な兵士は、戦闘のなかに男らしく戦うことができることを証明する、と同時に、明晰にベトナム戦争のばからしさを理解し、悟りや苦く新しい知識によって、一般大衆の代理となることのできる英雄に変容する。しかし、この知識とはなんだろうか？　ストーンのベトナム戦争三部作が伝える単純なメッセージは、アメリカは祖国の若者を裏切ることができるということを学んだ、ということである。

歩兵を高貴なものとして映画で描写するには、それに先だってかれらの無垢さがしっかりとしていなければならない。「歩兵」は、任務を引き受けることはできたけれども、その重い結果に耐えなければならない。なぜなら、かれらはほかのアメリカ人と同じように事情に疎かったし、世界を危険から救い出す軍隊というアメリカの神話が正しいと信じているからである。アメリカは、これらの登場人物を通じて、その無垢を失ったかのような脚本を与えられる。ケネディ暗殺で失われたのちにふたたび回復できたように思える無垢さ、ウォーターゲート事件やイラン・コントラ疑惑、オクラホマ市爆破事件でふたたびその喪失を嘆かなければならなかった無垢さ。もしも歩兵が戦争のはじめに無垢であるならば、歩兵の体験を通して一般大衆も、裏切られたのだという感情を自分のものであるかのように感じることができる――われわれは、知らなかった、われわれは信じていたのだ。しかしベトナム戦争映画は、ベトナム戦争をめぐって戦われた戦いが、ベトナム戦争そのものの内部で再演される文脈を提供する。

で、いったい誰の戦争なの？　われわれの内輪もめのベトナム戦争

多くのベトナム戦争映画は、ベトナム戦争に関する多様な解釈や非常に対立的な語られ方に自覚的である。だからベトナム戦争映画には、北ベトナム軍やベトコンとではなくアメリカ人自身と戦うアメリカ人というテーマが繰り返し現われる。これらの映画は、誰が敵なのかわからない混乱がベトナム戦争の特徴であるかのように描く。ベトナム戦争での敵は、捉えがたく、眼に見えず、偽装している。多くのベトナ

ム戦争映画の伝えるメッセージは、本当の敵はアメリカだったということである。それはランボーが敵としたアメリカ、つまりベトナム戦争を勝利させなかった一般大衆と政府というよりも、たぶんストーン監督が敵とする、盲目的な愛国主義と反共主義のアメリカであったことはほぼ間違いない。『プラトーン』の最後でテーラーは次のように述べる。

いまから思うと、僕たちは自分自身と戦ったんだ。敵は自分のなかにいた。僕の戦争は終わった。だけど思い出は一生残るだろう。エリアスとバーンズの反目はいつまでもつづくだろう。時として僕は、かれらのあいだの子のような気さえする。ともかく生き残った僕らには義務がある。

「僕たちは自分自身と戦ったんだ」――このせりふは、スクリーンでたったいま起きたことをいかにも素早く消し去ってしまう。それは、新たな戦士となったテーラーが数知れないベトナム人を殺すことによって大失敗に終わった待ち伏せ攻撃を生き残ったあと、何百もの北ベトナム兵の遺体がブルドーザーで空爆孔に埋められるシーンである。これらの無名のベトナム人のみならず、『プラトーン』のアメリカ人登場人物のほとんども、観客が知り共感する登場人物も、映画が終わるまでにみんな死んでしまう。しかし、この映画は、本当は何に関する映画なのだろうか？　それは、ひとりの若者の魂の闘いの映画なのである。『プラトーン』で中心となる戦争は、小隊内部での善と悪、エリアスとバーンズとのあいだの戦争である。ベトナムはその戦争の舞台にすぎない。映画のなかでもっとも重要な殺戮は、ベトナム人ではなくアメリカ人の手で行なわれる。バーンズは計算高くエリアスを哨戒中に射殺する。そして、北ベトナム軍がエリアスを殺したと仲間に嘘をつく。小隊は、激しい銃撃のなかで哨戒地域を撤退するとき、エリアスが超人的な力で北ベトナム軍の大部隊から逃げているのをヘリコプターから目撃する。映画ののちのクライマックスとなる戦闘シーンで、テーラーはバーンズを殺してエリアスの復讐を果たす。このように、映画のなかの死、そして叙述を押しすすめる死は、殺し合うアメリカ人の死である。

『プラトーン』と同じように、『カジュアリティーズ』もアメリカ人の内部対立に依存しきった映画である。この場合、ショーン・ペンの演じるメザーヴ——かれは、あまりにも多くの哨戒任務についてきた残酷で悪辣な兵士である——と、宗教を信じ道徳的な人格をもつエリクソンとのあいだの内紛である。この映画は、ひとりのベトナム人少女にたいして行なわれた誘拐とレイプ、そして殺害を明るみに出そうとするひとりの陸軍二等兵の物語である。これは、実話にもとづいていて、オリジナルは「ニューヨーカー」に発表された。一九七〇年代にこれを映画化しようとする試みが何度かあったが、いずれも失敗に終わった。『プラトーン』が上映されてやっとこの映画の脚本がふたたび取り上げられた。この映画の中心となる確執は、メザーヴが村から誘拐し「ちょっとした楽しみのために」哨戒中につれまわした無垢なベトナム人少女を、レイプし殺害したことを暴露しようとするエリクソンの闘いである。エリクソンは、レイプに参加しなかったために小隊内部で仲間はずれにされ、殺されかける。さらに、陸軍当局者は、メザーヴの犯罪を告発することに反対する。残酷な戦争にもかかわらず軍事裁判を行なうことのおかしさが、この映画のメッセージで強調されるところである。マオという少女と彼女の受難が感動的に描かれているにもかかわらず、映画のなかで彼女は二義的な重要性しかもたない。じつに、彼女がしゃべる言葉は一言も翻訳されていない。映画の本当の焦点は、アメリカ人内部での道義性の崩壊であり、アメリカ人自身を犠牲者とすることである。映画のタイトルのいう戦争の「戦死傷者」とは、だから、ベトナム人というよりも、アメリカ人、とくに多くの勲章を身につけ、最後に軍事法廷にかけられるメザーヴである。

『プラトーン』や『カジュアリティーズ』のような映画が見せる戦争は、優柔不断なアメリカ人の心理状態や、どのような叙述で戦うべきか合意できない祖国、そして生き残るためにもがき苦しむ歩兵たちが国内の反戦運動にたいして戦う戦争である。つまり、ベトナム戦争開戦を許してしまい、帰還兵が帰国したときにかれらを虐待し無視したことへの一般大衆の集合的罪悪感が生み出した戦争である。ベトナム戦争記念碑が、虐待にたいする帰還兵たちの怒りをいくぶん和らげたように、『プラトーン』や『カジュアリティーズ』のような映画におけるアメリカ社会内部の戦争がうんだ対立の隠喩的描写は、罪悪感をカタルシスで赦免するものとして与えられる。

部隊にいる無能なあるいは潜在的に危険な将校を、手榴弾で故意に殺傷すること（フラッギング）が、ベトナム戦争が長引くにつれて増加した。一九七〇年だけでも二百件が公式に記録されている。★31 歩兵の視点でベトナム戦争を理解できない無能な上層・中産階級出身の指揮官は、ベトナム戦争映画に大勢出てくる。『プラトーン』では、このような将校は優柔不断なウォルフ中尉である。かれは、エリアスとバーンズに指揮を与えることができず、まるで寄宿制私立学校から大学へ行かずにそのまま戦場に足を踏み込んだように見える。多くの帰還兵は、一般兵士が生き残るために多くの無能な将校を故意に殺傷したと証言している。無能な将校は、歩兵にとってあまりにも危険だとみなされたのである。しかし映画ではこれらの将校は、ベトナム戦争全体の管理を誤ったことを象徴する役割を果たす。かれらは、ベトナム戦争のなかで日々を過ごす恐怖を理解できないし、戦争はビジネスだというかれらの認識が多くの生命を奪った軍事機構の代役を果たしている。これらの無能な将校は、ベトナム戦争における父親の不在も表現している。つまり、歩兵たちが感じていたリーダーシップの不在という感覚である。これらのベトナム戦争映画で内輪もめしているアメリカ人、「身内の敵」を描くことは、明らかにベトナム戦争映画で描かれた「本当の」

喪失の表現である。喪失されたものは、アメリカ人男性の無垢さとかれを通じて描かれるアメリカの無垢さである。

父親、息子、男、機械

身内のあいだのベトナム戦争は、ベトナムにいたアメリカ人のあいだの戦争や、兵士と反戦運動家とのあいだの戦争ばかりではない。それは、父親と息子とのあいだの戦争でもあった。ベトナム戦争映画で表現されるアメリカ人男性の無垢さの喪失は、アメリカ人の男らしさ、技術的優越性、そして地球全体を覆っていた権力の喪失を表現する。男らしさと技術的優越性とをアメリカのものとして再刻印することは、ベトナム戦争映画ではいつもいっしょに現われる。ハイテクの地位を再刻印する欲望は、同時に語られる次のような叙述、つまり実際の映画製作におけるテクノロジーを盲目的に崇拝することと、米兵をゲリラとしてそして生まれながらの戦士として描くこととを、同時に行なうことに明らかに見てとれる。

ベトナム戦争映画は、その作品としての価値が語られるとき、戦闘シーンの技術的な壮観さがさまざまな程度で取り上げられる。『地獄の黙示録』や『プラトーン』、『フルメタル・ジャケット』、『カジュアリティーズ』、そして当然のことながら『ランボー』シリーズでは、戦闘シーンが美しくスリリングに演出され、映画技術（これ自体がひとつの兵器庫となっている）が戦争技術と融合している。映画監督のジャン＝リュック・ゴダールはかつて、反戦映画を作るときにでてくる厄介な問題は、スクリーンのうえで戦争はいつも気分を高揚させることだ、と言及した。その対象を物神化するという映画カメラの固有の傾向は、戦争の劇的性質によってベトナム戦争映画のなかではさらにひどくなる。デヴィッド・ジェームズのいう「ベトナム戦争を魅惑的なものにすること」が、ハリウッドでは全力で行なわれる。[★32]

しかし、戦闘やそこで使われる兵器を賛美するのは、ハリウッドに限ったことではない。ベトナム戦争に関する多くの批判的論評は、いまだに兵器への少年っぽい愛情を示している。ハーはこのことを次のように書く、「信じられなかった。その小型ヘリはベトナムを飛んだもっとも優美なヘリコプターだが（時には立ちどまってその機能に見惚れずにはいられなかった）、それが何機も敵の掩蔽壕上空を、巣の外へ飛び出した蜂みたいに旋回していた。「カッコいいな That's sex」と大尉が言った。「まったくみごとな奴だ That's pure sex」」。[★33] 兵器へのこの物神崇拝は、支配と技術への精通という男らしさの叙述に満ち満ちている。論争を呼んだ有名な論文「なぜ男は戦争を愛するか」で、帰還兵のウィリアム・ブロイルズは、次のように書いている。

戦争は、美しい。夜間の銃撃戦には人をひきつける何かが、そしてM60機関銃の機械的な優美さには人をひきつける何かがある。これらはあるべきすべてだ、その形態において完璧な模範だ……。多くの男はナパーム弾が大好きだ、その静かな力、あたかも自然発火によるかのように木々や家々を爆発させるナパーム弾の破壊の仕方を愛する……。自分はといえば、黄燐弾のほうが好みだ。こいつは、濃密で渦巻く白煙のなかで標的を花輪で飾り、鮮やかな白い羽飾りを引きずる真っ赤な彗星を吐き出しながら、鼻につく優美さで爆発する。おれは、破壊し殺すこのような機能があるから黄燐弾がますます好きになる。戦争の誘惑は、それが提供する濃密な美しさにある。これは文明化された価値とはかけ離れているけれども、それでも美しい。[★34]

男と戦争に関する陳腐な物語を雄弁に描くこの表現のなかで、ブロイルズは、破壊的な力の壮観な光景だけではなく、その破壊力が男にたいしてもつ特別な意義をも明らかにしている。「そのつらさのレベルにおいて、女にとっての出産にもっとも近い。それは生と死をもたらす力への手ほどきなのだ」。ベトナム戦争の表現のなかで、この壮観さは、男の性的能力の回復を象徴する。兵器は、アメリカ男性の代役を果たす。この場合の兵器とは、その標的とその破壊から分離させられた兵器、光や熱、音、ブロイルズの描写する「鼻につく優美さ」としての兵器だ。これは見るための兵器だ。それは、戦時特派員として「見る」ことが仕事だったハーが次のように書いている通りだ。「時には立ちとどまって、その機能に見惚れずにはいられなかった」。ここにおいて、戦争と映画は融合する。そして、戦争の壮観な光景と映画を見る観客も一体となる。

壮観な光景として戦争を描くことが、多くの「写実主義的」ベトナム戦争映画の中心ではあるけれども、ベトナム戦争のこの再演は、テクノロジーへの両義的な曖昧さも明るみにだす。映画で再演される米兵は、ゲリラ戦士とみなされる。『プラトーン』の脚本では、エリアスはただの戦士ではない。かれは、「生まれながら」の戦士で、薮の中をひとりで敵を追いかける。

……エリアスは音を立てずに立っており、森の音に耳をすませる。遠くの銃撃の音がわずかに聞こえる。かれのヘルメットはなくなっており、髪はばさばさである。かれはいま、最善の状態にいる。かれはいまひとりだからだ。かれは、誰かがジャングルの向こうから走ってくるのを聞きつける。相手は、百ヤードほど先からブーツで落ち葉を踏みながらかれに向かって走ってくる。

エリアスは、音から横へずれるように動き始める。かれは足音を立てない、敵兵よりもこの点で優れている……。

敵兵がもう二人ジャングルに横たわって死んでいる。移動の音、そして叫ぶ、背筋を凍らせ震えるような戦いの叫び。

一対の足がジャングルを軽やかに動く。エリアスを少しだけ映す。かれは至福の絶頂。ジャングルを歩き回る、このためにこの世に生を享けたエリアス。[★35]

この脚本では、エリアスは通常の兵士ではなく、戦闘に必要な能力と資質を体現する兵士を象徴する。かれは、ベトナム戦争を勝つことができたはずの兵士、ゲリラ戦士として正しい方法で勝つことのできたはずの兵士を象徴する。エリアスはベトナム戦争を戦うことを愛している。かれにとって、これは「自然な」ことなのである。ゆえに、エリアスは、ベトナム人の戦術を横領し、アメリカの男らしさとテクノロジーの復位を象徴する。エリアスは、テクノロジーを超えるもの、自然の一部として描かれる。バーンズに撃たれる直前のエリアスを、ストーンの脚本は次のように描く。

その瞬間、エリアスは理解する。藪の中に飛び込もうとして、鹿と同じくらい素早くかれは動く。

バーンズが射撃する。一度、二度、三度――銃声がジャングルにこだまする。

エリアスは、藪の中へ這いずりながら後退する。致命的な傷を負っている。鳥が鳴く。自然にたいする犯罪。[★36]

「鹿と同じくらい素早い」究極の戦士エリアスは殺される。そしてこれは同胞の殺し合いではなく、「自然への犯罪」なのだ。

同様にランボーも生まれながらの戦士で、敵の設定したゲームでも敵を倒す技能をもっている。かれは忘れ去られた米兵捕虜のために、信頼の置けるナイフのみを手にジャングルの中で戦う。ランボーもエリアス（ランボーの現実的な片割れ）も生まれながらの戦士で、ネイティヴ・アメリカンとして描かれる。ランボーは、『ランボー』で、幾分インディアンであることがわかり、ネイティヴ・アメリカンのエスニシティのステレオタイプ的標識、つまり弓と矢とヘア・バンドを誇示する。[★37] 同じように、ストーンも『プラトーン』の脚本のなかで実物のエリアスについて次のように書いている。

> 颯爽としてハンサムで、濃い黒髪を持ち、輝くような笑顔を見せ、アパッチの血を受け継ぐエリアスは、われわれがのちになってジム・モリソンやジャニス・ジョプリン、ジミ・ヘンドリックスに認めることになるものすべてであった。かれは、ロック・スターだったけれども、ロックを兵士として演奏した。本当の危険が、かれをしびれさせた……。エリアスがアッシャウ渓谷のどこかの丘で味方の手榴弾が爆発して死んだと聞いたときには、心臓が張り裂けそうだった。これはエリアスらしくない。かれは、そんなふうに命を落とすにはスマートすぎた。でもこのやるせない戦争をよく象徴している――もっとも優れた兵士の多くが味方の事故で殺された。エリアスは、職業軍人のひとりに殺されたんじゃないかという噂が広まりさえした。[★38]

エリアスを、ベトナム人に殺させることはできなかった。かれは味方のひとりに殺されなければならなかった。かれは、通常の死に方では死ねない偉大な戦士だった。ランボーとエリアスという二人の人物は、米軍兵士の地位を回復するために機能してきたが、両者ともネイティヴ・アメリカンであると暗示されたことは重要である。熟練した勇気ある戦士であるとされるネイティヴ・アメリカンの伝統は、（白人）米軍兵士の朽ちかけた名声を支えるために、恥も外聞もなく横領される。さらに、ゲリラとして有能だという証拠としてネイティヴ・アメリカンを引き合いに出すことは、ベトナム人が演じた役割、つまりかれらのゲリラ戦戦術が最終的にアメリカの士気を挫き、この大国を敗北させたという役割を、簒奪するものだ。アメリカ人をゲリラとして表現することは、ベトナムはテクノロジーの存在しない場所、原始的で人を騙し討ちにする場所であるというイメージを繰り返すことである。

『プラトーン』では、戦士とは、男らしさを再建するために不可欠な登場人物である。映画の主役は、この人物を通して一人前の男になることを学ぶからである。ストーンはこれについて次のように述べている、「俺だったら（『白鯨』の）イシュマエルとして演技をするだろう。観察者であり、あの二つの強大な力のあいだに捕われるあのイシュマエルに。最初はただの目撃者だ。そして責任と道義的立場をとるために演技をすることを強いられる。そしてその過程で一人前の男に成長する、それは子供のころには夢にも見なかった種類の男に成長することだ……。この東海岸の社会的生産物からより本能的な男に進化すること、このような男になったとき、とうとう、俺は戦争を頭ではなく、はらわたと魂で感じた」[★39]。

『7月4日に生まれて』で繰り返し表現されるテクノロジーの失敗は、『プラトーン』と対照的である。『7月4日に生まれて』では、戦闘シーンは、ぼやけた赤いもやのなかで撮られている。この赤いもやの効果は、戦闘中に識別することの困難さやどちらを向けばよいのかわからない混乱、敵の不可視性、そして反射的に銃を撃って偶発的に殺してしまえる状況を思い起こさせる。

『7月4日に生まれて』は、戦後の帰還兵の身体に焦点を当てて、ベトナム戦争におけるテクノロジーの失敗を物語る。『7月4日に生まれて』の中心となる部分は、コビックがベトナムから帰国して、汚らしい退役軍人病院で意識が回復するところから始まる。その病院では、医療技術は不完全で、時代遅れで、兵器と同じくらい危険である。病院は、コビックをふたたび歩けるようにすることができない。また、医者たちもかれのためになんらの同情も奮い起こさない（「子供は？」「ムリだ。だが、優秀な精神科医が……」）。コビックの傷ついた脚は、機械にすり潰されたため、切断する必要がなくなる。機械がとまったとき、若い医者はベトナム戦争のせいで病院予算が削減されたことをコビックに伝える。ここでベトナム戦争の高度なテクノロジーが、ベトナム戦争の廃兵に取って替わられる。

『7月4日に生まれて』は、ベトナム戦争記念碑のようにベトナム戦争そのものの叙述よりも、帰国したベトナム戦争従軍兵の叙述に特権を与える。コビックの物語は、かれが戦後に経験する苦痛と困難と祖国を同じくする人びとによって裏切られたというかれの感情とを物語る。身体麻痺において、不能である点において、そしてその怒りにおいて、コビックはすべての帰還兵の強力な象徴である。この映画は、小便袋と浣腸器によって排泄を行ない、車椅子に縛りつけられた傷ついた身体、つまり憐れむべき物体を生き生きと描く。この映画は、失われた若さと健康への哀悼にみちた叫びである。というのも少年が、童貞であるのに不能にされ、車椅子から投げ出されると何もできないからである。コビックの身体は、『プラトーン』や『フルメタル・ジャケット』では視覚化されない身体、ヘリコプターで戦場から運び出される身体である。

このようにして『7月4日に生まれて』は、ベトナム戦争後に帰還兵が無垢さと男らしさを喪失することを、さらに言えばアメリカ男性が無垢さと男らしさを喪失することを描く。主人公を演じるのは、『トップ・ガン』のような映画で男らしさのシンボルとなったトム・クルーズである。このような映画の主人公が男らしさを失うことを演じるので、なおさらに心に強く訴える。映画のなかで、傷を負ってから長いあいだコビックは自分の受難を正当化するために、ベトナム戦争は大義名分があったという信念を固く抱く。しかし、帰還兵はアメリカに帰っても受け入れられないということがわかり、テレビで反戦運動を見、最後にキャンパスでの抗議運動を見ている最中に機動隊に叩きのめされて、つまり自分がアメリカで敵として取り扱われることを理解したとき、コビックはベトナム戦争が誤りであることを確信する。

コビックは政府にたいして強い怒りを感じるが、苦難の原因としてもっともかれが非難する人間は母親である。父は、優しく面倒みのよい人間として描かれる。コビックが酔っ払って帰宅すると、父親はかれをベッドまで運ぶが、母親は事態を直視できない。そしてコビックは怒りを母親に向ける。かれは、母親の反共主義とカトリック信仰によって裏切られたと感じる。最後の方のクライマックス・シーンで、酔っ払ったコビックは股間を握り「ペニス」と繰り返し叫びながら、最後に母親が「この家でそんな言葉を！」とヒステリックに叫ぶまで、不能であることを母親に向けて怒鳴りつづける。この映画は、セクシュアリティにたいして母親がもつ恐怖ゆえに、息子が最後まで性欲を満たすことができないだろうということを確認する。母親は去勢を行なう女として描かれる。彼女は自分の息子には男性の性欲が存在しており、かつそれが傷ついて存在することを受け入れることができない。彼女はコビックが「死んだ脚」の責任を追及する唯一の人間である。この映画のなかでベトナム戦争の最大の悲劇として描かれるのは、コビックが象徴する不能、つまりすべてのアメリカ人男性が暗示的に不能であるということである。

ここにおいて、この映画はそのジャンルのより大きな課題に言及する。スーザン・ジェフォーズが『アメリカの再男性化――ジェンダーとベトナム戦争』のなかで次のように記している。「ベトナム戦争の表象の主題は、主題で見るかぎりでは、ベトナムにおける戦争やアメリカの軍事力や政策決定過程に「ついて」である。しかし、ベトナム戦争の表象における本当の主題は、過去数十年のあいだにジェンダー関係に起きた変化への男性の反応である。ベトナム戦争の表現が戦う本当の戦いは、「敵」である女性的なものを支配し圧倒するための男による戦いである」[★40]。

ベトナム戦争を戦うために女性的なものを抑圧する必要性がもっとも明らかになるのは、『フルメタル・ジャケット』の新兵訓練所のシーンである。この映画では、女性的なものはレオナルド・ローレンスという兵士で表現される。かれは新兵を口汚く罵る訓練隊軍曹によって「ほほえみデブ」という仇名がつけられ、実名(「「アラビアのロレンス」か?」と軍曹にばかにされる)と仇名によって女性化される。かれは海兵隊新兵訓練所には救いがたいほど不似合いな太っちょの少年である。罵りにも笑顔を浮かべることしかできないし、ジョーカー二等兵に惚れ込み、寝台の下の兵舎用小型トランクにドーナッツを隠す。ハートマン軍曹がかれの誤りを理由に全員に連帯責任を課すと、仲間たちはかれによってグループ全体が代表されることを憎み、怒りをかれに向ける。かれらは夜、かれを殴りつける。この殴打事件のあとかれは正気を失い、気の触れた狙撃手となってハートマン軍曹を便所で殺したあと自分の頭を撃ちぬいて自殺する。かれは鈍重で規律の欠如した非男性的なものの象徴であり、その女性性は海兵隊の目的にたいする脅威である。かれは訓練を通じて殺人機械にされるか廃棄されるか、されなければならなかった。結局このような変容がかれを殺した。すべてのベトナム戦争映画のなかで、『フルメタル・ジャケット』だけが、実際に戦場に行く前の米軍兵士に与えられる残虐で極度に女性嫌悪症的で人種差別的な訓練と、海兵隊兵士は生き残るために自分たちの女性的なものを切除しなければならないという前提とを検証した。

ジェフォーズの広範な研究は、ベトナム戦争文学と映画に見られる男らしさの復位の複雑さを明らかにしている。彼女の研究によれば、ジェンダーがベトナム戦争表現の第一義的なナラティヴであり、再男性化がもっとも重要な目的である。そして「ジェンダーはベトナム戦争のナラティヴがそれに「ついて」語っているところのものなのである」[★41]。たしかに男らしさを再刻印することは、ベトナム戦争映画の出発点であるだろう。けれども人種の問題を通してこそ、ベトナム戦争は救済的な効果をもつものとして表現される。

「本当の世界」に関する疑問──人種の再発明

ドキュドラマと映画によって描かれる歴史の機能は、集団的罪悪感に精神療法的慰藉を与えることである。ハリウッド製のベトナム映画は、ベトナム戦争の悲劇と不毛性を描いてあの戦争を批判しようとしている。けれども、そのどれもが直接的な政治批判になっていない。これらのベトナム戦争映画は、ベトナム戦争を非難し、この目論見に視聴者を共謀させようとする。これらの映画の焦点は、地上戦を戦う歩兵である。かれらは、アウフデルハイドによれば、観衆と同じくらい政策決定過程から遠く離れているけれども、同じ罪の意識を負っている。この地上兵に関心を集中することは、より大きな文脈のなかでベトナム戦争の政治的理由を批判する道を閉ざす、とアウフデルハイドは述べる。これらのベトナム戦争映画が人気をよぶのは、ほとんど例外なく赦免と救済の感覚を与える力が映画にあるからだ。その方法のひとつは、ベトナム戦争を人種関係が超克された場として、つまり祖国で人種問題に発する混乱があったときに、すべての肌の色の男がお互いに対等な兄弟同士として付き合った場として描くことである。これらのベトナム戦争映画によれば、人種関係のこの超克は、ベトナム戦争におけるアメリカ人の経験が生み出した何かしら善きことなのである。

多くの帰還兵はベトナム戦争期間中に人種観が変化したと証言している。しかし、ベトナム戦争から祖国に帰ってきた黒人帰還兵は、生まれ育ったニューアークやワシントン、デトロイト、ロサンジェルス、その他の都市の街角で暴動がいくつも起きているのを目撃した。ベトナムにおける人種的世界は「本当の世界とは非常に異なっていた、そしてベトナムにおける戦闘任務は、「銃後」の世界とは非常に異なっていた。帰還兵ミゲル・レムスはこの点を次のように述べる。「人種問題については、われわれは、お互いにうまくやっていくことを学習しなければならなかった。なぜなら戦闘中は肌の色は存在しなかったから。戦闘中は、誰もがひとつのチームのように協力し合う。だからわれわれは生き残って祖国に帰還できた。銃後では、話は違う……銃後ではそれぞれのグループが、そのグループにとどまっている、メキシコ系はメキシコ系に、黒人は黒人に、ヨーロッパ系白人はヨーロッパ系白人に、といった具合に」[★42]。

有色人種の帰還兵が熟考して得た考えの多くは、あきらかにかれらがベトナム戦争で人種的調和が広くあったという理解に組みしない。一九七三年にウォレス・テリーは次のように書いた、「軍務についている黒人の生活は娑婆の黒人よりも良好であると軍は主張する。しかし、アメリカでよりもベトナムで白人と良好な人種関係をもったという黒人ＧＩは、十人中三人にも満たない。黒人ＧＩの約六五パーセントは、ベトナムでは人種対立が激しくなるとイメージしている。過去三年間で、黒人兵と白人兵とのあいだの不信と敵対心は、危険なレベルまで高まった。両サイドからの殴打、殺人、人種差別的悪罵があり、またクー・クラックス・クランまがいのもえる十字架があった」[★43]。

ベトナム戦争が混乱の度を深めるにつれ人種間の緊張が高まった。黒人兵とヒスパニック系兵士の戦死傷者数は非常に多く、これはかれらに戦闘哨戒やほかの危険な任務を与えられることが白人兵よりも多かったことを示唆している。テリーは、黒人帰還兵が強く希望していた後方任務や勲章、そして昇進が白人兵と同じ基準で与えられなかったと思った、と記している。五人にひとりのヒスパニック系兵士が戦闘中に戦死し、二人にひとりが戦闘任務についた。これにたいして、白人兵の戦闘中の戦死者数や戦闘部隊に参加する割合は、ずっと少ない。[★44] 多くの黒人兵およびヒスパニック系兵士は、人種差別がベトナム戦争の偽善の中心をなしていると考えた。

白人将校による扱いを非難することにくわえて、多くの黒人兵士はベトナム戦争そのものが人種差別的だと批判する。敵を「グーク」と呼んで非人間化することを学ぶかれらの最初の訓練から、敵側の高い戦死傷率の理由をベトナム人がアメリカ人よりも人命を軽んじるためだと説明するプレス・リリースまで、黒人兵士はアメリカの人種差別が海外で複製されているのを見いだす……。さらに、多くの場合、黒人兵士は、ベトナム人と自分たちとを「褐色の兄弟」として同一視した。[★45]

にもかかわらず、ベトナム戦争映画は、東南アジアでは人種的相違が消し去られたという神話を支えがちである。すべてのベトナム戦争映画に、黒人とヒスパニック系登場人物がいる。しかし主要な役割を演じる者は誰もいない。『プラトーン』では、二人の黒人の登場人物が、エリアスとバーンズという「善」と「悪」を代表する二人の父親とテーラーとの関係のサブテクストとして機能する。キース・デヴィッドの演じるキングは親切で、ベトナム戦争に志願したテーラーを「聖戦の戦士」とからかいながら（「何よりも金持ちじゃなきゃ、そんなふうに考えないよな」）、テーラーを自分の影響下に引き入れる。しかし、この映画は、エリアスに与えたような権威をキングには与えることはできない。クライド・テーラーは次のように書く。「実際のところクリスにとってはエリアスよりもキングが父親的存在である。しかし映画自体もその観衆もかれには道義的権威を与えないので、かれの役割は無垢な若者にたいして男性の黒人ばあやが果たすおなじみのものに近い」[★46]。かつての南部の黒人ばあやと同じように、キングはテーラーの世話を焼き、見返りに何も望むことなく、「麻薬常習者」の住む煙たい世界への手ほどきをする。

まったく逆の目的でも人種的なステレオタイプが『プラトーン』で使われている。レジー・ジョンソンの演じるジュニアは臆病なGIで、映画の最初の場面で、歩哨中に居眠りし、そのためにひとりの新兵が殺されると、その責任をテーラーに押しつける。これで映画におけるかれの否定的な性格づけが確定する。ジュニアは、自らを傷つけて最後の待ち伏せ攻撃から脱出しようとする、そしてまたブラック・ナショナリズムの作法を装っている。このようにして、ジュニアは、怒れる黒人男性を女性化するような役割を演じる。

人種に関する言説は、とくに人種の言説とジェンダーとの絡み合った関係は、ベトナム戦争映画がベトナム人を描くときにもっともあからさまになる[★47]。これらのベトナム戦争映画には、ベトナム人男性俳優が登場しない。ベトナム戦争映画で描かれるベトナム人の大多数は、怪しげで理解不可能である。なぜならかれらの言葉は翻訳されないからである。アメリカ人全体の本当の敵であるベトコンと、北ベトナム軍の訓練を積み機略に富んだ男女は、こうして消し去られ、アメリカ人が無名のベトナム人の身体を通して自らと戦っているかのように描かれる。ベトナム人は、これらのベトナム戦争映画の背景であり、映画の叙述を推し進めることのない見えざる存在なのである。

男性のベトナム人主演者がいないので、これらの映画では、ベトナムを女性によって表現させることができる。『フルメタル・ジャケット』や『カジュアリティーズ』、そして『天と地』では、女性は、犠牲者ベトナムを、つまり勝利者ではなく女性化され受け身で犯された国としてのベトナムを象徴する。この三つの映画すべてで、女性は、アメリカ人GIの支配するベトナムという国を象徴する。『フルメタル・ジャケット』の最後で、分隊がかれらの仲間を狙撃し射殺していた負傷した若い女性狙撃手を取り囲む。キューブリック監督のこの映画は、彼女のジェンダーがベトナム戦争のばかさ加減をさらに証明するものであることを示唆するのだ。つまり、多くのアメリカ人がひとりの人間によって、そしてこの場合はひとりの女性によって殺されたというベトナム戦争のばかさ加減を証明することを示唆する。二等兵ジョーカーは、至近距離で女性狙撃手を射殺してかれの男らしさを証明するように促され、彼女を殺す。そしてジョーカーの顔は怒りでひきつる。『カジュアリティーズ』では、哨戒部隊がマオにたいして行なう拷問やレイプ、そして殺人は、ベトナムにおけるアメリカの行為を明らかに告発するものである。しかし、マオは、無力さのイメージであり、道義心を失った兵士にレイプされる。彼女は、無垢であり、無価値で理解不可能で、身振りと顔の表情を通してコミュニケートすることを強いられる。マオが代表するベトナムは、犠牲者である彼女自身を防御できないし自分で語ることもできない。

オリバー・ストーンの三番目のベトナム戦争映画『天と地』は、ベトナムという国を女性化して描く点でもっとも執拗である。ストーン監督が、レ・リー・ヘイスリップの自叙伝、『天と地』の「ベトナム編」*When Changed Places* と「アメリカ編」*Child of War, Woman of Peace* をかれの映画の原作として選んだのは偶然ではない。彼女の自叙伝は、ベトナム人とアメリカ人帰還兵とのあいだの和解を売り込むものだからである。ヘップ・ティ・リーの演じるヘイスリップは、多様な方法で、アメリカ人の欲するベトナムを、つまり寛大で、アメリカ人帰還兵の大義のために働き、消費主義と資本主義に恋しているベトナムを代表する。彼女は、明らかにベトナム戦争の生き残りであるけれども、『天と地』という映画は、ヘイスリップの人生の旅路を形作る出来事のなかで、彼女が受け身であったかのように描く。彼女は、ベトナム戦争に関与したすべての勢力、つまりフランス人、アメリカ人、ベトコン、そして北ベトナム人によって犠牲者にされた。しかし、彼女はかれらをすべて許す。さらに、彼女は、否応なくベトナム戦争の結末に巻き込まれた人物として描かれ、ベトナム戦争への能動的な参加者としては描かれない。そのため彼女の代表するベトナムは、戦争を起こす主体でも戦争に参加する主体でもなく、戦争が他の人びとによって戦われる場所としてのベトナムである。水田に舞う麦藁笠の映像は、最初、米兵がヘリコプターで彼女の村に到着したときに現われ、しばしば映画の途中で繰り返される。この映像は、彼女の国ベトナムが無垢であった過去を懐古的にみせるイメージである。

リーは、アメリカ人の夫（トミー・リー・ジョーンズが演じる）や子供といっしょにアメリカに到着してからやっと、ベトナム戦争における夫の果たした役割や彼女が奉じてきたアメリカのイデオロギーに疑問を提起し始める。彼女とその夫はそれぞれの出身国を代表する、つまり無垢なベトナムとペテン師アメリカとを代表する。夫が「軍事顧問」として武器売却を商売として家族を支えていること、そしてベトナム時代に虐殺行為にかかわったことを彼女が知ると、夫は彼女に次のように尋ねる。「この十七年間、軍事顧問として僕が何をしたと思う？　……罪のないうそ、善意のうそだ」。アメリカの過剰な豊かさに魅惑されながらも彼女は、人種差別主義的でベトナム戦争について無知なアメリカに幻滅する。彼女は、どんどん独立していって、ベトナム戦争後のベトナム系アメリカ人のイメージ、つまり勤勉で成功した骨身を惜しまないベトナム系アメリカ人になっていく。しかしストーンの映画は、彼女に主役としての役割も、叙述の動機づけをする役割も、どのような行為的主体としての役割も与えない。彼女を通してベトナムという国は、歴史を形成するよりもむしろ歴史の流れに放り込まれるものとして表象される。この表象は、まさしくベトナム戦争表象において、ベトナム戦争帰還兵の物語が支配的であることに帰せられる。

帰還兵を書きなおす——その余波を通してベトナム戦争を語りなおす

ベトナム戦争記念碑の場合のように、ベトナム戦争映画が生み出す物語においても戦争の第一義的な犠牲者は、ベトナム戦争帰還兵である。これらの映画で哀悼される「無垢さ」は、戦場に送られ、祖国に裏切られ、青春と生命を失った何十万の男の無垢さである。『天と地』や『7月4日に生まれて』、『カジュアリティーズ』のような映画では、ベトナム戦争における哀悼されるべき中心的な人間は帰還兵である。『天と地』は、ベトナム戦争が誰の物語を語るかという戦いに、人をもっとも引き込ませる例である。この映画では、表面的にはリーの人生の旅路が中心的に語られるけれども、夫スティーヴの物語がリーの旅の物語を覆い隠す。この夫役はハリウッドのスター俳優が演じるけれども、その役割は付随的なものではない。最終的にこの映画のなかでは、リーの物語よりも、スティーヴがベトナム戦争で受けた苦しみとかれの罪責感、悲嘆こそが優位に立つ。かれは、リーにますます虐待をくわえるようになるけれども、彼女の役割は、かれを慰め理解することである。

リーは仏教を信じているがゆえに、スティーヴの戦争犯罪を赦すことができる。仏教は映画のなかで、ベトナム人民の寛大さを象徴するためにつねに使われる。戦争中の出来事では彼女は行為主体ではないけれども、前世において兵士であり、現世で前世の体験の代償を支払わなければならないと納得する。言い換えれば、彼女は、戦争中の虐殺行為にたいして彼女の夫と同じくらい強く罪責感を感じている。ひとりの僧侶は彼女に、もしも彼女の虐待的な夫（かれは子供を誘拐したばかりだった）にもう一度機会を与えなければ、「心の負い目」が増えるだろうと諭す。映画のなかで仏教は、誤解を招くようなやりかたでリーがかつて一度も犯したことのないことに罪責感を感じさせたり、最後には自殺する夫への同情のほうが彼女自身の安全よりも重要であると感じさせたりするように使われる。歴史を語るこの映画の主な目的がこのようにして明らかになる。それはベトナムがアメリカを赦すイメージを提出することである。『天と地』がストーンの映画のなかでもっとも成功しなかった理由は、男性の通過儀礼以外のものとしてベトナム戦争の物語を語ろうとしたためばかりではない。人気が出なかった理由は、ストーンがヘイスリップの物語を語るさいの不器用さ、究極的にはそのいい加減さにも起因する。

多くのベトナム戦争映画は、ベトナム戦争について赦しを与えることによってアメリカ帰還兵にカタルシスをもたらす。『カジュアリティーズ』の最後で、エリクソンは、ひとりのベトナム人少女を見て悪夢から目を覚ます。この少女はマオに不気味なほどよく似ていて、地下鉄の向かいの席に座っている。彼女はエリクソンに次のように言う。「悪い夢を見たんでしょう。それはもう終わったと思うわ」。このメッセージは非常にわかりやすい。ベトナム戦争は終わった、それは悪い夢だった、あなたはもう赦されている。

これらベトナム戦争映画の多くでは、赦しが帰還兵のみならず大衆一般に与えられる。映画の観客は、傷つき裏切られ、ある程度の救済をベトナム戦争から見いだす無垢な地上兵と自己を同一化する（この枠組みの例外が『フルメタル・ジャケット』で、映画は救済ではなく、『ミッキーマウス・ショー』の主題歌——子供じみて、ばかげており、正気ではない——を合唱しながら戦場から帰還する男たちのシニカルなイメージで終わる）。観客もまた、アメリカがベトナムで行なったことにたいして怒り、罪責感に悩み、これを糾すのに無力であるかのように見える。赦しの感覚の多くは、帰還兵を真実を知る人として、つまりベトナム戦争の悲劇と苦痛を知識と知恵に変容させた人物として描くことによって伝えられる。テーラーが『プラトーン』の最後で述べているように、「ともかく生き残った僕らには、僕らが知っていることを他の人に伝え、僕たちの人生によきもの、意味を見出そうとする義務がある」。この映画が示唆するのは、戦争体験ゆえに、帰還兵は人生に特定の意味を与えることができるということである。エリアスは受難者であり、テーラーはその受難を証明できるエリアスの精神的な息子である。ロン・コビックは、受難者であり目撃者である。死に近接し生き残ったというこの体験には、ベトナム戦争に従軍しなかった人びとが思い焦がれる何ものか、決然さと言ってもよいものが染み込んでいる。ヘンリー・アレンは、次のように書く、「かれらなりのやりかたでかれらも帰還兵になりたいんだと思うよ」。

ベトナム戦争帰還兵はしばしば「特別な」帰還兵、つまりそれ以前の戦争とベトナム戦争を異なるものにする特質によって知識に到達する道をあたえられた人間として描かれる。ロバート・ジェイ・リフトンは、社会は殺人を行なった人びとを普通のやりかたで扱うことはできないと書く。ベトナム戦争帰還兵は殺人を行なうことを是認されているけれども、帰還兵も大衆もそのような是認を支持しなかった。ベトナム戦争中、リフトンは次のように書いた。

ベトナム戦争帰還兵には何か特別なものがある。かれらに接した誰もが、かれらがそれまでの戦争の帰還兵とは違っているという点で一致した見解をもつようである。かれらを描写するのに人気のある言葉は、「疎外された」という言葉である。退役軍人局の報告が強調するのは、帰還兵が権威と自律性の問題について非常に敏感であるということである。……ひとつの集団として、ベトナム戦争帰還

兵は、「「ベトナム戦争はまったく無駄だった」という噛むような疑念」をもっている。[★48]
知識は、困難な経験ばかりではなく、裏切られたことからも引き出されたかのように見える。第二次世界大戦映画で語られた叙述と実際の戦争体験との差異や、政府の言行不一致を実際に学ぶことによって、ベトナム戦争帰還兵は特定のタイプの知恵を得たかのように考えられている。ピーター・マーリンは、次のように書く。

知り合いの帰還兵がわたしを驚かせるのは、近年かれらのあいだに見られるようになった感受性である。その感受性は、アメリカでは普通見られない道徳的な生真面目さ、他者の暴力的で残虐なことができる能力ばかりではなく、自分自身の有責性にも直面したことによって深められ定義される生真面目さであり、帰還兵の道義的な感受性を彩るかれらの寛大さや、学習によって得られたこの種の気遣いである。あたかも、道義的な渇望あるいは無垢さは、戦争によって破壊されたのではなく、それらが戦争でなんらかの方法で深められて、帰還兵の心のなかではまだ作用しているかのようだ。[★49]

マーリンは、ベトナム戦争帰還兵が新しい種類の男らしさ、つまり戦友意識だけでなく親身さと同情心にもとづいている男らしさを生み出す可能性について書く。かれが主張するには無垢さは失われたのではなく、道義的な感受性へと変容したということである。
ベトナム戦争映画の表現では、戦争と男に関する伝統的な概念をあからさまに再演するために、典型的な帰還兵というものを次のように特徴づける。典型的帰還兵とは、われわれが教えを請うことができ、かれらを通じてベトナム戦争がなんらかの方法で救済されたりアメリカが見識を得たりすることができる帰還兵である。帰還兵ブルース・ウィーグルは次のように書く。

戦争における体験がわれわれを前よりも賢くさせたというのは、非戦闘員や年寄りの将軍が生み出し永続させている神話である。しかし、ある兵士がベトナムのジャングル、高原、あるいはデルタで頭を吹き飛ばされた不幸な連中のひとりでないならば、その兵士は精神から消えることなく、しかもその存在が何年も気づかれずにいるイメージをたずさえてベトナムを離れることになる。フロイトがいうには、ひどい記憶に圧倒的な力で支配されることからわが身を守るために、われわれは過去を抑圧する。思うに、われわれは、周りの連中を守るためにも自分たちの記憶を抑圧している。周りの連中とは、現地で実際に体験した少年兵士ほどにも、そうしたイメージを受け入れる準備のない人びとのことである……。われわれは、真実を携えて戦争から帰ってくるのではない。われわれが真実を認識できるとはわたしはもう思わない。しかしもしもベトナムにおける軍務からこの世に飛行機でかろうじて帰ることができるのなら……、何が重要で何がそうではないかがはっきりわかる感覚を携えてベトナムから帰ってきたのだ。★50

ウィーグルは帰還兵が一貫した知恵をもっているという考えを否定する。しかしアメリカ人男性の最悪の姿、さらにはアメリカの最悪の姿、つまりその残虐性、人命軽視、極端な暴力の可能性を実際に見た人間として、そしてそのような最悪のアメリカからアメリカを守る役割を果たす人間として帰還兵を叙述することが人を動かさずにはおかない点を、ウィーグルは説得力をもって指摘する。かれが描写する「何が重要で何がそうではないかがはっきりわかる感覚」とは、神話とナショナルな叙述に隠されている皮肉と偽善とを見透かす力のことである。

ベトナム戦争映画には帰還兵の存在がつきまとっている。ベトナム戦争という比喩によってこれらの映画の語る物語は、アメリカに帰国してからの帰還兵の困難な旅である。これらの映画の大部分は、ベトナム戦争を糾弾するけれども、男らしさと真実に関する使い古されたパラダイムのなかに男性帰還兵を復位させる。アメリカメインストリーム文化の文脈のなかで製作されたために、これらのベトナム戦争映画はほとんど例外なく、救済の叙述とカタルシスの手段、つまりこの歴史からなんらかの価値あるものを引き出す方法を生み出すのになくてはならない機能を果たすのである。

記念碑（メモリアル）としての映画

ベトナム戦争映画は、集団的な想起をもたらし、歴史を構築し、そして帰還兵の体験を集団的な想起と構築された歴史との内部に溶け込ませるように機能する記憶形態である。ドキュドラマとして、これらの映画は個人的な記憶から文化的記憶に移行し、最後には歴史へと姿を変える。これらの映画は、ある意味で記念碑である。つまりベトナム戦争映画はフレデリック・ハートの像と同じように単一の叙述をしばしば語り、時にはベトナム戦争記念碑の壁により相似する両義的な物語も語るからである。『プラトーン』のようにベトナム戦争の「実話」を語るとされる映画は、特別な種類の議論を終結させる。そうして観客は、このような議論を終結させるベトナム映画を見て、帰還兵の代表する「真実の場所」にアクセスできたかのように感じることができるようになる。[★51]ドキュメンタリー映像を融合し再演するとき、このような映画は、ベトナム戦争の象徴的なイメージのもつ力を弱める。ベトナム戦争帰還兵のひとりひとりの記憶は、ベトナム戦争のドキュメンタリー映像の作り出す文化的記憶に融合する。そうしてひとりひとりの記憶は、自身が歴史であると主張する叙述的な映画的表現のなかに再銘刻される。ウィリアム・アダムズが、痛々しくも「「本当に」起こったことは、わたしの記憶のなかでは、起きたことについて語られたことと完全に混ざり合ってしまったので、純粋の経験とはわたしの記憶のなかにもはや存在していない」と書くとき、かれはイメージと記憶のこの関係性に言及している。「純粋な」記憶は、もちろんつねに、叙述化によって、変化しつづける記憶によって、そして再演によって汚染される。

『プラトーン』と他のベトナム戦争映画も、一九八二年のベトナム戦争記念碑の建設とともに始まった癒しの過程の一部を構成する。これらの映画から立ち現われる喪失や癒し、そして救済の叙述は、記念碑で立ち現われてきた叙述と非常によく似ている。『プラトーン』は多くの帰還兵にカタルシスをもたらす。帰還兵ジョン・ウィーラーはこの点を次のように書く、「ベトナム戦争記念碑は、わが国が通過しなければならなかったひとつの門だった。『プラトーン』はもうひとつの門だ。この映画は癒しの過程の一部分だ」[★52]。帰還兵トーマス・バードは次のように同意する、「(ベトナム戦争映画の)ほとんどは、アメリカ人がベトナム戦争を思い出すのを手助けした。そして帰還兵にとってはある種の精神療法の役割を果たした……。ベトナム戦争映画の最良の部分は、……われわれの記憶を呼び覚まし、われわれが行なったことへの自責の念に始末をつけなければならないようにする。しかし、われわれは、いまだにベトナム人の視点からベトナム人に起こったことを直視する道義的な勇気を国民国家としてもっていない」[★53]。

ちょうどベトナム戦争記念碑が、ワシントン・モールの根底にあるナショナリズムによって限界づけられているように、ベトナム戦争映画はアメリカ映画のナショナリズムによって限界づけられている。これらの映画は、実際上ベトナム人を消し去り、さらにベトナム人女性の物語をアメリカ人帰還兵の罪責の念と苦悶の物語に変形させることまでしてしまう。しかし、これらの映画を通じて一般大衆は、やっと帰還兵に耳を傾けるようになり長年の黙殺を償っているように見える。ここで赦免される罪責感は、だから帰還兵の扱いにたいする罪責感であって、ベトナム戦争がベトナム人にもたらした結果にたいする罪責感ではない。このベトナム戦争の再演において議論の終結がもたらすものは、ベトナム戦争帰還兵を救済し、罪の赦しを与え、そして次の戦争への道を掃き清めることである。

第四章　記憶のスペクタクルと忘却

――湾岸戦争を思い出すこと

われわれの人間性が死のうとしているとき、ＣＮＮは生（ライブ）であり、生き生きとしている。

トルコの一作家

ある国が戦争を思い出しその歴史を構成する方法は、その国が戦争をさらに宣伝する方法と直接関係している。それゆえ、現代のアメリカ映画におけるベトナム戦争の書き換えは、湾岸戦争にアメリカが関与するために製造された「需要」に直接的に影響をあたえた。★1

アメリカ大衆文化において第二次世界大戦の記憶化は、戦後一貫しており、現在までの戦争にとり憑いている。ベトナム戦争は、苦難の記憶をともなう戦争として記念碑的なものとされてきた。朝鮮戦争は、すっかり忘れさられた。ベトナム戦争が想起されるには、大衆文化がその歴史を書き換え、仕立てなおす必要があった。しかしベトナム戦争記念碑が示すように、ベトナム戦争の記憶は単純に物語化できないものでありつづけている。これにたいして湾岸戦争は、戦争中であってもアメリカ人が集団的に忘却できる戦争だった。その原因は、おそらく、世界中の視聴者をまえに、湾岸戦争が詳細まで事前に計画されて上演されたことであろう。それでも湾岸戦争は単なる空っぽのスペクタクルでも忘却の戦争でもない。帰還兵の人生にあたえた影響によって、この戦争は複雑な方法で思い出されている。つまり帰還兵の存在は、消毒された湾岸戦争のストーリーと複雑に絡みあう。

第二次世界大戦に関する支配的な物語、つまりアメリカが危険な独裁者に脅かされている絶望的な小国を解放するという物語を湾岸戦争に再刻印して、湾岸戦争に整然とした物語をあたえようとする試みがある。この試みの意図するものは、ベトナム戦争とその影である朝鮮戦争を逸脱とするために、一九四五年から一九九一年までの戦争の系譜を一直線につなげることである。そして湾岸戦争はベトナム戦争のように書きなおされる必要はないだろう、なぜならば湾岸戦争は、一九九一年一月十五日を封切日とし、おなじみの登場人物（邪悪で腹黒い独裁者と恐れを知らない記者、そして一点の欠陥もない兵器類）を登場させ、そして映画スクリーンと全世界の視聴者に見せるという意図をもって製作されたものだからである。ある意味で湾岸戦争の歴史は、戦争が始まるまえに書かれていた。つまり湾岸戦争の歴史はハリウッド映画の脚本の書きなおしのようなもので、ベトナム戦争の新しい大団円のための劇的な編曲であった。

たしかに、湾岸戦争は、米軍の海外派兵に反対する大衆的感情を煽った「ベトナム・シンドローム」や国民的「病気」を終わらせる役割を割りあてられた。[★2]軍人は、センセーショナルで効率的な米軍の戦争機構の一新されたイメージが、ベトナムにおけるテクノロジーの失敗というイメージを消しさると考えた。在クウェートアメリカ大使館の屋根に海兵隊を降ろす米軍ヘリコプターの一九九一年一月のイメージは、在サイゴンアメリカ大使館の屋根からひとびとを撤退させたヘリコプターの屈辱的な一九七五年のイメージを拭いとることができた。[★3]

ベトナム・シンドロームとは去勢のイメージである。つまりアメリカ政府がその力を誇示することを阻む「病気」であった。アブアリ・ファルマンファルマニアンによれば、一九七九年のイラン人質事件でアメリカは、ベトナム戦争が犯した「男の性的能力への嘲弄」をくりかえした。

一九七九年の人質事件のドラマは、アメリカを不能にさせ力を振るうことを不可能にした。人質を解放しようとする小規模で混乱した、やや絶望的な試みは、イランのタバス付近の砂漠で起きた屈辱的な破滅に終わった。米軍が砂漠でみじめな姿をさらしていたとき、イラン側はすべてのアフリカ系アメリカ人と白人の女性人質を解放していたために、白人アメリカ人の男らしさがさるぐつわをはめられ縄で縛られ、全世界の視聴者のまえにさらし者にされた。★4

イラン人質事件は、ジミー・カーター政権の終末（ファルマンファルマニアンによれば、ジミー・カーターは「永遠の反マッチョ」なのだ）と、アメリカの強烈な男らしさの象徴であるロナルド・レーガンの大統領当確とを予告した。

「シンドローム」という言葉は、エイズが出現するまえにベトナム戦争に使われた。そしてこの言葉は、つねに病的状態と関連をもった。「シンドローム」とは、外からの攻撃に弱い免疫システム（軍事的防衛能力と読み替えよ）をもつ崩壊しやすい状態のことである。湾岸戦争がベトナム戦争後の時代のなかでもった重要な政治的問題は、イラクの不幸によって上機嫌になったジョージ・ブッシュ大統領が次のように宣言したとき、明らかになった、「ベトナム・シンドロームは終わった！」。湾岸戦争は、ベトナム戦争の分節化した物語に開かれていた公共空間を象徴的なやりかたで閉ざした。しかしベトナム戦争帰還兵と同じく湾岸戦争帰還兵は、かれらの存在そのものによって、湾岸戦争の歴史が不問に付されることを妨げている。

現時点でなら、湾岸戦争をめぐる集団的健忘症について触れることはさしてめずらしくない。この集団的健忘症を促進したのはつぎの三つの要因である。まず湾岸戦争が明確な結果を伴わずに終わった（フセインはまだ存在している）。つぎに公共言説において湾岸戦争は、ブッシュ大統領が国内問題を無視した結果だと語られた（大衆は、ブッシュ大統領の「勝利」をすばやく忘れてビル・クリントンを大統領に選出した）。最後にテレビ映像のスペクタクル（これらのイメージは、戦争ではなく、武器について語った）が、湾岸戦争を表現した。湾岸戦争は公共言説のなかで非常にすばやく忘れられたので、開戦二周年を前にして再演される必要があった。このときブッシュ大統領はイラクをふたたび爆撃し、夜空に一年前と同じミサイルのイメージを生み出した。

この戦争の目的はなんだったのだろうか？　また、湾岸戦争の国民的な記憶はどのようなものであるべきだったのだろう？　アメリカ政府は、ほとんどのアメリカ人が聞いたこともない国で六週間戦われた湾岸戦争がどのような国家利益を防衛したのか、という質問に一度も十分に答えていない。明らかとなったのはむしろ、湾岸戦争は米軍の特殊な国内利害に役立ったということである。米軍はそのもてる武器を実際に試し、冷戦後においてもその重要性を維持し確固たるものにすることを求めた。

湾岸戦争の文化的記憶がとくに矛盾していた理由は何かと問われれば、わたしは、米軍が公共表現にたいして行なおうとした規制が非常に厳しかったことにあると言いたい。米軍の規制が厳しかったのはけっして偶然ではなく、ベトナム戦争のもっとも重要な遺産であったのだ。米軍指導者が学んだ教訓のひとつは、米軍がベトナム戦争のメディア表現を統制できなかったために、戦争の公共イメージは壊滅的なものになったということである。湾岸戦争に関する表現はもったいぶったように統制されたので、この戦争の文化的記憶が自己展開するスピードは非常に遅かった。しかし七〇万人の湾岸戦争帰還兵はそれぞれの物語を持ち、公共言説に浸出してくるかれらの物語の量は増加しつつある。湾岸戦争症候群と呼ばれる原因不明の奇妙な病気と闘うかれらを政府が無視することはますます困難になっている。湾岸戦争の単純な叙述を混乱させるのは、これらの活動に参加する帰還兵をとおしてであり、湾岸戦争の文化的記憶を生み出すのはかれらの身体をとおしてである。

テレビ映像——即時性とヴァーチャル性

アメリカ国民が湾岸戦争を「経験した」のはテレビをとおしてであり、テレビ映像は湾岸戦争の歴史の中心にある。しかしテレビ映像は歴史の形成とは不安定な関係にある。テレビ映像の本質は放送ということにある。それはきわめて現在的、即時的、同時的、そして継起的である。視聴者が放送を見る見ないにかかわらず放送しつづけながら、テレビは（監視カメラのように）モニターするという能力と、モニターされるという能力によって規定されるのである。レイモンド・ウィリアムズは、テレビを定義するのは、分節化した要素を統一し、中断を一連の流れに組み込むことができる能力、つまり「フロー flow」であると述べる。★5

ほかのどの電子技術とも同じように、テレビは、即時的でかつ生（ライブ）なものとしてコード化されている。テレビが目指すものは即時的現在である。即時的現在では、情報は即時的でよりすばやく手に入れることができればできるほど、価値が上がる。★6 テレビは歴史の形成にその場で、直接参加することを可能にする。つまりテレビは、「即席的歴史（インスタント）」を生み出す。★7 テレビのイメージが「歴史的」イメージとなる。このような「歴史的」イメージの例として、天安門広場で戦車をひとりで止めた学生やベルリンの壁の崩壊、バグダッドの上空で夜爆発する爆弾などがある。これらのテレビ映像には、即席性と一過性という電子テクノロジーの文化的意味が残っている。ある意味でテレビ映像の低い解像度、ややぼやけた質は、その映像に現場性をあたえる。こうしたテレビ映像は、過去にあったイメージというよりも、あたかも歴史そのものが展開していたかのように映像を提示する。

湾岸戦争は、アメリカにとって最初の本当のテレビ戦争であった。しばしばベトナム戦争が最初の「居間の戦争」といわれてきたが、ベトナム戦争の映像はほとんどフィルムであった。それゆえ現像の必要から映像が視聴者に届くまでに遅れがでる。ベトナム戦争の映像がアメリカに到着するまで、実際に起きてから少なくとも二四時間の遅れがつねにあった。これにたいして湾岸戦争は、衛星テクノロジーと携帯可能なビデオ機器の時代に起きた。世界中が湾岸戦争をリアルタイムで見ることが技術的に可能であった。米軍が検閲を厳しく行なった、つまり戦争がライブで見ることができないように規制した理由はここにある。にもかかわらず、映像が「即時的」で「生」だと広く言われた。湾岸戦争を取材した記者たちは、これらの伝えるニュースの多くが報道されていないことに気がついていた。その理由は、米軍検閲官がニュースを数日遅らせたからである。ニュース番組のプロデューサーは「即時的」でない情報をすべて時代遅れで無意味だとみなした。二四時間報道を行なうCNNが生んだライブ報道という幻想は、米軍の検閲とあいまって、戦争報道を、同時性がない限り役に立たないものにした。

こうして、湾岸戦争の残したアイロニーのひとつは、湾岸戦争の映像は大量にかつ即時的に記録されたが、ほとんどがイメージを換起しない不毛な報道となったということである。アメリカの視聴者が見たのは、地図と記者の静止画像とイスラエルにいる記者のライブ報道であった。CNNの二四時間戦争報道が提供したのは、視聴者はすべてを見ることができるのだという幻想だけだった。このような報道から生まれた映像は、文化的記憶を生むようなものにはならなかった。むしろ、そうした映像さえ何度も行なわれたリプレイのなかに消えていってしまった。アーネスト・ラーセンは、次のようにその著作で述べている。「湾岸戦争は歴史上、だれもが夜寝るためにテレビを消して、翌朝テレビをつけて世界がいまだにばらばらになっていないかどうか知ることのできる最初の戦争であった。このようなテレビが生み出す知識は蓄積しない。その理由は、新しい瞬間がそれ以前にわれわれが見ていたものを文字通り跡も残さずに消すことができる、ということにもよる」。★8

湾岸戦争が衛星技術の時代に戦われたという事実は、メディアを通じて広められる映像の取捨選択のみならず、戦争自体で用いられる監視システムと武器システムに影響をあたえた。湾岸戦争は明らかに、コンピュータ・ウィルスが武器として使われた最初の戦争のひとつである。★9 電子コミュニケーションや衛星コミュニケーションが、実際の戦争が戦われる現場を不明確にした。現場の不明確性は、マッケンジー・ウォークがその著作で次のように述べるとおりである。

湾岸戦争は、クウェートで起きたのだろうか？　それともバグダッド、あるいはワシントン？　戦争の起きている現場は中東なのか、それとも地球全体なのか？　これはとりわけ頭を悩ます問題である。イラク軍の指揮官が、バグダッドから無線を使ってスカッドミサイルの発射を命じれば、その信号は軌道上のアメリカの衛星によって傍受されるだろう。別の衛星は赤外線感知装置を使ってミサイルが発射されたことを発見する。これら二つの衛星からの情報はペンタゴンに、さらにサウジアラビアにある米軍現地司令部に送られ、サウジアラビアとイスラエルにあるパトリオットミサイル基地に転送

される。[★10]

ウォークはここで、湾岸戦争の拡大した「戦域」は電子空間も含むのだという、一般に知られるようになった考え方を描写しているのである。衛星技術を使うこの「ヴァーチャルな戦争」は、なによりもコミュニケーションメディアの戦争であった。このことは、スポーツのテレビ観戦者のようにCNNを見つづけたひとびとのみが、湾岸戦争で「現実に」何が起きているのかを知っているという幻想を生むこととなった。NPRの記者であるスコット・サイモンは次のように述べている。

世界中のひとびとはしばしば、あの戦争につながれているかのような感覚をえた。湾岸戦争が始まった第一週目、ダーランにあるわれわれの仕事場の電話が鳴った。「防空壕に逃げ込め」とテレビを見ていた外信部の編集者が言った。「やつらがたったいまスカッドミサイルをきみらに向かって発射した」。その一分後サウジアラビア東部で空襲警報が鳴り渡った。一週間後、わたしはアメリカに電話をするために数人の兵士たちといっしょに並んでいた。「地上戦が始まるまえに家族に電話をかけるのかい?」というわたしの問いにたいする空挺隊員の答えは「この戦争で何が起きているのか知るために電話するのさ。家族は実際に戦争を見ることができるからね」。……「わたしは現地にいたし、戦争を見た」というとき、わたしが戦争を見たのはテレビの中だけだったということをときどき思い出す必要がある。わたしはカンザスやケノシャで戦争を見ていたひとびととまったく同じなのだ。[★11]

サイモンは、湾岸戦争期間中のテレビを通じた経験と「現実の」物語とが広範に融合していたことを思い出させる。しかし湾岸戦争をヴァーチャルなハイテク戦争として歴史化してしまうことは、事態を単純化しすぎている。たしかにCNNに現われた湾岸戦争の映像は、テレビ画面が戦争でもっとも重要な場所であるかのように見せる。けれどもこの幻想は、人間の身体や共同体によって戦われた湾岸戦争を記憶から取りさり見えなくする。戦後に湾岸戦争を虚構の戦争にしてしまうということは、湾岸戦争が通常戦争であった事実、つまり通常兵器で戦われ戦闘のなかで敵の身体が完全に破壊されたという事実を覆い隠してしまう。これらの説明の多くには「リアルな戦争」はカメラによって記録されるものであるという考えが潜んでいる。

イメージ・イコン

検閲と、戦争へのヴァーチャルな参加という文脈のなかで湾岸戦争のいくつかの映像は残り、戦争のナラティヴを決めるうえできわめて重要なものとなった。湾岸戦争をもっともよく象徴する映像は二つある。バグダッドの夜間爆撃と標的に接近する光景を「スマート」爆弾の視点から見せる映像である。この二つの映像はベトナム戦争を象徴する映像と鋭い対照をなしている。

対空砲火に彩られたバグダッドの夜空はスペクタクルの映像でもあり「見られなかった」映像である。特別な「暗視」熱感知レンズを使ってABCカメラマンが撮ったこの映像は、ビデオゲームのなかで標的を追うミサイルの安直な外観を容易に呼びおこすような超現実的で空想的な映像（図13）である。戦争の「美しさ」は、この映像のなかで、形式的にも美的にも鮮やかで、そのもっとも極端な形を示している。

図13　湾岸戦争時のバグダッドの夜間感知映像。1991年。レスリー・ウォン／ABC

あるパイロットは次のように述べた。「バグダッド市の輪郭が、まるで大きなクリスマスツリーのように光り輝いているのが見えた。町全体がきらめいていた」[★12]。ベトナム戦争は、このようなスペクタクルといえるような映像をけっして生むことはなかった。爆弾のもつ破壊力は、夜の暗闇のなかで消毒されて消しさられた。バグダッドの夜の映像は、誰もがアメリカ独立記念日の光景と関連づけた。一九九一年の独立記念日（七月四日）を祝うニューヨーク市では花火でこの爆撃の光景が再現され、そのわずか一か月後に開かれた湾岸戦争帰還兵の大規模な「帰国」歓迎パレードがこのメタファーを完結させた。

バグダッドの夜空の映像は、メディアでは当初イスラエルやサウジアラビアに向かって飛ぶイラクのスカッドミサイルを打ち落とすパトリオットミサイルを写したものとして神話化された。しかし湾岸戦争後に明らかとな

図14　湾岸戦争のミサイル・カム映像。Ⓒ Cable News Network, Inc.

ったのは、これが、パトリオットミサイルが命中するまえに、燃料が切れてばらばらになって落ちてくるスカッドミサイルを写したものだったということである。[★13] それでも、このような問題の多い映像にたいするくわしい説明も、映像の意味を変えなかった。なぜならこの映像は歴史的地位を確立したからである。つまりこの映像は、清潔なテクノロジーのひとつとしての湾岸戦争の神話を象徴する。

湾岸戦争を象徴するもうひとつの映像は、戦闘機や爆弾から撮影された電子ミサイル・カムによるものである。これらもテクノロジーの戦争という湾岸戦争に関する支配的なナラティヴを強調する。これらの映像は、照準器から見える標的となった建築物（およびその爆砕）と標的に接近する爆弾の視点から見た光景（衝突の直前に白色となって消える）とを描く（図14）。これらの映像が強い影響力をもつ理由は、これらが、この種の映像で大衆に届いた最初のものであるからだけではなく、軍事兵器がもつのぞき趣味という特有の体験を一般視聴者に提供したからでもある。これらミサイル・カムの映像では、メディアのテクノロジーと戦争のテクノロジーとが分かちがたく融合しあっている。しかし、そもそもこれらのテクノロジーはつねに分かちがたかったともいうことができる。なぜならテレビの技術は、軍事研究によって開発された技術からつねに発達してきたのだから。ウォークが述べているように、「移動体SNG（サテライト・ニューズ・ギャザリング）も含めてテレビが利用できるテクノロジーのほとんどは、軍事機器のために開発された装備を民間が引き継いだものなのだ」[★14]。

これらのミサイル・カム映像は、通常小さなスクリーンを使って戦闘概況説明室の戦友仲間に見せられる「秘密」の映像である。そして「われわれの」武器を理解するのに必要な解釈コードで、スポークスマンがポインターを使ってこれらの「秘密」の映像を「アメリカ国民」に説明する。このアプローチを使って、ノーマン・シュワルツコフ将軍やほかの将校は、スポーツのメタファーを使うことが可能になった。これらの将校は、あたかもフットボールのコーチが選手の動きを説明しているかのようであった。女性記者が数人いたのにもかかわらず、湾岸戦争のときの報道用戦闘概況説明室は、意図的に秘密かつ排他的に構築された男性の支配する空間であった。陽気な内輪のジョークやこれらの記者会見をうまくいなす言葉は、報道と軍とのあいだに会員制クラブふうの仲間意識が存在することを明確に示した。しかし、この仲間意識は、多くの質問が持ち出されず、また答えられずに終わってしまったという事実を覆い隠している。これらのミサイル・カム映像の公開のさいに示されたような、報道と軍とのあいだで共有された秘密性が生まれたもうひとつの理由は、監視の映像としてこれらを視覚的にコード化したことである。白黒の照準器のなかで、爆弾が標的に命中して爆発するこれらのイメージは、特殊な光景、つまり特権者のみが享受しうる光景を見ることができたという感情を視聴者にあたえた。

カメラによる映像は、戦争の宣伝でも戦争の記録や戦争の記憶化においても、長い歴史をもつ。第一次世界大戦以来、カメラのテクノロジーは、戦場と敵とを視覚的に監視する不可欠の戦略的装置である。ポール・ヴィリリオは、このことについて次のように述べる。

こうして、「戦争機械」と並んで、つねに監視機械（肉眼による、光学的な、そして電子光学的な）が存在することになる。つまり戦う兵士の場合はもちろんだが、ことに司令部が、現に繰り広げられている軍事行動を一望のもとに把握できるようにする機械装置のことである。監視塔から出発し、係留気球、偵察機、遠隔探査衛星など、同一の機能が無限に反復される。すなわち「眼の機能、それは魂の機能なのだ[★15]」。

文化的記憶と歴史を構築する装置としての、そして戦争遂行の機器としてのカメラの二つの役割は、湾岸戦争の映像を生み出すうえで分かちがたいものであった。しかし湾岸戦争の監視映像とそれ以前のものとを分かつものがある。それはまず技術的な進歩だが、より重要なのは第一に戦争の公的映像として使われたことである。実際、湾岸戦争の監視映像は、戦争映像の象徴となった。うまくまとめられたPR活動と検閲活動の一環として、これらのミサイル・カム映像は、かつて撮られたことも見せられたこともない映像をひとびとの前に映し出した[★16]。だからアメリカをはじめ世界中の視聴者は、CNNでこれらの映像を見ながら軍の戦闘概況説明室で歓待されているという幻想ばかりではなく、爆弾の視野のなかに観客としているかのような幻想を、得た。カメラの視点は爆弾の視点であり、そしてテレビ視聴者の視点であった。

これらの映像を見ながらテレビ視聴者は、爆撃機にいるかのように感じることができ、さらには爆弾自身であるかのように感じることができる。そして視聴者が標的に突進し（射精し）、性的な快楽のフィナーレのうちに爆発するとき、観戦者と武器は一体化した。皮肉にも視聴者は、爆撃の生んだ結果になんの責任もなかったかのようだった。むしろ爆弾は、遠隔地の観戦者としてテレビ視聴者を爆撃の結果から免罪し、爆弾自らが爆撃を行なう主体的行為者になった。

湾岸戦争中、視力をメタファーとして使うことが広く行なわれた。見る力に誰がアクセスしその力を誰が支配するかをめぐる戦いが、湾岸戦争を支配した。記者会見でノーマン・シュワルツコフ将軍は、最初に空軍力を破壊してサダム・フセインの眼を見えなくしたことを次のように語った。「われわれはかれの目玉をえぐり取った」。そして米軍の武器は、つねに、視力をもっていると語られた。たとえば夜間や悪天候時、「イラク軍戦車にはほとんど目が見えないとき」に、米軍の「熱感知夜間照準器」は戦車が戦闘を行なうことを可能にする、と表現された。だから「スマート兵器」は、「見る」ことのできる兵器を意味した。視力についてこのように強調することは、ステルス爆撃機やステルス・テクノロジーを用いる隠密性に示された関心をも含んでいた。

「見る」能力を確立することへの米軍の執着は、ベトナム戦争において見られた米軍のテクノロジーの表現に、直接的にたどることができる。ベトナムの熱帯雨林の「透視不能」なほどに生い茂った緑は、米軍のテクノロジーが戦争に勝てない理由といつもされてきた（ゆえに、オレンジ剤を用いた大規模な枯葉作戦を、米軍はベトナムで行なった）。中東の砂漠地形は、視力に理想的な地形であった。この地形で、米軍は自分たちのテクノロジーが機能していることを見ることができた。これらの「スマート」兵器（このうちの七〇パーセントのみ標的に命中したことが、戦後に明らかになった）は、諜報、視力、そして記憶

をもあたえられた。これらの兵器は「敵車両の特徴も記憶する」といわれた。★17

身体を思い出さないようにすること

これら湾岸戦争の映像と、ナパーム弾から裸で逃げるキム・フックやロアン将軍によるベトコン容疑者の射殺、ミ・ライ虐殺の犠牲者などのベトナム戦争の象徴的なイメージとが対照的であるのは明らかだ。湾岸戦争の映像を具象化するものは兵器と標的であって、人間ではなかった。軍による検閲で、記者とカメラは、遠くから見た爆撃機の離陸と空中の兵器の映像しかアクセスできなかった。たとえばバスラに向かう道路で焼け死んだ死者（退却するイラク軍にたいして米軍機が「七面鳥撃ち」を行なった現場）の映像を、アメリカのメディアは恣意的に見せなかった。こういった焼け死んだ身体の映像は、戦争報道の筋書きに合わないものであった。戦争の筋書きでは、あくまでも兵器が湾岸戦争の主役であり、米軍や連合軍、クウェート、そしてイラクの兵隊や市民の遺体はエキストラ役であった。

湾岸戦争の報道は「流血のない」ものに終始したために、この兵器が五感をもつ市民の身体にたいしてあたえた結果を消しさった。ベトナム戦争の象徴的な映像が影響力を獲得した理由は、戦争が身体にくわえるダメージの映像を、たとえばキム・フックの火傷を負った肉体やミ・ライ虐殺事件のおり重なった死体、そして負傷した米兵の具体的な映像を眼前にあるかのように映し出したからである。ベトナム戦争の映像が死の瞬間に感じる恐怖を見せたのにたいし、湾岸戦争の映像は爆弾が標的に命中する瞬間の劇的な光景を鮮明に示した。人間と人間とが戦う映像にかわって、湾岸戦争の映像は、兵器対兵器のものであった。人間を写さない湾岸戦争の映像は、明らかにベトナム戦争の戦死体、ベトナム戦争記念碑に冷酷にその名前を並べられた戦死者の遺体、ベトナム戦争帰還兵の戦傷を抱えている身体、そして単純な歴史叙述を拒絶する身体への反動である。

湾岸戦争で身体と兵器はメディアのなかで定義しなおされた。死んだ非戦闘員は「付随的損害（コラテラル・ダメージ）」とされ、イラク兵は「標的」（「七面鳥撃ち」の対象）とされた。これにたいして兵器には視力と記憶という人間にしかない特徴があたえられた。こうしてメディアは、無批判に軍の技術的説明を受け入れた。アメリカのメディアが唯一米軍の爆弾による破壊を見せたのは、イラクの防空壕が爆撃されて数百人が死んだときである。この映像は世界中に流されたが、アメリカではきわめて限定的で消毒された形態で流された。そしてこの映像とともに、事件は捏造されたものだとか、フセインが無実の非戦闘員を意図的に戦略的に重要な軍事施設に入れたのだという根拠のない主張が行なわれた。破壊の映像が全般的になかったために、戦争犠牲者の遺体という光景は、それが他者の黒焦げの遺体としてすでにコード化されていても、テレビ画面とアメリカ人の意識・無意識的精神生活の全体から消えさった。バスラにいたる道路上で死んだ撤退途中のイラク軍の「死のハイウェイ」の生々しい映像でも、破壊され黒焦げとなった自動車やトラックが映像の中心であって、それらの車両のなかで殺された人間ではなかった。

皮肉にもペルシア湾岸の砂漠風景は、このような身体の不在に貢献した。砂漠はアメリカ文化では無住の地として神話化されている。戦場として事前に刷り込まれている黙示録的な、そして無住地としての砂漠風景のイメージは、アメリカにある砂漠のほとんどは米軍によって占有されているという事実によって強められる。ネバダ砂漠は核実験場でさえある。

戦争を戦う人間のイメージにかわってメディアが提示したのは、戦車や爆弾、ヘリコプター、そして飛行機などの機械による戦争のイメージであった。兵器数の勘定が死者数（ベトナム戦争では政府およびメディア報道の焦点であった）にとってかわった。湾岸戦争報道で数えられた遺体は、数人の記者と米兵の毒気を抜かれたたった一体の遺体であった。湾岸戦争の放送場面のほとんどは、戦闘地域の周辺でカメラのまえに立っている記者を写していた。また報道の多くは、記者の身の安全に関するものだった。ある記者たちは、実際の戦争を見ることができないようにバグダッドから強制的に退去させられた。別の記者たちは、テルアビブでガスマスクをしている姿を写真にとられた。これらの記者は、米軍兵士とイラク人の代役として、つまり危険に身をさらす身体の代用となった。しかし、米軍兵士やイラク人が身をさらした危険な瞬間は記録されなかった。

ベトナム戦争では米軍の身体は断片化していたのにたいし、湾岸戦争では単一の集団を形成して動くひとつの一体性をもつものと考えられた。エレイン・スキャリーは次のように書いている。単一の身体として軍隊をイメージする慣習は「人類が参加したなかでもっとも劇的に軍隊の一体性というものを具体的に表現した出来事、まさしくその出来事から人間の身体を消しさることとなった」[★18]。こうしてアメリカの軍事力を単一の一体性をもつものとして描くことは、危険に直面している男女兵士の五感をもつ現実の身体を消去した。同様にイラク兵の身体はひとりの人間サダム・フセインに包含され、イラク大統領をイラク兵の代用物として一貫して利用したアメリカ政府によって、視野から消しさられ忘却された。アメリカ政府官僚は「フセインを爆撃する」と語っていた。しかしヒュー・ガスターソンが記しているように、このことは「個々のイラク兵をサダム・フセインという一個の嫌われ者のなかに溶けこませた」[★19]。スキャリーはこれにくわえて「敵国市民全体の、傷を負い痛みを感じる身体を消しさることは、どのような戦争においても敵があたえうる損害を誇張することと対になっている」と述べる[★20]。スキャリーの主張は、湾岸戦争においてイラクの潜在的脅威が「核の脅し」――ブッシュはイラクが一年もしないうちに核兵器を使用すると主張して、戦争開始を正当化した――と、少数の富裕なクウェート人に雇われた広告会社が完全に編集して放映したイラクのクウェート侵攻に関するおおげさなテレビ報道とによって誇張された、というものである。★21

この誇張の過程で見えなくされた身体には、明らかに人種とジェンダーが刻印されていた。アラブ人の身体は、典型的なテロリストとしてのサダム・フセインや、フセインの狂信的な追従者としてのイラク軍、そして暗黒の混沌の地としての中東というオリエンタリストの描くもののなかに包摂された。ジェンダーという混乱をもたらす問題も効率的に消去された。米軍内の多くの女性の存在は、ベトナム戦争で失われたアメリカ男性兵士に男らしさを再刻印することを相殺しはしなかった。アメリカの男らしさは、超男性的な兵器を通じてふたたび刻銘された。そして超男性的兵器は、米軍兵士の「弱虫」イメージと戦う大統領のための代役をつとめた。

ペルシャ湾にいた多数のアメリカ人女性の軍務にメディアは重大な関心を払った。このため両性間の平等というものが戦争の犠牲をあがなう物語として立ち現われた。しかしこれらのアメリカ人女性は、ほとんどの場合母親として描かれ、子供の写真といっしょに写真に撮られた。皮肉にも「家族の価値」が美辞麗句で飾りたてられているさなかに、軍は、出産したばかりの女性に出動命令をあたえ、幼子の親を戦争に送ったのだ。しかしメディアはこの偽善的政策をおおかた無視した。と同時にメディアによる湾岸戦争における女性兵士の描写では、伝統的なジェンダーによる分業が戦争によって混乱し両義性に満ちていた。母親としての側面にのみ関心を払うことは、彼女らの兵士としての役割を否定して、戦時における女性のより伝統的な役割、つまり戦場に向かう息子を見送るという役割を割り当てる。もしも女性が母親ならば、こうした女性はジェンダー化された軍の現状に脅威とならないように解釈されうる。しかし米軍の女性兵士は、彼女らの子供のために象徴的に戦っている兵士としても描かれた。米軍女性兵士は、皮肉にもパワーの象徴と女性性の伝統的象徴の両者を体現した。

アメリカの湾岸戦争参戦をめぐる超男性的な物語を考慮に入れ、ブッシュ大統領と軍指導者がカメラのまえでふんぞり返って歩き、男らしさでコード化された兵器が勝利者として宣言されるなかで、女性兵士の出現の重要性は、公共的言説のなかで伝統的なイメージを使って押さえ込まなければならなかった。人種、ジェンダー、あるいは肉体の脆弱性、そのいずれによって刻印されていようとも、身体は湾岸戦争の劇的映像のなかでは見えないものとされた。劇的シーンを見る喜びには、その劇的なものが生む結果が存在しないことが必要である。湾岸戦争における身体とは、技術上の圧倒的な卓越性の物語が語られるために思い出されないようにされなければならなかった。

映像が歴史となる——テレビと映画の記憶

湾岸戦争の不毛で高度に組織化された映像から立ち現われるものは、英雄に関する、とりわけ兵器を英雄とする言説である。そしてこのような言説は、ベトナム戦争後の状況においては存在しなかったがゆえに非常に際立ったものとなった。湾岸戦争に参加した男女は、心的外傷もなく完全な状態で帰国し、身体は無傷であると想像されていた。かれらはニューヨーク市史上もっとも大規模な（そしてもっとも経費のかかった）チッカーテープの紙吹雪パレード（このコンピュータ時代には、チッカーテープ〔刻々の通信・

相場などが印字される古い時代のテープ」は特別に製造しなければ手に入らない）を含む、もっとも巨大な「帰国歓迎」パレードで出迎えられた。湾岸戦争から帰還した男女兵士は、新しい帰還兵、つまり敗北を思い出させる年寄りで怒りっぽいベトナム戦争帰還兵にとって代わる新しい帰還兵を象徴した。帰国歓迎パレードが祝ったのは、六週間の戦争が終わったことだけではなく、ベトナム戦争の遺産、つまり敗北の汚点や技術的にほかの何よりも優れたアメリカの軍事的立場の喪失という遺産を引きずることが終わったことであった。この子供じみた興奮は、どれもベトナム戦争記念碑で表わされた深い悲しみにたいする反発であり、戦争に関するメッセージを変えようとする試みであった。戦争は戦死傷や苦痛、死んだアメリカ人のことではなく、スマート兵器と燃えたつような夜空のスペクタクルなのだ。

しかし湾岸戦争は、ベトナム戦争のたんなる書きなおしではすますことはできない。一般的には、湾岸戦争に関する文化的な忘却を生んだ原因は、短い耳を刺すメディア報道や、そうした報道が長つづきする影響を生まないこと、米兵の死傷者が最低限度ですんだこと、そしてアメリカのナショナルな言説の自己陶酔にあったとされる。湾岸戦争の忘却と記憶は、どちらも湾岸戦争が生んだ映像の種類と直接むすびついている。電子映像として湾岸戦争の映像は、テレビが歴史にたいしてもつ不確定な関係性を媒介する。映像は多くの異なった形態で文化的流通性を獲得するが――たとえばテレビの映像は静止画像のかたちで流通し歴史に残されることがあり、有名なドキュメンタリー映像は、静止画像でも動画でも、しばしばドキュドラマのなかで再現される――、テレビは記憶と歴史について考えなおすことを余儀なくさせる。

にもかかわらず多くの批評家は、テレビが歴史と記憶との終焉をもたらすと宣言する。このような批評家にとって、テレビとはポストモダンの行き過ぎや意味をもたない時代を表わす標識である。スティーヴン・ヒースは次のように述べている。「テレビは、時間を瞬間瞬間に分割して使い尽くし「いま・ここ」

に還元し、記憶ではなく忘れやすさを、歴史ではなく流出を生み出す」[★22]。湾岸戦争の映像の象徴（イコン）が忘れさられやすいということは、議論の余地がないであろう。それでも文化的流通性の欠如は、瞬間的なテレビのイメージとしての地位から単純に生じたものではない。湾岸戦争の映像上の象徴が忘れさられやすいのは、それが空虚なスペクタクルだからである。このことをマイケル・ローギンは次のように述べる。「スペクタクルは、健忘症的表現の文化的形式である。というのも、スペクタクル的なディスプレイは表層的で、五感をはげしく興奮させ、短命で、繰り返しが可能だからである」[★23]。スペクタクルとは忘れることなのだ。

しかし以上の見解にたいして、わたしは次のように主張したい。つまりテレビで放映される歴史の本質とは、繰り返しと再現とドキュドラマである。ベトナム戦争のドキュドラマと同じように、テレビによる再現は記憶とファンタジーとが混じりあっていろいろな想起を生み出すある種のカタルシスを提供する[★24]。ジョージ・ガーブナーは、湾岸戦争の報道は非常に濃密な演出が行なわれていて、すでにひとつのドキュドラマになっていると主張する。

> 完全で正確なレポートとドキュメンタリーのかわりに、ネットワーク・テレビの放映したものは、現地とハリウッドにあるスタジオとをシンクロさせた音響で撮られた「ドキュドラマ」であり、このドキュドラマが観衆をペルシャ湾岸戦争映画に連れていった。写実主義的な映像、つまり訓練や砂漠を走り回る戦車、模擬塹壕戦、暗闇で待ち伏せする敵にたいする攻撃、キャンプ生活と「銃後」との決まりきったシーン、暗闇に向かって銃撃をする偵察隊、パトリオットミサイルを発射し「標的」を撃墜するすべての過程、そして殴られた「人質」という写実主義的な映像は、『ダイ・ハード2』や

『ターミネーター2』の予告篇と見分けがつかなかった。★25

したがって湾岸戦争のドキュドラマ形式とその俗受けする題名（「砂漠の嵐」）、そして戦争アクション映画のお決まりコースの再現によって、戦争が始まったときからすでに湾岸戦争は、「リアルライフ」のエピソードで散りばめられた、綿密に筋書きの作られた物語のようであった。

ハリウッドは、湾岸戦争についてひとつの重要な映画を作り出した。この映画は、『84★チャーリー・モピック　ベトナムの照準』の脚本を書いたパトリック・ダンカンによるもので、ベトナム戦争映画のコードをくりかえす一方、そのコードから逸脱もしている。この『戦火の勇気』という映画は、予想に違わずバグダッドの夜空とミサイル・カムからの撮影映像で始まる。しかしこの映画は、はげしい地上戦も描く。この映画が伝えるのは、ジェンダー役割や友軍からの砲爆撃、ＰＴＳＤ（心的外傷後ストレス障害）をめぐって対立が起こり、錯綜したものになっていく米軍の物語である。そして湾岸戦争症候群が、戦争の単純なコードよりも前に出ている。しかし『プラトーン』と同じように、『戦火の勇気』の物語は第一に、米軍兵士間の対立（メグ・ライアン演じる女性ヘリコプター機長カレン・ウォールデンにたいする乗組員の致命的な対応）であって、イラク兵は匿名の身体として提示されるだけであり、戦争ゲームと米軍内部の内紛の小道具にすぎない。メディア報道と同じように、『戦火の勇気』は、戦闘に参加した女性について両義的な態度を示した。一方において湾岸戦争の物語を救済するものとして性の平等を確認する。他方、子供を銃後に残して出征しなければならなかった献身的な母親としてウォールデンを描く。『戦火の勇気』は、究極的には親米軍映画であるけれども、事故の真実を発見し本当の英雄を見つけようとするデンゼル・ワシントンが演じる映画中の中心人物を通して、湾岸戦争の映像を長期的な結果をともなう厄介で両義的なものとしても提示した。

テレビと国民

ＣＮＮの推定によれば、百八ヶ国、十億人が湾岸戦争を見たという。[★26] 湾岸戦争は、世界的規模でテレビ視聴者を作りあげた出来事であり、そしてＣＮＮを世界的に有名にした出来事であった。しかし湾岸戦争のテレビ報道は、一枚岩のナショナルな視聴者という概念を発展させる道具としての役割をはたした。集合的に同じ映像を見ているという体験が前提となって、アメリカ国民全体が湾岸戦争に参加しているという感覚を生み出した。テレビは視聴者を受け身にし孤立させるという一般的な見解にもかかわらず、テレビは地球上のすべての人間にひとつのことに参加しているという印象をあたえることができる。全世界で放映されたＣＮＮの「生(ライヴ)」報道は、湾岸戦争のあいだじゅう、この印象を強めた。ジョージ・ブッシュやサダム・フセインとともに、全世界が同じチャンネルを見ていたのである。

湾岸戦争期間中、世界中がテレビでスペクタクルをいっしょに見たという喜びは、アメリカ全土、そして地球規模のテクノロジー共同体（この冷戦後の時代にアメリカとソ連が味方として参加した）という感覚があったから生まれただけではない。この喜びは、観客と兵器を一体化する高度に構造化された過程からも生まれた。テレビの覗き趣味的な性質は極端なものとなった。われわれは見られることなく見ているばかりか、破壊活動そのもの、爆弾やミサイルが命中する瞬間を見ていたのだ。ロバート・スタムは次のように述べる。「湾岸戦争期間中、テレビ観戦者には、個人としても国家としても自己陶酔がいく重にももたらされた……劇的な戦争を見るといういかがわしい喜びは、アメリカ人の眼を衰退する経済という退屈な現実や崩壊しつつある銀行システム、人種間の緊張と人種差別からそむけさせた」[★27]。即時性と加虐趣味、そしてわずかに見られる共犯意識のこの緊張感は、観客でいることとの喜びの不可欠な一部となる。われわれは目撃し「そこに」いた。しかしテクノロジーのおかげでわれわれは安全な距離を保つことができる（そしてカメラがわれわれの視野を拡張してくれる）。

湾岸戦争報道は、国民でいることとの経験を歪曲するはたらきをした。湾岸戦争が終わると、CNNの報道はこんどは役割をかえて、湾岸戦争を「闘った」存在として登場した。W・J・T・ミッチェルによれば、CNNの湾岸戦争ビデオ・ドキュメンタリーは、兵士ではなく「CNNの勇敢な男女」に捧げられ、CNNの軍事解説者であったペリー・スミス海兵隊少将は、自分の本に『CNNは湾岸戦争をいかに戦ったか』という題名をつけた[★28]。CNNはこうしてアメリカ政府に姿を変え、その記者たちは帰還兵と同じであると主張するために米軍兵士の代役となった（これは、ベトナム戦争映画の監督や俳優の、自分も戦争を実体験したという主張を思い出させる）。

アメリカ市民がさまざまな問題について理解し、湾岸戦争についての意見をまとめるうえで、CNNの報道が手助けにはならなかったことは明白である。マイケル・モーガンやジャスティン・ルイス、そしてサット・ジャリの研究が明らかにしたところによれば、アメリカ国民は湾岸戦争の勃発を招いた多くの基本的事実、たとえばイラクのクウェート侵攻にたいするアメリカの態度の変化やクウェートがイラク侵攻以前に民主主義国ではなかったという事実（ゆえに湾岸戦争は実際には「民主主義のための戦い」ではなかった）について驚くほど無知であったのにもかかわらず、湾岸戦争を支持したのである[★29]。くわえてこれらの研究は、アメリカ人はテレビを見れば見るほど物事について知らなくなる、ということも明らかにしている。

湾岸戦争中、アメリカの視聴者は想像された国家的な観衆となり、それにともなって虚構とファンタジーの物語が立ち現われるということは、もちろん目新しいことではない。ベトナム戦争の諸事実に関するアメリカ大衆の知識も薄っぺらである。しかし湾岸戦争の場合、アメリカの世論のなかに多くの複雑な要素が生まれる余地がないほど高度に構造化され、解釈の自由もないほど限定されたシナリオのなかで、アメリカ国民はアメリカ人として戦争を「体験する」ことに興奮した。合意はすばやく形成されて、メディア上の神話として完全無欠なまま守られていた。湾岸戦争への抗議行動は暗然とするほど黙殺された。そこには戦争にたいして微妙な違和感をもつことや抵抗することは許されていなかった。

黄色いリボンの国民化

いままで述べてきたことから、湾岸戦争は一枚岩の歴史的物語をもっており、それに対抗するどのような文化的記憶を生産しようともそれをすっかり覆い隠してしまうかのように見える。メディアと軍は湾岸戦争の文化的記憶を制限し、その歴史化のありかたを指図するために協力し合った。しかし、メディアと軍は、七〇万人の帰還兵がいる戦争の文化的記憶を支配することはできなかった。政府は、この戦争をコントロールし、ベトナム戦争のいかなる瞬間にも似ないようにするため、よく組織化された試みを行なったが、それでもアメリカ国民は湾岸戦争についてかれら独自のさまざまな記憶を生み出した。

米軍は死者の埋葬儀式はいうにおよばず、戦傷者をアメリカに迎える儀式さえもアメリカ国民の目から隠した。軍は政策を大きく変更して、写真家や記者が戦死体の到着するドーヴァー空軍基地内に立ち入ることを禁止した。ジョン・ファレルはこの空軍基地について次のように記している。「過去十年間、ドーヴァーは、アメリカ人にとって精神的な意義をもつトーテムのようなものになった。かれらはテレビを通じてドーヴァーまで旅をし、死者を悼んだ」[★30]。チャレンジャー号の乗組員、レバノンで死んだ海兵隊員、パナマおよびグレナダ侵攻で死んだ米兵は、全員、ドーヴァー空軍基地で哀悼礼を受けた。湾岸戦争中に米軍が報道にたいして行なった制限は、明らかに、ベトナム戦争から帰ってくる遺体袋を連想させることを避けるための試みであった。

ドーヴァー空軍基地というこの伝統的な場所は、アメリカ国民には閉ざされたが、その他方で多くのアメリカ人は戦場にいるひとびとを想起する儀式に参加した。このような儀式のなかでもっとも顕著なものは黄色いリボンであった。想起のシンボルとしての黄色いリボンの起源にはいろいろな説がある。ひとつの説は、一九七三年のトニー・オーランドの『幸せの黄色いリボン』という歌である。この歌は監獄から帰郷する囚人が、妻に向けて、まだ自分を愛しているなら家の樫の木に黄色いリボンをむすんでおいてくれと頼む（歌詞はその囚人が何百もの黄色いリボンを見るところで終わる）。しばしばこの歌詞はベトナム戦争帰還兵のことであると間違って解釈される。もうひとつの説は南北戦争にその起源を求める。このとき兵士の妻や愛するひとびとは黄色いリボンを身につけた。この慣習は、一九四九年のジョン・ウェイン主演の映画『黄色いリボン』につながっている[★31]。

しかし黄色いリボンについてのもっとも重要な起源の物語は、黄色いリボンが一九七九年のイラン人質事件が起きているときに現われたというものである。一九七九年から一九八一年まで、ペン・レンゲンはテヘランのアメリカ大使館で人質になっていた夫のために、自宅の前庭の木に黄色いリボンをむすびつけた。人質のいる家庭や町が人質の安全な解放を願うしるしとして黄色いリボンを飾る流行に火をつけたのは、このレンゲンであると一般に言われている。以来リボンは、一九八〇年代初頭に起きたアトランタの幼児連続行方不明事件のような異なる状況でも結ばれるようになった。

以上のどの事例においても、黄色いリボンは遠隔地で危険な目に会っているだろう人物を想起する手段としてシンボル化された。最初、黄色いリボンは特定の人物のために結ばれたものだった。この目的は、一九九〇年代初頭に現われたさまざまな色のリボン——赤いリボンはエイズへの意識向上、ピンクのリボンは乳癌の闘病者への支援、紫のリボンは都市暴力反対の意思表示など——とは異なる。これらのリボンは政治的立場を表わすのにたいし、黄色いリボンは、なによりもコミュニティや国民国家にぜひとも共有してほしいという個人のメッセージを伝える。湾岸戦争で黄色いリボンを身につけたのは、兵士の家族、戦争支持者、そして反戦を主張する抗議者たちであった。戦争反対者が意図したことは、連邦政府の政策には反対だが戦地に送られた兵士の支えにはなろうとすることだった。湾岸戦争に反対するひとびとは、いまから振り返ってベトナム反戦運動が犯した誤り、つまり兵士と戦争仕掛人とを区別しないという誤りをくりかえすまいとした。

しかし、黄色いリボンはその来歴によって女性をめぐる表象をも含意している。ローラ・マークスは黄色いリボンについてつぎのような議論を出している。黄色いリボンにふさわしいのは「女性のなかでも、性差に忠実で家庭に残る女性である。そうした女性の貞節は個々の兵士の士気、したがって軍全体の士気を維持するうえで不可欠だからである。ベトナム戦争帰還兵の人生をめちゃくちゃにしたのは、祖国がかれらにつれなくしたからだという神話が根強い。そのためこうした神話が誤りだと警告しようとしても、今では後ろめたい気分にさせられる」★32。

湾岸戦争のあいだ、戦争にたいしてさまざまな立場をとるひとびとがシンボルとして黄色いリボンをつけたため、リボンの意味は変わり、国民的シンボルにやすやすと横領されることになった。黄色いリボンがシンボルとして表わすのは、遠く離れた特定の個人へのもっぱらパーソナルな思いではなく、愛国主義の国民的な表現になった。「われわれの兵士を支持する」というフレーズは、戦争にたいする賛否の異なった立場のひとびとが異なる意味で用いたが、これと同じように黄色いリボンも複数の意味を獲得した。戦場にいる愛する人の安全を祈るお守りとして掲げられるパーソナルな黄色いリボンと、一九九一年一月のスーパーボールのハーフタイムの好戦的な儀式のようなスペクタクルのなかで使われた大量生産された黄色いリボンとのあいだに、ある緊張関係が現われた。黄色いリボンは、パーソナルな表現から想像された国民的共同体への忠誠のあかしへと変容させられた。そしてこの方法によって合意がつくりだされアメリカの世界強国としての役割にたいする新たな自信が再生された。

黄色いリボンはテレビでたえまなく奨励された。これによって黄色いリボンは個人的な意見表明から国民的シンボルへと漸進的に変化していくことになった。しかしテレビ上の戦争劇場で創作されたナショナリストの物語に取りこまれたとはいえ、黄色いリボンは個人的な表現、つまり湾岸戦争のコストを人間的な視点から計る手段であった。個人が黄色いリボンを作ることと国民国家を黄色いリボンで飾ることとのあいだで、戦争の意味は文化的記憶からナショナルな神話へと変化した。

文化的記憶と湾岸戦争症候群

アメリカ全体が黄色いリボンで飾られ、湾岸戦争帰還兵が盛大に帰国を歓迎してもらったとき、つぎのような疑問がすぐに出てきた。「ベトナム戦争帰還兵はどうなっているんだ」、「エイズにかかっているひとびとはどうして黄色いリボンで祈ってもらえないのだ」[★33]。湾岸戦争帰還兵にたいしてアメリカ国民が示した反応は、ベトナム戦争帰還兵とエイズ患者にとって、かれらがアメリカの文化のなかでどれほど見えないものとされているかを痛切に思い出させるものだった。しかし湾岸戦争帰還兵がアメリカ国民の視界にあった期間は短かった。米軍はメディアと協力しあって、湾岸戦争を単一の、ほかの解釈を許さない筋書きをもった物語として提出した。この筋書きによれば、湾岸戦争帰還兵はベトナム戦争帰還兵の妖怪を追い払うはずだった。しかし帰還兵の存在は、このような単純な歴史化を許さなかった。帰還兵たちは、十分な保護と装備のもとで短期間の戦争を戦った。しかもかれらは祖国から強力な支持を受け、大規模な帰国歓迎パレードをあたえられた。かれらは、ベトナム戦争の帰還兵に拒絶されたすべてのものをあたえられたのである。湾岸戦争の帰還兵には、ベトナム戦争の帰還兵のような問題が起こるはずがなかった。かれらは帰国して生産的な市民となって国民の意識から消えさるはずであった。

しかし一九九二年以来、非常に多くの湾岸戦争帰還兵が、国防総省退役軍人局の病院に姿を見せている。かれらは倦怠感や頭痛、発疹、関節痛、記憶喪失というおびただしい数の説明不能な症状の原因を、ペルシャ湾岸にいた時期に帰因すると主張した。最初、医者はこれらの症状を心理的問題、つまりPTSD（心的外傷後ストレス障害）と診断した。湾岸戦争に従軍した七〇万人の兵士のうち約二万人が、さまざまな慢性的症状の治療を求めて病院を訪れたのだ。これらの慢性的症状はまとめて「湾岸戦争症候群」と名づけられた。ある推測では、湾岸戦争症候群はおそらくウイルスによる伝染性のものであろうと説明される。なぜなら帰還兵の家族も同じ症状を示しているからである。湾岸戦争症候群にかかっている兵士のうち、七八パーセントもの配偶者も同じ症状を示し、湾岸戦争以後に生まれた帰還兵の子供のうち二五パーセントが慢性的な呼吸器疾患をもっているという研究がある。湾岸戦争帰還兵の子供は、異常に高い割合で先天的な障碍をもっている。[★34] 湾岸戦争症候群について政府はいくつかの研究を行なったが、そのいずれも結論に達してはいない。また湾岸戦争症候群は、帰還兵に賠償をあたえるか否か、あたえるとしたらどのようにか、というはげしい議論の焦点となっている。

　アメリカ文化では、症候群（シンドローム）とは、感染しやすさを含意する一連の兆候（病気ではなくある状態を指す）を象徴するようになっている。たとえば後天性免疫不全症候群（ＡＩＤＳ）は、健康な免疫システムの機能を弱め、身体は感染症にうまく抵抗できない。だから「湾岸戦争症候群」という名称は変容した肉体的状態、つまり弱体化した身体を暗に意味する。一般に「ベトナム戦争症候群」を拭いさる効果があったと理解されていた戦争が、説明不能な症候群を生んでしまったということはきわめて皮肉なことである。ベトナム戦争症候群は過保護によって生み出された心の状態、つまり決断力の弱さと国民的過誤をくりかえすことへの恐怖心と定義される。これにたいし湾岸戦争症候群は身体的反応によって表現される。つまり戦争経験がひき起こす説明不能な兆候によって表現される。この症候群は、湾岸戦争帰還兵にとってオレンジ剤の影響とこの化学薬品に曝されたベトナム戦争帰還兵が賠償を得るために行なった闘いを思い出させるものだった。オレンジ剤は多くの帰還兵に致命的なガンを、またかれらの子供たちの一部には先天的障碍を発生させた。

　したがって湾岸戦争のこのような文化的記憶の存在を主張しているのは、帰還兵とその家族の身体である。これらの文化的記憶は、湾岸戦争が身体（アメリカ人のものでもほかのものでも）の存在しないハイテクを使ったヴァーチャル戦争であったとする歴史化に抵抗する。帰還兵の傷ついた身体は、政府が秘密裏に達成しようとしている目的を暴露する恐れがある。湾岸戦争症候群の存在が明らかになって以来、米軍兵士は化学兵器で攻撃されたが、政府はそのことを兵士に知らせないことにしたという噂や、米兵にあたえられた解毒剤は試薬検査を受けていない非常に有毒なものであったという噂が手に負えないほどの規模で広がってしまった。こうした損傷を受けた身体は、同時に次のような事実をも証明することになった。湾岸戦争はけっして小綺麗な「物理的な攻撃」にとどまるものではなく、測り知れない範囲にわたる環境破壊を引きおこし、石油や化学薬品を原因とした火災や水質汚染を招じたのである。最近の研究では、米兵を「防護」しようとした米軍の努力は逆効果を生んだことが示されている。米兵のために使われた殺虫剤や化学兵器攻撃を受けたときに神経へのダメージを防ぐために服用した薬品は、神経系に有害だったのである。[★35]

　湾岸戦争症候群がいつまでもつづくことは、戦後経験という心的外傷が存在することを証明している。かれら湾岸戦争帰還兵は、ベトナム戦争帰還兵が経験したような一年にわたる従軍義務を負わなかった。かれらは、帰国のさい戦争の英雄として歓迎されたが、ほかの戦争、とりわけベトナム戦争帰還兵と比べて、どれほどの苦難や危険を経験したのかという点をめぐって公的な論争の対象とされた。ロバート・ジェイ・リフトンは、この問題について次のように述べている。「われわれがほとんど一方的な戦いをしているかのように見えるので、多くのアメリカ人は「戦争」――通常は二つの軍事力のあいだの戦いを意味する――が、湾岸戦争で起こっていたことを適切に表現する言葉なのかを疑いはじめている」[★36]。湾岸戦争帰還兵は戦後の心的外傷を経験するはずではなかった。しかし湾岸戦争症候群はまさしく心的外傷体験そのものに見えた。このトラウマは、どれほど戦争経験とその表象がずれているかという帰還兵の意識から、つまり戦争が日常生活からはおよそ理解しがたいという切実な思いから出てきているのだろうか？　湾岸戦争症候群の医学的な原因として想定しうるものは数多くあるが、その原因を定義しようとするさいにアメリカ政府が直面する困難のなかには湾岸戦争症候群の存在が意味するものも含まれている。つまり、湾岸戦争帰還兵はやっかいな戦争の代償をつねに思い出させるベトナム戦争帰還兵の存在を消しさることに失敗するという問題である。

どのようにアメリカ政府が湾岸戦争症候群を最終的に説明するのか、そして政府が湾岸戦争症候群に苦しむ兵士のために賠償を行なうのかどうかという問題の帰趨はいまだ不明である。しかし明白なのは、湾岸戦争帰還兵の身体は、ベトナム戦争帰還兵の身体と同じように生き残った者の身体であり、戦争はきれいな行為であるという政府の主張する歴史にまとわりつづけることだろう。ある意味でアメリカ人の帰還兵は、湾岸戦争で殺され傷ついたアラブ人の兵士や非戦闘員――かれらの身体はいまだにアメリカ国民にとって不可視なままだが――を思い出させる。戦争に関する公的表現が管理されていた湾岸戦争でさえ対抗し合う意味があり文化的記憶が出現しつつあるということは、アメリカの国家的言説に複雑さがあることの証明である。湾岸戦争症候群は、湾岸戦争の文化的記憶である。つまり、戦争は非常に厄介で長期的な結果をもたらし、けっして瞬間的なものでもヴァーチャルでもないという記憶である。

第五章　エイズと表象の政治

エイズの流行は根本的な意味で、医療の進歩、国民的共同体のありかた、文化の政治のそれぞれにおいて生じている大変動を代理／表象している。エイズの流行は、多くの文化批評家の手によってポストモダン的現象として描きだされてきた。なぜなら、それは、かつては保持されていたある種の「真実」を突き崩してしまうような出来事だったからである。ただし、これまではポストモダンとは、なにか記憶に対立する状態（アンチ・メモリー）として定義され、記憶も歴史も生みださない終わりなき循環のなかで、出来事を再活性化し、再造形することとして考えられてきた。ところがエイズの流行は、ポストモダン的現象と言われながら、記憶についての、そして想起と忘却の問題についてのおびただしい数の言説を生みだしている。ポピュラー・カルチャーやメディアやアートにおいて、エイズはどのように表象されているのかに関する論争があったのだが、そのなかでも記憶という主題は頻繁にとりあげられていた。またエイズ・メモリアル・キルトの運動による追想的想起という実践においても、さらに通俗科学の免疫システムやHIVに関する記事においても、記憶という概念はつねに繰り返し主題となってきた。そこでは記憶が、差し迫った意義をもつ繊細な問題として、イメージと証言にかかわる問題として現われている。

アメリカの社会では、まずは特定のひとびとがエイズに冒されることになった。かれらはアメリカ社会の主流とのかかわりが薄く、そもそも排除するか、それとも社会の成員として包摂するのかが争点となるような、問題含みのある「カテゴリー」に組み入れられたアメリカ人たちであった。ゲイ男性、都市部の黒人たち、ラテン系アメリカ人、血友病患者たちは、エイズの流行でもっとも打撃を受けたひとびとであったが、そもそもかれらの存在そのものが、均質なアメリカ国民という観念に挑戦している。[★1] エイズはまず都市のゲイ・コミュニティのなかに現われて破壊的な作用を及ぼしたが、このコミュニティは、専門職に従事する中産階級からなっていた。ことの最初からアメリカでエイズは（同性愛、ドラッグの使用、性的放縦などの）逸脱的慣習とされるものに結びつけられていた。ところが、実際にエイズに冒されたのは、メディアとマーケティングについて洗練された知識をもったひとびとのコミュニティであったのだ。そのために、エイズの表象はさまざまな公共的討議空間において、つまり対抗メディアや美術館、そして公的な異議申し立て行為などの局面において、熱い論争を呼び起こしたのである。エイズが引き起こす文化政治は、ほかのどの病気のそれとも異なっている。むしろエイズは、ポーラ・トライクラーが「意味の疫病」[★2]と名づけたような現象を招いている。そこでは、病気の蔓延と平行して文化的意味がどんどん増殖していくのである。ＣＩＡの陰謀説から、異星人が持ちこんだ病気説、はては「われわれの弱さにたいする神の罰」説まで、エイズにはいろいろなラベルが貼られる。そうしながら、「意味の疫病」は、ただならぬ量の文化的、政治的、言語的分析を産みだしたのである。

エイズは、まさにアイデンティティ・ポリティクスが出現しつつあった特別な歴史的瞬間に、公共的な現象として、公共的な大衆衛生政策の危機を示すものとして出現した。社会集団はそれぞれ独自に、かつ互いに連携しつつ、ジェンダー、人種、セクシュアリティ、エスニシティという自分たちが共有している特性から導きだされる政治的なアイデンティティを主張しはじめていた。エイズの表象をめぐる論争は、通俗的な次元でもアカデミズムの世界でも、政治的公正さ（ポリティカル・コレクトネス）やアイデンティティ・ポリティクスの有益さに関する論争とオーバーラップすることになった。というのも、権利を剥奪され、いまはアイデンティティ・カテゴリーによって定義されている集団が、まずエイズに感染したからである。一九八〇年代という歴史的な瞬間に登場したことで、エイズは一九六〇年代や七〇年代の文化的大変動の遺産のただなかに引きいれられることになった。これら一九六〇年代、七〇年代の社会運動は、一九八〇年代、九〇年代におけるアイデンティティ・ポリティクスの成立のための基盤を形成し、さらにアファーマティブ・アクションなどの公共政策を育んでいた。もっとも、アファーマティブ・アクション政策も一九八〇年代、九〇年代には攻撃の格好の対象となるのだが。エイズは、ゲイやレズビアン・コミュニティが歴史的にもっとも可視的になった瞬間に、多くの若いゲイ男性を殺害しはじめたわけである。黒人やラテン系アメリカ人のコミュニティが都市部地域でのドラッグの使用者の拡大に対して取り組み、格闘しているときに、あるいは公民権運動やチカーノ（メキシコ系アメリカ人）権利拡大運動の遺産が、人種差別的な公共政策やメディア表象に積極的な批判を行なっていたときに、静脈注射を使用するたくさんのドラッグ使用者がエイズによって殺されはじめていた。エイズの出現は、強力な政治力をもつ宗教右派が、道徳、恥辱、それに狭義の「家族の価値」といったレトリックを振りまわしながら、一九六〇年代にはじまった公共政策の成果をこそぎ落とそうとしていた時点と軌を一にしている。エイズの蔓延は、「性革命」のあとに始まった。つまり、セクシュアリティをめぐる議論が増え、公的に助成されて行なわれる性教育がすでに反撃の対象となり始めていた時点で発生したのである。さらにエイズの蔓延は、一九六〇年代末のアヴァンギャルドに多くの影響を受けたアートの触発剤ともなったが、それは、「逸脱的」アートとは何かをめぐる宗教右派の文化闘争の開始時点とも重なっている。

エイズの出現が、医療上、文化上の現象として「花咲いた」という事実は、アメリカ史におけるこの瞬間について、多くのことを説明してくれる。エイズはヒステリーと罪責に関する公共的な言説を産みだし、同時に批判と防衛の対抗言説も作りだした。エイズは、アカデミズムの世界の内部だけでなく、ひとびとの前に姿を現わして自分の声を持ちはじめていた活動家たちによっても詳細に分析されてきている。生医学的な状態としてエイズがもつ複雑さは、医療実践や研究観察を様変わりさせながら、この病気をめぐる文化表象のなかにその複雑さを再生産している。エイズはどのように議論されるべきか、どのようにエイズに感染したひとびとが名づけられ、表象されるべきかという問題は、どのように試薬がテストされるべきか、どうしたらエイズ研究資金が最適に配分されるのかという、医療上の問題やら公共政策上の問題とパラレルな関係にある。

まさにこうした特性のために、エイズの流行は、草の根の活動から小規模産業、はては巨大事業にまでおよぶ多次元的な活動を通じて、一連の文化的オブジェを生みだすことになったのである。これには、NAMESプロジェクトが行なったエイズ・メモリアル・キルト、公刊された膨大な書籍群、資金集めのためのボタンやピンバッチ、ポスター、Tシャツ、レッド・リボン、スローガンを刷った小ステッカーなどが含まれている。通俗的な科学読み物や写真集は、HIVやエイズのイメージを「人格」と特性をもつ文化的実体として、作りあげた。これらはすべて、エイズという病気の文化的記憶が生まれでるさいの基本要素である。これから第六章までは、エイズ・メモリアル・キルトと、それが文化的記憶のなかで果たしてきた役割についてのべたいと思う。さらに第七章では、医学や通俗科学におけるエイズとHIVの表象について論じる予定である。本章では、エイズの表象をめぐるポリティクスを描いている。とくに、いかにひとりひとりがエイズの蔓延に対処し、かれらのその生と死においてエイズに規定されるようになったのか、そして、その過程にエイズの表象がどんな影響を与えているのかという問題を考察する。エイズは世界大の規模で蔓延していたにもかかわらず、合州国ではまずこれが国民的現象として表象され、たいていは国民全体が感染した出来事と受け取られている。ともあれまず本章では、アメリカがエイズを受けとめたということの意味について浮き彫りにしてみよう。

汚辱の形象

一九八〇年代初めの合州国では、エイズとともに生きるひとびとは、ある病気を体現した形象として表象されていた。この病気がもっている意味は、何世紀にもわたるこれまでの病気イメージのなごりを覆すものであった。歴史上のどの時代であっても、罹患した人間は病気を容れる器として、病気の外延として描かれることが多かった。たとえば結核患者は、十九世紀には病気そのものの化身であり、悲劇的でロマンティックな特性を具現するものと考えられていた。同じように、エイズに感染したひとびとは、エイズそのものになったものとして、つまり、エイズが体内にいることによって取り返しがつかないほどに変容してしまった人間と見なされている。

エイズの表象は、病理学的形象である狂人、「倒錯者」、同性愛者などのようなイメージの歴史を通して図像化されるだけでない。同時に、ペスト、結核、ハンセン病、梅毒といった感染症、しかも性感染症の表象の歴史を通して図像化されることもある。歴史家は結核を、才能にあふれ感情豊かで霊的な個人を侵食する病気であり、その人物の創造性と悲劇性の感覚を高めるロマンティックな病気であると考えてきた。それとは対照的に、性的接触を連想させるせいで、梅毒は道徳的堕落にかかわっているという烙印を押されてきた。サンダー・ギルマンは、梅毒患者がはじめから性的過剰という形象によって特徴づけられてい

た と指摘している。[★3] しかし、梅毒による狂気は、天才的芸術家の才能を手助けするものとしてロマン主義化されてもいる。スーザン・ソンタグによれば、ファウスト博士が二四年ものあいだ才能あふれる天才でいられたのは、悪魔との契約の一部として、自発的に梅毒を患ったことによる。「脳性梅毒の特徴である錯乱状態をこのようにロマンティックにとらえるというのは、精神の病いを芸術的創造や精神的独創性の源とする、今世紀のはるかに執拗な空想のさきがけであった」[★4]とソンタグはのべる。

エイズも、梅毒と同様に、この道徳的逸脱という烙印を刻まれてはいるが、他方、共同体全体に下された天罰としてのペストというイメージももっている。このようにエイズが接触によって感染すると強調することで、エイズの感染可能性を大げさに誇張することになる。エイズはペストや結核とは違い、水や空気や昆虫を媒介にうつることはない。血液や精液といった体液への特別の接触によってしか感染しない。しかし、エイズが出現した当初は、日常的な接触によって感染するのではないかと恐れられた。このために、一九八〇年代中盤に集団ヒステリー状態を招き、二十世紀のペストであるというエイズのイメージをひろめることになったのである。いまはたいていの人間が、エイズはそう簡単にはうつらないということを知っているが、エイズにはまだこの「ペスト」のイメージが貼りつけられたままである。エイズの流行でたくさんの若者が命を落としているせいでもある。その結果、エイズはペストや結核のような伝染病に付着した意味と、梅毒のような性感染症に付着した意味の両方の遺産を引き継ぐことになっている。

サンダー・ギルマンによれば、抗生物質の発達によって梅毒が治療可能になったため、道徳的に逸脱した人間という梅毒患者のイメージは、さしあたってそれに対応する病気を失っている。

梅毒や他の類似した性病が、一九四〇年代に抗生物質が導入された結果「手懐けられた」ことで、われわれの社会は、死にいたる病に犯され、道徳的に嫌悪すべき病気を病む患者たちという一連のイメージを維持しながらも、そうしたイメージに見合うだけの強力な病気を持ちえなくなった、ということである。一九七〇年代には、こうしたイメージを生殖器の疱疹に結びつけようとする試みがなされたが、その徴候はあまりに些細なもので、この結びつきは長く保ちえなかった。エイズは典型的な性病ではなかったのだが、そうした結びつきにはまさにうってつけの病気だったのである。[★5]

このような汚辱や道徳的逸脱というエイズの連想は、ペストへの恐怖とないまぜになりながら、一九八〇年代には大きな恐怖感を生みだした。これは患者を隔離すべきだということをめぐる上院での議論に拍車をかけ、実際に公立学校ではエイズの子どもにたいする隔離処置が実行されるにいたった。

キャサリン・パークは、アメリカ社会でエイズをめぐって繰り広げられた罪責の政治は、ヨーロッパ・キリスト教文化の伝統というコンテクストのなかに位置づけられる必要があると述べている。パークによれば、「道徳的ペストという観念」はハンセン病に起源がある。[★6] 中世の初頭には、神による罰としての病という観念は、それほど広まってはいなかった。しかし十一世紀や十二世紀にもなると、ハンセン病は急速に性的悪徳と結びつけられるようになり、ついに患者は収容施設に隔離されるようになった。パークによれば、このような潮流が現われたのは、悪を性的なものに結びつけるキリスト教的伝統のせいばかりではない。これは、R・I・ムーアが名づけたような「迫害社会の編制」という事態も原因となっているという。このような編成の社会が、とりわけユダヤ人、ハンセン病患者、異教徒、同性愛者を迫害するのである。[★7] この種の社会では病気は自然な存在とは考えられない。病気の原因が追求され、責任は特定の社会的下位集団に背負わされ、かれらの不道徳と結びつけられるのである。

パークの定式化は、罪責の政治に関する興味深い問いを喚起してくれる。たとえば、はたして二十世紀後半のアメリカ文化のどの側面が、ヨーロッパのキリスト教的伝統にしみこんだ「迫害社会」というものにあたるのだろうか。エイズの感染環境は、どのようにエイズを罪責のポリティクスに「格好の」病気に仕立てあげさせたのだろうか。皮肉なことにハンセン病は現在、当初考えられていたよりもはるかに感染しにくい病気であることがわかっている。ハンセン病もエイズと同じように、おそらく目に見えるショッキングな肉体的変形がおこることが原因で、とりわけ感染しやすい病気であると神話化されてしまったのだろう。

エイズに感染した人間という形象は、梅毒患者やハンセン病患者のように、ふつうのひとびとの「道徳」を侵食しかねない存在として代理／表象させられてきた。合州国では、このエイズのイメージは、エイズで死んでいく最初に目につく集団がゲイ男性であったという事実に、抜き差しがたく結びつけられている。一九八〇年代初頭に静脈注射をしていた多くのドラッグ使用者は、エイズが原因の肺炎にかかっていた。このことはいまでは研究によってあきらかにされている。ところが、このような統計は、その当時はほとんど関心をひかなかった。静脈注射をするドラッグ使用者が、人口統計学的な一カテゴリーを構成していなかったからというのも一因ではある。しかし同時に、かれらが死亡するということが、なんらかの異様なことだとは考えられていなかったからでもある。[★8] これとは違って、健康な中産階級のゲイ男性が奇妙な「正体不明の」病気の徴候を示しはじめたときは、医療の専門家たちは、これを新しい病気の「症候群」として認識するようになった。エイズは当初、ＧＲＩＤ（Gay-Related Immune Deficiency）、つまり「ゲイ関連免疫不全」と呼ばれていた。このことは、エイズが、ゲイ男性やかれらの習慣と態度、とくにかれらが広範な性的関係を性の自由として謳歌していることに、当初は強力な連想が働いたということを示している。したがって、エイズに感染したひとは最初から性的逸脱者であり、脅威であると考えられた。ハンセン病や梅毒患者にもましてエイズに感染したひとびとは、誰ともわからないひととの逸脱した快楽のために自分の生命と健康を損なった、社会的に無責任な享楽主義者だと思われたのである。実際には、エイズに感染していたひとは、性的志向、生活様式、年齢において多岐にわたっており、多くのひとびとが、エイズの感染経路が特定されるまえにすでに感染してしまっていた。また最初にエイズの健康上のケアと教育に関するプログラムを組織化したのはゲイ・コミュニティであった。ところが、そういった一連の事実はエイズのイメージが作り上げられるさいには重視されなかった。エイズに感染しているひとはすべて、ナルシスティックで怖いもの知らずのゲイ男性という形象と結びつけられて、特徴づけられたのである。

アメリカ国民全体で考えてみたとき、エイズの流行にたいする反応は、一九八五年には、ゲイの伝染性の疫病から異性愛者のセックスをめぐるパニックへと重点を移行させていた。アメリカ中産階級の男らしさの偶像、ロック・ハドソンがエイズで死にかけていることがあきらかになったとき、この変化は加速された。ハドソンは自分がエイズであるということを知られたがらなかったが、かれの存在はアメリカの白人中産階級の異性愛者が、自分たちもまたエイズの脅威に晒されているのだと考えるようになる転機となった。

ハドソンは一九五〇年代の清潔なセクシュアリティと男らしさの偶像だった。だからハドソンは、一九七〇年代以前のアメリカ国民が同性愛にたいして考える場合、およそ同性愛者ではなさそうな人物の筆頭であった。[★9] ハドソンが自分のセクシュアリティを秘匿していたことは、だいたいのアメリカ人が同性愛を認めようとはしないという状況を象徴している。かれの病気が明らかになったことで、世論は、エイズに冒されたハドソンという人物の深く矛盾するイメージから顔をそむけることができなくなった。アメリカの男らしさを体現してきたハドソンは、いまや汚辱にまみれ、萎えていこうとしている。ハドソンのような偶像が、同性愛者でありエイズでもあるという事実は、ベトナム戦争のおかげですでに大きく変わっていたアメリカの男性性の危機的な状態をさらに煽ることになった。フランク・リッチは述べている。

ハドソンが上手に異性愛者を演じていたのは、かれが立派な俳優であったということなのだろうか。それともまったく演技などではなく、本当にかれはそういう人間だったのだろうか。わたしの推測だが、たいていのアメリカ人は、スクリーンのうえであんなに自然だったハドソンはじつは自分自身を演じていたのだと考えた。つまり、われわれは自分たちの基本的で伝統的な異性愛イメージを同性愛者によって教え込まれていた（しかもそれは、はじめてのことではなかった）という事実を、一九八五年の夏のこの時点で受け入れなくてはならなくなったのである。[★10]

ハドソンは、裏切り者と受け取られた（このことは、ハドソンとロマンティックに共演した女性たちが身の危険を感じただろうか、裏切られたと思っただろうかということについて、かなり世論の関心が集まったことからも歴然としている）。アメリカ国民は、安全で善良な（異性愛的）男性性を代表してきた男に騙されたというのである。死にさいしてハドソンは、アメリカ人のセクシュアリティを汚し、同性愛者と異性愛者のあいだの境界を曖昧にした人物だと理解されるようになった。かれが曖昧にしたというこの境界は、エイズの流行というコンテクストにおいて、侵犯され、またそのために監視の対象になっている領域であった。

ハドソンの病気が明らかになったことで、エイズ感染者の存在が知られるようになった（それによって、異性愛者のあいだにエイズ・パニックが起こった）。とはいえ、大衆がハドソンについて屈折したイメージを抱くようになっても、エイズが性的逸脱と結びついて考えられるという回路を改善することはなかった。言い換えれば、エイズの流行とゲイの（逸脱的）セクシュアリティとの結びつきが少しずれて、逸脱的なセクシュアリティとバイセクシュアルの男がもつ危険性との結びつきに変わっただけなのかもしれない。一九八五年の時点で世論の感じていた脅威とは、死にいたるセックスが、「ふつうのひとびと」にまで「ひろがって」しまったということであった。エイズ感染者の多くは、一九八五年七月に「ライフ」の表紙に、「もはや誰も、エイズから安全であるとはいえない」という、まるでエイズ感染者が一般市民の外側にいるかのような見出しが登場したときの衝撃を語っている。[★11]この「誰も」は、すでにエイズと闘っている「誰か」を有徴化する働きをし、その一方で、エイズというものが、特定のカテゴリーに包摂されるひとびとには限らない事態なのだという知識を普及させたのである。

一九八〇年代の後半には、メディアによってエイズ感染者たちはしきりに汚辱や性的逸脱の源として表象された。メディアは、病変した体、痩せ衰えた手足、抜け落ちた毛髪などの病気の徴候を写した写真をとくに選んで、まるで脚色なしにそのままシャッターを切ったかのような記録として世の中に出した。こうしたイメージは、病気や逸脱的性行為を記録文書に記載することというコンテクストのなかで検討されなくてはならない。十九世紀初頭に発明されて以来、写真は医療の病理学をカタログ化し、文書化し、名づける手段として、社会施設（制度）によって採用された。十九世紀のヨーロッパでは、病院にはきまって病気、身体障碍、精神病の視覚記録をつくるための写真室が設置されていた。写真史の専門家の多くは、写真が果たしてきた役割について論じる場合に、近代社会の権力は抑圧を通じてではなく、むしろ制度化と標準化をつうじて作動するのだというミシェル・フーコーの議論を引用している。写真は、医療に関する規範を形成し、(同性愛のような)逸脱的なカテゴリーを作りだして、国家の社会政策を補助するさいに大きな役割を果たしたのである。ロベルタ・マクグラスは、写真が病理学の形成に役立ったのは、まさにその写真が、患者から次のようなことを語るための言葉を奪ったからであると見ている。

魂への配慮が肉体への配慮にとって代わられた社会においては、医師は写真を使うことで、奇跡の世俗版のようなものを提供した。この配置のなかでは、患者は視聴覚教材という役回りを割りあてられたのである。患者は、「臨床実習をしている医学部生が知識を仕入れる本」となり、あるいは「いつでも見ることができる携帯可能な医学図版」になったのだ。こうして、患者は次第に、そのひとが患っている病気の徴候となったのである。[★12]

X線写真も含めて、写真は、病気の器である患者を表象する道具となった。患者はまるで、病気が発現してくる場所にすぎないかのようである。つまり、写真は患者を脱人間化する傾向をもっている。医学写真というこの伝統は、エイズ感染者を表象するさいにも作用している。そこでも患者の写真は被写体を病気の徴候にまで自動的に還元するからである。病気という記号を帯びたひとびとの写真は、「善意で撮影された」映像ですら、それを観るひとの恐怖感を増幅させかねなかった。

ダグラス・クリンプは、エイズ感染者の記録写真がもっている政治性について詳細に論じている。たとえばニコラス・ニクソンとロザリンド・ソロモンによる記録写真集は、エイズ患者が孤独に、死に向かって衰えていく過程を記録している。この写真集は批判を受けながら同時に賞賛もされている作品であるが、写真のリアリズムという伝統的な概念を補強するものである。この点について、被写体はやがて病気のために衰弱して自分がわからなくなるので、カメラはかれらの「真実の」姿を理解し記録する権利があるのだ、と論じる批評家もいる。クリンプは、こうしたイメージは矛盾していると考える。写真の代理性を主張するその手の批評家たちは、写真家と被写体のあいだに存在する「信頼に満ちた」関係を持ちだすのだが、写真を見ているかぎり、それは信頼が育っていくどころか、むしろ被写体が自己を失っていく過程を示しているのである。[★13] 写真を眺めるひとは、被写体のもつ人間性・感覚を獲得するというよりも、被写体がアイデンティティを失ってカメラのまなざしに降伏するのに立ち会うことになるのである。クリンプにならえば、これらは「嫌悪の感情をかき立てる」イメージであるから、エイズとともに生きるひとびと (person with AIDS, PWA) に、汚辱に満ちた存在という意味のレッテルが貼りつけられるのに手を貸すことになる。

エイズとともに生きるひとびと、とくにゲイ男性でエイズとともに生きているひとの肖像が撮影されるとき、その写真の基底に、これが絶望的な病気であり、かれらはグロテスクなほどに醜悪な姿に変形させられ、痩せ衰えて希薄な肉体になってしまったのだという説明が暗黙のうちに挟み込まれている。こうした写真は、しばしば主張されているように、病気や死にたいするわれわれの恐怖感を克服しようとするためのイメージなどではない。こうしたイメージは、われわれがつねづね批判してきているように、エイズ感染者たちの犠牲者としての、パーリアとしての位置をより確定的なものにすることに役だってしまうだけではない。もっとまずいことに、そうした写真は、まさしく「嫌悪の感情をかき立てる」イメージそのものなのである。言い換えれば、これは、エイズ感染者たちをいまだに

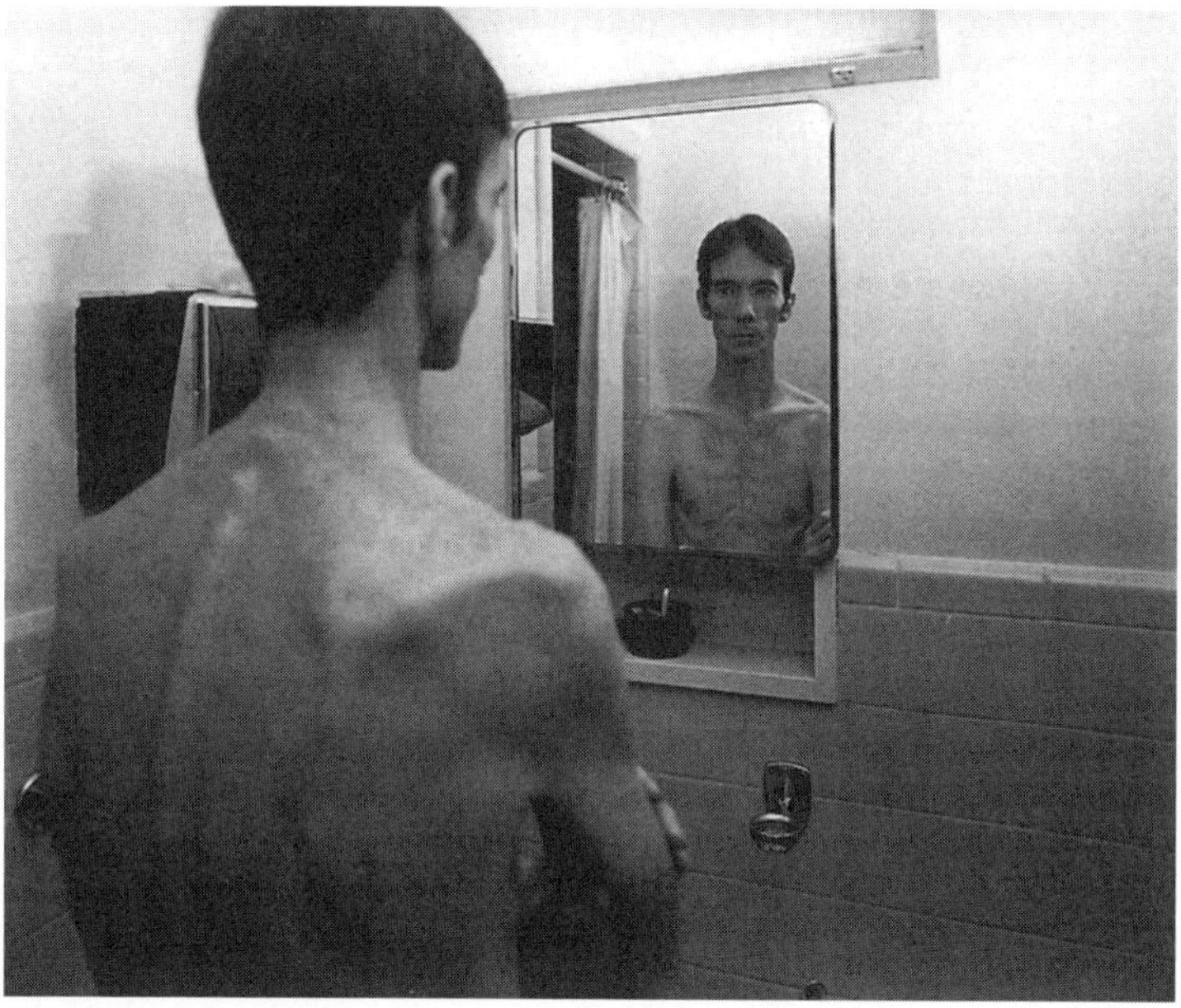

図15　トム・モラン。1987年10月
撮影：ニコラス・ニクソン。コーテージー・ザブリスキー・ギャラリー

セクシュアルな存在として想像させるイメージのテロルなのだ。[★14]

エイズやＨＩＶ感染者にたいする恐怖は、かれらが病気であることがすぐにはっきりわかるわけではないということ、また病気であることを見破られることなしに、この汚れた人物たちが「健康な」ひとびとのあいだを歩きまわっているのではないか、という点にある。それからすると、病気の末期にあるひとびとの変形し、憔悴した肉体を記録した写真は、エイズのひとはすぐに特定できるということ、つまり、見えない存在であるわけではなく、「われわれ」のなかにはまぎれ込んでいないのだということを保証するのである。

とくにエイズの視覚表象のポリティ

クスを取り上げた最初の抗議行動のひとつは、近代美術館で一九八八年に行なわれたニコラス・ニクソンによるモノクロ写真の展覧会で起こった（図15を参照）。ＡＣＴＵＰ（AIDS Coalition to Unleash Power）からやってきた抗議団は、エイズという病に間違った「顔」を与える写真展に抗議するビラを撒いた。こうした批判は、エイズの公共的な表象が注意も払われず、分析の対象ともなっていなかった状態を打開することになった。そのときのビラの一部分を読んでみよう。

承諾していない写真はごめんだ。エイズとともに生きるひとびとの表象は、それをみたひとが今後、美術館のそとで感染者たちをどのように感じるかということにまで影響をあたえる。それだけではない。最後には、エイズ関連の財政や立法、教育という重要な問題にまで、影響を与えるのだ。この展示会は、ＰＷＡを哀れで、怯えていて、孤独で、ひとりぼっちな人間であると描いている。毎日の生活の危機を、エイズ感染者として、またエイズ感染者を愛する人間として生きているわれわれの現実は描かれていない。この展覧会は、エイズにたいするひとびとの誤解を助長するものである。エイズ感染者はウィルスによってのみならず、政府の無策や、十分なヘルスケアにアクセスできなかったため、そして異性愛中心主義、人種差別、性差別という制度化された無視のために健康を損なった人間たちなのだ。われわれはエイズとともに生きるひとびとの姿を、活発で怒りに満ち、愛情あふれ、セクシーで美しく、立ちあがって抵抗する感染者たちの姿を、認めて欲しい。われわれを眺めることはやめて欲しい。耳を傾けて欲しいのだ。★15

このビラは、エイズの視覚的な表象が、世論やヘルスケアや政府の政策に影響を与えるということを、洗練されたかたちで分析しているだけでなく、エイズを「自然によって起こった」病気として理解する態度にたいする批判にもなっている。しかしその一方で、なにが「よい」イメージで、なにが「悪い」イメージなのかという問題についていては、ほとんど素朴といってもいいような態度で現実にかかわっている。というのも、エイズ感染者たちについて、もっぱらその肯定的なイメージだけを求めることも、それ自体としては問題含みの主張だからである。エイズの流行というコンテクストがあり、そこでひとが死んでいくという現実、多くの場合ひどい痛みに苦しみながら死んでいくという現実が存在しているとき、エイズ感染者の「肯定的」なイメージを要求するということは、何を意味しているのだろうか。ACT UPのメンバーは、ドキュメンタリー・イメージの力を複雑に解読することが大切なのだと主張する。だが、イメージを別のものに置き換えようとするこのような試みは、エイズの表象を検閲しようとする欲望として読まれることもありえないわけではない。サイモン・ワットニィはこう書いている。

エイズの活動家たちが、エイズとともに生きているひとのイメージがひどい宿命論に満ち、否定的であることに憤っているのは理解できる。しかし、たんにマスメディアの否認にたいして、それをわれわれ自身の否定形式によって二重否定の肯定にしようとしても駄目ではないだろうか。というのも、全面的に「肯定的」なイメージの方が、写真ジャーナリズムやドキュメンタリーの描く過剰なまでの病的な情景よりも最終的にはエイズに忠実であり、エイズを表現しているなどと考えることは、とんでもない思い違いだからである。★16

エイズとともに生きるひとびとのメディアにおける表象を、肯定的なイメージに取り替えたいという欲望は、エイズの「唯一の普遍的な《真実》」というものが存在するという幻想にもとづいていると、ワットニィは論じている。エイズの流行は、ドキュメンタリーの真実や本当の表象といった概念に関して、本質的な問題を提起している。エイズの流行は瞬く間であったし、高度に政治的な課題であったために、エイズの表象はたんにドキュメンタリー的真実という様式にだけけしたがっているわけにはいかなかった、ということを示している。ジャン・グローヴァーは、ニクソンとソロモンの作品は、「エイズとエイズの表象をめぐる歴史的な闘争についてはなにも教えてくれない」と述べている。[★17] しかし、これがドキュメンタリー写真の役割なのか、若者が死にいたることはいつだって政治的な問題ではないのか、と問うことは可能だろう。エイズの表象の政治性について、ドキュメンタリーはもはや中立的でありつづけるわけにはいかないのである。

エイズの形象——引き裂かれたコミュニティ

合州国のメディアでは、エイズ感染者はゲイの男性、そしてときには薬物依存者とみなされてきた。たしかにエイズに感染したひとたち、活動家になったり、支援運動に参与しているひとたちの幅は、多様である。にもかかわらず、それがメディアでとりあげられるときには、ゲイや薬物依存者という決まりきった人物像に還元されてきた。エイズの医学モデルが、不適切にも、ひとつの単純な患者像に依拠してきたのと同じことである。ところが、エイズはゲイ・コミュニティと都市部（インナーシティ）コミュニティのそれぞれには異なった影響を与えたというのが実態である。エイズの流行によって、以前は結びつきのなかったコミュニティのあいだの連帯が促された。しかし、いったい誰のせいで、どのコミュニティから病気がひろまったのかという「ウィルスの第一所有者」の問題が、すでに分裂してしまっていたコミュニティのあいだの緊張関係を高めたのである。こうした感染源についての論争は、ゲイ・コミュニティと都市部のコミュニティのあいだにある病気の責任についての対立や、病気にたいする政策をどうコントロールし、疫病をどう手当するのかという問題をめぐるいさかいによって、つねに煽られてきた。

合州国におけるエイズ・コミュニティの形成は、ボランティアリズムという特殊なコンテクストにおいて、まずはゲイ男性、レズビアン女性、それに異性愛者の女性たちの側で生まれた。ゲイの男性とレズビアンたちは、エイズ・アクティヴィズムと支援活動が、かれらのコミュニティがいきのびるために不可欠であると考えている。それにたいし白人中産階級の異性愛女性がエイズ・ボランティアに入っていく理由は、保健活動が伝統的に女性が関与した領域であったからでもあるが、それとともに、ゲイ男性とかれらとの個人的な関係からであることが多かった。このような女性が一九八五年から一九八六年にかけて大量にエイズのボランティアに参入していったのは、日常的な接触によってエイズが感染するのではないかというヒステリーが最高潮にまで高まっていたときであったと、シンディ・パットンはいう。

たくさんの異性愛志向の白人女性がボランティアに従事していたが、それはボーイフレンドや夫からのHIV感染の危険に直面したという理由からではなく、女性たちが伝統的なボランティアの担い手だったからという理由によっている。……この女性の参加は、白人中産階級がエイズ教育を受け、それによって同性愛嫌悪（ホモフォビア）を克服したということの徴候と受けとられた。しかし異性愛志向の白人男性は、身内がエイズに冒されでもしないかぎり、ボランティアに参加することはなかった。★18

ゲイ・コミュニティが、性的快楽のコミュニティから、癒しとケアのコミュニティへとその定義をかえることで、異性愛の白人女性にとっては新しいやりかたでそのコミュニティを受けいれる機会が生まれたのである。

このように異性愛の白人女性がエイズ支援活動を行ないはじめたのだが、これはほとんど注意を引くことはなかった。まるで女性たちがそうした活動に参加するのは当然のことであるかのように。実際、変化は異性愛の女性とゲイ・コミュニティのあいだでは起こったのだが、それによって、異性愛の男性が参加していないという事実が目を引くようになった。多くの年輩の女性がエイズ運動に参加したということは、ユニークでまったく新しい連帯関係が生まれたということを示していた。

しかしエイズの危機は、ひとびとのあいだの連帯の橋渡し役となる触媒として機能したというよりは、むしろそれ自体が、この国に存在している人種とその特権をめぐる深刻な亀裂の実例であった。エイズがこのように蔓延した最初の原因はどこにあるのかという問題は、パートナーシップを作りあげるためというよりは、誰かを特定して指弾するために取り上げられた。たとえば黒人たちの組織は白人たちの組織が、エイズの専門家としての地位をあけわたすことを拒み、エイズの流行という事態にたいして、あくまで自分たちが指図をする主体であろうとしている点を非難している。その他方で、白人組織は、黒人とラテン系アメリカ人のコミュニティが、とりわけ黒人教会が、エイズが流行したことの責任を自分で「引き受け」ようとしないと非難した。[★19] この種の非難合戦が明らかにしているのは、こうしたコミュニティが互いに他のコミュニティについて、重なりあう部分をもっていないと思っていることである。つまり、ゲイはすべて白人中産階級だとみなされているし、またすべての黒人とラテン系アメリカ人はドラッグ使用者予備軍だと思われている。

もしもエイズが貧しい都市部の黒人とラテン系アメリカ人の近隣でだけ起こったことであったら、これらのコミュニティが政府になんらかの行動を強制する力は限られているから、エイズは何年間も「発見」されず、特定されることはなかったかもしれない。静脈注射針を共有したためにHIVに感染した患者の症例は、性交渉による感染者のそれとは違うことが多かった。多くのゲイ男性は、エイズ以外ではあまりみられないカポジ肉腫にかかったが、ドラッグ使用者の方は肺炎にかかり、疫学の専門家がコンタクトをとろうとするときにはすでに死亡してしまっていることがしばしばだった。[20] したがって都市部では何年もエイズはゲイ男性の病として処置されていた。[21] ゲイ男性という一面的な患者像が医学的に強調されたために、エイズに感染したひとびとのコミュニティのあいだには分裂がひろがった。黒人とラテン系アメリカ人のコミュニティでは、エイズはそれとはまた別の問題であった。かれらは、政府の不十分なサービス、恐ろしく不適切なヘルスケア、そして日々あらゆる局面で直面する経済的困難という、より大きなコンテクストのなかで考えなくてはならない。シンディ・パットンが書いているところによると、これらのコミュニティでは、

エイズは、ゲイ・コミュニティにおけるアプローチがそうであったのとはことなって、巨大な集団的資源が投入されるべきまったく新しい問題だ、などとは考えられていなかった（たしかにエイズが、ゲイの他の公民権運動一般から逸脱した新しい問題であるらしいことに、強い関心を抱いていないわけではなかったが）。エイズ問題の重要性はわかるものの、それでもそれは、政府の放置、貧困、保健医療や教育に与ることができないことについての、すでにある分析によって理解可能な現象である

と受けとめられていた。★22

黒人コミュニティにおけるエイズへの反応は、エイズはアフリカに起源をもつという科学的仮説に深く結びつけられていた。★23 この仮説は黒人たちを怒らせ、かれらを、エイズは黒人を根絶しようとする政府の陰謀から出ているといったような対抗仮説作りに走らせた。★24 エイズが自分たちに帰せられることに抵抗して黒人コミュニティから反論が殺到したのは、かれらが他のエスニック・コミュニティに比べていっそう同性愛嫌悪が強いせいだ、という議論もある。もとよりこのような議論はまことに疑わしい。ベル・フックスは、「黒人コミュニティにはあけすけに反ゲイ感情を表現する傾向があるために、他のコミュニティよりも同性愛嫌悪的であると受けとめられるのかもしれない」と指摘している。★25 くわえて人種差別がある。ハーロン・ダルトンによれば、黒人コミュニティでの同性愛は、黒人差別や奴隷制に由来する黒人男性の男性性剥奪と結びつけられ、その結果、また違った文化的負荷をかけられることになる。ダルトンによれば、黒人コミュニティのエイズにたいする反応には理由があるのだ。

第一に、アメリカ社会一般は、エイズの起源とエイズが最初に感染していった過程について、その罪責を人種としてのわれわれ黒人に帰せようとする傾向があるようにみて取れた。そのために、多くのアフリカ系アメリカ人は、自分たちとエイズとの結びつきについて踏み込んで知ろうという気にはならなかった。第二に、われわれ黒人の福祉に関心をもっているなどと突然白人が言いだすときは、われわれはいつも根深い懐疑と不信を抱いてしまう。そのことが、エイズへの取り組みを進めていく妨げになっている。第三に、われわれ自身のなかに、同性愛嫌悪という病理がある。第四に、われわれがコミュニティとして、ドラッグの乱用という現象にたいしてとっていた特有の問題含みの関係が、エイズとの取り組みを複雑なものにした。第五に、黒人コミュニティのひとびとの多くは、またまた白人たちから命令されるのかと感じてしまう深いルサンチマン感情をなかなか克服できなかった。★26

このように、エイズがもともとは誰のせいかということをめぐる論争は、この社会の人種差別や経済格差の歴史に深く根ざしている。エイズはよく、アメリカの社会の周縁にいるひとびとを襲った病気だとされるのだが、実際に周縁に位置するコミュニティのなかには分裂がある。このことは、ゲイ・コミュニティとその他の有色人種のコミュニティとのあいだでは、周縁化に関しても共通の経験をしているわけではないということを意味している。

こうした深刻な差異があるために、エイズにたいする情緒的反応にも驚くべき振幅があった。都市部の有色人種コミュニティの怒りは、政府庁舎で市民的不服従を実践するACT UPのようなグループがするデモンストレーションのような形態をとる必要はなかった。たしかに、ACT UPやその他のエイズ活動家の団体は、感染者にたいする政策を変更させたり、待遇を改善させたりするさいにはめざましい効果をあげた。これらの団体を燃えあがらせた憤激は、正当に付与されている権利の請求が認められていないということから発した怒りであった。かれらは、エイズ感染者にとってシステムは改善されるべきであり、ひとびとはもっと適切なヘルスケアや可能なかぎりの待遇を受ける権利があると考えた。ただし、このような正当に付与されている権利を請求するのだという前提は、都市部コミュニティでは必ずしも共有されてはいなかった。なぜならそこでは、システムがそもそも個人の利益を保証するように機能しているとは、はじめから考えられてはいなかったからである。

病気の表象の伝統のなかでみると、エイズの表象は特殊なアイデンティティをもった病人を目立たせるとともに、かれらのあいだにある根深い差異を消去している。あいもかわらずメディアが、エイズ感染者を怖いもの知らずのゲイ男性という否定的なステレオタイプに結びつけながら報道しているために、ゲイ・コミュニティでエイズのケアや教育が行なわれているという事実が見えなくなる。それだけでなく、そのことは、有色人種コミュニティにエイズの流行が与えた影響の複雑さも覆い隠してしまう。したがって、どんな人間がエイズ感染者を代理／表象する役回りを与えられるのかは、たいへんな激論を呼び起こす大問題なのである。

わたしは犠牲者ではない

エイズの表象をめぐるポリティクスは、誰がエイズ患者になりかわって語っているのかという問題に注目する。つねに活動家たちは、この問題をめぐる議論をコントロールするように、気を配ってきた。この闘いはアイデンティティ・ポリティクスと重なりあっている。アイデンティティ・ポリティクスの核心にある主張は、人間のアイデンティティをはっきりと表明するべきだということである。つまり、自分の言葉を口にできるためには、そのひとのアイデンティティが決定的に重要であるから、まずはそのアイデンティティを高らかに宣言するべきだというのである。こうした言説において大切なのは、ふたつの点、つまり、名乗るという問題と、犠牲者性という問題である。

エイズというコンテクストのなかで自分の名を明らかにすることには、相当のリスクがともなうと考えられてきた。匿名性や烙印は、エイズが流行しはじめた最初の何年かには、とくに頻繁に取りざたされたテーマであった。流行の初期には、エイズ患者の多くが病気を秘匿していた。HIV検査を匿名で行なうことについての論争では、保守派はエイズ感染者を追跡し、リスト化し、隔離することを要求し、保険会社は医療の適用範囲からエイズ感染者を除外するように求めていたのだった。そうした政治的論争の最中に名乗りでることは、挑戦的な行為であり、エイズである自己をはっきりと肯定する行為であった。このコンテクストにおいては、エイズ感染者であると名乗りでること、あるいはエイズ感染者として恋人や家族から愛されている人間であると名乗りでることは、差別的政策に反対し、自分のアイデンティティを高らかに宣言することを意味していた。名乗りでることによって、保険や職、そしてときには家族や友人までをも失うかもしれない。だからこそ、エイズ・メモリアル・キルトで死者の名が掲げられることも、それが頻繁に論争の対象となった通り、記憶をめぐる高度に政治的な行為でありえたのである。エイズ・メモリアル・キルト運動のなかで追悼する死者たちの名前を明らかにすることは、カミングアウトにも等しい。キルトのなかで表象されるひとびとには、ただちにゲイであるという連想がついて回ったからである。このエイズとゲイのつながりのせいで、とくにキルト運動の最初の数年間は匿名のパネルが目立ち、名前が明かされていたのはごく一部だけだった。

名乗りでることをめぐる言説は、一九八〇年代末から一九九〇年代初期にかけて行なわれた「犠牲者論(ヴィクティモロジー)」の文化に関する論争のなかの重要な要素でもあった。アイデンティティ・ポリティクスでは、特定のグループが政治的な声を獲得するために、自分たちを人種、ジェンダー、セクシュアリティ、あるいはその他の特性という観点から自己定義した。これにたいして、それを逆差別だとして対抗するひとびとも現われた。アイデンティティ・ポリティクスは、周縁化という概念をロマン主義化してきている。しばしば非難されてきたことなのだが、政治的成果を獲得しようとして活動家たちは、エイズとともに生きるひとびとが犠牲者なのだという前提を受け入れてしまった。たとえば大衆向けのメディアでは、フェミニストは、女性がいつも男性や家父長制の犠牲になってきたという観念を吹聴する連中として描かれている。これは、フェミニストの主張の一部分を歪曲して誇張した誤った表象である。犠牲者性という概念は、白人中産階級男性のあいだにも見うけられる。白人中産階級の男性は一九九〇年代になると、とくに大学入学審査や雇用の場面において、女性やマイノリティを優遇する政策があるために、自分たちが犠牲になっていると主張するようになってきた。アートの世界で行なわれた「犠牲者芸術」をめぐる激烈な論争も、その一例である。[★27]

合州国にエイズの流行が生じた時点からすでに、「犠牲者」という概念は激烈な論争のテーマになっていた。ごく最初期にエイズの活動家や活動組織は、「エイズの犠牲者」という言葉を使うのはやめようというキャンペーンを張った。一九八三年の第二回エイズ国際会議委員会は、「犠牲者」という言葉を使うことを批判し、エイズとともに生きるひとびとと people with AIDS (PWAs) という呼称を採用すべきだとする声明文をだした。一九八〇年代後半にNAMESプロジェクトは、つぎのようなビラを配っている。一部分を引用しよう。

「犠牲者」という言葉は、エイズとともに生きるときにかれらが発揮する強さではなく、かれらの死を強調し、そのことで、エイズとともに生きるひとびとを非人間的な存在にしてしまう。「犠牲者」という言葉は、エイズを統計的に調査することにはよくなじむが、エイズとともに生き、エイズによって死んでいくそれぞれのひとたちの個性を否定している、と感じるひとは多い。なによりも、「犠牲者」という言葉を使うことで、エイズとともに生きているひとびとは他のひとたちとは違うのだという誤った印象をあたえる。まさにリアルな意味で、われわれはみなエイズとともに生きているのである。

ジャン・グローヴァーは、「エイズの犠牲者」という言葉が、当事者を無力にしてしまう恐怖感を引き起こし、エイズとともに生きるひとびとにたいする哀れみの気持ちを掻きたてるが、同時にまた、犠牲者の罪責をとがめるような運命論を増長させもする、と論じている。[★28]

「犠牲者」という言葉は、そもそも実践的な目的にはまったく適合しない。たとえば、こうした言葉で死者ではないひとたち、たとえば犯罪やレイプや社会体制の犠牲者たちを呼んだとしても、何かが前進するなどということは考えられない。それほどこの言葉は逆効果なのである。出来事の罪責がだれにあるのかという問題のコンテクストのなかでは、「犠牲者」という言葉は、もはやたんに不運なひとのことを言い表わしているだけではない。むしろそれは、犠牲者化されたことについて、その当事者にも責任があるのだとスティグマを押すことにもなる。状況によって無力化された犠牲者は、けっして自分の経験を語りだすことができない。こうして、一方で文化のポリティクスがだれにも尊厳のある生き方を求める権利が潜在的にあると強調しているときに、他方で犠牲者という言葉そのものの意味が変化し、当の犠牲者の罪責を問いたて、かれらから権利を剝奪するような意味作用を獲得することになる。いま述べたことは、エイズ「リスク集団」という医学で一般的に用いられる概念についてもあてはまる。この「リスク集団」という概念をやめて、「リスク行動」という概念を使おうとする試みがある。それによって、エイズの流行を特殊な社会グループの内部だけに制限し、そのなかでだけ広まっている病気なのだと納得してしまうような通念を改めさせようというのである。

エイズ活動家や文化批評家たちは、言語の効果について、メディアと大衆を教育し、否定的な意味をもつ言葉を、もっと肯定的な響きをもつ言葉に置き換えることができると主張してきた。たとえば「エイズ・ウィルス」という言葉は、ＨＩＶポジティブかどうかを検査することがエイズをもっていることと同じだという印象をあたえるからといって、批判されている。もちろんこれは、エイズを引き起こすさいにＨＩＶが果たす独特の役割を解明した研究のことを考えれば、誤った想定である。★29「エイズとともに生きるひとびと」という言葉には、ひとまとまりの意味がこめられている。それはたとえば、自ら名乗りでるという能力であり、またエイズの犠牲者になるのではなく、その病気と共存していこうとしている人間という観念である。そして、死よりもむしろ生を強調することなのである。

エイズとともに生きるということを強調するのは、高度に政治的な問題である。なぜなら、癌と違ってエイズは、けっして快癒するとは考えられてはいない病気だからである。エイズやＨＩＶをもったひとびともしだいに長く生きるようになり、発症までの時間も長くなっている。にもかかわらず、今日のエイズ医学が力点をおいているのは、いまだにいかに病気を管理するのかということなのである。自分は「生きているのだ」と宣言することは、すぐに死んでしまう存在であるというエイズ感染者にまつわるイメージに抵抗することである。くわえて、「エイズとともに生きている」ひとびとという考え方は、ある種の共生や共存を意味しており、これは病気の容器としての患者という概念を、つまり病気と人間の混合体（ハイブリッド）としての患者という歴史的に用いられてきた概念には従わないということを意味している。

受動的な犠牲者という、エイズ感染者たちに与えられたイメージに対抗するために、ＡＣＴ ＵＰやその他のグループは、挑戦的で怒りに満ちた行動的なひとびとという公共的イメージを作りだそうとした。

「立ち上がれ、押し戻せ、立ち上がれ、エイズと戦え Act Up, Fight Back, Act Up, Fight Aids」というスローガンを用いて、激しいニュース性の高いデモを繰り広げた。また、非常に力強いロゴ（「沈黙は死だ」を表わす上下逆になったピンクの三角形）を使って、ＡＣＴＵＰは、とくに一九八〇年代後半の最盛期には、洗練された文化分析を公共的なスペクタクルにまで作り変えた。[★30] 間違いなくＡＣＴＵＰは、ひとびとのエイズにたいする意識を高めるのに成功した。連邦麻薬取締局本部へのデモは、ドラッグ調査に関する政府の政策を変更させた。人種差別、エイズ、女性差別、セイファーセックスといった問題をめぐってＡＣＴＵＰが出したポスターは、めざましい形で公共的な関心を啓発した。かれらのメッセージは広告掲示板を覆い、バスや地下鉄の側面を埋め、さらに歩道にもスプレー書きされた。エイズ活動家のアートはニューヨークでもそれ以外の街でも、いたるところに登場したのであった。こうして、エイズの流行とそのエイズに冒されたグループについてＡＣＴＵＰが作りだした対抗的な表象は、エイズとともに生きるひとたちの、たんなる受動的な病人というイメージを作り変えていった。

ＡＣＴＵＰによってプロデュースされた作品は、二十世紀末のアメリカ文化における文化的カテゴリーに大変動をおこさせた実例と見ることができる。ＡＣＴＵＰのグラフィックは、集合的で匿名的なコンセプトによって制作されている。広告のイメージやら有名なアーティストのひと目でそれとわかる特徴的なモチーフやらがふんだんに使われ、さまざまなレベルからなる一群の観客に向き合ったり介入したりするように意図されている。ＡＣＴＵＰの作品は、美術館や出版物のなかでも見ることはできるのだが、その主要な展示スペースは街頭である。ＡＣＴＵＰの作品は、意図的にゲリラ・アートの形式をとり、ひとびとを驚かして注目をひく（もっとも、あまりに作品が増えてしまったので、衝撃力という点ではいまはそのかぎりではなくなっている）。ＡＣＴＵＰ、グラン・フューリー（Gran Fury）、テスティング・ザ・リミッツ（Testing the Limits）などのグループによるエイズ活動家のアートは、〈公共領域のさまざまな次元を根本的に作り変え、個人としての作者、鑑定家、そして市場価値からなっていたアートの役割を定義しなおしたと見ることもできる。こうした作品の素材の多くは、美学的、芸術的な視点に制約されたものではなく、むしろ緊急性のあるメッセージに関連した作品である。ダグラス・クリンプとアダム・ロルストンは書いている。

エイズ活動家のアートは、エイズという危機に関する蓄積された知識と政治分析を基盤にもっている。こうした知識や分析は、運動全体による共同作業のなかからから生みだされたものである。これらのグラフィックはそうした知識を映しだしているだけでなく、運動をはっきりとしたものとして組織していくことにも役立っている。……グラフィックは、エイズについての情報や支援運動の立場を、デモをながめているひとたちに、そして支配的なメディアのひとびとに向かって凝縮したやりかたでアピールする組織化の道具として機能している。しかし、そのアートの主要な観客は当の運動そのものである。エイズ活動家のグラフィックは、運動にたずさわるわれわれすべてに向かって、またわれわれすべてのために、エイズをめぐる政治性というものがいったいどんなものであるのかを語りかけてくるのである。★31

こうしてエイズ活動家たちのアートは、ゆるく組織された多様な運動のメッセージを公共的に明確なものとして分節化し、運動をその運動の当事者たちに向かって定義することにもなった。エイズ活動家のアートは、日常的生活という基盤に作用しながら、エイズとともに生きるひとびとを犠牲者としてしまうイメージに抵抗している。そして、エイズ活動家たち（かれらはゲイ活動家たちと解釈される）が切り開いたより広いアメリカの文化空間のなかで、不条理に立ち向かい、怒りに燃え、毅然として自己主張する者として、エイズとともに生きるひとびとの新しいイメージを創りだしているのである。

エイズのロマン主義化

合州国でエイズに感染したひとびとの大多数は、ＨＩＶやエイズと共存し、死に向きあっているたくさんのひとたちが示す驚くべき勇気や目的意識を知ったのである。この認識は、かれらを襲った喪失や痛みや悲しみを埋めあわせてくれることすら少なからずあった。ＨＩＶに感染したり、エイズになったことがわかったときに、多くのひとびとが経験する明らかな精神的成長については、感傷的にならなくても語ることができる。多くのひとにとってこの発見は、キャリア、生活様式、価値観の全面的な変化を促すのである。それは、人生の目的と有限性についての哲学的な問いに深く踏み込むことであり、他者にたいする関係をいっそう深いレベルで大切に考えることであった。ボランティアとして働き、エイズにたいするケアを提供してきた多くのひとたちや、エイズに感染した友人や家族を持ち、そのひとを支えてきたたくさんの支援者たちにとっても、そういった経験は自己変容をもたらすものだった。それはときには、以前は政治的に無関心だったひとをラディカルにしたり、またそのひとたちに、人生の意味について思うところがすっかり変わったという感覚をもたらす。

いろいろなひとたちが、エイズに向き合っているひとの勇気に純粋に感動したということを確認するのはたしかに大切である。しかし、階級の問題や、そのひとが病気とどれだけ近いところにいるのかということも、精神的成長の言説に作用している。この点に留意しておくことも大切である。都市部の黒人コミュニティやラテン系アメリカ人のコミュニティの多くでは、エイズとはまさに、困窮、絶望、経済的収奪、そして本来あるべきヘルスケアを受けることができないこと、つまり、精神的な問題とは別の要素からできている困難にほかならなかった。そのような環境では、精神的成長という概念にかかわろうにも、時間も資源も限られている。また、多くのゲイ男性にとっては、たくさんの友人や恋人をつぎつぎと失い、医療費の支出や関連した出費があるために、人生の目的をみつけ、尊厳をもって死にたちむかう充実した生き方どころではない。そうしたひとびとはむしろ、シニシズムに陥りがちである。

しかし、エイズの流行が直接、間接にひとびとの生活に深く触れあい、それを変容させたことを示す証拠は、（エイズ・メモリアル・キルトを含め）たくさん存在している。エイズの文化的意味はまことに複雑で、エイズの表象はいまでも急速に姿を変えているために、スティグマを焼きつける傍らで、ロマン主義化が生じる。エイズはどこにでも存在し、エイズの文化的分析は仮借ないものであるという点では、エイズはある意味で常態化されている。つまりわたしが言いたいのは、エイズはもはや危機的状況や緊急事態ではなく、日常生活の一部になったということである。このようにエイズが常態化されると、病気の過酷さにたいする諦めの気持ちが生まれるだけでなく、エイズに接することがロマン主義化されることになる。どちらの反応も、こんにちエイズ流行の「第二の波」と呼ばれる事態が生じたことの原因の一部である。

一九九二年には、ゲイ・コミュニティでエイズ教育にたずさわってきたひとたちが、最初こそ成功したものの、その後は新しい世代のゲイ男性の教育がうまくいかなかったということを認めている。新世代のゲイ男性には、セイフ・セックスという習慣は実践されていなかった。★32 この失敗によって、感染を避け、自分の生命を救う方法を教えさえすれば、かれらが行動を変えるだろうという単純な発想にもとづく教育モデルは、あるレベルで考えなおされざるをえなくなった。エイズの教育にたずさわっているひとたちは、懸命にこのモデルを新しく作りなおそうと格闘していた。ともあれこのモデルは、自分たちは安全だと思っている多くのゲイ男性を教育するさいには、効果的ではないということがわかったからである。多くのゲイ男性と働いてきたセラピストであるウォルト・オデッツは、エイズ教育のメッセージは厳格すぎ、セイフ・セックスをせよという原則は多くのゲイ男性には守りようがないから、教育は失敗したのだと書いている。

そうした教育用メッセージの厳しい調子は、HIVに感染することは避けられないのだという感覚を広く生みだした。「もしかしたら感染するかもしれないということではなく、問題はいつ感染するかだ」と、わたしの患者は言っている。結果として、多くのゲイ男性は衝動的にあるいは考えることもなしに、リスクの高い行動に出ることになる。その行動は実際のところ、すくなくともたいていのときには、そして場合によれば生涯にわたって避けることができたかもしれないような行動なのである。HIVに感染することがどのみち避けられないような状況では、多くの男性たちは、いまようやく感染したことで安らぎを得るのである。つまり、もうこれからは、自分が感染するのがいつなのかという不安に怯えなくていいのだと。★33

振りかえって考えると、エイズの教育に携わってきたひとたちは、ゲイ・コミュニティにたいして長期にわたってエイズの流行が影響を及ぼしつづけるということを予想していなかったようにみえる。エイズ流行の最初の十年間は、治療法をみつけることに重点をおいてきた。そのために、どのようにしたらコミュニティが長い時間存続しつづけていくことができるかという問題は回避されてきたのである。オデッツは書いている。

ゲイ男性のコミュニティ、とくに都市の中心部のコミュニティでは、十年前には想像もできなかった生活形態に完全に慣れてきた。感染者は、全体では五〇パーセント、若い男性のゲイ・コミュニティだけをとれば、十パーセントから四〇パーセントとばらつくが、やや年かさのひとびとのコミュニティでは七〇パーセントにまで及ぶ。サンフランシスコでは、二〇歳人口のうちの三〇パーセントが三〇歳までにはエイズに感染するか、死亡するかするだろう。大多数のひとたちは、かれらの人生のうちいつかの時点でＨＩＶ感染者になるだろう。[★34]

比較的長いあいだ維持されてきた都市のコミュニティにおいて、このようにエイズ感染率が高くなった結果、ポジティヴィティの文化が出現した。一九八〇年代にはエイズという災害が姿を現わしたのだが、一九九〇年代にはそのエイズが現実へと変容していくことで、自分が成熟を待たないで死ぬということを前提にして人生を見通す態度があらわれた。それは若くして死んでいくことを予想した宿命的でロマンティックなものであり、生のプロセスにたいする高揚した意識にもとづいたものであった。マイケル・ワーナーの言葉を引いてみよう。

ストレートの世界の眼からみれば、ゲイとはまだエイズを意味しているらしい。カムアウトするということは、エイズのなかにはいっていく（カムイン）することなのである。もっとありていに言えば、われわれの生活はＨＩＶポジティヴの友人や恋人に深く結びつけられている。そのために、多くのゲイ男性が、自分はＨＩＶネガティヴであるとはあからさまには言いにくいほどである。それはポジティヴのひとたちを侮辱しているように、そして、自分が一体性を感じているひとたちへの裏切り行為であるかのように響くからである。そうしたポジティヴのひとびとに較べれば、われわれの問題などは些細なもののように思われてくる。発症者にたいする援助ボランティアの現場から、「Ｐｏｚ」、「ディジーズド・パーリアニュース」といった雑誌の論潮、そしてビル・Ｔ・ジョーンズやデヴィッド・ウォジュナロヴィッツといったアーチストの作品にいたるまで、ＨＩＶポジティヴの男性たちが発展させてきたのは、自分たちが遠からず死ぬということを見据えながら、それでも「普通の生活」にたいする期待をはっきりと口にして表現する文化であった。ＨＩＶネガティヴの男性がポジティヴの男性に同一化するときも、生き残ることへの罪の意識からだけそうするのではない。ネガティヴの男性は、自分たちも当事者としてそうした文化にかかわっており、この文化のなかで高い評価を与えられている価値が、つまり辛辣なユーモア、早いテンポの会話、未来を遠くまで見通す世界観が、同時に自分たち固有のものでもあると思っている。★35

ポジティヴのひとびとの文化は、エイズが文化的生活のあらゆる次元に遍在し、またそのほかのコミュニティとの輪郭がはっきりとしているゲイ・コミュニティに特有の現象だと考えられる。それは、エイズにたいするボランティアの支援活動を燃えあがらせるのに重要な貢献をしてきている。自分もＨＩＶポジティヴでありたいという欲望は、ゲイ・コミュニティに所属したいという欲望であり、この苦難のまっただなかに立って充実した生を送りたいという欲望だと考えられる。「もしＨＩＶポジティブだったら、ぼくはもっとゲイらしくなれるのに」と、「ニューヨーク・タイムズ」に語ったゲイがいる。「みんな勇気のレッド・バッチを探している。ネガティブからポジティブに変わったとき、それを手にいれることができる」。[★36]

ゲイ男性をエイズやＨＩＶと同一視すること、またポジティブであることを必然的にエイズになるひととして表象することは、裏面で、ＨＩＶネガティブのゲイ男性の存在を否定するという効果をもってしまった。デヴィッド・ローマンはこう主張している。「われわれはみなＨＩＶポジティブである」という政治的な概念は、統一戦線を形成するという点では効果的であるにしても、このことは、ポジティブでは「ない」ゲイ男性から、かれらにとってエイズの流行がもっている意味を消去してしまう、と。

共同体へと同一化し、連帯感を確認する公共的なスタンスとして、ＨＩＶネガティブのひとたちが行なう「われわれはみなポジティブだ」という政治的な主張は、ＨＩＶポジティブとネガティブのあいだにある潜在的な分界線に介入し、ネガティブのひとたちにたいしては、「きみの生活がエイズにもとづいているかのように」エイズの運動にかかわれという圧力となった。しかし、こうした主張は、どんどん感染者が広がっていくのではないかという多くのひとたちのエイズ・ヒステリーを生みだすことになり、またＨＩＶとゲイ男性をひとつのものとして考えさせることにもなってしまった。[★37]

ローマンの議論によれば、大衆文化やアートにおいては、ＨＩＶネガティブのゲイ男性は退屈でつまらない存在として表象されている。ＨＩＶネガティブのゲイ男性の人生は、まるで生きるに値しないもののようなのである。

このようなＨＩＶポジティブの生のロマン主義化は、わからないことではない。ＨＩＶやエイズとともに生きているひとびとにとっては、生きのびることが必要なのであり、そのためにはある種の楽天主義が求められている。その結果として、残念なことに、単純に悩んだり怒ったりしたいひとたちのなかにまで、困難な基準、つまり、聖人のような徳や霊的な啓示が要求されたのである。ダニエル・ハリスによれば、通俗的な心理学が薦める「運を天にまかせなさい、やろうと思えば成功しますよ」式の処世訓のせいで、悲劇的な状況でもそれをどうにかなると考える習性が生みだされているそうである。ハリスはとくに、エイズと自助運動の連携によって生まれたものについて、つぎのように書いている。

ひょっとすると、エイズに感染したゲイ男性たちの証言のなかにこそ、不調和でおかしな感じが一番はっきり表われているのかもしれない。かれらは、自分たちが目前の死にさらされているということを否定してしまうからである。それだけではない。「サンフランシスコ・エグザミナー」のインタビューに答えて西海岸のあるエイズ患者がいみじくも語ったように、病気になったことは「自分の人生にかつて起こったことのなかでも、もっとも素晴らしいことだ」と主張しさえするのだ。エイズで儲けている連中は、近代的セラピーのパラダイムから自分たちが使う方法を借りてくる。ところが、こんなパラダイムに頼っていては、大げさに騒ぎ立てることはあっても、悲劇を悲劇として認識することだってできない。それに、この通俗的な発想は、人間の意志では逃れられないことがあるかもしれないということさえも、認めようとしないのである。★38

ハリスの批判は耳障りかもしれない。しかし、一方でエイズがいかに深刻な荒廃をもたらすのかを認識しつつ、その他方で希望とコミュニティの感覚を持ちつづけ、両者のバランスを取るということは大変な困難なのである。かれはそのことを明らかにしている。

自分が何に帰属しているかという感覚は、親密さの感情に結びついている。皮肉なことに一九九〇年代には、エイズに感染していることをあきらかにすることもまたその意味を変えてしまった。かつてなら怖いもの知らずで、自分勝手な行動と考えられた行動は、いまでは勇気のある本当の愛情表現として意味づけなおされる。ゲイであれ、ストレートであれ、多くのひとびとにとって、危険なセックスを行なうことは深い親密さと信頼を表現する手段となり、ほかのひとに与える贈り物となった。[★39] そのような親密さが本当の愛の表現であると考えられるのなら、エイズ教育はひとびとの行動を変えさせるのにほとんど力をもたなかった。このディレンマは、合理性という概念を根本から考えなおすように求めている。アニック・プリウールは書いている。多くの研究者は、危険な行為だと決めつけられている性生活を営むことが、実際にはどんな意味をもっているのかを考えてこなかった。かれらは危険なセックスを、合理的選択モデルに出てくる通常ならば選ぶはずがない不合理で否定的な選択とみなして片づけただけだった。「しかし、世の中はそんなに単純ではない。危険なセックスもまた合理的な行動なのである。ただし、合理性をもっと広い意味で考えることが必要だが。つまり、その行為への憧れ、愛情、動機をふくめて、合理的であるとはどういうことなのかが考えなおされなくてはならない[★40]」。

危険性とセックスのあいだの関係を歴史的に検討することも重要だ。歴史のほとんどの局面において、そもそも女性には効果的な産児制限の方法などなく、妊娠は健康を危険にさらすものだった。女性にとっては、セックスは危険な行為だったのである。くわえて、その他の致命的な結果を招きかねない性感染症があり、性行為をますます危険なものにしていた。そのことからすれば、ゲイ・コミュニティの危険なセックスは他に類例のないものなどではなく、人間のセクシュアリティと危険との関係を考えたとき、むしろ典型的なものであるとすら言えるのである。[★41]

皮肉なことに、エイズは合州国全土ではスティグマを焼きつけられていたにもかかわらず、ゲイ・コミュニティという特別なサブカルチャーのなかでは、かつて結核が喚起していたロマンティシズムにも等しいニュアンスを獲得していた。これは、エイズの流行の「第二の波」がどの時点で、どのように起こったかを見ればわかるはずである。結核と同じように、エイズは高踏的な芸術的自覚、悲劇的でありながらもロマンティックな夭折や使命感と結びつけられるようになった。短期間で激烈にエイズに打ち負かされたものの、たくさんの芸術家を抱え、しかもその芸術家の多くがその後、エイズについての意義深い作品を創りだしたコミュニティでは、このような風潮が広がったのも仕方のないことだったのかもしれない。しかし、エイズ・アクティヴィズムは、矛盾や対立をそれとして隠そうとせず、また情緒的な反応にみだりに身をゆだねたりしないで、エイズという災害のロマン主義化に抵抗しようとしてきた。ダグラス・クリンプがいうように、「われわれには、文化のルネッサンスは必要ない。エイズと闘っていくための文化的実践が必要なのだ。エイズの流行を超えることが必要なのではない。終わらすことが必要なのだ」。[★42]

エイズの流行は始まって十年を越えたが、文化的姿勢が変化し、医療技術が発達するごとに、そのつどエイズの文化的意味は多様に変化してきた。この病気は、しだいに手のほどこしようがなく、不可避で、人生の事実であり、日常生活の一部分であるとみなされるようになってきた。このような受けとめ方は、エイズのスティグマ性を軽減する点では役立ったかもしれないが、エイズを防ごうという努力からは切迫感を奪うことにもなった。ゲイ・コミュニティのなかでのエイズの現実とは、つねに喪に服した状態にある。それは、死がありふれた存在であり、だれもがみな若いうちに死にさらわれると考えられていた中世の世界のようなものとして語られてきた。日常生活のなかでエイズと格闘し消耗したひとびとには、哀悼の過程を回避する傾向が生まれてしまった。疲れ果てたそのひとの心に、こういう疑問が出てくる。エイズを生きのびることにどんな意味があるのだろうかと。

キッチュとしてのエイズ

エイズとエイズ表象をめぐるポリティクスの文化的意味をしっかり理解するためには、合州国国民がこの病気にたいしてどのような対応をしたのかという現実になんども立ちかえって考える必要がある。エイズは、よりによって一九八〇年代における文化のポリティクスのある特別な瞬間にあらわれたために、この病気を言い表わす言葉は、社会的行動や性行動に関するモラリティの問題にもかかわるという負荷を帯びたのであった。また、エイズという病気には複雑な商業的側面、つまり病気のマーケティングとでも言うべき局面が存在した。そんなことになったのは、最初にエイズに深く冒されたのが、マーケティングとビジネスについて熟達したホワイトカラー専門職のひとびとだったせいかもしれない。エイズの文化的記憶は、過剰なまでにいろいろな商品がマーケットに流出したことによって作りだされたのである。こうした商品は、エイズ感染者たちの組織がどうにか存続していくのを支え、一般のひとたちにエイズ教育を施し、さらに「エイズという病気に人間の顔を与える」ために販売された。Tシャツ、ボタン、書籍、レッド・リボンなどの多くの商品は、「エイズ・キッチュ」と呼ばれてきた。

このような商業化現象が起きたのは、ゲイ・コミュニティにマーケティング技術や知識があったせいばかりではない。政府の財政問題もかかわっているのである。エイズをめぐって、それをモラルの問題であるかのようにしてしまうような議論は、エイズ対策のための財政や教育出費を高度に政治的な争点としてしまった。したがって、エイズ感染者支援組織は、エイズのための基金をひとびとに受けとめやすいものとして創設するために、エンターテイメントやファッションなどの産業をターゲットとして設定し、商業文化のなかに足を踏み入れざるをえなかったのである。さらにエイズは、製薬産業にとってもビッグ・ビジネスのチャンスである。光沢ある高級紙で出版された「Ｐｏｚ」のような雑誌は、ゲイのひとびとを主要な顧客として想定したエイズ薬や自立用製品の広告で埋めつくされていた。これを見ても、ある人間たちにとっては、ＨＩＶやエイズとともに生きるひとびとは、マーケティングの対象であったことは明らかである。

エイズの商品化は、ボランティアたちによって運営され、サンフランシスコのカストロ地区にあるＮＡＭＥＳプロジェクトのビルに入っていた店、「ひとつ屋根の下で under one Roof」において最高潮に達した。この店のエイズ関連商品の品ぞろえは、それはそれは豊富である。「エイズと生きるひとびとへの愛を料理中」、「愛をいつまでも」というロゴのＴシャツ、有名なアーティスト、キース・ヘリングがデザインした手提げバッグ、ボタン、ペーパーウェイト、「抱っこ用」のテディ・ベア、書籍、ポスター、ポストカードなどなど。「ひとつ屋根の下で」とそれが推進したエイズ・グッズの販売は、エイズ基金を作りだすことと病気の商品化とが不可分であることを示している。

エイズを商品化すると、それによってエイズが感傷的なものになってしまう。そのため、エイズ支援組織で活動している多くのひとびとからすれば、商品化してもたらされる資金のために、かれらが提供する教育的メッセージを犠牲にすることになる。ただし、キース・ヘリングによるエイズの手提げバッグは、サンフランシスコの中心部ではありふれたものかもしれないが、中西部の小さな町では、それをきっかけにしてエイズをめぐるディスカッションにつながっていくものでもある。ウェイン・サライザーは、ヴィジュアル・エイドの責任者で、「ひとつ屋根の下で」の設立者である。かれは、かれらの店がエイズ・キッチュを売っているという非難に応えて、目的は金銭を稼ぐことなんだと反論している。

このポストモダンの時代には、感傷やノスタルジアは妥当性を失ってしまった人間的反応なのだろうか。もしそうだというなら、アンティークドールの店や鉄道モデルの店は、どうして同じように批判をされないのだろう。少なくとも「ひとつ屋根の下で」が行なうエイズ・グッズの販売は、公共の利益を増大させている。われわれがやっていることは、ガール・スカウトがクッキーを売ったり、教会が手作りパンのチャリティ・セールをするのと、どこが違うのだろうか。それとも、エイズは神聖なものであるから、それには異なった基準を採用しなくてはならないとでもいうのか。[43]

エイズ問題の現場で活動しているひとたちは、これとよく似た論拠を挙げる。つまり、こうした商品が、エイズとともに生きるひとびとにたいする支援サービスを確保する資金を実際に生み出すとしたら、なぜこうしたものが売れるのかまであれこれ考える必要があるだろうか、というわけである。しかし、エイズの商品化が、問題の多いエイズの表象を作りだしてしまうことは避けがたい。一九九四年七月、ダニエル・ハリスは「ハーパーズ」に「エイズ・キッチュ」を容赦なく攻撃した一文を書き、激しい論争を引き起こした。ハリスは、エイズ関連商品、一般メディアの報道（とくに「ピープル」）、それにエイズを食い物にする「ニューエイジ」産業によって、エイズがセンチメンタル化され、特異なステレオタイプが生みだされていると論じたのである。

ほとんどエイズの流行の発端から、エイズの重要性を広く世間に向かって訴えていたひとびとは、自分たちが奇妙な道徳的拘束のもとにあると思っていた。かれらは、エイズの犠牲者を天使のように清らかな存在として描き、同情を誘おうとしていた。……同時に、エイズのセールスマンたちは、HIVポジティブのひとたちを、自分のために闘うことすらできない寝たきりの廃人として描くことは避けなくてはならなかった。死者は、英雄を称えるクリシェを用いて、追悼文のなかでその記憶が防腐処理されることがしばしばある。「対エイズ戦争の歩兵たち」は、「美しき戦闘」や「長きにわたる勇敢なる戦い」のあとに、「不屈の魂」を発揮して、「勇敢にも降伏を拒んで」息絶えたり、というわけである。したがって、エイズの犠牲者の表象は、つぎのふたつの極端な様式化のあいだを揺れ動くことになる。ひとつは、子どものような罪なき殉教者のイメージで、テディベアを抱きながら「その小さな青い指」を暖めている。もうひとつは、勇敢な英雄の「権利と能力を付与された」存在というイメージで、死に直面したときの瀬戸際の勇気は、揺るぎない不屈さと無情なまでの楽観主義のモデルと考えられている。無垢な聖人にしろ、剛胆な英雄にしろ、現に死にいたる病に苦しんでいるひとびとにとっては、そのモデルにしたがうためには、ほとんど業火ともいうべき高い行動基準が課せられることになる。[★44]

エイズに感染したひとびとを英雄としてイメージすることは、エイズという自分の病気に高尚な意味を求めてはいないひとにまで、負担を強いることになる。そのうえ、エイズ関連商品には、一方でエイズに感染しているひとびとにたいする同情を喚起しつつ、その他方でそうしたひとたちを幼児化して、子どもと同じように扱うといういうきわどさがある。したがってエイズ関連商品は、エイズ・アクティヴィズムが伝える大胆なメッセージが描くものとは逆方向に作用してしまうことがある。しかし、メモリアル・キルトの例のように、エイズ関連商品は、大部分がエイズに感染したひとびとのコミュニティの外側にいる消費者に向けられたものである。消費者からすれば、死にゆく患者への同情心というやつは、絶対にはずれなしに感情を掻きたててくれる品質保証つきのテクニックであり、もっとも効果的なお買い物と言っていいかもしれない。

非営利団体（NPO）によるエイズの商品化は、患者たちにとって重要なケアに必要な基金をつくる効果的な手段として、言い分は立つ。しかし、商品を売るためにエイズを利用する商業ビジネスは、これとはまったく違う。ポストモダンの広告の世界では、広告は広告ではないように装う（ときに商品を見せないことすらある）。そのうちにマーケティングのプロたちは、社会意識を表明することが効果的に商品を売る手段であるということを発見した。会社は、それ自体を社会的意識が高いと思わせることができるし、商品をある社会的正義と結びつけることで魅力的に演出できる。だからこそ、リーボック社は自社のランニングシューズをフェミニズムや女性を応援することと結びつけるし、シェブロン社は「誰にでもできること」キャンペーンを展開して、自分たちが環境にやさしい企業であると演出する。同じように、服飾メーカーのエスプリ、靴のケネス・コール、浴用関連製品のボディショップ社も、会社が社会的意識をもっているとアピールするために、エイズのメッセージを利用した（エスプリは、エイズ・ボランティアで働く若い女性の姿を描き、ケネス・コール社は広告に子供靴のイメージを使って、「今年、エイズのために、

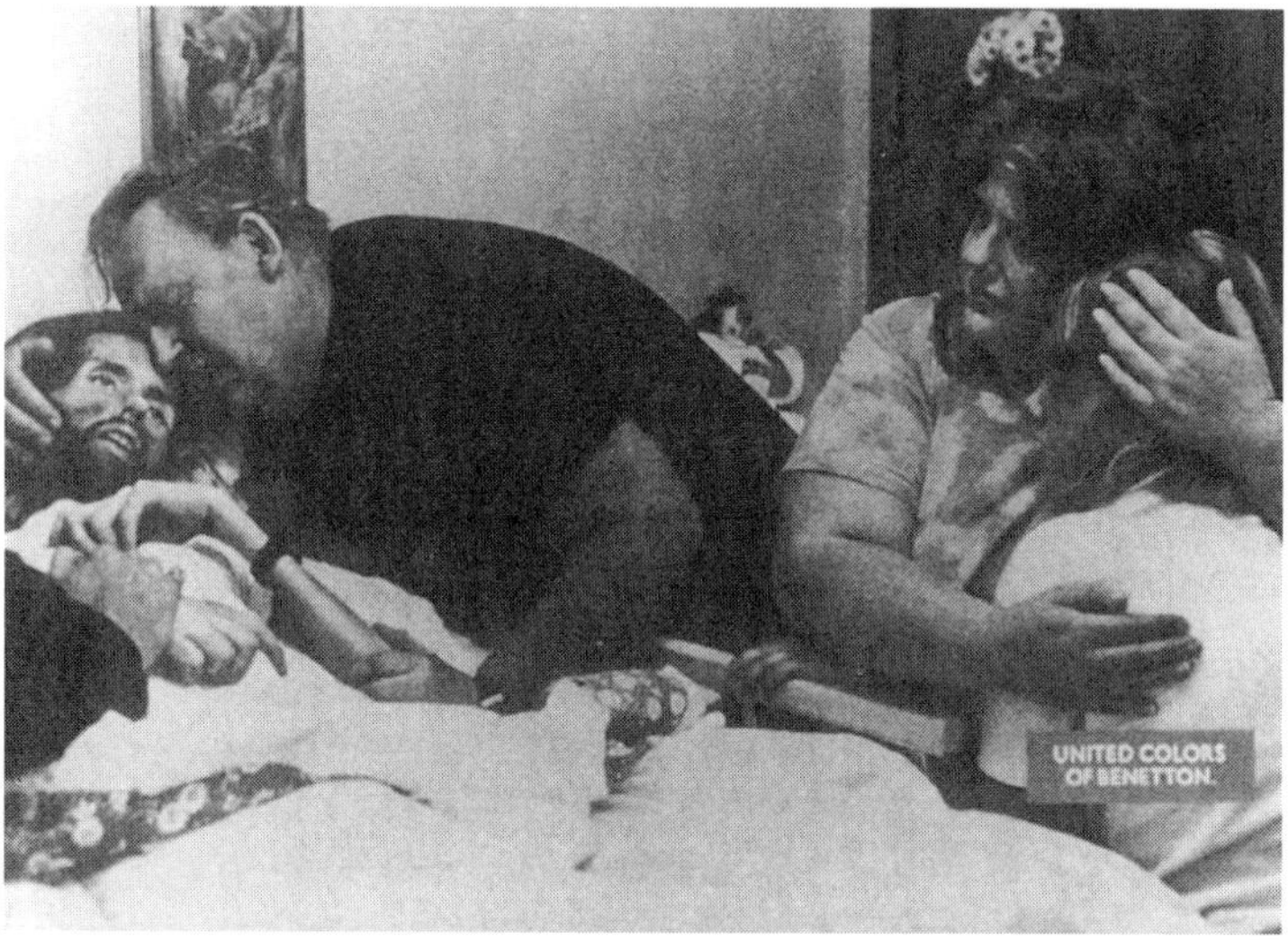

図16　デヴィッド・カービィの写真を使ったベネトンの広告。コンセプト：O・トスカーニ。春／夏、1992年。撮影：テレサ・フレア。United Colors of Benetton.

何千人ものアメリカ人が、この靴に足が合うようになるまでも生きることができないのです」というテクストを添えた。ボディショップ社はエイズ教育用の教材を作った)。そうした企業はしばしば利益をエイズ支援組織に還元している。同時に、こうした企業が公共のメディアにおけるエイズの表象の意味を複雑なものにしているのである。★45

広告にもっとも派手にエイズを使った企業はベネトンであろう。ベネトンは一九八〇年代から九〇年代のもっとも有名なキャンペーンのなかで、洋服を売るために、暴力、災害、論争の強烈なドキュメンタリー・イメージをつかった。ベネトンのキャンペーンは大部分が成功した。というのも、ベネトンが引き起こした論争がかなりの評判を呼び、ねらいどおり、会社にはラディカルで格好いいイメージを作りあげることができたからである（ベネトンが販売するごく普通の洋服は、この戦略のおかげでめざましい売れ行きを示した）。ベネトンのもっとも著名な広告のひとつに、家族に取り囲まれて死の床にあるエイズ患者、デヴィッド・カービィのイメージがあった（図16）。これは、ベネトンの他の広告と同じようにキャプションや説明がなく、ただ社名のロゴがあるだけだった）。カービィの姿は、長く伸ばしたあごひげのせいでイエス・キリストのイコンのようにもみえるが、同時にかれのイメージがエイズという記号によって規定されていることも間違いない。その姿は痩せ衰えているが、それでもはっきり若い男だということがわかる。

カービィのイメージは、クリンプの定義にある「嫌悪の感情を喚起する」受動的な犠牲者としてのそれに当てはまっているようにみえる。しかし、同時にそれは、たったひとりでコミュニティもなしに死んでいくエイズ患者というイメージに対抗している映像であるとも読める。というのも、カービィの家族とかれらの悲しみが、この写真のもっとも大切なポイントだからである。★46 だが、この写真をたんにドキュメンタリー・イメージとして扱うことはもはや不可能である。ベネトンの製品は明らかにそこには登場していないが、それでもこの写真は、広告というありかたを通して、たんなる記録写真からは取り戻しようのないほどに変容してしまっている。ルチアーノ・ベネトンは、ベネトンの広告のイメージはそれ自体がおのれを語っており、したがってキャプションは要らないのだと言う（この主張は、ベネトンがアルバニア難民の惨劇のようなイメージを利用していることを考えると、いかにも無理のある説明である。たとえば、他の機会にベネトンは、船の甲板にひしめきあい、甲板からぶら下がったりもしているアルバニア難民のイメージを使っている。どうしてこれにコンテクストの説明が不要だろうか）。★47 エイズは現代の広告のコンテクストのなかでも、何か有意味な存在なのだろうか。それともそれはたんに浮遊する人間悲劇のシニフィアンにすぎないのだろうか。

ファッション業界も、直接エイズの流行の影響を受けるようになった。有名なデザイナーの幾人かが亡くなり、その他にもファッション業界で働いているひとびとがたくさん死んでいった。そのために、エイズ支援組織のための重要な基金が立ち上げられた。よく知られているエイズの流行のシンボルは、レッド・リボンだが、それもある部分はファッション業界をつうじて世の中に登場したものであった。ヴィジュアル・エイズと呼ばれるグループが一九九一年にこのリボンを作りはじめた。ヴィジュアル・エイズは、赤い布を輪状にひねり、ピンでシャツや背広のおり返しに留めるという簡単なものだった。ヴィジュアル・エイズは、世の中の注目を集めている人物を巻き込んだイベントを仕掛けることで、エイズに関する意識を高めようとしたのである。リボンはトニー賞、グラミー賞、エミー賞、オスカーなどの審査員に配られた。たまたま著名人が身につけた奇妙なアイテムが、瞬く間に、映画やテレビというアメリカの国民産業の中心に迫りだした。すぐにレッド・リボンは、エイズやアート関連の催しだけではなく、街角や散歩道でも見かけられるようになり、デザイナーが作ったレッド・リボンのピンバッチが市場にあふれるようになった。一九九三年には、連邦郵便サービスすら、エイズにたいする意識を高めるために、レッド・リボンのスタンプを採用したのである。[★48] 普及性と一般性という点で、レッド・リボンは一瞬のうちに大成功を収めたのであった。

レッド・リボンが意味することはあまりはっきりしていない。もっともありふれたいいかたでは、「エイズにたいする意識を高め」、エイズが流行しているという現実を目に見えるものにすることがめざされていたという。「ヴィジュアル・エイズ」は、世の中で高い評価を受けている著名人に、国民が注目しているテレビ番組のなかでレッド・リボンをつけてもらうことによって、エイズに焼きつけられたスティグマを取り除こうとした。しだいにリボンは、「わたしはエイズに関心をもっています」、「エイズとともに生きているひとたちのことを気にかけています」というメッセージから、「ここでお祝いしているあいだは、エイズの問題を忘れないようにしよう」、「エイズで亡くなったり苦しんだりしている友人を、忘れないためにこれをつけています」というメッセージにまで広がり、こうしたことのいっさいがっさいを意味するようになっていった。「わたしはエイズに関心をもっています」という当初のメッセージは、一九九〇年代にはしだいに少なくなっていった。というのも、十年間のエイズ教育とメディアの注目によって、自分がエイズに関心をもっていると宣言することはほとんど意味がなくなったからである。

しかし、レッド・リボンが公的な領域に登場するやいなや、これはエイズに関しては空っぽのメッセージしか伝えていないではないかと、非難されてきた。レッド・リボンは感動的ではあったが、ひとびとが実際には何にもしていないときに、エイズのためになにかしている風を装わせるという効果があった。実際にはエイズとともに生きているひとびとに会ったこともなく、エイズを支持するための小切手を切ったこともないような著名人が、レッド・リボンでエイズのためになにかをしたかのように見せかけるのである。批評家は、レッド・リボンは無害なシンボルだっただけにはとどまらず、ひとびとを義務から逃げさせることにもなったという。ACT UPやその他の活動家たちは、レッド・リボンには、エイズ・メモリアル・キルトがそうであったように、怒りがないという。一九九三年にはACT UPがあるポスターを作っているが、かれらはそのなかで、郵便用にまで普及して無害化したレッド・リボンを槍玉にあげ、「死んでしまったら、切手の裏も舐められない」と主張し(図17)、「キルトやレッド・リボンに我慢がならない」という見解を表明した。

レッド・リボンをめぐる論争は、キルトをめぐる他のたくさんの論争と同じように、根本のところでは、世の中の支配的なエイズ言説やエイズ表象をどうとらえるのかという問題にかかわっている。レッド・リボンは、たしかに一般のアメリカ人にエイズの流行という現実に向き合わせるためにデザインされたもの

図17　ACT UP のポスターとステッカー。ACT UP Los Angeles.

だった。しかし、その一方で、運動がレッド・リボンをつけるという活動に終始するだけのものであるなら、この反応はエイズをありふれたことにしてしまう作用をもつことになる。つまり、エイズ・アクティヴィズムの力と考えられているもの、つまり反抗的で怒りに満ちた声で行動を求める姿勢を弱めてしまう。アメリカ国民一般の意識レベルに効果的に働きかけるか、あるいはそれによって結果としてもたらされる通俗化を拒絶すべきかといった対立は、エイズの流行をアメリカ全体の問題とする場合の核心的な論点をなしていた。もしもアメリカの大衆が、エイズは限られた社会集団の問題ではなく、アメリカの国民的問題であると考えるようになったら、またエイズが罪責を誰かに負わせるようなポリティクスで処理されるものではないということを認識するようになったなら、エイズがもっている意味は劇的に変化するはずである。

エイズがしだいに論争的な存在ではなくなっていったのは、たしかである。ワシントンD・Cでエイズ・メモリアル・キルトが展示されたときには、それはもはやもともとの意味を、つまり、《アメリカ国民をかれらが無視してきたエイズの死者たちに向き合わせる》という本来の意味を失ってしまった。むしろキルトは、「国民」によって歓迎されている。だれもがレッド・リボンをつけているときは、エイズに関する意見表明は多様なものとなり、そのぶん一貫性はもたない。湾岸戦争のときの黄色いリボンのように、レッド・リボンはしだいに国民的シンボルとなった。最近では、実際にレッド・リボンをつけているひとは減ってきているが、いまだにこれは、エイズの商品として最初に脳裏に浮かんでくるイメージである。

エイズという病気のレッド・リボンと湾岸戦争の黄色いリボン。これらは、リボンのシンボル体系まで生みだした。ピンクのリボンは乳癌予防と早期発見の意識をあらわすようになり、青いリボンは一九九五年のオクラホマ爆破事件で死んだひとたちへの追悼の意を示し、そして白いリボンはいろいろな地域運動のために用いられるようになった。リボンをつけるということは、社会運動にごく一般的な意識のひとびとが参加しているのだということを象徴している。しかし、非常に消極的なかたちでの参加であるから、リボンをつけているひとは政治的行動は否定しているのだとか、もしくは単純で深入りしない行為にしかかかわらないつもりなのだというようにも見られる場合がある。こうしたリボンはたいていその現われ方は個人的なものであり、またそれに託されたメッセージも私事化しているが、リボンがあっという間に普及して国民的なものになったということは、この種の問題に関する公共的な言説が可変的なものだということは示している。個々人が文化的シンボルに関して意図した政治的メッセージは、いともたやすくアメリカの国民的商品文化そのもののなかに蓄積されていくのである。

エイズの文化的記憶

これまで見てきたことから、エイズという病をめぐる文化的記憶の生産は、記念碑、記念祭、アート、日常的文化、運動、ポピュラー・カルチャー、そして対抗メディアなどを通じて遂行されていると言うことができる。エイズの蔓延という現実が現在進行形で情け容赦なく広がりつつあったまさにその歴史的瞬間に、エイズという病は、ユニークな種類の文化的記憶を生産したのである。エイズを想起するポリティクスは、病気のためにいまも死んでいくひとがいるのだという事実からけっして遠ざかることはできない。エイズの流行はきわめて短期間に拡大したために、文化的記憶と癒(ヒーリング)しの概念のあいだには、さまざまな種類の関係が作りだされた。エイズの流行のただなかで、癒しの行為とはいったいなんでありうるだろうか。まさにこれが、エイズの流行のなかに「善」を見いだそうとしたひとびとが直面した問題であった。癒しという概念では生き残ることや救済という意味あいが前景に迫りだしてきているが、その他方でこれは、病気がつづくかぎりは到達しようのない一種の終結をも含意している。

エイズのコンテクストにおける文化的記憶は、最終的に「これでよし」というような終結を達成しようとしているのではない。むしろ、あらゆる終結を拒絶することが大切なのである。エイズとHIVがいかなる意味を持ち、それが国民的言説にたいしてどのような関係をとるのかということは、つねに流動的なことであるから、どんな終結を考えることも現実には合っていない。さらに、そもそも終結という発想のなかには、「エイズの物語はすでにちゃんと認識され、語られ、理解されました」という説明が含意されている。実際のところ、エイズ活動家と介護支援組織にとっては、基金を集め、組織を維持することは死活問題である。十年経ってエイズへの関心は薄れてきたために、いまは大半の活動家が「忘れてはいけない。エイズは終わってはいない」と訴えている。そのなかでは、終結を拒否することとは、希望を持ちつづけるということである。というのも、ひとびとを燃え尽きさせてしまうようなエイズの流行のもとで、屈さないで前進するということは、本当のエイズの物語はまだ書かれていないという信念をもつことであるからだ。エイズの流行がついに抑えこまれ、治療法が発見され、結局、それは二十世紀後半のアメリカでおこった壊滅的な事件であったが、ほんの一瞬間の出来事にすぎなかったと歴史に記録される日がいつか来る。そう信じることである。

しかし、一連のエイズに関連した文化的生産物は身の回りに法外な規模で遍在しているため、個人の記憶がいつのまにか文化的記憶になるということはますます容易になっている。エイズの文化的意味そのものとともに、こうした意味が短期間で急激に蓄積された事情、矛盾をはらんだメッセージが飛び交っている現実、そして、文化をめぐる闘争のさまざまな局面のあいだでは境界融合のような事態が生まれていることも考えておかなくてはならない。境界がはっきりしなくなることで、商品化されたものでありながら同時にラディカルである運動、周縁的存在でありながら大多数のふつうのひとたちに影響をちゃんと及ぼしている運動が可能になっている。レッド・リボン型のマグカップ、キルトのパネル、あるいはエイズを主題にしたアート作品が「忘れてはいけない」というメッセージを伝えるとき、それは現在において「行動しよう」という特別な意味をもっている。エイズをめぐる文化的記憶の生産は、程度の差はあれ、また感情的なものであれ、財政的なものであれ、つねにエイズ・コミュニティにたいする支持を組織化する能力に直接に結びついている。エイズの文化的記憶は、運動、キッチュ、フォーク・アート、ハイ・カルチャーの、明らかに固定的に定まっていない境界を越境しあうかたちで生みだされている。こうしたことは、エイズの文化的記憶という現象がもつポストモダン的な側面を示している。

アメリカの大衆文化の主流は、まことにためらいがちな姿勢でエイズというトピックにかかわってきた。一九八〇年中盤以来、映画やテレビ作品がわずかながら作られたが、こうしたもののどれもが、エイズ活動家たちの対抗的言説によって、批判的分析の集中砲火を浴びた。ベトナム戦争に関しても、それが終わった直後には、表象が存在しないという時期があったが、エイズにもこれと同様に、ポピュラー・カルチャー産業がやっかいな歴史を扱い始める前に、表象の欠落期があるにはあった。ただベトナム戦争のケースとの違いは、タイムラグがあったにしても、エイズがあっという間に広がり、それにたいしてテレビやハリウッドがいままさに起きている危機にたいしてほとんど同時的といってもいい迅速さで反応をした点である。ベトナム戦争とエイズの流行が表象の問題を提示したのは、どちらも単純な物語性のコードを拒んでいるからである。つまり、ベトナム戦争のトラウマを、第二次世界大戦の映画のコードを使って語ることはできない。複雑に絡みあったエイズのポリティクスは、テレビ番組によくある「今週のエイズ」式の手法には適合しない。一九八〇年代、九〇年代に、ハリウッドがエイズを重要な素材として精力的にとりあげることにならなかったのは、ロック・ハドソンのケースが如実に物語っているように、自己イメージを傷つけることなしには著名人が楽屋から出ることができないようなこの業界にはびこる同性愛嫌悪のせいである。

娯楽産業がエイズの現実と折り合いをつけた実例と言えるふたつの映画作品がある。ひとつは、トム・ハンクスがアカデミー主演男優賞を獲得した『フィラデルフィア』（ジョナサン・デミ監督、一九九二）。もうひとつはランディ・シルツが一九八五年までのエイズ流行の歴史について書いたベストセラーを、ペイケーブル番組供給会社ＨＢＯが映画化した作品、『そしてエイズは蔓延した——政治、人間、エイズ』（ロジャー・スポッティスウッド監督、一九九三年。邦題『運命の瞬間——そしてエイズは蔓延した』）である。どちらの映画も、世間一般にはそもそもまともなエイズの表象がほとんど存在しないというきびしい条件のなかで、その作品の善し悪しを判断されることになった。『フィラデルフィア』は、著名な監督がエイズをとりあげた最初のシリアスなハリウッド映画であったが、それだけにその評価には特別な負荷がかかっていた。たしかに、この映画はゲイの生活についてあまりしっかりとは描かなかったために、ほとんど同性愛を嫌悪した映画と言ってもいいとまで非難された（ハンクスとアントニオ・バンデラス演じるかれの恋人とは、ほんの軽く、しかもそれについてさんざん議論を呼んだキスをしただけだった。映画を観ている観客は、主人公の友人たちのゲイ・コミュニティについては、ほとんど何も教えられない）。しかし、実際にはその作品の主題となっていたのは同性愛嫌悪であって、エイズに感染したひとりのゲイ（映画は、わざわざ一般のアメリカ人に受けるように法廷ドラマに仕立ててある）が差別にあう（有名な法律事務所の弁護士という職を解雇される）。映画のなかでは、かれの憔悴して死んだ姿も悲劇的に描かれている。この役柄を、著名で非常に人気のあるハリウッドの俳優が演じるということは、一般のアメリカ人のなかにあるエイズの表象の水準からすれば、ラディカルな一歩を踏みだすことだった。ハンクスの演技力のせいで、観客は合州国でゲイであるということが何を意味するのかを経験したように感じたのである。そのうえ、デンゼル・ワシントンが演じた、気が進まないままハンクスの弁護を引き受ける弁護士役によって、同性愛嫌悪の複雑さがわかるようになっている。この言説は、この映画に関する一般メディアの議論と一対をなしている。メディアの方でも、ゲイを演じエイズという題材を扱うとき、俳優がどんな気持ちになるのかということにかなり関心が集まった。それは、ゲイを演じている俳優たちも、ほんとはちゃんとヘテロセクシュアルなんだということを観客に再確認させて安心させるためのようであった。

『フィラデルフィア』では、エイズという破壊的な力を秘めた物語が、映画の世界のいくつかの一般的な約束ごとの枠内で提示され、おなじみのわかりきったクリシェへと翻訳されている。普通の男が体制と戦って勝利をおさめる。人種もセクシュアリティも異なっているふたりの男は、お互いに不信感を克服し、やがて尊敬しあうようになる。こうしたハリウッドの約束ごとにはめ込むためには、映画のなかでは、エイズの流行がもっている複雑さに言及することはあらゆる意味で回避しなくてはならない（だから、映画のなかでは、ハンクスがヘルスケアにアクセスするのは造作もない。かれの家族は愛に満ち、支援してくれる。職を失うけれども、十分な生計手段ももっているように見える）。しかし、デンゼル・ワシントンのような著名なハリウッド俳優に同性愛嫌悪を表明させ、この問題を取りあげさせようとするとき、この映画は、通俗的なエイズの表象を新しい文化的領域に押しやったことだけは確かなのである。

もうひとつの作品『そしてエイズは蔓延した』では、エイズの物語は科学的な探偵ドラマとして語られている。シルズの原作はエイズが流行しはじめた最初の数年間を通して、いかに混乱や科学的欲求や社会的闘争が起きたかを鳥瞰しているが、映画はそれをなぞる。映画でも、シルズの本のなかの問題のある記述が繰り返されている。そのために最初は、お決まりの病気のアフリカ人のシーンからはじまらざるをえない。そこではシルズが設定した問題の多いキャラクター、「患者ゼロ号」に焦点があてられている。「患者ゼロ号」とは、科学者たちが最初期のエイズ蔓延の責任を説明するために設定した性的に放縦なゲイ男性であり、エイズに感染した汚辱に満ちた存在を具体的に人格化したものである。映画は、政府資金が不足し、科学者同士のエゴもぶつかり合うにもかかわらず、なんとかこの病気を理解するための闘いをつづけようとする英雄的な政府機関の科学者（マシュー・モディン演じるドン・フランシス）を主人公にする。それによって、エイズの物語のなかに、ヒーロー活劇というありふれた物語の約束ごとを見いだしている。原作は、映画シナリオを読んでいるかのような映画的なスタイルで書かれていたが、ハリウッドにとってはあまりに「論争的」であった。そのために、映画化までには原作の出版に遅れること八年を必要とし、そのためにすでに時代遅れになってしまっていた。

『そしてエイズは蔓延した』は、エイズをめぐる科学的探求の歴史がちゃんと押さえられていないではないか、という批判は避けられないとしても、エイズの流行という事態がいかに複雑な状況のなかで生じたのかについてなんとか観客に伝達しようと格闘してはいる。映画は、ニュース映画のフィルムを組み込んだり、医療研究機関（伝染病予防本部と国立衛生研究所）やゲイ・コミュニティを撮影した映像を散りばめている。伝染病予防本部と、当初はエイズが血液をつうじて感染することを信じようとしなかった血液会社とのあいだの抗争のような、いくつかの闘いのドラマはうまく演出されている。しかし、映画が善玉と悪玉の二項対立にもとづいて（つまり、伝染病予防本部のドン・フランシス対アラン・アルダ演じる国立衛生研究所のロバート・ガッロの対立を前提にして）科学者共同体の物語を描くという試みのなかでは、ゲイ・コミュニティで最初に見受けられたような健康実践推進者の重要性や、ゲイ男性健康診療所によって実行されていたエイズ教育は無視されている。既成の科学的言説に反抗する対抗的科学が、ＨＢＯが提供するテレビ番組のために、間違った英雄を生みだしているような案配なのである。

エイズの流行がこのように支配的なナラティヴの約束ごとのなかにまとめられてしまう可能性はあるにしても、そこに物語の約束ごとを作りだすという点については、エイズはベトナム戦争以上の困難性を示している。ベトナム戦争の表象は、リアリズムかあるいは純粋なファンタジーを通じて与えられていたが、男らしさとテクノロジーの優秀さが再評価される場合には戦争映画の約束ごとがほとんどつねにきまって採用されてきた。ところが、エイズの表象はもっと亀裂をはらんだものである。というのも、同性愛を記述するということについて支配的な意識をもっているひとびとのなかにそもそも約束ごとがないからであり、映画の伝統のなかでは病気を描くときには、つねにきまってそれを犠牲者として描くだけだったからである。いぜんとしてエイズ流行の焦点でありつづけているゲイの男性のセクシュアリティは、じつは潜在的には、米軍が露骨な男性中心主義を部分改革したり、ベトナム戦争に敗北したりしたこと以上に、破壊的な効果を及ぼすナラティヴだったのである。なぜならアメリカ人の男性性の概念にたいして、同性愛はいまだに深刻な脅威を与えつづけているからである。

こうした理由から、エイズの流行は、ベトナム戦争がそうであったようには、歴史化されたり書きなおされたりして亀裂が修正されるわけにはいかないだろう。エイズの表象を一般大衆にたいして作りだすことになるような可能性のある映画やテレビ作品はほとんどない。しかし、エイズの文化的記憶は、一般的なひとびとの通念の外部で、つまり、大手配給会社や大資本によらない独立系の映画やビデオ、自主劇場やダンス、アートなどで、精力的に生産されつづけている。エイズの出現は、アートの世界においても特殊な瞬間と重なっている。それはちょうど、ゲリラ・アートがギャラリーの空間に受け入れられるようになった時期であり、宗教的右派がアートを（政府が資金援助した）倒錯的な活動だとして攻撃の標的にしようとしていた時点だった。それと同じように、エイズの出現時期は、対抗的メディアがどんどん成長していく時期とも重なっていた。対抗的メディアは、一定の条件のもとでの視聴者制作番組が作られるようになり始めた段階から、やがてホームビデオを使ったビデオアートが次々と登場する段階へと急成長していた。

持ち運び可能で消費者の手が届く価格帯の最初のビデオカメラが発売されたことが誘因となって、一九六〇年代の後半には、大資本には支配されない独立系のビデオ作品が現われるようになった。そのころは、テクノロジー楽観主義やら「グローバル・ビレッジ」やらといったレトリックが飛び交っていた。普通の市民にビデオカメラを与えよ。万人をプロデューサーに。そうすれば、メディアの独占は崩壊して、コミュニケーション革命が起こる。こういう楽天的なことが一般に主張されていた時代である。一九七〇年代末までに、こうした楽天主義の大半は消え去ってしまった。期待を集めていたケーブル・テレビは、じつはかなり閉鎖的な閉じられた現場だということがわかってきた。視聴者が番組制作に参加する機会は、行政改革の一環としての許認可規制撤廃により、弱肉強食の自由競争のなかで、かえって大資本による効率的な運営に押され、制限された。一九九〇年代にホームビデオが普及すると、ビデオカメラを使いこなすことが、何か特別な政治的な行動であるかのように考えられることはほとんどなくなった。しかしエイズの流行という文化的危機は、対抗メディアの発展という点では、言ってみれば「理想的な」チャンスであることが明らかになった。教育用のテープが簡単に制作され、無料で頒布される。活動家たちはデモの様子を記録し、そのテープのコピーを配る。ビデオは、エイズとともに生きるひとびとが自分自身の力を強化するための効果的な手段として使われてきた。独立系グループによって制作された膨大な数に及ぶビデオ作品や映画には、エイズ教育用の教材やドキュメンタリーがあり、患者が自分で自立して生活していくために制作された作品があり、実験的手法の前衛作品があり、さらには、運動の意図をひろく宣伝するための作品もありと、じつに多岐にわたっている。[★49] これらの作品は、エイズ組織や独立系の配給グループをつうじて、大学、対抗的アートスペース、美術館などといった、さまざまな現場に届けられた。くわえて、合州国のどこでも、視聴者の側が制作したエイズに関するたくさんのテレビ番組が放送されている。こうした作品の声はさまざまであり、どれもこれも、さまざまな戦略を行使して、エイズとともに生きるひとびとに与えられているメディア・イメージと戦い、汚辱の形象という押しつけられたイメージを打ち消そうとやっきになっている。

一九八〇年代後半にはじまったアートにおけるエイズ・モチーフの爆発には、トニー・クシュナーの演劇『エンジェルズ・イン・アメリカ』(一九九三)、デヴィッド・ウォジュナロヴィッツとその共作者たちのアート作品、グループ・マテリアルやジェネラル・アイデアのようなアート集団、ビル・T・ジョーンズのバレエ、エイズとアートに関する展覧会、そしてカレン・フィンレイたちのパフォーマンスなどが含まれている。しかし、これはまたただちにバックラッシュも生みだした。こうした攻撃は、アートの世界では、所詮は「犠牲者の芸術」ではないかという非難の形をとった。しかし、もっと拡大した文化的アリーナのなかでみると、このアートにおけるバックラッシュ現象は、ある文化の戦争のための部隊集結地域となっている。この文化の戦争の焦点は、現代社会におけるアートがいかなる役割を果たすべきかということであり、同時に、周縁から批判的な立場で発言しているようなアートに財政援助を与える政府の役割をどう考えるのかということであった。

一九九〇年代初めに、ジェス・ヘルムズ上院議員のような議会保守派の宗教右翼が、エイズと同性愛を主題とした特定の作品をターゲットに選んで攻撃を開始した。ロバート・メイプルソープが撮影したゲイ男性のセクシュアリティの写真集や、デヴィッド・ウォジュナロヴィッツが制作した映像、マーロン・リッグズによる黒人ゲイ男性とエイズを描いたビデオ『語りだす声』（一九八九）などの作品は、ドナルド・ウィルドモンのアメリカン・ファミリー協会のような保守組織によって、全米美術財団による国家財政援助を停止すべき作品として槍玉にあげられたのである。

エイズに関するアートは、文化的アリーナの交差領域が変化しつづけていることを表わしている。エイズ・アートはパフォーマンス、告白、自伝、さまざまなメディア・アートといった諸ジャンルを結びつけている。エイズ・アートはギャラリーとストリートのあいだをやすやすと転移し、またそうすることによって、そのおのおのを再定義することを手助けしている。保守派はアートが社会的害悪の指標となっていると力説するのだが、このことは、もともとはセクシュアリティや病気のもつそれ以外の側面に焦点を絞ろうとしていた作品を政治化することでもある。このようなエイズの文化的生産は、アートと政治に関する論争を劇的に変更し、エイズの文化的記憶の中心となるアスペクトを形成しているのである。

エイズのアメリカ化

エイズの流行は、それによってアメリカの文化のなかにある深い亀裂があぶりだされ、文化的生産のなかにある断層が明るみにひきだされた出来事であった。エイズの文化的記憶は意味の衝突をつうじて生みだされた。ベトナム戦争のときそうであったように、エイズの流行は、それがアメリカの文化に及ぼすトラウマ的効果をつうじて、アメリカ国民に共有される記憶を生みだした。

エイズがアメリカの文化のなかでしだいに「常態化(ノーマライゼーション)」されるにしたがって、国民的流行としてエイズの意味も変容してきている。たとえば、エイズ・メモリアル・キルトがワシントンD・Cにいくときには、アメリカはたんにエイズに抵抗するだけではなく、それを受け入れもしたのだということになる。エイズは、単一の国民的文化などという考えは誤っていることを次第に明らかにしてきた。しかし、エイズに関してさまざまな領域で現に取り交わされている公共的言説――とくにエイズのための財政支出を論じる政府関係の言説――は、エイズを「アメリカの」流行病だと認めることに反発している。もしもエイズやHIVをもっているひとたちは社会の周縁におり、大多数の国民とは無関係に存在しているのだという規定が採用されれば、エイズの流行と闘うためのサービスを支える支出は、国益にはそぐわないものだと言うことができる。大ざっぱに言って、エイズの表象をめぐる闘いとは、まさに国民的文化の主流に接近できるかどうかの闘いであった。たとえその国民的文化が商品流通の文化でしかないとしても、またその場合に国民に理解されるということが国家財政の援助を受けられるかどうかということを意味しているにすぎないにしても、ともあれ主戦場がそこにあったことは変わらない。エイズの流行においては、周縁的な存在であろうが国民の主流を占めるひとびとであろうが、あるいは商業用商品だろうが手づくりの品々だろうが、さらにセンチメンタルなものであろうがシニカルなものであろうが、すべては意味の産出という問題に収斂している。意味がこのように複雑に絡まりあっているために、終結などは訪れようがないのである。もはや単純な物語を採用することはできない。

第六章　死者との対話——証言としてのエイズ・メモリアル・キルト

悲劇的な一連の出来事が起こると、その出来事にたいして記念碑（メモリアル）が要請される。しかしエイズの流行の場合、事が複雑でありまた急を要する。エイズの流行を記憶しようとする過程において、記念碑への要請も特異なものとなるのだ。エイズの流行にさいして文化的記憶の形態がさまざまに生み出されることになったが、もっとも大きく、また国民的な文脈においてもっとも大きな意味をもつ記念碑は、NAMESプロジェクトによるエイズ・メモリアル・キルトである。

エイズ・キルトは、エイズの流行と同様、大きく広がっていることを連想させる。一枚一枚の布のパネル（約九〇×九〇センチメートル）がエイズで死んだ個々の人間を記憶するために作り出され、それらのパネルを最小単位として集めたものとして、エイズ・キルト（図18）がある。パネルの数が増えるたびにエイズ・キルトはさらに大きくなっていく。実際、世界の二九の国々から集められた四万以上のパネルによって構成され、また世界中で展示がなされてきているのだが、エイズによって死んでいったひとびとのほんの一握りがエイズ・キルトにおいて表わされているにすぎない。[★1] いままでにエイズ・キルトを見にきた人の数は五百万を超す。エイズ・キルトは見にくるひとびとにたいして、エイズの流行が非常に大きな規模で広まっていること、エイズが世界中で何百万ものひとびとを殺す可能性があることを、その広大な大きさによって視覚的なイメージとして訴えようとしているのだ。

エイズ・キルトのパネルは、エイズによって死んだ者の友人や恋人や家族、そして直接の面識はなくと

図18　NAMES プロジェクトのエイズ・メモリアル・キルト。20641枚のパネルが展示されている。1992年。撮影：マーク・テイセン。NAMES Project Foundation.

も、その死者に関心を抱いたひとびとが作り出してきたものである。それぞれのパネルは、布、皮、写真、動物のぬいぐるみ、服、結婚指輪、クレジットカード、人形、旗、シャンペングラス、コンドーム、ウエスタンブーツ、羽毛の襟巻き（ボア）、髪の毛、古いキルト、火葬後の灰など、さまざまな素材で作られている。それぞれのパネルはこのように多様ではあるが、死者の名前を残そうとしている点において、また、写真、記念品、シンボル、色、メッセージなどによってかれらの生きていたころを表現しようとしている点において、共通した性質をもっている。★2

エイズ・キルトの一部を使って、合州国内で展示の旅がなされることもあれば、何かの機会に常設展が開かれることもある。それゆえ、エイズ・キルトの展示において毎回展示の内容が異なることになる。毎回、異なるセクションが選ばれ、異なる配置がされるのだ。エイズ・キルトの全体が展示されたのは四度で、ワシントン・モールにおいてである。これは一九八七年、八八年、八九年、九二年の四度であるが、一九九二年に展示されたときにはパネルの総数が二万枚を越えた。九六年にロサンゼルスにエイズ・キルトが戻ってきたときには、パネルの総数は約四万五千枚であった。

エイズ・メモリアル・キルトもベトナム戦争記念碑も、ある特定の個人についての、かつその個人へ向けての証言としてあり、またそのような証言を招き寄せる。両者とも、喪失を共有するある共同体を作り出そうとする。両者には、メディアを通してひとくくりに理解され一般化されてきたという共通性もある。しかしエイズ・メモリアル・キルトは、その物質的・現象的な側面での性質やそれが誰に属するのかといった著作性において、ベトナム戦争記念碑やその他の公共の記念碑と自らをラディカルに区別する。エイズ・メモリアル・キルトは他の公共の記念碑と異なり、布でできているため折りたたむことができ、パネルひとつひとつで触ったときの感触も違う。パネルはひとつとして同じものはなく特異であり、多くの異なった手がエイズ・キルトの製作にかかわっているため、単一の誰かにそれを帰すことはできない。エイズ・キルトは、喪失や記憶が能動的な動きのなかで共有されるある特異な共同体を作り出している。このことは、ゲイのひとびと、スラムに住む黒人やラテンアメリカ系のひとびとといった、エイズの流行と直接かかわっている集団、エイズの脅威によって砕かれればらばらにされてしまったひとびとの集団において、まさにそうなのである。このようにエイズ・キルトによって刺激され、促されるかたちで、文化的記憶が作り出されていく。つまり個々のひとびとの記憶が共有されることである集団性が確立される。その一方で、エイズ・キルトによって、アイデンティティ、ジェンダー、人種、性の政治学（ポリティクス）が表面化され、道徳と責任という概念について議論がなされることになる。さらにエイズ・キルトによって、ゲイの政治学（ポリティクス）が孕む裂け目、社会の周縁から挑発的に声を発することと社会の中心において認められるよう要求することとのあいだの裂け目が明らかになる。この章で扱うのは、さまざまな言い回し（レトリック）やアイデンティティ、病の政治学（ポリティクス）や生への闘争をめぐる闘いがなされているただなかで築かれる記念碑として、エイズ・キルトがどのように機能しているのかという問いである。

起源の物語

ベトナム戦争記念碑と同じく、エイズ・メモリアル・キルトにも起源の物語がある。その物語は、その後プロジェクトが引き起こす衝撃について、その起源が純粋で自発的なものであったと説明する。エイズ・キルトの起源の物語は、合州国中のゲイ・コミュニティにおいてイコンとして機能している、サンフランシスコの一区画、カストロ地区に設定することができる。サンフランシスコのゲイ・コミュニティにおいて壊滅的な喪失があったことを考えると、この地区に起源を設定することが重要な意味を帯びてくる。[★3] エイズ・キルトの起源の物語は、エイズによる危機に先立って起こったサンフランシスコでのある危機を追悼するためにロウソクの行進が行なわれたことから始まる。市長ジョージ・モスコーンと、ゲイであることを公にしていた政務執行官ハーヴェイ・ミルクが殺されたのである。

NAMESプロジェクトのアイディアは、一九八五年の十一月二十七日の夜に始まる。この夜、市長ジョージ・モスコーンとサンフランシスコ初のゲイの政務執行官ハーヴェイ・ミルクが殺されたことを追悼するためにロウソクの行進が行なわれ、サンフランシスコの活動家、クリーヴ・ジョーンズは何千ものひとびとを集めた。行進がサンフランシスコの旧連邦ビルを通り過ぎるとき、行進の参加者は、エイズで死んだひとびとの名前が掲げられたプラカードで旧連邦ビルの壁を覆った。ジョーンズはそのときのことを次のように述べている。「驚くべきイメージだったんだ。雨や風のために、名前が剝げ落ちてしまったプラカードもあったけれど、ひとびとが何時間もそこに立って死者の名前を読みつづけたんだ。そのとき僕は、僕たちが何か記念する（モニュメント）ものを、何か追悼する（メモリアル）ものを必要としているということに気づいた[★4]」。

プラカードがパッチワークでできていたことがもった効果から、ジョーンズはキルトのことに思いいたる。そして一年後にスプレーで絵を描いて、一九八六年の十月に死んでしまった最大の友人であるマーヴィン・フェルドマンのために、ジョーンズは初めてのキルトを作った。一九八七年五月、ジョーンズとマイケル・スミスは、キルトのために基金を起こし、それを維持する組織として、ＮＡＭＥＳプロジェクトを組織しはじめる。同年の十月、エイズ・キルトが初めてワシントンで展示されたが、パネルの総数はこのとき一九二〇枚であった。

ジョーンズはもともと、国民の良心を呼び寄せるメッセージとしてエイズ・キルトを思い描いていた。大きなインパクトを生み出すことを当初から期待していたのであり、実際ジョーンズは次のように述べている。「僕らが一九八七年にワシントンに行ったとき、エイズ・キルトがまるで古代都市ジェリコのようだと、つまり、僕らが作り出したものがあの古代都市のようにとても美しく、とても精巧にできていると本当に思った。ひとびとは僕らの労働の成果を見に来て、きっと心動かされるだろうと感じた[★5]」。ジョーンズは二つのレベルでエイズ・キルトを捉えている。エイズ・キルトは、広く大きくひとびとに関係した国民の記念碑(メモリアル)であり、また同時に、「キルトの縫い手が、まったく異なる種類のひとびとと協力して」作り出した草の根の記念碑(メモリアル)でもある、と理解しているのだ。この二つのレベル——国民全体にとっての巨大なプロジェクトとしてのキルトといったレベルと、個々のひとびとが密接につながったローカルなコミュニティが作り出したものとしてのキルトといったレベル——のあいだの緊張した関係のために、エイズ・キルトは複雑な効果を抱え込むことになる。

死者を名指すこと

記念碑というものはすべて死者を名指すという行為に参加している。これは、死者を個人として墓標で名指すことから、無名兵士の墓の場合のように名指さないことを強調することまで、さまざまなかたちでなされる。死者を名指すことによって、エイズ・キルトでは死者の肉体の数が数え上げられている(図19)。エイズ・キルトの展示においても、死者の名前はひとつひとつ読み上げられる。コミュニティや市民の指導者、死者の恋人、家族、友人、エイズ活動のボランティアのひとびとが、声高に死者の名前を読み上げる。そうすることで、かつて親しかったひとびとをしるしづける。

名指すことは、とくにエイズの流行の文脈においてとても大きな意味をもつ。エイズの影響を受けたコミュニティは、そのコミュニティを取り巻くさまざまな言葉、メタファー、表象をめぐって闘ってきたのである。エイズ・キルトの文脈において、名指すことは、ゲイであるとカミング・アウトすることに等しい効果をもつ。それは、エイズで死んだゲイの男性の家族にとってとくにそうである。エイズ・キルトの

図19　約3.5×3.5メートルのエイズ・キルト１セクション
撮影：デヴィッド・アロジ、ロン・ヴァク。NAMES Project Foundation.

なかで名指すことにたいして、生き残った家族が恐れを感じたり拒絶したりすることがあるが、このことは、その家族がホモセクシャルの汚名を自分たちもこうむってしまうのではないかという恐れを感じていることを反映している。また、一度パネルがNAMESプロジェクトのもとに送られて分類保管されると、そのパネルを作った人以外はそれを作りかえることができなくなっているため、まさにキルトが作られるそのときに、名指すことをめぐってのキルトにおける争いが、とくに死者の家族と恋人のあいだで繰り広げられることになる。そしてこのような争いが起こるということに、同性愛嫌悪（ホモフォビア）を読み取ることができる。キルトにおいて名指すことによって、ゲイであることのアイデンティティを、本当にゲイであるのかどうかにかかわらず、世界にたいして公にすることになる、といった恐れが示唆されている。次のように記されているキルトがある。

――このキルトを弟に捧げる。親は弟の名を公にしたくないというので、名は記さない。名前がないということによって、エイズ患者とその家族が感じざるをえない、抑圧の恐怖を表現している。

NAMESプロジェクトがあいだに入ることで、キルトにおいて名指すことをめぐってなされる争いの多くが解決されたのは確かであるが、それでも初めの数年間は、死者の名がまったく記されていないか、記されていても名前全部ではなく一部しか記されていないようなキルトが、全体の約十%を占めていた。九〇年代の初めのころからほとんどの名前が完全なかたちで記されるようになったが、NAMESプロジェクトのディレクターであるアンソニー・ターニーによると、この事実は、エイズを不名誉なものとして偏見をもって捉える傾向が弱まってきたことを示している。そして、このような傾向において、エイズ・

キルトは重要な役割を果たしてきた、とも述べている。★6

エイズ・キルトにおいては、ベトナム戦争記念碑の場合と異なり、個々の名前が単一の形式にカタログ化されてしまうわけではない。NAMESプロジェクトは、ある特定の個人にたいして作られるパネルの数を制限しておらず、実際、複数の異なったひとびとが、ある共通の人物にそれぞれのパネルを捧げるということもある。パネルは、死者のことを知らない人から、死者の家族、恋人、そして直接の面識はなくてもその死者のことを称える人まで、さまざまなひとびとによって作られるが、パネルを作った人とパネルが捧げられる人とのあいだの関係は、他に同じものがない関係としてある。それぞれの関係は、それぞれに特有の関係なのである。なかには、自分が死ぬ前に自分のパネルを作るエイズの患者もいる。それぞれのパネルを作ることのこのような個々特有の過程において、ある関心を共有するコミュニティが作り出される。見知らぬ人間同士が、見知らぬ他者の人生へと思いを向けるような、そして死者の恋人と家族が初めて出会うようなコミュニティが作り出されるのだ。

ベトナム戦争記念碑の場合、壁に単一の形式で刻まれた名前がそれ固有の生を帯びていたことを示すために、死者について思い起こさせる個人的な遺留品をひとびとが置いていく。エイズ・キルトの場合、それとは対照的に、個々の名前はすでにそれ固有の生を帯びていたものとして始めから示されている。また、ベトナム戦争記念碑では失われた生が強調されるのにたいして、エイズ・メモリアル・キルトでは生きられた生が強調される。NAMESプロジェクトのスタッフであるスコット・ラーゴは次のように述べている。「エイズ・メモリアル・キルトは、ある人間の生を称えるもので、その人間が死んだことについてのたんなるコメントではない。もちろんその人間が死んでいることはわかっている。しかし、その人が生きていたとき、その人は僕たちのあいだに叫びとしてあったんだ！」★7

われわれは、次のように問いかける。「この人物はどのように記憶されうるのだろう?」「この人物をいま現前させているのは、このパネルのどういった性質なんだろう?」ひとつひとつのパネルが、答えを導いてくれる。パネルのなかで個々の死者は、その人たちの生きていたころのこと、その人たちが好きだったことや場所などを表わすイメージや代物によって率直に象徴される場合が多い、と。死者が赤ん坊だった場合、そのパネルには赤ん坊用ブランケットが素材として使われている。バイクに乗るのが好きだった人には、皮のジャケット。美容師には、はさみ。医者には、手術用上着。このように死者の生きていたころに直結するイメージやものが使われる以外に、それぞれの死者にあてられた手紙によって追悼がなされることも多い(あるパネルなどは、それ自体が織られたひとつの大きな手紙である。このパネルには「マーク・リチャード、天国あて」と記されている)。

エイズ・キルトのパネルには、それぞれのパネルにまつわる人間関係の多様性、役割の多様性、それらを見る人の多様性が反映される。見るひとびとに教え諭す調子で語りかけてくるパネルもあれば、直接政治的な怒りを表現しているパネルもある。

――わたしは戦場で人間を二人殺して勲章をもらった。そして男をひとり愛してクビになった。――
レオナルド・マトロヴィーク軍曹

ロジャー・リオンに捧げられたいくつかのパネルのうちで、かれがアメリカ議会でエイズについて述べた証言が引用されたものがある。

――お金も思いやりもたっぷりと持ちあわせたこの国が何をしてくれるのか、わたしの墓標に「お役所の形式主義のために死す」と刻まれないようにお願いしにきた。

「ひとりさみしく死んでいったひとびと」、「刑務所に入っていたひとびと」、「忘れられたひとびと」に捧げられたパネルもあれば、はっきりと特定するかたちで死者が名指されてはいないパネルもある。このようにエイズ・キルトは、エイズにまつわる問題についてさまざまな声が寄せられる掲示板のようなものとして機能している。エイズについてすでに理解している人にたいしてだけでなく、エイズについて理解する必要がある人にたいしても、パネルを作ることによって語りかけようとする人もいるのだ。

死者ではなく生者を称えるために大胆な方法をとるものがいる一方で、死者を笑わせたいという思いで、追悼される死者をネタにして軽い冗談をいう者もいる。

――八七年十月九日、きみが星になった日。スコッティー、その光で僕を祝福してくれ。

――これが、アートだって？　いや！　だってフレッド・アーーーブラムスなんだぜ！

多くのパネルに共通するもっとも人目を引く特徴として、死者についての証言としての機能がある。「この人がここにいた」ことをごく簡潔に述べるパネルがたくさんあり、死者の生きていたころを詳細に証言するような伝記、多くの人にとっては知らなくて当たり前だったそのような伝記を語るパネルも多い。

――デヴィッド・R。アラスカ出身。花を愛し花屋を開くことが夢だったが、花屋を経営するかわりに銀行を経営することになる（人生はどうなるかわからないものだ）。かれはポジティブ（？　HIV？）で愛情にあふれていた。健康を害し、ブロンドに出会った。二人で銀行を襲い、六万ドルを奪ってロサンゼルスへ。ラスベガスでブロンドが金を使い果たし、デヴィッドはハワイへ移り幸福を手にする。健康がさらに悪化しニューヨークへ移る。激しい痛みに襲われ、まず初めの二晩、睡眠薬で自殺しようとするが失敗し、ビニール袋を頭にかぶって窒息死した。一九八七年。

ある人が生きていたことについて、またその人が死んだことについてここでは証言されているが、この証言は伝記であると同時にひとびとに教え諭すようなメッセージでもある。つまり、「生きた、恋した、馬鹿だった。しかし激しい痛みのためにかれは自ら命を断った。この病は、痛みを引き起こし、人を自暴自棄にさせる」といったメッセージなのだ。

異なったそれぞれのパネルにおいて、またパネルひとつを取り上げてみても、そこでは多くの声による語りが反映されているが、その語りは一方で、追悼される死者についての証言から、そのパネルを作った人と追悼される死者との関係についての証言へと、さらにたんにそのパネルを作った人についての証言へと、その意味をずらしていく。多くのパネルにおいて、死者についてよりも、そのパネルを作った人についての語りがなされている。

――リッキー――きみはたぶん僕のことを覚えちゃいないだろう。僕らは同じ高校に通っていた。きみは僕も所属していたサザンバプティスト教会でオルガンを弾いていた。僕らはお互い話しかけるべきだった。たぶん二人とも恐れていたんだと思う。僕はいまでもときどき……馬鹿なのかもしれないね？　僕を見守っていてくれ。

——ランディー・クラーク——愛しいきみ。

死者にたいして許しを求めるパネル、あるいは後悔や罪の意識が読み取れるパネルもある。

——きみの愛を受けとめることができなかった。いまではもっときみのことがわかっている。

——きみは僕にとってあまりに重い意味をもっていた。きみに話しかければよかった。

——さよならさえ言えなかった。

このように後悔の意識を簡潔に証言し白状することによって、パネルを作った人は、ある意味で罪の意識を除去している。エイズのための死によって償いというものの意味が変わり、その意味の変容をとおして、パネルを作った人はエイズのための死を受けとめる。

重要なこととして、大半のパネルに作った人の署名がなされていないことが挙げられる。多くのパネルにおいて、それを作ったのが誰であるとか、それは特定の個人が作り出したものだとかいうことは問題ではないのだ。自分が誰であるかを明らかにする必要などないと思う者もいるし、署名すること自体を不適切なことに思う者もいるだろう。死者の家族が作ったパネルにおいても、父、母、兄弟といった、死者との関係を表わす言葉が記されることが多いのだ。全体としてみた場合、署名がなされていないパネルが大半なのだが、それぞれのパネルのなかに組み込まれているさまざまな素材が何を伝えようとしているのかという面に注目してみると、ベトナム戦争記念碑の壁に残された多くの遺留品と比べて、その意味が理解しにくいということが少ない。これはおそらく、それぞれのパネルが、記念碑として意味をもつことと同時に、ひとびとにメッセージを伝えることを目的としているからである。

それゆえ、これらのパネルは、死者についての証言としての機能においても、ひとびとにメッセージを伝えるその語りの調子においても、複数性を表わすことになる。多くは悲しげであり、大胆なものもあれば後悔の意識に満ちたものもある。そしてすべてのパネルにおいて、人の生というものが有限であることにたいしてのアイロニーが反映されている。ジェームス・ミードに捧げられたパネルを見てみよう。このパネルでは、窓のそばで男がキルトをかぶって横になっている様が縫い込まれており、その縫い込まれたイメージの周りを取り囲んで、文章が書かれている。

――窓のそば、夜が明ける――鳥たちが鳴いている――猫たちが餌をくれと声を上げる――まだ夢見心地――樹の枝を通って光が射し込む――髭をそる――バスローブを羽織る――コーヒーの香り――シャツにアイロンをかける――ネクタイを選ぶ――ハリーを起こす――猫に餌をやる――トースターのぬくもり――レーズン入りオートミール――台所掃除――ベッドメイク――弁当を詰める――ふと歌を口ずさむ――バスに乗る――懐中時計の重み――冗談を言う――モーツァルトを聴く――同僚のぶつくさいう声、笑う声――そよ風が草を伝ってやってくる……。ハリーに花をプレゼントする――

アメリカ式五目そばと占いクッキー――猫たちにブラシをかけてやる――二人でモーツァルトを弾く――洗濯物をたたむ――テレビで古い映画を見る――月、そして霧――肱掛椅子でうとうとする――壁にかかった着物――洗ったシーツの清潔感――爪を切る――ベッドで本を読む――夜のお祈り――星たち、眠り――夢を見る。

これは途絶えてしまったある中産階級の人間の生活である。ゲイのカップルの日常生活が喚起されることによって、ある抑えがたい日常性が表現されるとともに、そのような日常性が詳細にわたって描かれることで、それの喪失が浮き彫りになっている。

キルトと民衆芸術

キルトでは、使い古されたボロ布がつなぎあわされ、ふたたび新たに使用される。それゆえ、キルトの端から端まで、過去の記憶が宿ることになる。キルトはつねに、単一のものであれ複数のものであれ、過去に起こったことの記録であり、また、過去から未来へ向けての連続性を約束するものなのだ。

ジェフ・ワインスタイン「予告できる死の地図」
「ヴィレッジ・ヴォイス」一九九八年十月

エイズ・キルトをそれがどのように作られているのかといった技術面からみてみると、そこでは、幾つかの布を縫いあわせるといったキルトに基本的な技術が使われているだけでなく、アップリケが用いられていたり、スプレーで絵が描かれていたり、刺繍がなされていたり、その他にもさまざまな素材が使われている。エイズ・キルトは、裏張りがされることもなく、他のキルトと異なり、暖を取るために毛布として使われることもない。技術面ではエイズ・キルトは伝統的な作り方と異なるところもあるが、伝統的なキルトと結びつけて考えられるような意味、つまりぬくもりや心地よさといった意味が、エイズ・キルトの追悼という役割のまさに中心をなしている。人は、エイズ・キルトを手で触ってぬくもりや心地よさを確認する。さらに、キルトといったときに、ぬくもりや心地よさといった意味のほかにも、ノスタルジア、家族の縦のつながり、民衆芸術、アメリカ性、女性の集団的な仕事といった意味がそこには含まれる。ジョーンズは次のように述べている。「何か追悼するものが必要なんだ、そのように自分に言い聞かせた。キルトという言葉が頭に浮かんだとき、祖母がキルトで僕をくるんでくれたこと、そのキルトが、祖母の祖母が作って、その後何人もの祖母や大伯母が繕いなおしたものであったことを思い出した。とても暖かくて心地よい思い出だった。それが鍵になった」[★8]。

　キルトを縫うことは文化的に多様な起源を持ち、アフリカ、ヨーロッパ、インド、中国、世界中のそのほかの地域にその起源を見ることができる[★9]。ジョーンズなどNAMESプロジェクトのスタッフも、キルトが国際的な性格をもつということや、それが民衆芸術の多くの伝統にみいだせることを強調する。しかしジョーンズの言葉には、かれがアメリカ中西部に文化的な背景をもつことが読み取れる。ジョーンズの言葉はアメリカ性というものと結びついているのだ。「ほろ馬車に乗って平原を進む女性たちが共同作業で作り出す強く丈夫な織物、僕はキルトをこのように考えている。何世代にもわたって贈り物として譲渡されていくもの、家族のつながりについて語るものであるのだ」。このようなイメージでキルトを捉えることは、エイズ・キルトがワシントン・モールで展示されるときにとくに重要な意味を帯びてくる。ワシントン・モールで展示されるとき、同性愛のひとびと、麻薬の常用者、貧しいひとびとといった、アメリカ社会の象徴的なはみ出し者を、アメリカの国民のなかにふたたび組み入れようとする試みをエイズ・キルトが象徴するのだ。アメリカの伝統を呼び起こすことに、批判的な機能が託されており、ダニエル・ハリスは次のように述べている。「エイズ・キルトは、いまより簡素で純粋だった時代、馬車とバター攪拌機という牧歌的な世界へのノスタルジアを呼び起こす。つまり、エイズ・キルトは、けっして存在することのなかったアメリカそれ自体というものを呼び起こすのだ」。★10

たしかに、エイズ・キルトとノスタルジアとの関係には矛盾が存在する。エイズ・キルトは、キルトの伝統を受け継ぐことで、何世代にもわたって何年もかけてつながっていく個人や家族の連続性という感覚を呼び起こす。しかしエイズの流行では、若い男性、若い女性、そして子どもが主にその被害を受けたのであり、つまり連続的な生のサイクルが乱されてしまったのである。多くの両親が自分の子どもを埋葬し、多くの子どもが孤児となった。ゲイのコミュニティにおいては、世代とか「家族」といった感覚が徹底して壊されてしまっている。さらにエイズの流行において、多くの若い男性が都会から家族の元へ戻り、自分の家で世話をしてもらい死を迎えているが、そこでは子どもは当然家から外へ出ていくものという、子どもに期待される行為とちょうど逆のルートがとられているのだ。★11 NAMESプロジェクトに寄せられた手紙には、生のサイクルが予期しないかたちで妨害されたという思いを見ることができる。

——われわれは息子を失った。人生の最高の時期にあったひとりの人間が目の前から姿を消してしまったのだ。人生を離れるのは年老いた人間からではないのかい？　……まさにこれからが人生というときに息子は家に帰ってきて、数ヶ月間、われわれの目の前で衰えていった。そしてわれわれは初めて息子を理解した。……かれはわれわれの先生だった、おそらく最高の。

——いっしょに年を重ねていくものと思っていた。

家族のキルトは連続性という感覚を呼び起こすが、エイズは連続性が壊され妨害されたという感覚を生み出す。一方で、キルトというかたちをとることで、過去が呼び起こされ、そのとき同時にその過去が手渡される未来というものも約束されているのだ。さらに、家族の成員によって文字通り着古されたボロを織り込むことによって、前の世代があったことが呼び起こされている。織り込まれたボロがキルトの役割を変えているのであって、着古された服を素材に使っていることがキルトのデザイン面での重要な要素となっているのだ。キルトの伝統を受け継いで、エイズ・キルトにおいても多くのパネルが服という素材を使っている。しかし他方、伝統的なキルトで使われている着古された服とは異なり、エイズ・キルトで使われる服は、着古されたわけでも、サイズがあわなくなって着られなくなったというわけでもない。エイズ・キルトで使われる服は、中身の欠けた痛々しいぐらいに空虚なものとしてあり、かつてはその服を着ていた人のいまは不在の肉体をそこに響かせているのだ。

次に、伝統的にキルトが女性の手作業として縫われてきたことを考えてみよう。公的な歴史から排除されてきた女性たちが、文化的記憶のひとつの形態を作り出すための手段としてキルトがあった。合州国においてキルトは、女性たちがぬくもりのため、友情を示すため、政治的な意志を表明するために作り出してきた。エイズ・キルトにおいても、いくつかのキルトの伝統、怒りのキルト、友情のキルト、火事用防災キルト、そして記憶のキルトといった伝統を受け継いでいる。友情のキルトと同様、エイズ・キルトにおいてもキルトの展示にあたって書き込み用の署名パネルが用意されている。ボロから作られた火事用防災キルトと同じように、エイズ・キルトにおいても危険が差し迫っているという状況にあってキルトがその危険を優しく防ごうとしてくれている。[★12]

クリーヴ・ジョーンズはまた、布と哀悼とのあいだの伝統的な関係を意識的に利用することで、エイズ・キルトを作り出した。ギリシア神話では、運命が「生命の糸」を紡ぎ出し、その糸の長さが測られ、ある長さでその糸が切られることで、人生の長さが決められるといわれていた。ユダヤ人の伝統では、喪主はばらばらにちぎれた布を身にまとうが、この布はばらばらにちぎれた人生という織物を象徴している。ヨーロッパでペストが流行したときには、犠牲者の名が記された旗が教会で掲げられた。[★13] ヨーロッパ系アメリカ人が西方へ移民していったときには、木ひとつない中部平原で誰かが死んでしまうと、キルトが棺桶のかわりとして使われた。

エイズ・キルトは、民衆芸術として芸術と手芸の両方の領域にまたがっている。エイズ・キルトは、その多くが専門的な技術をもっているわけではない何千ものひとびとが集団的に作り出したのであり、エイズ・キルトは芸術といった文脈への関係が希薄なのだ。美術館のような芸術のための空間でエイズ・キルトが展示されるのはまれであり、それはむしろ、市民センター、教会、学校、コミュニティ・センターでより一般的には展示される。エイズ・キルトに関しては、たとえばベトナム戦争記念碑の場合のようには、芸術的な側面についてさまざまに議論がなされるということはなかったのだが、これはおそらくひとりの芸術家がエイズ・キルトを作り出したわけではなかったからであり、また、それが芸術的な仕事と対極的な手芸の仕事として受けとめられていたからである。たしかにいくつかのパネルでは他のパネルより芸術的であろうとする意図が読み取れるものの、エイズ・キルトではすべてのパネルが、それぞれの飾りつけ方とか、それぞれのスタイルとか、それぞれの特異性といった違いにかかわらず、平等なのだ。多くの人が、エイズ・キルトがもつこのような「民主化する」効果や「確たる控えめな表現」としての性質について触れている。[★14] エイズ・キルトについて意見を述べるひとびとのなかには、多くのパネルにおいて権威性というものが欠けていることをほっとした様子で語る人もいる。「ここにはとてつもない芸術性がある一方で、安っぽい騒々しさというものもある。おそらくこのことが、もっともひとびとを感動させる点なのであり、同時に政治的な示唆を与えてくれる点なのだ。エイズ・キルトでは、すべての安っぽさが生きられており、キルトを作った何千ものひとびとが、哀悼の美学のもとにそれぞれ固有の喪失を単一化されてしまうことを拒絶しているのである」。[★15] エイズ・キルトは実際、伝統的な「哀悼の美学」にたいしてのある種の反発としてある。明るい色彩、遊び心やユーモアが使われることによって、多くのパネルは死について陰気に黙想するといった考えを拒絶しているように見える。

エイズ・キルトについてのインタビューで、ジョーンズは、自分の発想にいくつかの芸術作品の影響があることを述べている。マヤ・リンによる記念碑（メモリアル）、ジュディ・シカゴによる『ディナー・パーティー』、クリストによる『ランニング・フェンス』などの作品である。[★16] これらのプロジェクトは、多くの共同作業者にたいして製作者が自分の作ろうとしているものを指示してできあがったものである。シカゴのプロジェクトは、「フェミニスト版最後の晩餐」といったもので、一九七八年に完成した。それは、手で作られたセラミックの食器と針仕事からなるテーブルセットであり、歴史的な女性をたたえている。[★17] クリストの『ランニング・フェンス』は非常に大きなナイロンのカーテンが北カリフォルニア海岸に沿って広げられたものだ。クリストのほかのすべてのプロジェクトと同様、多くのひとびとによって取り行なわれた。しかしこのような作品は、エイズ・キルトと異なり、ある製作者個人が著者とされる。ジョーンズとエイズ・キルトとの関係は、たとえばマヤ・リンとベトナム戦争記念碑との関係や、クリストと『ランニング・フェンス』との関係とは異なっている。ジョーンズの場合、エイズ・キルトにたいして美術面で指示する力をもっていないのだ。しかし少なくとも初めのころは、ジョーンズは自分がキルトの製作者であると考えていたし、また、ワシントン・モールに、「もともとエイズ・キルトが捧げられていた空間」に、初めてエイズ・キルトが展示されることになったときに「それがどのように見えることになるのかを知っていた唯一の人物」として自分のことを捉えていた。

戦争記念としてのエイズ・キルト

いまだ遂行中である「戦争」が記念されるとしたら、それはどういったことになるのだろう？　エイズ・キルトはたしかに戦争記念碑の伝統のなかに位置づけられる。しかしそれはとてもラディカルな方法によってである。この戦争は他の国家にたいして遂行されているわけではない。実際、エイズ・キルトは当初、エイズの流行をアメリカの危機として認識することを求めていた（このことは、エイズがアフリカに起源をもつものという考えに対応している）。エイズ・キルトでは多くの敵が描き出されているが、皮肉なことに、そのなかでもウイルスがもっとも非難に値しない対象として表象されており、逆に合州国政府がもっとも非難すべき対象として表象されている。

エイズの活動家は、自分が何か発言をするときに、戦争のメタファーを数多く用いる。そして、しばしば自分たちの運動とベトナム戦争反対運動とを関連づける。「エイズは自分たちのベトナムだ」と主張することで、エイズの活動家は、八〇年代から九〇年代にかけて合州国政府がエイズにたいして取ってきた政策が、六〇年代から七〇年代にかけて合州国政府がベトナム戦争にたいして取ってきた政策と同じであるとする。ベトナム戦争は国が感じる痛みの基準として表象されることが多い。つまり、ベトナム戦争記念碑に記された五万八一九六人の死んでしまった男女の名前が、集団的な悲しみのある基準を確立している。それゆえ、エイズによる死者が十二万人を越えた一九九二年の段階において、多くのエイズの活動家は、ベトナム戦争のときの倍の数だけアメリカ人がエイズによって死んだと述べた。

エイズによって何千もの若い男性が死んでしまったことのため、エイズの流行は多くの人にとって戦争のようなものなのだ。NAMESプロジェクトのビラのひとつに、針と糸のイメージが描かれていて、「すべての戦いが剣による戦いとはかぎらない」と書かれてある。エイズの活動家であるヴィト・ルッソはかつて次のように述べた。「ご存知のように、多くの人が自分の友人すべてを失った。思うに、このような経験は、多くの（若い）人にとって戦時以外には人生のなかでありえないような経験なんだ★18」。ベトナム戦争記念碑では、帰還兵が「非政治的」なデザインであることを要求したのだが、それは政治的なものとしてしかありえなかった。エイズ・キルトの場合も、その製作者は政治的でないことを主張しているが、完全に政治的な作品ができあがっている。ジョーンズの言葉を引用する。

エイズ・キルトは、エイズにたいする闘いにおいて、あるひとつの立場を静かに支持する。僕たちは政治的な組織ではなく、エイズの流行を取り巻くどのような政治的問題にたいしても特定の主張をすることはない。そうではなく、エイズ・キルトは雄弁に次のように語っているのである。「お互い愛し合いなさい、お互い気を遣い合いなさい、そのようにする人こそが、その人生が評価され、その記憶が慈しまれるような本当の人間であるのだ」と。政治的なメッセージがあるとしても、人間の命は神聖である、といったものなのだ。★19

しかしエイズ・キルトは、喪失、怒り、賛辞といったメッセージをもつことによって、それが非政治的なものであるというジョーンズの定義と矛盾してしまう。実際ジョーンズも、エイズ・キルトに二重の役割を期待しているように思える。その政治の過程で何かを脅かしたり排除したりすることがないような政治的手段として、エイズ・キルトを捉えているのだ。エイズ・キルトは教育的な目的をもつことにおいてきわめて政治的なのであって、平均的なアメリカ人の、とくに平均的なアメリカの政治家の、エイズにたいする関係を変えることが意図されているのだ。ワシントンで展示されたときエイズ・キルトは、少なくとも初めは、政府にエイズの問題に着手させるよう呼びかける機能を果たしてきた。ジョーンズは次のように述べている。「エイズ・キルトはとても激しい責めなのであって、この病に責任があるひとびとの玄関口に、この病による荒廃の証拠を突きつけている。僕たちは、この意味ではつねにエイズ・キルトを政治的なものとして扱ってきた。僕たちは、この病に責任があるひとびとを行動させようと思っているのだ」。それゆえ、エイズ・キルトは、ベトナム戦争記念碑とは異なり、ワシントン・モールのナショナリストの言説に簡単に包括されてしまうことなく、より強い調子で責めを行なっている。

伝統的に、戦争の記念碑は戦争が終わってから作られるものである。しかしエイズ・キルトは、エイズが広まっていくことに応じて大きくなっていく。エイズ・キルトの大きさについて公表することは非常に皮肉的なことである——そのように公表することによって、一方で、悲しみ、怒り、創造性が集団的に噴出していることにたいして、驚きや誇りが呼び起こされるが、他方、どれだけ多くの人が死んでいったのかが痛々しく喚起されることになる。エイズ・キルトでは政治的な緊急性が呼び起こされているが、これは、教育的な目的が意図されていることによる。エイズについての意識を高めることで、政府の基金を引き出し、より適切な処置の方法を発展させ、エイズにたいしての治療を見つけ出し、そしてなによりもひとびとが死にいくことをとどめる、このような意図がエイズ・キルトにあるのだ。エイズ・キルトが展示されると、地方のエイズ関連の組織に募金が贈られ、このお金をもとに、エイズのひとびとに直接的なサービスと第一義的な治療が提供される。それゆえエイズ・キルトでは、それがまさに追悼している「戦争」を終わらせることが意図されている。このように、エイズ・キルトが引き起こす議論は、ベトナム戦争記念碑が引き起こしてきた議論とはかなり異なる。死者をどのように記憶するかについてだけでなく、いまひとびとがエイズによって死んでいくことを効果的に終わらせるにはどうすればよいのかについて、エイズ・キルトをめぐって議論されている。

死者の位置づけ——死者の肉体

エイズ・キルトは、エイズの流行によるひとびとの喪失についての証拠を提供する。ジョーンズは次のように述べている。「エイズ・キルトを考え出したとき、証拠という機能に思いいたった。一九八五年の時点でサンフランシスコで千人の人が死んでいるという話が出たのは、カストロ通りで、いまは死んでいなくなってしまった僕の友人ジョセフと会話をしているときだった。僕はジョセフにいった。「もしここが草原であって、千の死体が並べられ、ひとびとがそれを見ることができるのだとしたら、それを見てひとびとは何かしら反応せずにはいられないだろうね」。

ひとつひとつのパネルの大きさは、人の体の大きさか、棺桶の大きさとだいたい同じサイズである。それゆえ、エイズ・キルトがワシントン・モールに並べられたとき、多くの人にとってそれは、戦闘がやみいまは静かになったある戦場に死体が撒き散らされて残っているというイメージを喚び起こすことになる。パネルを作った人やそれを見る人の多くにとっては、エイズ・キルトは死者が存在する唯一の場所であるのだ。ひとびとは死者に話しかける、死者は耳を傾けこちらに応答してくれるように思える。エイズ・キルトの展示を見にきたひとびとは、書き込み用の署名パネルにメッセージを残していく。そうすることでひとびとは死者との関係を動的に保っている。エイズ・キルトは死者との対話を呼び起こすのだ。

——おい……待ってくれ……どこにいったんだい？　僕らはまだ話し足りない。聞こえるかい？　ジョン・スタングランド、きみがいなくてほんとうに寂しい。

——クライド、きみなのかい？

——マービン、孫の笑顔はあなたそっくりだ。あなたがいなくて寂しい。

——電話がほしい、コレクトコールでいいから。

死者の家族や友人は、墓参りのときのように、花やお守りをもってエイズ・キルトの展示にやってくることが多い。それゆえ、エイズ・キルトはエイズによる死者の肉体の代用として機能しており、死者をその肉体の不在において記憶しようとするこの国の伝統のなかにそれがあるのだ。この伝統においては、死者個人を名指すことで、その死者の居場所が確定される。それでは、エイズによる死者の肉体はどこにいったのか？　ジョーンズによると、エイズで死んだゲイの男性の大半は、火葬されたのちにその灰を撒き捨てられる。墓石も、その死者の場所を物理的に示すものも残されない。そのため、エイズ・キルトが、かれらの名前の、そしてかれらが存在したことの唯一の証拠であるのだ。実際、ポケットのなかに死者の火葬後の灰を縫い込んであるパネルもいくつかある。日本で初めて作られたパネルのひとつに、あるエイズの芸術家が作ったものがあるが、この芸術家は朱の墨汁に自分の血を混ぜて書を描いた。これなどは文字通り、自分の肉体とウイルスをキルトのパネルのなかに固定させている。

象徴的に（あるいは文字通りに）エイズ・キルトのなかに肉体の場所が示されることで、エイズの文脈において肉体についてのより多くの言説が呼び起こされることになる。エイズの症状のひとつとして、偶然エイズに感染してしまってから究極的に死にいたるまで、体が肉体的に年老いていくというものがある。カポシ肉腫、カリニ肺炎、サイトメガロウィルスといった病が引き起こされて、かつては力強く健康であった肉体が、肉の削げ落ちた骨だけの体に変わってしまい、そのために、エイズが進行した段階にある人は、実際の年齢よりも何十歳も老けて見えるのだ。エイズの流行の初期のころは、ウイルスがどのように人から人へ感染するのかというその感染のメカニズムについて解明されていなかったため、エイズ患者の肉体は、触ってはいけないものと考えられていた。エイズ・キルトのなかに、「スティーブン、僕を抱きしめてくれ」と書かれたパネルがあるが、このパネルを作ったヴィッキー・ハドソンは次のように説明している。

一九八一年、僕がスティーブンに出会ったとき、かれはエイズだった。僕らはみんなかれの病気を恐れていた。かれは恋人からも家族からも見捨てられ、とても寂しい男だった……。一度、僕とかれが踊っていたとき、曲がゆっくりしたものになった。かれは僕に、自分を抱いていっしょに踊って欲しいと頼んできた。抱きしめて欲しい、と。そのときかれは汗でびっしょりになっていた。僕はかれに近づきすぎることに恐怖を感じた。かれは僕の顔からその恐怖を感じ取った。いまは一九八七年、エイズ患者を抱いてもウイルスが移ることはないとわかっている。[20]

エイズ患者の肉体は、恐ろしいもの、触ってはいけないもの、触れば感染してしまうものとして規範化されていたのであるが、エイズ・キルトによって、ぬくもりや魅力を呼び起こすような、抱くことができ、触ることができる織物や布へと変わっていった。そして死者の多くは、その人たちがもっとも健康であったころにおいて記憶される、つまり、若さとか活力というイメージで表象される、あるいは子どもとして表象されることが多い。[21] エイズ・キルトでは、着るべき人を欠いた空虚な服によってパネルのなかにその人物の輪郭が定められ、不在の肉体の姿とその肉体が占める空間が、まだエイズに感染していない、病に冒されていない状態で呼び起こされる。エイズ・キルトは、エイズによる死者の肉体をエイズになる以前の状態に回復させることを表わし、そのような肉体を、触ることができる、健康で尊厳あるものとして描きなおしているのだ。

哀悼のプロセス――死者のため？　生き残った者のため？

エイズ・キルトでは、なんのために人がパネルを作ったのかが表面化される。死者の恋人、友人、家族にとって、エイズ・キルトは、公の場で死者を悼み、自分たちの喪失を共有し、死者を称賛する儀式に参加するための手段であるのだ。

パネルを作り出すことは、悲しみと喪失を表現するための、快楽をともなう手段である。パネルを作る行為に、相当な努力、時間、実際の作業が要求されるため、その過程で快楽が生み出される。NAMESプロジェクトに送られてきた手紙から、パネルを作る多くの場合において、その製作の過程に人がどれだけ力を込め丹念にかかわっているかがはっきりとわかる。パネルを作るために費やされた時間それ自体があるひとつの記念碑なのであり、死者についていろいろと考えをめぐらせることなのだ、ということを明らかにしている手紙もある。パネルをなかなか完成させることができないでいる者も多く、ふたつ同じパネルを作り、ひとつは自分の手元に残しておく者もいる。ある個人がNAMESプロジェクトに書いて送った手紙を見てみよう。それには次のように書かれている。「パネルを作るのにかなりの時間がかかったけれど、僕はそのことをとてもうれしく思う。かなりの時間がかかったからこそ、自分がパネルを縫うのを多くの人に見てもらうことができた訳だし、そのような人と話すことができたのだから。僕らはエスペランドについて話し合った……エイズについて話し合った……エイズのウイルスのために死んでいった友人たちについて話し合った……愛と思いやりについて話し合った……こういったことが重要なんだ」。

死に直面してあるひとつのオブジェを作り出すことは、人と人をつなぐ行為となる。エレイン・スキャリーは、次のように書いている。「ひとつのものを作り出すことは社会的な行為である。というのも、そのようにして作り出されるオブジェは（それが芸術的な作品であるか日常的に使うものであるかにかかわりなく）、ほかのひとびとのなかに入り込み応答を引き出すことが意図されているからである」[★22]。すべてのオブジェで人と人との接触が意図されており、とくにエイズ・キルトでは、その母性的な性格でもって、エイズの孤独や寂しさに対抗するために人と人とのつながりや共同性といったメッセージが伝えようとされている。

パネルを作ることは快楽と同時に痛みをともなう。悲しみと深く向き合うことによって、パネルを作る人は癒しを得ることになる。それゆえ、エイズ・キルトをめぐって、哀悼することの目的とは何かという問いが起こることになる。われわれが哀悼するとき、それはだれのために哀悼しているのか、といった問いである。エイズ・キルトにおいて、生き残った人がなんのためにパネルを作ったのかということや、パネルを作ることによってあるコミュニティがそこでは作り出されていることが表面化されており、哀悼することが、たんに死者を記憶し死者が生きていたことの意味や価値を記すことではなく、死という喪失から何かを作り出そうとする試みでもあるということが明らかになる。そしてエイズ・キルトをめぐって、エイズの流行から引き出されうる「よいこと」について多くの言説が語られる。新たに発見された人間のよい資質について、悲劇に直面して自分たちやほかのひとびとのあいだに見つけ出された力について語られる。われわれが哀悼するとき、それはたんに死者のためでなくわれわれ自身のためでもあるのだ。

ベトナム戦争記念碑において、以前には認められることのなかった喪失や悲しみの表現としてそれが受けとめられるようになったことと同様に、エイズ・キルトにおいても、それをめぐって多くの感情の表現が生み出される。ベトナム戦争記念碑においてと同様、喪失と孤独の経験を共有することの不可能性がエイズ・キルトにおいて受けとめられ和らげられている。そして喪失と孤独の経験とは、たとえば、エイズによる死者の家族がエイズ患者を家族にもったことからくる不名誉をこうむらないようにするために沈黙を守ってきたような経験とか、エイズによって自分の友人すべてを失うという深い悲しみの経験だとか、あるいは自分自身に訪れることになるエイズによる死を考えざるをえないような経験である。

エイズ・キルトではまた、ある悲しみの儀式が演じられる。エイズ・キルトが展示されるとき、それぞれの展示はNAMESプロジェクトによって監督され組織される。エイズ・キルトを通して、見にきた人が悲しみの行程をたどることができるように展示の配置がなされる。ベトナム戦争記念碑の壁をつたっていく行程とは異なり、エイズ・キルトを通しての悲しみの行程は、つねに変化しつづけるものとしてある。同じ展示が二度なされることはなく、それぞれの展示において始まりの地点も終わりの地点も存在しない。

エイズ・キルトでは、一回一回の展示がそれぞれ高度に構築されたイベントとしてある。エイズ・キルトが展示されるときオープニングの儀式として、折りたたまれたパネルが開かれそしてふたたび閉じられる。死者の名前が読み上げられ、書き込み用の署名パネルに署名がなされ、展示をぬって行進が行なわれる。このように、オープニングの儀式がすでに、綿密にしかもほとんど演劇的に構成されている(図20)。エイズ・キルトが展示されるときには、地元のボランティアのひとびとが監視員としてつき、ティッシュの箱をもっている。ボランティアのひとびとは、見にきた人にいつ話しかけてその人を慰めればよいのかとか、いつ見にきた人のもとを離れてひとりにさせてあげればよいのかとか、いつティッシュを差し出すべきでまたいつ差し出すべきでないのかとか、あるいは許可をえることなく見にきた人に触ってはいけないといったことを、事前に教え込まれている。このような儀式によって、喪失と悲しみの表現が促され

図20　ボランティアのひとびとがエイズ・キルトを開いているところ。1992年、ワシントンD・Cにて。撮影：マーク・テイセン。NAMES Project Foundation.

――声を上げて泣くことは、ごく当然な反応だと考えられ、適切にティッシュが与えられる――また、それぞれ個人でそして集団で悲しむことが容易になる。[★23]

エイズとともに生きているひとびとにとって、エイズ・キルトの展示に訪れることは、たんに死者を思い出すための機会であるだけでなく、その展示を見ることによって自らの予想される死に直面するための機会でもある。たとえばヴィト・ルッソはその晩年に集会に参加してしばしば次のように述べた。「自分の名前が記されたキルトを来年ホワイトハウスの目の前に展示して欲しくないと伝えるために、今日わたしはここにきました」。しかしかれの意志に反して、かれの名前を記したパネルがいくつかいままで作られてきた。エイズとともに生きている多くの人にとって、エイズ・キルトが喚起するイメージとは、厳しい死といったイメージでもあるのだ。[★24]

エイズ・キルトが展示されるとき、哀悼することを構成するさまざまな感情が、つまり悲しみや後悔や恐れや誇りといった感情が定義されていると考えることができる。しかし、エイズ・キルトの怒りにたいする関係、そして哀悼することとの怒りにたいする関係が、エイズの運動においてはつねに争われてきたのである。ゲイの活動家のコミュニティにおいて、哀悼することや追悼することがひとびとを組織し抵抗することに対立してしまうと考えるひとびともいる。このようなひとびとにとって、エイズ・キルトは生きているひとびとの怒りから関心をそらしてしまうものとして考えられており、あるひとりの活動家は次のように述べている。「悲しみはどうして報道陣を大勢呼び集めるだけで終わってしまうんだろう？　どうして生きているひとびとや抵抗するひとびとを呼び集めることにはならないのだろう？[★25]」

ここで問題となっているのは、集団として哀悼することとの怒りにたいする関係である。ジグムント・フロイトは、「悲哀とメランコリー」のなかで、哀悼することは個人による孤独な経験であると定義している。

愛する者を失ったための深い悲哀も、おなじく苦痛にみちた不機嫌、外界への興味の喪失――外界が愛する者の思い出につながらぬかぎり――新しく愛の対象をえらぶ能力の喪失――悼まれる者のかわりになるかもしれないのに――死者の思い出に関すること以外のあらゆる行動を回避するなどメランコリーとおなじものをふくんでいる。こういう自我の抑制と制限は、悲哀にまったく身をゆだねたことの現われであって、ほかの意向や興味のためにはなにも残されていない。[★26]

フロイトの定義では、集団として哀悼することとの役割について語る余地が残されていない。しかし、エイズの危機とともに日々生きている多くのひとびとにとって、個々人で悲しみにふけるとか、あるいはそれぞれの個人の死にたいして適切に哀悼するといった暇はないのである。エイズの流行のただなかで生きているゲイの男性で、記念碑の数があまりに多くなりすぎて、哀悼としての意味がもはや失われてしまっているため、自分たちはもう記念碑にかかわる仕事に参加しないと述べる者が多い。悲しみよりも怒りこそが重要だと捉える者が大勢いるのだ。はたして怒りも哀悼のひとつの形態であるのだろうか？　たとえばジョーンズは、ワシントンにエイズ・キルトを展示することを、国民の前に証拠を突きつけることと捉えていたが、かれはエイズ・キルトを、怒りの表現であるというより、まず何より悲しみと希望の表現なのであると定義している。

エイズ・キルトは社会の権威のあるひとびとに挑戦し訴えかけるために使われてきた。しかし僕たちは怒りを利用しはしない。エイズ・キルトのなかで怒りが解き放たれてはいるし、怒りが表現されてはいる。しかし僕らはその怒りでもってひとびとを切り離しはしない。この点が、僕と、この運動にかかわっているほかのひとびととのあいだに相違が生まれる大きな原因である。ほかの人はエイズ・キルトがより怒りをもった表現であることを期待する――かれらは、それをもって、ブッシュの夏の別荘まで押しかけて周りを囲んでやろう、というのである……。ある面で、怒りとその表現というのは必要以上に買いかぶられていると思う。自分の腹や胸に怒りを抱え込むとき、結局T細胞が失われていくことになってしまうことを考えてみてもいいのではないかな。

多くのエイズ活動家にとっては、哀悼することは集団を介して行動へと転換されるものである。ダグラス・クリンプは次のように書いている。「われわれの多くにとって、哀悼することは闘うことへ変わっていく[★27]」。多くの人にとって、抵抗の行為が哀悼の儀式に取って替わることになっている。しかし他方、別のひとびとにとっては、エイズに直面して哀悼することは、そのような怒りとか抵抗とは異なった形態を取ることになる。たとえば、スラムの共同体で生活するひとびとにとっては、中産階級に属するひとびとが自らの権利を主張して怒りを表明するのとは異なり、哀悼することは激しい絶望に染められた表現となる。また、死者の家族の多くにとっては、哀悼することは恥や罪といった感情を処理することであるのだ。それゆえ、エイズ・キルトにあっては、哀悼することは、怒りの表現であり希望の表現であり、そして何よりも共有されるべきあるものとしてある。

女性の仕事と男性の悲しみ――エイズ・キルトとジェンダーの政治学（ポリティクス）

ベトナム戦争記念碑と同様に、エイズ・キルトもまた、女性性と男性性という概念が争われる場である。一方でエイズ・キルトは、女性の集団による手仕事の伝統を喚起することから力をえている。他方、ベトナム戦争記念碑と同様に、エイズ・キルトもまた、それとはかなり異なったものであるにせよ男性的な概念が作り出される場所としてある。エイズ・キルトをめぐって、ベトナム戦争後という言葉や戦争という言葉がメタファーとして使用されているのである。シンディー・パットンは、エイズとベトナム戦争をめぐっての男性性という概念について、次のように述べている。「エイズの被害を初めて受けた世代は、おおまかにいってベトナム戦争帰還兵の世代である（それゆえ、エイズの診断法が確立していなかった初期の時期において、エイズだと診断されたひとびとのなかに、多くのベトナム戦争帰還兵がいた）。そのため、エイズもベトナム戦争も、性的に男性のみのものと高度に規定された領域に属する男性的な経験という役割を負うことになる[★28]」。

エイズの流行の初期のころにおいてエイズは男性の病であると考えられていたため、女性や子どもにたいしては、多くの医者が誤診を犯すこととなり、またウイルスに感染することの危険性について警告し損ねている。[★29]アメリカ疫病管理予防センター（ＣＤＣ）が、女性の症状についての記述をエイズの定義に書きくわえたのは、一九八六年のことである。多くの女性はエイズについて正しい情報をえることができず、実際エイズの女性患者は男性患者よりも早く死ぬことが多かった。その後、活動家たちの努力でエイズの女性患者に焦点があてられることが増えていったとはいえ、エイズとゲイの男性を結びつけて考えることや、そのように考えることの結果としてゲイの男性のあいだでの予防と処置を強調することが、いまだにエイズについての支配的な考え方である。

アメリカにおいてエイズのジェンダーの政治学（ポリティクス）は、エイズの文脈から女性を消し去ってしまうことの危機から始まっている。ゲイの男性が女性の代わりの役割を果たしたのであって、ポーラ・トライクラーは次のように述べている。「エイズ譚では女性の表象は必要とされていない。ゲイの男性たちが汚れた他者として、女性の代わりを務めているからである[★30]」。しかし、ゲイの男性は社会一般において周縁的な地位に規定されてきたため、エイズは、男性の病とか男性性の病として理解されている訳でもない。このようにエイズをめぐる男性性のあいまいさについて、マイケル・キンメルとマーティン・レヴィンは次のように書いている。

（血友病のように）生物学的に性と関連しているわけではない病気で、エイズほどひとつの性と結びつけて考えられてきた病はない。しかし実質的には、誰もエイズを男性の病として語ろうとはしないのである。……われわれの社会にあっては、ある人がリスクの高い行動をどの程度取ることができるかを見ることで、その人がどの程度男性的であるかの度合いをはっきりと測定できるとされている。……男性にとっては、「安全なセックス」という語句は矛盾した言葉なのであって、性的なものは安全ではないし、安全なものは性的ではないのだ。セックスは、危険やリスクや興奮についてのものであり、安全さとは、快適さや柔らかさ、そして防衛についてのものである。……そのため、（エイズの男性患者は）男性性の規範からはみ出してしまうような「性的倒錯者」でも「異常者」でもない。それどころか、エイズの男性患者は、男性の行為におけるその身を破滅させてしまうような規範にたいして、過度に順応している者として理解されるのである。[★31]

合州国において、エイズがゲイの男性の病として規範化されることによって、エイズにおけるジェンダーの役割が、あいまいで不安定なものとなる。エイズは男性のものであると同時に男性のものでない、とされるのだ。

さらにエイズ・キルトにおいては女性の手仕事が利用されているため、そこではエイズにおけるジェンダーの役割がさらに複雑なものとして表象されることになる。統計的な数字はつねに変化しつづけているが、エイズ・キルトにおいて大半のパネルはゲイの男性への記念碑としてある。エイズ・キルトの展示にあって、男性による男性への愛の表現は、非難されるものでなく当然と考えられるものであり、称えられるものなのだ。男性同士がお互いに抱き合い、男性の愛について語り、そして父親が自分の息子の喪失にたいして哀悼する、このようにして、感情や悲しみを公に表現することについて男性性によるある関係が新たに生み出される。エイズ・キルトの展示にあって、ストイックに悲しみのみに向き合う表現はないのだ。

エイズ・キルトにおいて男性の愛について語る声は、直接的であり、相手への思いにあふれ、そしてエロティックであることが多い。ある有名なパネルで、壁を背に立つ男のシルエットのイメージからできているものがある。この男のシルエットは、ディヴィッド・ケメリエが、自分の恋人の、ネイティヴ・アメリカンであるジャック・ウォールがなんとか立つことができたころのイメージを描いたものである。この男のシルエットを取り囲むようにして、手で次のような文章が書き込まれている。

——ジャック・ウォールは僕の恋人だ。ジャック・ウォールはエイズだった。ジャック・ウォールは死んだ。ジャック・ウォールを愛している。ジャック・ウォールはいい奴だ。ジャック・ウォールは僕を成長させてくれた。ジャック・ウォールは取っ組み合って僕を殴ることができた。ジャック・ウォールは僕を愛してくれる。ジャック・ウォールは思慮深い。ジャック・ウォールはベッドですごい。ジャック・ウォールは知的だ。ジャック・ウォールを愛している。ジャック・ウォールは僕とともにいる。ジャック・ウォールは僕に刺激を与えてくれる。ジャック・ウォールがいなくて寂しい。ジャック・ウォールは信心深い。ジャック・ウォールは自然のインディアンだ。ジャック・ウォールは若々しい精神の持ち主だ。ジャック・ウォールは裸が美しい。ジャック・ウォールを愛している。すぐにきみのところへいくよ。

ケメリエは次のように述べている。「遠くからでもそれが人だとはわかるが、かれが本当にどういった人間だったかを知るためには近くに寄ってこなくては駄目なんだ」[★32]。ここでは言葉の記述が、死者がそこに存在していることを、そして死者を送る複雑な過程を写し出している。ジャック・ウォールはそこにいる。ケメリエはこのパネルに署名しているわけではないが、ケメリエもそこに存在しており、この文章に印されたケメリエの存在は、最終的にはジャックに直接語りかけている、このようにパネルを見る人は理解することができる。

しかしゲイの男性が愛を主張するとき、そこには、快楽と解放についての物語と考えられてきたものがはらむ語られえない亀裂が混入されている。

――初めてポールに会ったとき(八一年四月)に感じたことはこんなことだ――ポールのどこを僕は気に入っているんだろう? ぞっとするような笑顔、これがひとつ。なめらかに肉のついた体もそうだ。そして何にもまして、かれは知的で(とても驚かされるほどに)、そして最高に大胆で自信にあふれていた(興奮させられ、おそらくは威圧されるほどに)。三〇のとき、かれは最高にすごかった。たぶんかれを愛しているんだと思う……これが最後に(一九八七年三月)感じたことだ。……これが憶えているかぎりかつてもっとも愛した男である。これがかつて喜んで人生をいっしょに過ごそうとした男である。いまかれは死んでいる。最高の経験だった。マイク、八七年十月。

エイズ・キルトではゲイの男性の愛が力強く表現されているが、そのことによって、ヘテロセクシャルの男性の声の不在が逆にはっきりと明らかになっている。ゲイの男性の死者の父親たちが、陰のようにパネルに現われることもあるが、妻がゲイの息子について考えを変えるよう自分を連れてきたというメッセージを記すとか、妻がパネルを作ったあとで署名だけするというようであって、かれらは中心的に現われることがほとんどない。[★33]死者の父親や兄弟や友人で、ストレートの男性が作ったというパネルの数も極端に少ない。さらに、エイズ関連の組織の業務は、ゲイの男性たちや、レズビアンとストレートの両方の女性たちが携わっていることが大半である（ただし、科学的調査については主に男性が携わっている）。予想以上に女性の参加があるのは、伝統的に女性が健康に関しての運動に携わってきたこと、男性のあいだで同性愛嫌悪（ホモフォビア）が一般的であることによっている。しかしキルトの場合、キルトを縫うことの意味との関連のため、そのダイナミクスはより複雑なものになっている。

キルトが手で触って心地よく柔らかいものであるということは、エイズ・キルトのジェンダーの政治学においてもっとも重要な要素となっている。エイズ・キルトのそのような性質について、エイズ・キルトが「純然たる感情」をもっていると述べる者もいれば、エイズ・キルトが「あまりに傷つきやすい性質のためにほとんど困惑させられるもの」であると述べる者もいる。[★34]一部のエイズ活動家にとっては、エイズ・キルトは、あまりに柔らかく受動的すぎ、喪失については多くを語っていても十分に怒りを表わしきれていない。布がもつかたちを変えるという性質が傷つきやすさとして解釈されている、あるいは誤って解釈されているといってよいかもしれない。

しかし、布が傷つきやすいものであるということは何も始めから決まったことではなく、実際に、政治的な目的で使われた旗などの歴史を振り返ってみれば、どれだけ伝統的に力強い象徴的な道具として布が使われてきたかがわかる。布を傷つきやすさと関連づける考え方は、むしろキルトを縫うことを女性の仕事として差別的にジェンダー化する読み方であるのだ。ジョーンズは次のように述べている。

キルトを縫うことは女性の手芸の仕事である、このことを僕はよく意識していた。レズビアンとゲイの権利のためのワシントンでの国民の行進に向けて、何かいっしょに作り出そうとミシンの前で怒りをためて座っていたたくさんの男たちのことを、キルトを縫うことがエイズ・キルトにつながっていく前の段階で思い浮かべていたことも僕は憶えている。初めてのパネルは、たしかにすべてゲイの男性がゲイの男性のために作ったものだった。しかし、事実はそれだけではない。ごく初期のころから女性もエイズ・キルトにずっとかかわってきたのである——レズビアンの女性も、ストレートの女性も。★35

ジョーンズは、とくに女性の仕事といった語でエイズ・キルトのプロジェクトを捉えることで、男性性のステレオタイプを相殺している。「僕たちは、女性の技術を使うことで、ひとびとに、あまりに攻撃的な男性的性的要素というものを超えて物事を考えてもらおうとしているんだ」。キルトには、養うこと、元気づけること、守ってあげることという意味が含まれており、このような意味は、ゲイ・コミュニティでエイズのひとびとに世話がなされていることや、死にいくひとびとに思いやりのある対応がなされることへとつながる。しかし、このように女性の仕事といった側面へと移行することによって、そこではいくつかの意味が同時にはらまれることになる。エイズ・キルトの家庭的な性質は、養うという意味で読まれると同時に、潜在的に衛生化するという意味でも読まれるのだ。

ベトナム戦争記念碑のデザインについていろいろと批判されたことが疑わしいものであるのと同様、エイズ・キルトを受動的なものとして描写することもまた疑わしく思える。エイズ・キルトが展示されるとき、諸セクションのうちのほとんどは地面に寝かされ、いくつかは壁につるされる。展示を見にきた人はほとんどの場合、上から見下ろし、そばに膝をつき、そして触れる、といったかたちでエイズ・キルトに接することになる。エイズ・キルトは堅いそびえたつ彫刻としてあるのではなく、ちょうどベトナム戦争記念碑が地面に広がるように配置されているのと同様、平らに寝かされている。ベトナム戦争記念碑と同様、エイズ・キルトも反男根的な意図をもっているのだ。

エイズ・キルトがどれだけ大きなものであるかを考えてみても、受動性とか柔らかさといった概念を当てはめるだけではすまないことがわかる。実際、一般的に受け入れられているエイズ・キルトのイメージとは、スペクタクルとしてのイメージ、つまりワシントン・モール一面に何万ものパネルが広がるスペクタクルとしてのイメージなのだ。このようなイメージは、優しい親密さだとか、受動的で従順な空間といったイメージではなく、ひとを圧倒する大きさというイメージである。ある作家が書いているように、「エイズ・キルトは何トンもの重さであり、……ひとやものを押しつぶすだけの重さがある」のだ。[★36] エイズ・キルトは反男根的かつ反攻撃的にわれわれの目の前に現われるが、それは「女性的」だとか受動的ということを意味するのではない。自らの「わたしを包み込む」性質とぶつかりあう圧倒的な大きさをもつオブジェとして、エイズ・キルトはある。

ストレートの男性はキルトを縫うことを軽蔑の目で見ているため、エイズ・キルトの仕事に携わる数は多くはないが、キルトを縫うという作業は、多くの女性への架け橋としての役割を演じている。エイズ・キルトにかかわった女性たち、とくに死者の母親たちが、手紙やパネルをNAMESプロジェクトのもとに送ってきている。若い白人中産階級の女性も、年輩のより保守的な女性も、数多くエイズ・キルトにかかわっており、エイズのために死んだ女性へ作られるパネルの数も増えている。パネルを作る女性の場合、自分の息子や夫の死によって、自ら政治的にならざるをえなかったということがしばしばある。そういった女性たちは、自らの痛みと喪失を記述し、死んだ息子や夫のゲイの友人とのあいだに新たにコミュニティを見いだしたことを書いている。ある女性の例をあげよう。この女性は都市郊外に住む主婦で、夫は自分がバイセクシャルであることを否定していたが、その夫をエイズでなくした。次にように述べている。「わたしは知らない人たちのところへ、生きていくための援助を求めにいった。……エイズのひとびとやゲイのひとびとといっしょに生活する他なかった。援助してくれた人たちは、わたしが知らなかったジョンの一面、相手にたいして自ら与え世話しようとする一面を、わたしに教えてくれた。喜んでオープンに接してくれる男の人たちがいる、わたしは運がいい」[★37]。

このような女性たちにとって、キルトであるという形態自体、ラディカルな力としての役割を演じている。国中でキルトを縫う作業が行なわれているが、この作業の多くは女性によって担われており、女性たちは、作業にかかわり自らをキルトの作り手として受けとめることになる。このように自分を認識することは、女性がエイズ・キルトに関係するために不可欠である。これらの女性は、エイズやゲイ・コミュニティとかかわったことがなかったひとびとであるが、ジョーンズがこのプロジェクトを思い描いたときに心のなかで考えていたひとびとと典型的に一致する。自分の祖母が参加できると感じるようなものとしてそれを思い描いていたのである。

ベトナム戦争記念碑と同様、エイズ・キルトも、男性性と女性性についての標準的な定義に亀裂を入れ、それを再構成する。エイズ・キルトは男性的なオブジェでも女性的なオブジェでもない。それはむしろ、悲しみと喪失にたいする男性の関係を、記憶と男性性にたいする女性の関係を再形成する場所としてある。

男性がいかに悲しむべきかがエイズ・キルトで主張されており、ゲイの男性がストレートの男性に教え諭すことができるものとしてしばしばその主張がはっきりと表現される。ベトナム戦争がアメリカの男性性が失われた場所として表象されてきたが、ゲイの運動は伝統的なヘテロセクシャルの男性観にたいしてよりラディカルな脅威としてある。ベトナム戦争記念碑とエイズ・キルトによって、男性の悲しみにたいする関係について新たな規範が出現してきているのだ。

帰属と所有

エイズ・キルトをめぐってさまざまな議論がなされているが、その議論の中心をなすものとして次のような問いがある。エイズ・キルトが誰に「属して」いるのか？　という問いである。エイズ・キルトがどれだけ「ゲイ的」なものであるかについて、エイズ・キルトとゲイ・コミュニティとの関係について、ゲイのプレスでは議論が重ねられてきた。エイズ・キルトのパネルを作ることは、いまでもゲイであることを示すものとして受けとめられてはいるが、エイズの流行が統計上変化しつづけるとともに、女性や子どもも、そしてヘテロセクシャルの男性へのパネルの数が、時間のずれはあるにせよ増えている。

エイズ・キルトは、ゲイ・コミュニティが自らを再定義するさいに非常に大きな意味をもたらした。ゲイ・コミュニティのイメージが、快楽を求めるものから相手を世話するものへと変化したことを、エイズ・キルトは象徴的に示す。この変化は、主流(メインストリーム)のメディアと、ゲイ・コミュニティの一部メンバー、それぞれが寄与し形作ってきた。主流のメディアにおいては、責任という問題を考えるときに快楽を追い求めるといったイメージでゲイ・コミュニティを捉えるのではうまくいかないといったことから、このように変化を特徴づける。ゲイのプレスでは「リハビリ」についての議論のなかで、次のようなことが強調される。相手を世話するという性質や共同性という性質は、いままで主流の文化のなかで見えていなかっただけで、ゲイ・コミュニティのある側面として、エイズが流行する前からずっとあったものなのだ、と。

カストロのある住人は次のように述べている。

七〇年代、ここで行なわれたゲイの運動は、性的な自由を促すという名目のもので、ほとんど全体主義的な社会を作り出した。はっきりと意識された決定がなされたわけではなかったが、その運動は進展していった。しかしそこには従わなければならない暗黙の了解といったものが仲間内にあって、自分たちで自分たちのことを批判するとか、自分たちのことをよく調べてみるといったことはできない状況だった。……しかしエイズのために、他の出来事からは考えられないかたちで自分たちのことを再検討しなくてはならなくなった。いま僕たちは革命を見ているんだ。生命とはなんであるか、人と人との関係とはなんであるか、ゲイであるとはいったいどういうことなのか、こういったことを評価しなおす現実に僕らは直面している。[★38]

ゲイ・コミュニティの新しいイメージにたいして、シニカルにこれを観察する者がいないわけではない。「たんに五〇年代に戻ったようじゃないか。ひとびとが訳のわからない理由で結婚するだけだ」という者もいる。[★39] しかしこの新しいイメージは、エイズの流行から起こった「よいこと」をたしかに示すものでもある。死んでいったひとびとや、死という喪失に苛まれる生き残ったひとびとを慰めるために、愛情が向けられたり世話がなされたりしている。ゲイの新聞「サンフランシスコ・センチネル」のある編集者は次のように述べている。

エイズ・キルトはまた、ゲイの解放のための長い長い闘いに貢献するであろう。科学的に真実であるかどうかにかかわりなく、エイズはゲイの病と考えられている。NAMESプロジェクトによって哀悼される膨大な数の命を、アメリカはゲイのものとして扱うことになる。かつて牧師であった、ジョン・マクニールは、最近次のような観察を行なった。つまり、ストーンウォールの叛乱によってゲイのセックスが明るみに出されたが、エイズの危機によってゲイの愛が明るみに出されたんだと。偏屈に凝り固まった精神の持ち主だけが、パネルを見ても、それを作ったひとびとの愛を感じないのである。★40

しかしクリーヴ・ジョーンズは一九八八年に、「僕たちはゲイの組織ではない」と宣言した。ジョーンズがいうには、NAMESプロジェクトを「ゲイのもの」と呼ぶことは、ヘテロセクシャルの人でエイズになる人の数が増えている事実を無視することになる、ということであった。このジョーンズの宣言を批判する主張も起こり、エイズ・キルトが、ゲイ・コミュニティで「生まれ」、養われ、そして支持されてきたにもかかわらず、カストロ地区に自らのルーツがあることを忘れてしまったNAMESプロジェクトの組織が、このコミュニティからそれを移し出そうとしている、と非難した。NAMESプロジェクトは、エイズ・キルトを「脱‐ゲイ化している」として非難された。そして「脱‐ゲイ化」という言葉は、エイズの流行の表象における戦略上の変化を示すために使われることになる。「脱‐ゲイ化された組織のくだくだしい説明」をめぐっての議論のなかで、ロビン・ハーディーは「ヴィレッジ・ヴォイス」において次のように述べている。「もっともひどいのは、NAMESプロジェクト、そしてそのキルトのメモリアルである。ゲイのひとびとの財布から何十万ドルものお金を吸い上げておきながら、印刷物から「ゲイ」という言葉を取り除き、記念冊子の表紙に、母親と子どもたちが写った写真を据えるのである」。★41

一方で、エイズ・キルトでは名指された死者はすべてゲイと考えられてしまうため、エイズ・キルトがゲイ的すぎると考える人がおり、他方、NAMESプロジェクトが十分にゲイ的でないと考える人もいるのだ。このような見解の相違は、NAMESプロジェクトがその規模を拡大しようと努力したことの結果である。ジョーンズは次のように述べている。「僕たちは、ゲイではないひとびとが嫌だと感じないようなシンボルや語彙をとても慎重に選んで使ってきた。僕たちはゲイの組織だとレッテルを貼られることに抵抗しているんだ……。エイズの流行によって起こったさまざまな応答を見てみるなら、僕らのプロジェクトがもっともひとびとを包括するようなものとしてある、本当に僕はこう信じている。僕らはヘテロセクシャルのひとびとを呼び集める、苦しんできた家族も呼び集めるんだ」。ジョーンズはとくに、キルトを見にくる可能性のある人すべてを視野に入れて、不変のものに辿りつくことを語り、ゲイでないひとびとを教育するための手段としてエイズ・キルトを概念化することを語る。これにつづけて次のように述べている。

この五年から十年にかけて、僕や僕と同じ立場にある人間みんなが「エイズはただのゲイの病ではない」ということを述べてきた。そのようにいわなければならないときはいつも気が滅入る思いがする。というのも、僕自身や僕の世界に起こっていることを矮小化して考えたくないと思っているから。

……僕はこのあたりにもう二〇年近く住んでいる。自分の知っている人がどれだけたくさん死んでいったか数えることさえできない。毎週死んでいく人の数は増えていくんだ。しかし僕は信じているんだ。エイズの歴史の最後が書かれるそのときを、発展していく世界を破壊した貧困と無知からくる病としてHIVが振り返られるようになるそのときを。アフリカの人口の三分の一にあたるひとびとを殺した病として、ブラジル人の一世代に相当する数のひとびとを消し去った病として、HIVは記憶されることになるだろう。工業化された世界で、同性愛嫌悪のひとびとやホモセクシャルのひとびとに起こったことが、自然と社会が生み出した気紛れにすぎなかったと理解されるようになるだろう。

エイズの流行が誰のものであるのかという問いがエイズの流行の中心をなしてきた。エイズの流行が自国の問題であると合州国が認めようとしないことをめぐって、たとえばエイズの流行の源はアフリカであると合州国で主張されることをめぐって、初期のころに論争が繰り広げられたのであるが、いまではこの論争は別の論争に取って替わられている。エイズが自分たちのものであるとゲイ・コミュニティがはっきりと主張していること、そしてエイズが自分たちのものでないと黒人やラテンアメリカ系のひとびとのコミュニティがはっきりと拒否していること、こういったことをめぐって論争がいま行われている。エイズの影響を受けているコミュニティの二重の側面がますます明らかになってきており、NAMESプロジェクトもしばしばそのようなコミュニティの分裂に巻き込まれている。NAMESプロジェクトの広告のコピーで、「笑うこと。愛すること。生きること。危機のただなかにあって、何か美しいものが、魔法のようなものが、そして自分の友人が……ただの名前以上の存在であることをいつまでも約束してくれるようなものが起こる」というようなものがあるが、このコピーに使われている言い回し(レトリック)は、エイズの影響を受けたラテンアメリカ系や黒人、そのほかの貧しいひとびとのスラムの共同体においてではなく、ゲイのひとびとのものであれストレートの人のものであれ、まさに中産階級のひとびとのコミュニティにおいて機能する。エイズ・キルトは、エイズに影響を受けた合州国内のコミュニティのほんの一部の人が、つまり「精神的な成長」や哀悼のために時間もお金もかけることができるひとびとが、作り出したものにすぎないのだろうか?

エイズ・キルトでは、新しいコミュニティの創出が促されるが、同時にアメリカの社会に存在する大きな断絶が繰り返されている。この断絶はまさにエイズの流行によってさらに重く大きなものとなっている。たしかにエイズ・キルトによって生み出された莫大な数の物語が、見知らぬひとびとがいっしょになることについて語ってきた。お互い知らない者同士が集まって、キルトの展示のために働くという話、ひとびとが自分の知らない人のためにパネルを作るという話、死者の恋人と家族がいっしょに作業をするという話、死者の母親や妻がゲイの男性たちとのあいだにある共同性を見いだしていくという話などである。エイズ・キルトのパネルを通して明らかになったように、疎外や拒絶や差別についての物語が数多くある一方で、エイズによって影響を受けたひとびとが、死という喪失を媒介にしてある共同体を作り出したことについての物語もまた無数にあるのだ。エイズ・キルトをめぐってこのように共同体が作り出されており、このことはさらにエイズ・キルトの展示へも及んでいる。エイズ・キルトの展示において、ひとびとが出会い、同じ人物のために自分たちがそれぞれ別のパネルを作り出したことを知るのだ。ある人の人生の複雑な網の目は、その人が死んだあとでも幾重にも織り込まれつづける。

NAMESプロジェクトに送られてきた手紙で、伝統的な家族のなかで新たな共同関係が生み出されていることを語るものがある。

母さんは、僕がデニスのためにパネルを作ったかどうか知りたがっていた。作ろうとしたけれど、デニスの死の苦痛や喪失を思い出して完成させることができなかったと説明した。……去年の十二月、クリスマスのときに家に戻った。晩ご飯の後、みんなで贈り物の包みを解いた。最後に残った僕への贈り物を開けると、僕の家族がデニスのために作ってくれた最高に美しいパネルだった。母さん、姉や妹、おばさん、そしてお祖父ちゃんがみんなでキルトを作ってくれたんだ。……NAMESプロジェクトがあったおかげで、僕の喪失を共有しているんだということをみんなが僕に伝えることができた、こう思っている。心配しているんだということを僕に伝えるための手段をみんなに与えてくれて、感謝いたします。

このような話によって、ゲイの男性は家族から疎外されているものという偏見（ステレオタイプ）が偽りであることが示されている。★42 さらに、エイズの流行をめぐる一般的な考え方においては、ゲイ・コミュニティのなかにあり、核家族の構造の外側にあるような、拡大した意味での「家族」についてはほとんど考慮されていない。NAMESプロジェクトに送られてきた手紙で、なぜ見知らぬ人同士が、エイズで死んだ人のためにパネルを作りたいと思うのかが描写されているものがある。

――デヴィッド・トンプソンやかれの恋人のことについて知っているわけではなかった。共有する写真があるのでも、かれの経験してきたことについてやさしい記憶があるのでもない。僕らは面識のまったくない他人同士だった。しかしかれが死んだとき、僕は信じられないくらいの寂しさに襲われた。

一九八六年の十月二十三日に、新聞でかれの死の知らせが載せられていた。「十月十二日、日曜日の夜、僕の恋人であり最高の友人であるデヴィッド・R・トンプソンがエイズで死んだ。かれとは素晴らしい十年を過ごすことができた。かれがいなくてとても寂しい」。僕のこの手紙は、デヴィッドの恋人にあてられたものである。かれのデヴィッドへの愛が、僕の心をとてもやさしく揺り動かしたということを伝えたい。[★43]

――われわれがこのキルトに携わることで、家族としてどれだけ多くのものをえたかを伝えたくてこの筆を執ります。われわれはいっしょに作業し語り合い、ロドニーを愛するようになった。われわれはかれについて実質的には何も知らない。しかし、みんながかれのことをとても身近に考えるようになった。われわれのがものごとを考えるとき、そしてお祈りをするとき、ロドニーはこれから何年もわれわれ家族の一部としてありつづけるだろう。

エイズ・キルトのパネルにおいて、まっとうすることなく切断された人生を記憶するとはどういったことを意味するのか、人は見知らぬ人の死によってどのように心を動かされうるのか、といった問いが示される。地方ごとのキルトを縫うひとびとによって多くのパネルが作り出されており、ボランティアでパネルを作るひとびとは、死者について少しのことを共有しているにすぎない。生まれた日、死んだ日、職業、その死者がドラッグ中毒だったなどの知識、といったことが共有されるだけである。パネルを作るこのようなひとびとにとって、エイズによる死のすべては悲劇的なのであり、早すぎるものであり、正当化することもできず、寂しいものである。

しかし、コミュニティを作り出すことと償いについてこのような物語がある一方で、そしてエイズ・キルトが統計のうえでも変化しますます多様なものになっていく一方で、エイズ・キルトはまず第一に中産階級の白人によるプロジェクトであるのだ。エイズ・キルトは、同性愛嫌悪（ホモフォビア）と対決しそれを消し散らしてしまうための力強い手段であるけれども、人種と階級に関する諸問題に橋を渡す手段としては、まだ利用され始めたばかりである。ゲイ・コミュニティと、スラムの黒人やラテンアメリカ系のひとびとのコミュニティのあいだには、エイズの流行のすべての局面において、困難な境界線が幾重にも引かれている。白人ではないひとびとのコミュニティへまでエイズ・キルトは射程を広げつつあるが、それでもエイズ・キルトはやはり白人の、ゲイのプロジェクトとして見られている。エイズ・キルトがその起源をカストロ地区にもつために、そのようなコミュニティがエイズ・キルトを拒否することになっているのだろうか？

特権性をめぐる問いは、エイズ・キルトの本質と直接的な関係をもっている。スラムの黒人やラテンアメリカ系のひとびとのコミュニティでエイズと向き合い闘っている組織のほとんどは、キルトを縫うために必要な労力や資金をもっていない。キルトを縫うことは、やはり、エイズの流行のただなかにあって哀悼することができるという特権であるのだろうか？　当初、エイズ・キルトは、スポンサーとして資金を提供してくれるコミュニティにおいてのみ展示されることになっていた。一九九二年以降NAMESプロジェクトは、商品を売って得た資金の一部を使って、みずからの力ではエイズ・キルトを呼んで展示することのできない高校やコミュニティにおいて、エイズ・キルトの展示を行なっている。[★44]

エイズ・キルトの規模が大きくなるにつれ、エイズ・キルトの目的についてさまざまに関心が寄せられることとなり、ターニーの言葉を借りれば、「態度の変化」が九〇年代初頭に促された。そのことによって、エイズ・キルトの教育上の役割が再定義され、つまり白人ではないひとびとのコミュニティにおいてエイズ・キルトがどういった役割を果たしうるかが強調されることになる。ターニーは次のように述べている。「エイズ・キルトを展示したいと思うなら、そこにエイズ・キルトをもっていくだけの理由があると僕らを説得しなければならない、これが僕らが取っていた態度だった。しかしこの態度は劇的に変化した。ある意味で、僕らは自分たちからエイズ・キルトをもって出かけていって、ドアをたたき、「これを受け取ってもらえませんか?」と言おうとしている。キルトは使い古されたものなのだから、そういったことも必要なんだ。棚にきちんとたたんでエイズ・キルトをしまっていてもなんの価値もない。……ひとびとは自分たちの記憶が活性化されることを願っているんだ」。

クリーヴ・ジョーンズは、「ヘテロセクシャルのひとびとを呼び寄せ」、ゲイ・コミュニティとストレートのコミュニティのあいだの隙間に橋を渡し、そして家族を取りこむプロジェクトとして、エイズ・キルトを捉えている。自分の家族の歴史を思い起こしつつ、祖母も参加できるプロジェクトとしてエイズ・キルトを見ることで、ジョーンズは実際、キルトを縫うことについてのまさにアメリカ的なイメージを作り出す。しかし別のコミュニティでは、エイズ・キルトがもつ意味もまた異なるものとなる。ゲイとレズビアンのコミュニティとヘテロセクシャルのコミュニティでは、エイズ・キルトが表わすものにはかなりの隔たりがあるし、白人のコミュニティと白人でないひとびとのコミュニティでも、ことは同様である。これらのあいだで、キルトをめぐって緊張した関係があることこそが、エイズ・キルトのもつ意味について中心的な役割を果たすのだ。

エイズ・キルトの商業化

エイズ・メモリアル・キルトはかなり広く一般化されており、ゲイ・コミュニティにおいてそのことについて議論がさまざまになされているにもかかわらず、主流のメディアにおいては驚くほど議論が少ない。一九八八年に、テレビ番組「ナイトライン」のなかでエイズ・キルトが取り上げられている。連載漫画『わが子どもたち』においても、一回分のエピソードとしてエイズ・キルトがある話の主題として扱われていた。メロドラマ『ドゥーネスビューリー』ではエイズ・キルトが取り上げられている。ドキュメンタリー映像『コモン・スレッド』は、広くテレビで放映され、アカデミー賞を受賞している。一九八九年にはエイズ・キルト自体がノーベル平和賞にノミネートされた。

エイズ・キルトに敵意が表わされることも、その数は少ないが存在している。一九九〇年にエイズ・キルトがマイアミで展示されたとき、パネルがひとつ傷つけられ、パネルに縫い込まれていたテディーベアがふたつ切り取られた。[45] エイズ・キルトは「感染病の毛布」とか「同性愛糞野郎」と中傷されてきた。エイズ・キルトが展示されるときに、署名パネルに同性愛を誹謗するメッセージが残されることもある。このようなメッセージにたいしては、怒りの反応やそれを否定する反応を示すメッセージが書き込まれることが多い。一般的には、エイズ・キルトは中産階級のアメリカ人にきわめて効果的に衝撃を与えており、エイズで死んだ人間は、まったく「罪のない」一部の犠牲者を除けば、みんな死んで当然であると考えていたひとびとにたいして影響を与え、おそらくはそのような考えを変えさせることにもなっている。[46]

しかし、エイズ教育としての役割や、エイズのことを多くの人に知らせるものとしての役割と、パネルを作る人に快楽を与えるものとしての役割とのあいだで、ある緊張した関係が存在する。さらに基金を集めるための手段としてエイズ・キルトが機能することにたいして、とくにゲイのプレスにおいて、反対する議論がなされてきた。エイズ・キルトが広く商業化されることで、エイズ・キルトを支援してきたひとびとやコミュニティの意図が裏切られてしまい、それが「政治的なもの」となってしまうという批判がされている。NAMESプロジェクト自体、草の根のボランティア集団からスタートして、三〇人の雇用者を抱え、二五〇万ドルの年度予算を計算する、専門的な非営利組織へと成長しているのだが、このような変化にともない、エイズ・キルトの商業化がNAMESプロジェクトによって行なわれることにたいして、悲しみへの侵害であると感じるようになる者もいるのだ。

実際、エイズ・キルトを商業化することは、エイズ・キルトを運営するための資金調達の一部となっている。Tシャツ、ビデオ、『コモン・スレッド』、装丁本の『キルト』、ボタン、ポスターなど、エイズ・キルトにまつわる商品を売ることで、NAMESプロジェクトの予算の三〇%がまかなわれている。ターニーは次のように述べている。

僕らにとって、商業化とはごく狭く限定された現象にすぎない。これはいままでいつでもそうだったしこれからもそうなんだ（そしてこのことを変えようとも思わない）。エイズ・キルトが商業化されるにあたって、Tシャツや本やボタンといったありきたりのものが使われてはいるが、そこで象徴されるものはごく狭い範囲のものにすぎないんだ。しかし現実を考えてみればいい。高校キルトプロジェクトのように、それ自体では収入をまず生み出すことがないようなプログラムを試みるとする。そのときこのようなプログラムにお金の面で助成することが必要になる。端的にいって、Tシャツを売ることで助成金を調達できるのなら、僕らはそうするんだ。

NAMESプロジェクトによって、エイズ・キルトにまつわる商品、出版物セットやメディア関連の資料が生み出され、資金調達が可能になる一方で、エイズ・キルトの商業化はやはり議論の対象となってきた。「エイズ・キルトは一冊の本にすぎず、一本の映画にすぎない」と皮肉の声もあがっている。スティーヴ・アボットは次のように述べている。

エイズ・キルトのパネルは、ナイマン・マーカスの展示用ガラスケースのなかに入れられ、その後、法王を出迎えるひとびとの飾りつけとして使われた。ここでは、実際にエイズ・キルトを作ってきたひとびとのうちの少なくともあるひとびとの個人的な意図が無視され、そしてさらには搾取され利用されたのだ。端的にいってエイズ・キルトは、もはやそれを作ってきたひとびとのものではなく、官僚的な組織の役員たちによって使われ支配される商品となってしまった。エイズ・キルトが一度メディアによって「抱かれ受け入れられる」と、エイズ・キルトのもつ「意味」も、もはやNAMESプロジェクトでさえ支配できないものとなってしまったのである。★47

エイズ・キルトは色彩明るく鮮やかで、ひとびとが見て理解しやすく感動しやすいものであり、夕方のニュースや地方の新聞では、ひとびとが関心を寄せるものとして完璧な物語として取り上げられている。エイズ・キルトがある地方で展示されると、その地方の新聞で、エイズについて、そしてエイズがその地方に与えた影響について記事が載ることが当たり前になっている。しかしエイズ・キルトがこのように一般化してしまうことにたいしてある疑問が生まれる。エイズ・キルトによって死者を悼むことが促されてはいるが、その一方で現にエイズとともに生きているひとびとのことが無視されているのではないか、といった問いである。NAMESプロジェクトはこのような批判に反論しようとしており、たとえばある調査を行なって、その調査では七一%のひとびとが「エイズ・キルトを見ることによって、自分たちのふだんの生活でよりポジティブにエイズにかかわっていこうと思った」ことを明らかにした。しかし、エイズ・キルトが資金を調達する手段として機能しているゆえに、他のエイズ関連の組織が、資金をエイズ・キルトに吸い取られているのかもしれない、という感覚も残っている。

エイズ・キルトがもつ普遍的に訴えかける能力について疑問を投げかけるのは、たいていはゲイのひとびとである。かつては同性愛を嫌悪していたひとびとがエイズ・キルトにいとも簡単に心動かされてエイズで死んだひとびとのために涙を流すことにたいして、ゲイのひとびとが疑問を感じるのだとしても、それは別に不思議なことではない。次のように述べる者がいる。「エイズ・キルトには警告のシールが必要だ。エイズ・キルトを見て涙を流すのだとしても、エイズのために本当に何かをした気にはならないでください、とね」[★48]。この批判によって示されているのは、エイズ・キルトによって、エイズの危機が衛生化され漂白され、エイズ・キルトを見るひとびとが自分も参加し関心を抱いているんだという幻想をもつようになる、ということである。こう述べる者もいる。「僕らが必要としていないものとは、エイズ・キルトがもっとも効果的に喚起しているように見えるもの、哀れみ、罪の意識、悲しみ、そして涙、である」[★49]。アボットのつづきの言葉も引きつづき見てみよう。

一方でエイズ・キルトのメッセージはポジティブなものである。エイズ・キルトのおかげで、エイズ患者のそれぞれの個人の現状が見えてくるし、エイズ治療のための援助が生み出され、基金を設立することも可能になる。エイズ・キルトは、抑圧されたコミュニティやサブカルチャーにたいして前からある偏見を打ち破ることを促すし、コミュニティ間の橋渡しともなっている。しかし他方、エイズ・キルトがこれほど急速にメディアによって抱かれ受け入れられたことの理由のひとつとして、エイズ・キルトがあるサブカルチャーが死にいくことへの記念碑としても読まれている、ということがある。つまり、「お前らが、ワイルドで、性的で、変態で、好き勝手やってたときは、お前ら同性愛やヤク中は、気に食わない奴等だった。怒って、行進して、権利を要求しているときも、お前らが気に食わない奴等であることに変わりはなかった。いまお前らは死にかけていて、「縫物サークル仲良し家族」として「しずしずと」集団を組んでいる。いまなら受け入れてやってもいいかな。」というわけだ。★50

パネル製作について、NAMESプロジェクトは、どのような素材を使ってもよいと認めている。そのため、パネルにおいて死者が衛生化されるかどうかは、パネルを作る者の手に委ねられる。しかしエイズ・キルトは、キルトという民衆芸術の形態をとり、ゲイでないひとびとにまで影響を与える手段としての役割を担っており、また一般のひとびとに開かれた記念碑という形態でもあるため、エイズ・キルトがどのような影響をひとびとに与えるのかについては、逆にはじめから制限されうるのだ。死者を衛生化してしまうことについてさまざまな関心が寄せられることになるが、これらの関心はもっぱらゲイ・コミュニティによって表明されている。たとえばリチャード・モールは次のように書いている。

エイズ・キルトのパネルは、死者へ敬意を払うための賛辞であるのが本来なのではなく、かれらの物語、つまり死者の物語も、衛生化される必要はないのだが、多くのパネルにおいて死者の物語は明らかに衛生化されている。都合の悪い部分を取り除いた嘘がたくさんあるのだ。僕の知り合いへのパネルで、その知り合いがとあるゲイの組織を設立するのに貢献したこと、ブロードウェイのミュージカルが好きだったことが書かれてたものがある。たしかに正しい。しかし、かれが愛したことといえば、相手の糞を食うことと相手にぶたれることだったが、これらのことにはまったく触れられていない。このパネルでかれの物語を語っている人は、潔癖主義のために、かれの存在の重さの中心を成していたものを失ってしまっている。このようにエイズ・キルトにおいて、バラバラになったレザー姿の男たちのかけらを除いては、まったく性（セックス）が漂白され抜け落ちている。死者の多くにとって、性はもっとも重要なものだったのに、である。★51

モールの主張は、次のような問いを導く。人はどのように人を物語として記憶するのだろうか？　物質的・現象的な側面でのエイズ・キルトの性質によって、個人を物語として記憶するプロセスは、死者についてより包括的なものとなるのかそうでないのか？　死者の大半にとって性がもっとも重要だったとすることは、たしかに議論を呼ぶ点となっている。そのような主張において、エイズ・キルトで表わされる者はすべてゲイの男性であり、自分特有の特徴は性的であることだとしている、というように仮定されてしまうのだ。死者は本当にそのようなかたちで記憶されたいと思うのだろうか？　一方、まったく感傷的でないパネルも存在しているのである。同性愛を嫌悪し非良心的な法律家として悪名高いロイ・コーンのパネルには、「弱い者いじめ、臆病者、そして犠牲者」と書かれている。黒のレザーを使ったパネル（たとえばマーク・メトカフに作られたパネルは、エイズ・キルトのなかでもっとも重いパネルであり、すべてレザーからできている)、服飾倒錯者が着る小型金属片付きのドレスを使ったパネル、死体用ＩＤ札がつけられた経帷子を使ったパネルもある。ドラッグ用注射針が使われたパネルも、少なくともひとつは存在する。

エイズ・キルトと国民

エイズ・キルトにおいて個々の死者が衛生化され感傷的に扱われうることは、エイズ・キルトと国民との関係について議論されるときに、またワシントン・モールにエイズ・キルトが展示されるさいエイズ・キルトがどのような意味をもつのかが議論されるときに、必ず取り扱われる問題である。文化的記憶の領域——そこにおいて、個人的な記憶が意識的に共有され、ある集合的な記憶を作り出す試みがなされる——から移し出され、公的な諸関係を規定する装置になり、さらに、ナショナルな歴史的意味をもつ記念碑になってしまったとする懸念がエイズ・キルトをめぐって起こっているが、このような懸念の表われとして、エイズ・キルトの商業化への批判を読むこともできる。エイズ・キルトでは、キルトという形態が取られることで、愛国主義が暗示され、家族の威信が含意されており、そのためエイズ・キルトにおいて追悼されるひとびとがアメリカの物語のなかに書き込みなおされる恐れがある。エイズ・キルトによって、エイズによる死者を部外者(アウトサイダー)として扱ってきたアメリカという国において、これらのひとびとがその物語のなかに書き込みなおされることにもなるのだ。

ワシントン・モール一面にエイズ・キルトが横たわるという一般に受け入れられたイメージは、スペクタクルとしてのイメージである。大半のパネルが個々の死者への親密な感情を表現していることとの緊張した関係において、このスペクタクルとしてのイメージは機能している。しかしエイズ・キルトは、個人的な悲しみが表現される場所であるだけでなく、どれだけ多くの人が死んだかを目に見えるかたちで提示するプロジェクトでもある。そのため、エイズ・キルトが訴えかけるメッセージにおいて、莫大な大きさが決定的な意味をもつことになる。展示の規模が大きい場合、その規模が小さい場合に比べ、違う種類の効果がもたらされるのだ。エイズ・キルトにおいて個々のパネルは、それが捧げられている死者とそれを見る人にたいして語りかけることで、そのパネル固有の力を帯びてはいるが、エイズ・キルト全体がワシントン・モールにおいて展示されるような場合には、ひとつ、あるいはいくつかのコミュニティにおける集団的メッセージ――そして「国民」における集団的メッセージ――の重みを、その同じ個々のパネルが引き受けることになる。

ゲイ・コミュニティにおけるエイズ・キルトの意味において「持ち運ぶことができる性質」が重要な機能を果たしている、ということがよく言われてきた。ヘンリー・エイブラブは次のように述べている。「このプロジェクトは（ゲイ・コミュニティと）同じように、アメリカの大地のうえに、固有の場所を自ら占めることがない。主要（メジャー）なアメリカの機関にたいして緊密な関係を築くということもまずない。固定された場所を占有する物では、われわれの喪失への記念碑として十分に機能しないのだ」[★52]。持ち運ぶことができるというエイズ・キルトの性質は、その国民との関係においても重要な機能を果たしており、一方で国民の中心地に移動することができるが、他方でその中心地に留まることなくどこか他の場所からやってくる象徴（シンボル）として、エイズ・キルトがある。

伝統的なアメリカの手芸作品としてアメリカのもっとも象徴的な場所であるワシントン・モールに横た

わることで、エイズ・キルトは国民に関心を向けることを要請する。一九八九年のエイズ・キルトの広告で、「国民の記念碑を築くためのもっとも重要な道具」として縫い針が描写されている。このような種類の言い回しは、アメリカの大衆に関心を向けさせようとするひとつの戦術なのであったが、それは当初は、エイズが合州国をその外部の領域から侵しているとする考えを取り除くための方法でもあった。ジョーンズは次のように述べている。「最初のパンフレットで、僕たちはどの段落にも「アメリカの」という語を使うよう慎重に心がけた。すべての人が外部のものとして受け止めようとするこの病にたいして、まさにアメリカのものとしての概念を適用しようとしたんだ[★53]」。

エイズの流行によって、国民という「想像の共同体」の内部の緊張が高まっている。エイズ・キルトにおいては個々のパネルでそれぞれの個人的な文脈が描き出されており、このことは無名兵士の墓においてひとつの肉体に包括的に死者が同一化されることとは対照的である。エイズ・キルトでは想像の共同体が一枚岩のものとして成立するのが不可能であることが指し示されているのだ。しかし、エイズ・キルトが国民というものに抵抗していると簡単に割り切って考えてはならない。ジョーンズもエイズ・キルトをナショナリズムの伝統のなかに位置づけようとした。ジョーンズが考えていたナショナリズムの伝統とは、ワシントン・モールにある一連の石の記念碑というナショナリストの文脈ではなく、抗議の場所としてのそれなのであり、「国民の良心に訴え」、「この惨事に責任のあるひとびとの足もとに証拠をつきつけること」なのである。ターニーもエイズ・キルトを「国民的な罪責の旅」と呼んでいる。しかしエイズ・キルトがワシントン・モールに戻ってくるたびごとに、抵抗の象徴としてのエイズ・キルトの地位は衰えてきている。九〇年代半ばになって、エイズ・キルトはもはや国民への抗議として受けとめられることはなく、むしろ国民の悲しみを象徴する。エイズ・キルトがワシントンに広がっているというイメージはまた「アメリカにエイズがある」ことをも意味しうると、ピーター・ホーキンスは述べている。[★54] それゆえエイズ・キルトは根本的な矛盾のひとつとして次のようなことを抱えることになる。エイズ・キルトにおいて、エイズで死んでいくひとびとを国民のなかに内包するよう主張することによって、それらのひとびとが個々にもつ相違というものが逆に消し去られる傾向がある、という矛盾である。[★55]

エイズ・キルトが大衆的なものであることが裏目に出たのだろうか？　エイズ・キルトはたしかに、アメリカがエイズに対処しようとしていることの象徴として、公共の言説のなかに取り込まれてもいる。ベトナム戦争記念碑で表わされている癒しと同様、エイズ・キルトにおいて表わされる癒しも、個人にではなく国民に帰せられるときには、まったく異なった意味を帯びるようになる。エイズ・キルトは、パネルを作るひとびとにたいして罪を許し、後悔を取り除き、償いを容易にする強力な道具となりうるのだが、罪を許すという機能がある国民に適応されるとき、エイズ・キルトは偽の償いとして機能してしまう。

しかしジョーンズはもともとエイズ・キルトを破壊的な効果をもつ道具と考えており、ジョーンズにとってエイズ・キルトは、ひとびとに恐れを抱かせることなくあるラディカルなメッセージを伝える道具としてあったのだ。異議を唱えるものとしてのエイズ・キルトの側面が、エイズ・キルトが他方でもつ感傷的な性質とのあいだでの緊張した関係のなかで機能している。消し去られてしまった死者の名前や、匿名の賛辞や、ゲイの男性の愛を記すことによって、エイズ・キルトはたしかにエイズの流行を衛生化することを拒否する。エイズ・キルトにおいてそれぞれの展示は悲しみと痛みの表現に満ちた感情的なイベントとしてあるけれども、それらはまた生きようという意志による熱い空気を帯びており、それゆえエイズ・キルトを「死にいくサブカルチャー」として捉えることは困難なのだ。ジョーンズの言葉を借りれば、エイズ・キルトは「ゲイとレズビアンのコミュニティにおける愛と団結をとても力強く象徴するもの」としてありつづけており、エイズ・キルトのメッセージはつねに、同性愛嫌悪(ホモフォビア)への非難の意味を帯びる。ベトナム戦争記念碑と同様、エイズ・キルトもまた、国民の物語と国民への抵抗の物語とのあいだで揺れ動いているのだ。

アーカイブと歴史の構築

エイズ・メモリアル・キルトに携わるひとびとは、当初、エイズ・キルトがその役割を終える日を、エイズにたいして適切な処置や治癒の方法が発見されひとびとが死にいくことがなくなる日を念頭においていた。役割を終えたキルトというイメージ、博物館や記録保管所(アーカイブ)に保存されるものとしてのキルトというイメージをもっていたのだ。しかしエイズの流行はまったく終わりそうな気配を見せず、拡大しつづける記念碑という概念をめぐってさまざまに疑問が投げかけられている。★56

NAMESプロジェクトでは、歴史への介入が自覚的にめざされており、NAMESプロジェクトに送られてきた手紙を見ることで、パネルを作るひとびとが、エイズ・キルトを歴史として捉える感覚を共有していると理解できる。すべてのパネルが絶対的な証言を負っているのだ。

――かれが恐れていたのは、死後、自分がすぐに忘れ去られてしまうのではないか、ということだった。そうならないようにすると僕はかれに約束した。Fへの永遠の記念碑として、かれの記憶をいきいきと保つ記念碑としてこのキルトのパネルを提供する機会を与えてくれたことに感謝します。

追悼される人物が死の前に書き残した手紙を留めているパネルもある。

——この手紙を読んでくれている皆さん、皆さんがこの手紙を読んでいるころには、わたしは新しい生活へと旅立っているでしょう。……将来、皆さんがエイズについて書かれた本を目にするとき、その本のハイライトは、エイズという病によってもたらされた、いくつかのよい結果のうちのひとつについての章となるでしょう。エイズという病によってひとびとがより思いやりのある性格になり、その思いやりによって世界がよりよい場所となったのだ、と。そして皆さん、皆さんこそがこれから歴史を作っていくひとびとであるのです。

しかし歴史的に言って、キルトというものは歴史を記録するオブジェとしては保存が困難であり、実際エイズ・キルトの保存はむずかしく費用のかかるものとなっている。このような理由のために、一九九四年にアーカイブ・プロジェクトが開始された。このプロジェクトのもとで、すべてのパネルが写真に残され、エイズ・キルトについてCD－ROMが作られている。こういったかたちで残される記録には、いくつかの役割が意図されており、エイズ・キルトを管理し保存する道具としての役割、お金を得る手段としての役割（パネルを作ったひとびとは、寄付金と引き換えに、自分が作ったパネルが収められた写真かCD－ROMを提供される）、エイズ・キルトそのものより多くのひとびとに見てもらうことができるような教育的手段という役割などがある。しかしアーカイブ・プロジェクトによって、エイズ・キルトをどのように管理し保存すべきかが解決される一方で、エイズ・キルトをめぐる現象面での意味が問われてもいる。エイズ・キルトのパネルをコンピュータの画面のなかで見る場合、実際にパネルを見てそれに触れる場合と同じ意味を持ちうるだろうか、エイズ・キルトを経験する場合に、エイズ・キルトの物質面での性質がどれほどの重要性を帯びているのか、と。

アーカイブ・プロジェクトでは、エイズ・キルトの保存の問題が非常に重要なものと位置づけられているが、そこには将来の役割についての問いがつねに関連している。具体的には、エイズの流行やエイズ・キルトははたして終わりを迎えるのだろうか、エイズ・キルトが大きくなりつづけるとすれば、それはいったいどういったことになり、またそれはどのように保管されることになるのか、それが大きくなりすぎて負担となったらどうするのか、など。エイズ・キルトが十周年を迎えようとしているいま、長期的なエイズの流行においてエイズ・キルトがどのような役割を果たすべきかが問われており、このような問いはターニーの言葉を借りれば「つねに問われつづけ、つねに回避されつづける」のだ。ターニーはつづけて述べている。「人間は物を作り出すことが好きだ。しかしその作り出したものにいつ終わりを与えるべきかについては、適当な時点を定めるのが苦手である。NAMESプロジェクトは、最終的にはそのような問題を扱う組織とならざるをえない。そうすればひとびとも次のように尋ねるようになるかもしれない。自分はこれらの問題とどのように向き合うことになるのか、と」。九〇年代初頭、一方でエイズ・キルトは大きなものとなりつづけ、他方NAMESプロジェクトの分権化が進んだが、NAMESプロジェクトでは、エイズ・キルトがHIVの予防を促進する可能性へと重点が移されていった。死者への哀悼からより直接的にひとびとに影響を与えることへと重点が移されたのも、キルトの目的——エイズの流行が短期的なものであって欲しいという望みのもとでもともと受けとめられていたキルトの目的——について議論されていることに対応している。エイズの流行が長引くにつれ、エイズ・キルトの意味も目的も変化しているのだ。

エイズ・キルトは、新しい種類の戦争記念碑であり、「新しい」種類の病の流行への記念碑でもある。エイズ・キルトによって、集合的、文化的なある記憶が、砕かれた多種多様なものとして構築される。エイズ・キルトはエイズ流行の文脈において癒しの中心的な場所であり、偶然病に感染して死んでしまったために、弱く屈辱的な地位に貶められていた多くのひとびとの尊厳が取り戻される。生きること、人の生を記憶すること、死者を称えること、これらが何を意味するかについて、エイズ・キルトをめぐって言説が数多く生み出されてきた。記憶には目的がある、エイズ・キルトに込められたメッセージとはこのことなのだ。それゆえ、文化的な記憶の場所として、エイズ・キルトは悲しみと怒りで結びつけられたあるコミュニティを生み出してもいる。このようなコミュニティはつねに緊張した関係をそれ自体のなかに孕みつづける。治癒という目的をとるのか、政治的な目的をとるのかをめぐって起こる葛藤について、エイズ・キルトにおいて根本的で困難な問いが引き起こされるのだ。エイズ・キルトはたしかにエイズを表わすものとなっており、そのため、合州国やあるいは世界中で、エイズの危機において誰が可視的であり、誰が不可視なのかについての争いを、エイズ・キルトは招き寄せることになる。

エイズの流行は伝統的な方法によっては追悼することができなかったであろう。エイズの流行はまだ終わっていないからであり、エイズの流行にあっては、普通であること、道徳的な行ないをすること、責任を負うことなどが何を意味するかについて、さまざまな考えが激しく争われているからである。エイズ・キルトがいかに道徳性や責任についてのこれらの言説を取り込むのか。その言説をそれ自体へ向けてエイズ・キルトがどのように投げ返すのか。エイズ・キルトのもつ力はこのような問いから導かれる。エイズ・キルトに収められたパネルは語る。道徳的であるとは、差別に直面しながらも名前を明らかにすることであり、責任を取るとは、死にいくひとびとにたいして世話をすることである、と。NAMESプロジェクトのスタッフであり、一九九一年一月に死んだスコット・ラーゴは、かつて次のように述べた。「すばらしく成功したプロジェクトだね。けれどこの成功は、山のように積まれた骨の上にあるにすぎない」。

第七章　記憶を担い表現する身体

——免疫システムとＨＩＶ

エイズに関する文化的記憶を作りだしているのは、なにもアートやポピュラー・カルチャー、運動(アクティヴィズム)、商品、エイズ・キルトばかりではない。エイズやHIVが生きた身体におよぼす作用をどう表象するかということも、エイズの文化的記憶を作りだす。エイズをめぐるポリティクスには、それが問題として迫りだしてきたときのアメリカにおける文化的ポリティクスの時代状況が反映されている。同じように、エイズをめぐって行なわれる生物医学的説明も、免疫学という科学が発展していくプロセスのどの段階でエイズが登場してきたのかという事情と密接なかかわりがある。ポピュラー・サイエンスの領域ではエイズやHIVにさまざまな意味づけが行なわれているが、それが文化的記憶やポリティクスにも影響をあたえることになったのは、このウイルスや病気の登場によって、身体のはたらき、それもとくに免疫システムの機能を科学的にどのように考えるのかをめぐる議論が、社会的ひろがりをもつようになったからである。

メモリアルやキルトや映像イメージと同じように、人間の身体も想起の媒体である。身体は体表をとおしたり(たとえば、身体の傷痕にやどっている記憶)、筋肉、骨格構造をとおしたり(いかに歩行するかについての記憶とか、身体的損傷の影響)、あるいは遺伝子組織をとおしたり(そこには人間の血統や遺伝による性質がしるしづけられている)、さらにその免疫システムをとおしたりして(身体が病気に遭遇したことの記憶)、その記憶を伝えているのである。われわれはよく、物言わずとも身体は何ごとかを伝えているのだと感じる。たとえば、ベトナム戦争帰還兵の身体は、その存在そのものによって罪責感や赦しや非難を物語っている。エイズとともに生きるひとびとの身体は、苦痛や怒りや回復力や抗議を物語っている。身体とは、さまざまなコンテクストのなかでその意味を変容させる社会的テクストである。ジェンダー化され人種によって徴しづけられた文化的アイデンティティの身体と、政治制度によって統制された社会的身体、そして生物医学的身体では、それぞれ異なってくるのである。

これまでも本書のなかでは身体を論じてきたが、それは主要には、いかに生き残りの身体が証言と証拠を提示し、さまざまな形式の記憶をそのなかに保ち、それによって歴史に疑問符を付しているかという点をめぐってであった。第七章では、そうしたものとはまた別の種類の身体に焦点を絞りたい。この身体もまた、最近の合州国で記憶が語られるさいに、ある役割を果たしているのである。生物医学的身体とは、歴史的、文化的に特殊な現象であり、二十世紀の科学によって定義された身体である。これは神経システムや循環器システムといった一連の特殊システムから構成されると定義され、病気と治療、原因と結果に関する特定の医学的言説編成に従属している。これは、たとえば漢方医学や少量の類似毒を利用する同毒療法(ホメオパシー)、あるいはヒンドゥーの「アーユルヴェーダ」やそのほかの非西洋的なアプローチによる医学がそれぞれ規定するような身体のナラティヴとは区別することができる。これらの非西洋的アプローチは、いずれも西洋医学とは異なったメタファーを用いて身体を視覚的に表現している。他方、生物医学的身体の方は、とくに免疫学、内分泌学、神経学という科学によって定義されている。科学者や医師は、身体のはたらきを一連の医学的論理に即して把握し、同時にそれを視覚的な模式図によって理解している。

免疫システムは、生物医学的身体を規定するもっとも重要な側面である。それは個人の個体性を設定するものと考えられている。免疫システムは、科学においては身体的記憶の保管所として記述される。これは、何が身体を通過していったのかを記憶するシステムである。わたしが主張したいのは、そのような身体は、それ自体が一種のメモリアルとして考えられるのではないかということである。エイズという流行病が語られるコンテクストにおいて免疫システムは、さかんに論争がたたかわされる政治的争点となってきた。そこで問題とされるのは、自己、他者、記憶、抗争、戦争、国民といった概念である。免疫システムとは、ますます可視化してゆく文化的イコンなのであり、このイコンは、生医学的身体をめぐる近代的な医学的言説編成の勝利を表わすとともに、同時にその危機をも表わしているのである。

本章では、文化的記憶というコンテクストのなかで、免疫システムやＨＩＶについての通俗的なイメージやメタファーを分析する。生医学的身体についてわれわれが抱く観念の多くは、メディアを通じてあたえられる。たとえば、「タイム」、「ニューズウィーク」、「ナショナル・ジオグラフィック」といった大量に流通している雑誌に掲載された通俗科学(ポピュラー・サイエンス)の記事、写真、図版が大きな役割を果たしている。あくまでわたしが焦点を当てているのは、通俗的な言説にであって、科学的テキストや教科書の方にではない。というのも、わたしが関心をもっているのは、そういった物語やイメージがどのようにして文化的記憶の領域にはいりこみ、ひとびとが自分たちの身体を知覚したり理解したりするときにどういった影響をあたえているのかということだからである。生物医学的身体の概念は、アメリカ人であるという意識につよくむすびついている、と言うこともできる。というのも、生医学的身体を説明しようとする通俗的なモデルは、ナショナリズムの語彙を使用し、国境のメタファーによって身体の境界を表象しているからである。本章では、生物医学的身体における記憶の機能がどのように理解され、またマス・カルチャーが人間の免疫システムをどのように表象しているのかを考察することにしたい。

免疫システム——自己を想起する

免疫システムという観念が生まれたのはたかだか一九六〇年代のことにすぎない。[★1] 記憶は自己のアイデンティティにとって決定的なものと考えられているが、それと同じように、今日では免疫システムも、自己というものを考えるときに欠かすことのできないものと広くみなされている。じっさいポピュラー・サイエンスで免疫システムが説明されるときはたいてい、免疫システムの基本的機能とは自己と非自己を区別することであるとされる。メディアでは、免疫システムは戦場やコミュニケーション・システムとして描かれる。つまり、いずれも身体を超越した抽象的存在者のようでありながら、皮肉なことにも、それが同時に、身体が自分の境界を画定するための手段でもあるというのである。

メタファーは科学的著作において重要な役割を果たしており、それがひとびとの思い描く自分たちの身体のイメージにも直接的な影響をあたえている。メタファーは価値中立的にはたらくメカニズムではない。メタファーとは想像不可能なもの、表象不可能なものを思い描くための手段であるが、同時に連想を招きよせるというやっかいな問題をはらんでいる。メタファーは科学的叙述に不可欠である。たとえば、ナンシー・レイズ・ステパンは、人間の差異に関する十九世紀の科学的言説では、女性と非白人種とのあいだのさまざまなアナロジーがある意味の体系を作り上げていたと書いている。それぞれのグループは、他方のグループが帯びている否定的性格によって意味づけられていたのである。ステパンは次のように述べている。「メタファーは科学そのものとして機能していた。それなしでは科学は存在しなかった。ようするに、メタファーとアナロジーは科学の欠くべからざる構成要素だと言うことができる」。[★2]

同じように、こう主張することができる。免疫システムをめぐるメタファーは、科学的定義にとっても本質的に重要である。これらのメタファーは、そこに差異への深い恐怖が存在していることを露呈させているのである。医学についての通俗的な言説では、免疫システムとは身体内部に入ってきた「よそ者」の正体を割りだす統制力であると定義されている。したがって、それは自己と非自己とを区別する第一級のエージェントであるというのである。さまざまな研究が示してきたところによれば、免疫システムは奇妙なことに感情状態の影響を受けやすく、自分が幸福であるという感覚によって強化されるという。自尊心や希望、社会的支援や信仰が免疫システムの力を高める効果があるということについては、科学的研究もだんだん増えてきており、ガンやエイズについての通俗的な解説書にもそう書かれることが多くなった。[★3]
自己調節システムとしての免疫システムという概念が登場したのは、一九六〇年代のことだとすでに述べた。それがちょうどこの時期であったことの理由の一端は、均衡をあたえるシステムという観念が当時の政治的傾向、エコロジーの流れ、既成の医療制度に異議申し立てをする新しい医学の潮流にフィットしていたことにもある。シンディ・パットンは次のように述べている。

細菌学的身体は、細菌による攻撃の以前であろうと以後であろうと、ずっと静態的に作用するものとして理解されていた。内分泌学的身体は、熱くなったり冷たくなったり、あるいは脂性となったり乾燥したりしたものだが、それが(ちょうど内分泌学が短期間ながら全盛を迎えていた戦争直後の不安定な数年間に)ジェンダー化された感情の比喩を使って説明されたのは、偶然の一致ではなかった。それらにたいして免疫学的身体は、よりいっそう優美な姿をとり、可変的で壊れやすい存在であった。それはちょうど、微妙なバランスが保たれた環境のなかで、ほとんどどこが境界なのかわからないような状態に置かれて踊るダンサーのようなものだったのである。[★4]

このように免疫システムという概念は、それが考えだされた時代、すなわち、自分自身を防御し調節する思考システムとしての身体とか、自然的な美しさをそなえたシステムとしての身体といった観念が意味をもつようになった時代の産物なのである。パットンが記しているように、こうした見方は、ときにはっきりとした境界のない免疫システム環境というイメージを生みだすこともないわけではないが、厳密な境界をもったシステムを示唆する場合の方がもっと多い。

免疫システムにはスタンダードな語り方がある。免疫システムはその大部分がリンパ球とよばれる無数の白血球からなるが、これは多様なはたらきをしている。リンパ球にはふたつの異なった種類がある。胸腺で作られるT細胞と、骨髄で作られ抗体を生むB細胞である。リンパ球は、マクロファージを含む食細胞、あるいは「掃除」細胞と呼ばれる細胞と相互作用をしている。[5] マクロファージは免疫システムのなかで重要な役割を果たしている。マクロファージは体内をつねに循環し、そのつど自分が出会った細胞を評価している。メアリー・キャサリン・ベイトソンとリチャード・ゴールズビーは述べている。「細胞は接触によって相互作用をしている。いや、抱擁しあっていると言ってもいいかもしれない。免疫細胞と侵略細胞は、どちらも結合するのにふさわしい有意味な他者をさがして循環している。ちょうど似たようなことをして相手を探しているときの人間のように、細胞もまずは外形に反応し、自分たちの標的を特徴づける手がかりを外側から認知するのである」。[6]

マクロファージは、自分が「よそ者」として認知するバクテリアやウイルス、寄生者（抗原）を割りだし、自分のなかに包みこむ。その差異は、消化されたタンパク質片というかたちでマクロファージの表面に表示される。つぎにマクロファージは特定のヘルパーT細胞を、体内の無数に多様性をもつ細胞のなかから見つけださなければならない。マクロファージはもっぱら自己と非自己を識別するだけであるのにたいし、T細胞は特定の抗原に結合するようにできている。マクロファージは適当なT細胞を見つけると、新しく獲得した差異を提示し、マクロファージのレセプターにT細胞がはまりこむ。いったんそれが起これば、同じ遺伝子をもったT細胞が作りだされ、抗体が抗原を中和する。同時に、T細胞とB細胞は記憶細胞を生みだす。

なじみのものとよそ者という観念が、免疫システムという物語を可能にしている。たとえばT細胞は、抗原がマクロファージによって呑みこまれるまでは、抗原を「よそ者」としては認識しない。免疫システムの物語において認識されるのは「よそ者」ではなく、なじみの細胞が新たに獲得するよそ者性の方である。「よそ者」との出会いはすべて記録され、記憶細胞に保持されている。免疫システムがある抗原と二度目に出会ったときには、それを「認識」し、ただちに侵入を防ぐべく反応をするのである。こうした物語では、免疫システムの目的は二つある。「よそ者」的要素を破壊することと、記憶を作りだすことである。したがって、免疫システムには認識という考え方が深く染みこんでいる。免疫システムとは、「侵略者」を見るなり、「おれはおまえを知っているぞ。まえに見たことがあるからな」と言うことだと考えられている。

免疫システムとＨＩＶ——戦争とテロリズム

免疫システムモデルが身体の厳密な境界を設定するということは、外部世界を本来的に敵対的なものとして描写することと直接に関係がある。そこには、両義性や境界横断の余地はまったくない。細胞は、無害か危険かのどちらかなのである。よそ者性は身体の生存能力と全一性を脅かすものとして描かれる。ときには、次のようにエスニシティと等置して表現されることまである。「われわれの免疫システムがよそ者を見つけだす過程は、ちょうどある白人種が、北京の天安門広場の、人混みでごったがえした式典のなかから、そこにこっそり潜りこんでいる特定の中国人ひとりを見つけだすのと同じくらい困難なのである」★7。「タイム」のある記事は、人間の身体を取りかこむ敵対的環境を次のように記述している。

> 外は目に見えない敵の大群がうようよしているジャングルだ。バクテリア、ウイルス、病原菌、寄生体は空気中に充満している。レストランのテーブルから居間のソファーまで、あらゆる表面に巣くっている。湖や水たまりに充満し、土壌中にはびこり、あらゆる植物相や動物相のなかで遊び興じている。この注目すべき微細生物たちは、たいていが潜在的には有害であったり、ときには致死性のものであったりさえするのだが、連中にはお気に入りのターゲットが存在する。つまり、人間の身体である。……人間はその手の貪欲な敵にたえず包囲されている。あらゆる種類の微生物は、快適な暖かさをもった絶好の環境である身体を侵略しようと、倦むことなく挑んでいるのである。★8

これは世界が危険な場所であるとする冷戦の物語である。環境によってたえず生命を脅かされるというイメージや、傷つきやすい人間の身体という観念は、強力な防衛システムという発想に深く依存している。免疫システムを通俗的に記述した文章の大半は、戦争のメタファーにコミュニケーション論と経営学の言語を混ぜ合わせてできている。メディアの説明は、免疫システムを軍事組織として描いている。しかもその軍事組織は、指令を伝達し暗号を解読するコミュニケーション・ネットワークを備えている。つまり、ハイテク戦争マシーンである。

見えない敵の大軍に包囲されている人間の身体は、侵略者と闘うために、きわめて複雑な編成の体内護衛部隊を召集する。かれらは肺から異分子を浄化し、血流から感染性の微生物を取りのぞき、反逆者であるガン細胞組織を除去することができる。[★9]

反撃部隊には、さまざまな装備で武装した兵力を戦闘地域へと投入し、攻撃を命じる指令部が含まれるはずだ。……いまやおわかりのように、戦闘が短期間で終わるか長期戦になるか、また激烈なものになるかそうでないかは、侵略者を識別する速さにかかっている。……それだけでなく、抑止のために保持している兵器や、動員命令が効果的に配備する戦力にもかかっている。たしかなことがひとつある。高価で敏感な装備を無数に配置するこの高度に洗練された動員計画では、不必要な戦力を浪費することは回避しなければならない。コンピュータ・ルームへの侵略者を狙撃するにしても、そのとき同時に、コンピュータに永久的な損害をあたえてしまうようでは、武器としては役にたたないのである。[★10]

傷ついた部位はすぐに、生命防衛軍が戦う戦場になる。そこで、戦士たちは侵略してくる微生物に体当たり攻撃を繰り返して、侵略者を破壊してしまう。戦士たちは、ひとつの侵略者も見逃さず全滅させてしまう。ただ、バクテリア、ウイルス、リケッチア、寄生虫、カビや胞子などの侵略者は、その一部がリンパ節に運ばれ、防衛軍の精鋭である「キラー細胞」を訓練するのに使われる。★[11]

免疫システムを表現するために軍事的メタファーを用いることは、生物学的記述の伝統にならっており、その傾向は十九世紀以来変わっていない。こうしたメタファーはあまりに普及しているために、身体をほかのやりかたで思い描くことを困難にしているほどである。そのため、エイズ患者も含めて、われわれが自分自身の身体を眺めようとするときにも、それらのメタファーが直接割りこんできて、生理学的プロセスに、能力や責任にかかわる語彙を強制するのである。戦時下にある身体というイメージが、異質な存在は本来的に脅威であり、よそ者とは病害であるという他者恐怖症(ゼノフォビック)的な観念を強化する。それによって、脅威となる異質な存在を表示するマクロファージは、エイズに感染している人間と同等視される。それらは「汚染された」状態にあると認定され、拒絶される。軍事的メタファーは、このように他者の身体にたいする敵意をかきたてつつ、しかも被害の責任を個人の側に負わせる。もしあなたの免疫システム軍が自分を正しく防衛していないとしたら、それはあなたの自己同一性ばかりでなく、自分の防衛力を管理するあなたの能力にもどこかおかしいところがあるにちがいありません、というわけである。★[12]

免疫システムについての支配的なメタファーには、だんだんとコミュニケーションに関するものが含まれるようになってきている。とくに、免疫反応の伝達や、その干渉に関しては顕著である。★[13] しかし、こうしたコミュニケーションのメタファーと軍事的メタファーとは、たいした理論的根拠もないままに勝手に混ぜ合わされている。その結果、ハイテク電子セキュリティ・システムを備えた工場というイメージが、じつに頻繁に出てくることになる。

かりに自称破壊活動家が朝早く施設に入りこんできたとしよう。われわれの監視員は、その破壊活動家が侵略者である可能性を察知し、有線テレビカメラを使いながらより間近の様子をうかがおうとするだろう。カメラは要注意人物にロックオンされて自動追跡し、モニタースクリーンの半分にはかれの顔のクローズ・アップが映しだされる。スクリーンのもう半分では、コンピュータが施設の正規従業員の身体的特徴すべてを高速で通覧している。それによって、この異分子の身体的特徴と正当な家族にあたるメンバーの身体的特徴とが、驚くほど正確に比較点検されるのである。[★14]

ここでハイテク監視技術、コンピュータ化されたデータベース、セキュリティ・システムといったメタファーが喚起しているのは、企業秘密や資本を防衛しなくてはならないという産業的ナラティヴだけではない。それは同時に、全体主義的な監視と統制という冷戦のナラティヴをも喚起している。エイズをめぐるポリティクスには、家族というものの定義についても議論がなされてきていたために、その文脈のなかで見ると、右の引用のなかに出てくる「正当」な家族の単位という概念は二重のアイロニーに聞こえる。

また、通俗的なテクストは、警察国家の用語で免疫システムを記述することも多い。そこでは、細胞は自分たちの「身分証明書」[★15]を提示するよう求められ、侵略者やスパイ（同じ言語を話さない者たち）は絶滅の対象にされるのである。国民国家のメタファーにおいては、免疫システムが、ちょうどＣＩＡがやっているように、膨大なファイルを保管して抗原を捜索している。「侵略者についての記述は、免疫システムの膨大な犯罪記録ファイルに蓄積されている。蓄積されている記録のどれかに合致する物体がふたたび現われると、記憶細胞はそれと戦う抗体を迅速に製造する準備をはじめる」[★16]。無垢であることと有罪であることという含意は、エイズをめぐる道徳的議論の文脈では重要な意味を持ち、メタファーが混じりあったこれらの描写のなかに浸透している。身体は無垢で道徳的な社会構造とみなされ、その社会構造の内的メカニズムである法と秩序が、侵略者（すべてが犯罪者の徴をあたえられる）が気づかれないうちに通過してしまうことを防いでいる、というのである。

免疫システムを戦争機械、コミュニケーション・ネットワーク、国民国家といったものの混合としてとらえるこうしたメタファーに対応して、通俗科学はヒト免疫不全ウイルス（ＨＩＶ）にも、スパイであれテロリストであれ、とにかく特別な性質をもった「よそ者のエージェント」という役割をあてがっている。ＨＩＶは人目を忍んではいりこむ敵として描写される。この敵の主要な戦略のひとつが、相手に気づかれないように接近することなのである。長い潜伏期間のあいだ（その期間中は、ＨＩＶポジティブとはみなされるが、エイズにかかっているとはみなされない）、ウイルスが身体のなかに「身を潜める」（あるいは「息を潜める」）能力は、敵中潜伏と呼ばれる軍事戦略を思い出させる。じつに多くのライターが、ＨＩＶの行動をギリシア神話に出てくる古代の戦術になぞらえて描いた。「ギリシア人たちがトロイの木馬の内部に隠れていたように、エイズ・ウイルスも身体のなかに入り、侵食した主人に気づかれないように、ヘルパーT細胞の内部に身を隠すのである」[★17]。もっとも、トロイの木馬ではハイテク戦争にほとんど役立たないので、実際にはレーダーをかいくぐるステルス爆撃機に置き換えられる。「なぜ身体はＨＩＶを完全にノックアウトできないのかということは長いあいだ大きな謎であった。ひとつの可能性は、身体がすべてのウイルスを「見る」といっても、そこには欠点があるのではないかということである。ステルス戦闘機のようにＨＩＶは、免疫システムのレーダー・スクリーンに映らない部分を隠しているのかもしれない。そのために、身体はそのウイルスを攻撃するための抗原だけは製造することができないのかもしれない」[18]。

ＨＩＶが免疫システムからよそ者として識別されるのをかわす能力は、エイズ研究が取りくむもっとも大事な焦点である。その際にこのウイルスを描写するのに用いられるメタファー的な言葉使いが、その能力をあたかも意図的なものであるかのように思わせてしまうのである。ＨＩＶが生き延びるために身を隠すということ、またＨＩＶは摘発を回避するための作戦行動にしたがっているということが、そこでは暗示されている。通俗的な言説は、このウイルスが戦略的で狡猾な存在だと言う。偽装して細胞の境界線を侵犯し、内部崩壊を引きおこす犯罪者なのである[19]。このウイルスはさまざまな記事に取りあげられているが、どれもこれもがウイルスを一貫して「無垢ではない」、「人目をあざむく」存在と呼んでおり[20]、さらにそこに、邪悪で犯罪的であるという意味をこめている。連中は、免疫システムの法を侵犯するばかりでなく、識別をかいくぐるというその能力において、ウイルスの掟も破壊する。このようにしてわれわれは、免疫システムを国家のイメージで理解し、ＨＩＶを冷戦下のスパイやテロリスト、あるいはゲリラ・コマンドというイメージで理解するようになるのである。トライクラーは次のように述べている。「まちがいなく００７はスパイのなかのスパイ。どんな諜略だってやってのけ、侵入者がいないかと偵察する将校たちをかわすことなど朝飯前である。それどころか、あまりに変わり身が早く、とらえどころのないこのエイズ・ウイルスにポストモダン的なアイデンティティをあたえてやることと、われわれの生きている時代がどのようなものかよくわかるかもしれない。つまりエイズ・ウイルスは、テロリストのなかのテロリスト、ウイルスのアブ・ニダルなのだ」[21]。

こうしてウイルスにはアラブ人などのアイデンティティもあたえられる。また別の説明では、ウイルスが「自殺プログラム」を作動させるものとして描かれているが、これはテロリストの自爆行為のイメージを喚起する。[22] HIVスパイは情報攪乱活動や、強力なプロパガンダ攻撃に従事している。通俗的な言説はそうした行動を免疫システムの再プログラミング化として描きだすから、それによって工業的でテクノロジー的な破壊工作というイメージも呼びだされる。「ウイルスは細胞核にしまいこまれている細胞コンピュータに侵入し、そのプログラムを書き変えるのである。ウイルスがコンピュータにプログラムを書き入れると、そのプログラムは、ふつうならば有用なものを作りだすためにある細胞自身の自然素材を使い、これをさらに多くのウイルスを作りだすために投入せよと指図する」。[23] こうした説明のなかには、ウイルスに暗黒街の黒幕や独裁者のような性格をあてがうものもある。裏で指図をして、シマを乗っ取ることができるというのである。このウイルスは生産をけしかける。指令を出し、自分自身のクローンをつぎつぎに産みだし、それが兵隊のように「散開」して周囲に縄張りをひろげていく。このようにして大量生産と軍隊組織のメタファーは情報をめぐるメタファーとむすびつけられて、病毒に汚染された資本主義というイメージを作りあげるのである。

免疫システムという国民国家とそれを侵略するウイルスとのあいだの戦争というメタファーには、同時にジェンダーに関するステレオタイプも染みこんでいる。たとえばエミリー・マーチンによると、身体が家族という領域として解釈されると、それに合わせて、免疫システムの細胞にはそれぞれ異なったジェンダー役割があてがわれる。食細胞は、たえず身体を掃除してきれいにする「家政婦」として描かれる。食細胞は、外から入ってきた抗原を「嵌入」という過程によって呑みこむのである。それと対照的にT細胞は、ヒーローのイメージで表現される。「最高司令官」[24]とも呼ばれるT細胞は、特殊な機能をもって軍団に組織化され、「貫通したり注入したりして敵を殺害する」。[25] T細胞は選択淘汰を通じて作りだされるので、その大半は、かれらの「軍事訓練」が行なわれる胸腺という内分泌腺で死んでしまう、ということにも注意が払われている。ある科学者によれば、「胸腺は最良のT細胞、つまりもっとも鋭敏な識別能力をもったものだけを選考している」ということになるらしいのだ。[★26] ようするに、エリート集団だという含意である。ポピュラー・サイエンスのテクストは、マクロファージがよそ者的な要素を「むさぼり食って」消耗させ、それをT細胞が「殺す」と描いている。有名な一九八六年の「ナショナル・ジオグラフィック」の記事では、こうした細胞の階級構造が漫画でわかりやすく説明されている。マクロファージは歯をもったMの字、T細胞は銃を抱えたTの字（図21）で描かれている。[★27] こうした説明では、免疫システムは、科学的武器をもった「男性」の細胞と、自分たちの身体でしか闘うすべのない「女性」の細胞からなっている。

こうしたコンテクストであれば、HIVは極端に男性的なアウトローとして表現されるだろうと予想するむきがあるかもしれない。ところが、たぶんこのウイルスがゲイの男性と一体視されるためなのであろうが、HIVのジェンダー・アイデンティティは曖昧である。ある研究者は、その感染力があまり強くないという理由から、HIVを「弱虫ウイルス」と呼んでいる。[★28] HIVウイルスは男のT細胞（つまり、免疫システムのかつてのヒーロー）を打ち壊し、その男性性を剥奪するかぎりでは男性的な敵として描かれるが、他方でまた、力をもちいるのではなく、手のこんだ偽装と潜伏の戦略を練りあげる邪悪な敵としても表象されることがある。[★29] 戦争、生産、テロリズムといったメタファーがひとたび引き合いに出されるや、免疫システムについてそれとは別様の仕方で考えることはほとんど不可能になってしまう。[★30] 戦争用語に軍事外の領域から採りいれられた言葉が用いられることについては、キャロル・コーンもエレイン・スキャリーも、それぞれ違う切り口から注目している。コーンは、核兵器のもつさまざまな様相が無害化された術語で記述されることの効果について指摘していた（ミサイル発射は「ミサイルをパットする」と、ミサ

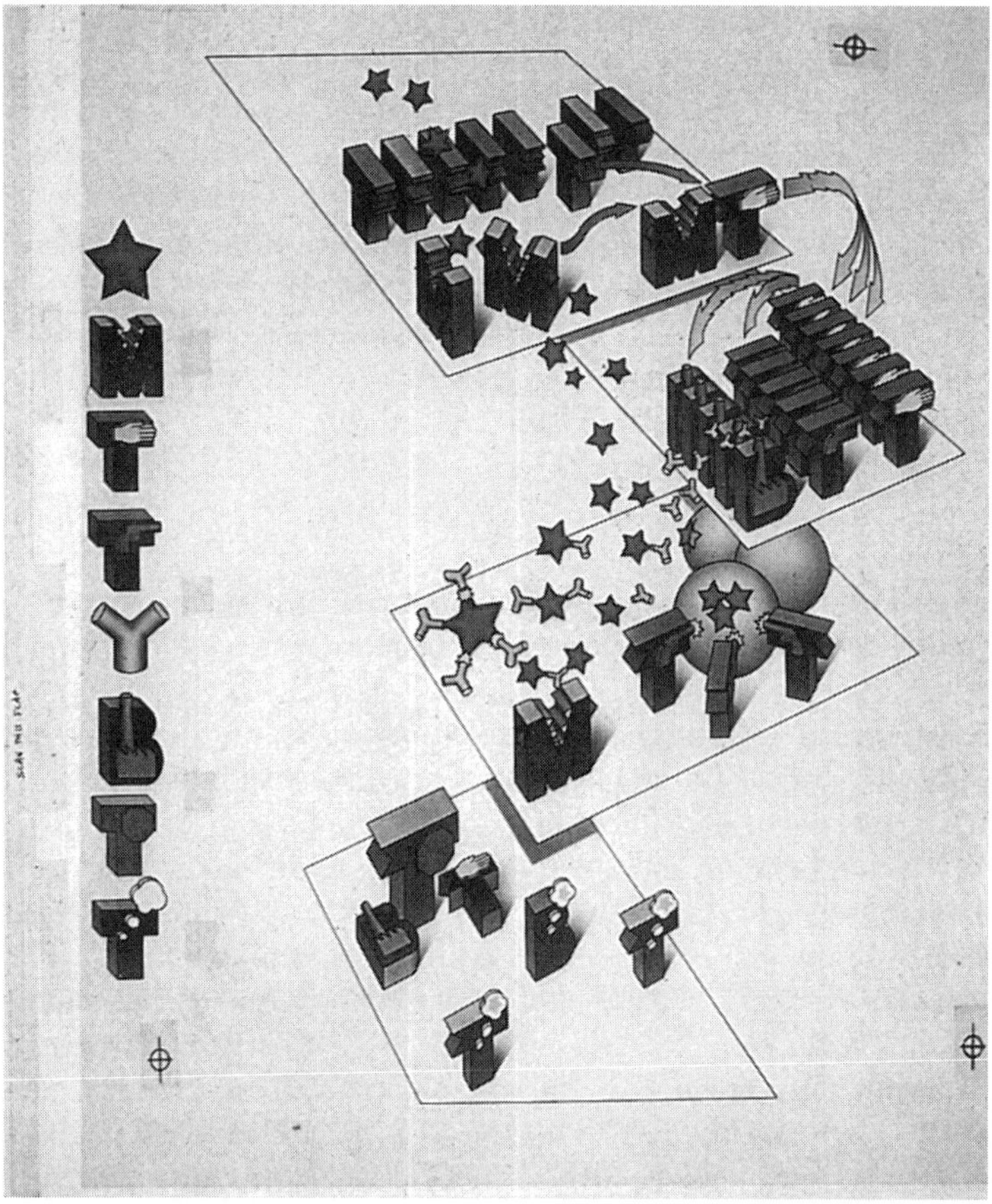

図21 「細胞の戦争」。「ナショナル・ジオグラフィック」1986年６月号掲載のデイル・Ｄ・グラスゴウによる免疫系のイラスト。マクロファージはＭ、Ｔ細胞はＴ、Ｂ細胞はＢ、ウィルスは星、抗体はＹで表わされている。Ⓒ National Geographic Society.

イル格納庫は「サイロ」と、ミサイル工場は「クリスマスツリー・ファーム」と表現されている)。[★31]スキャリーの方は、相手に心理的苦痛をあたえる戦略が、抽象的な表現ではなく、具体的な不安のイメージを喚起するためにドメスティックな事例――ドア、椅子、浴槽――を採用していることに注目している。[★32]免疫システムの場合には、通俗科学は戦争のケースとは逆のことをしている。もっとも身近で「ドメスティックな」コンテクスト、つまりわれわれの身体のなかの争いを描写するために、戦争のメタファーが適用されているのだ。身体を悪意ある敵に囲まれたものとして描くことが、生医学的身体というイメージ、それも包囲され、パラノイア的で、攻撃誘発的な身体という非常に特殊なイメージを産出することにつながっているのである。

さまざまな風景と身体のフロンティア――免疫システムの視覚的イメージ

われわれが免疫システムをどのように想像し、それにどんな形をあたえるかということは、メディアで見られる医学的イラストや写真が免疫システムをどのように表象しているかということと直接むすびついている。表象可能性という論点は免疫システムにたえずつきまとっている。というのも、身体内の微視的レヴェルで起きる活動を可視的にするというのは困難なことだからである。「ナショナル・ジオグラフィック」や「タイム」といったポピュラーな雑誌は、免疫システムのメカニズムを構成するたくさんの細胞から登場人物(キャラクター)を創作し、漫画ふうのさし絵に訴えることで、このジレンマを処理してきた。細胞がわれわれの関心を魅きつけるのは、生命の基礎となる存在でありながら、裸眼では見ることができないからである。免疫システムのイラストでは、細胞は通常は頭文字で描かれていたり（たとえば「T」はT細胞を表わす）、先がわかれた連結肢をもつ球状体のかたちで描かれていたりする。ここまでくると、免疫システムは、レゴ・ブロックのような子供のおもちゃにも見えてくる。たしかにそれは、人間の身体の一部というよりは、他愛もないゲームのようなのだ。

免疫システムは「自己」という概念とすっかり同じ意味で用いられているために、これに形やイメージをあたえるのはむずかしい。しかし、それでも、免疫システムやＨＩＶを視覚化しようとする欲望は強力である。まなざしのメタファーは、免疫システムの描写にも浸透している。免疫システムは侵略者たちを識別しなければならない、侵略者たちが誰であるかを理解するためには、かれらを「目で見る」のでなければならない、というわけである。通俗的な解説では、ＨＩＶは細胞のなかに隠れ、視界から姿を消し、発見されないように偽装していると描かれている。じっさい、ＨＩＶが特別な存在だとみなされる理由は、まず第一に、視界から身を隠す能力、エイズに感染した人間の切り離せない一部分になってしまうその能力にあるのである。

エイズ・ウイルスの構造はほとんど完璧である。このウイルスは人間の細胞のなかに住み、自らを複製する。人間の細胞の内部というのは、身体の防御作用から逃れるには非の打ちどころのない場所なのである。たいていのウイルスは、自分たちの力がいかにすごいのかを誇示するようなはたらきをする。しかし、エイズをひき起こすウイルスは、いっそう巧妙なトリックを仕掛ける。細胞の遺伝物質の一部になりすますのである。このウイルスは、われわれの身体のもっとも内奥の聖域のなかに隠れることによって、究極のカムフラージュをしている。つまり、自分が感染した当の人間の一部になりおおせるのである。[33]

これらの視覚のメタファーの底流にあるのは、ウイルスを見ることがその真実をあらわにすることになるだろうという考え方であり、免疫システムをイメージで表現すればその機能も明らかにすることができるという発想である。こうした発想は、十九世紀の実証科学から受け継がれている。つまり、視覚的認識が経験的事実を確定する、「実在的」なものは視覚的に定義されうるという想定だ。写真は、こうした思考様式の産物である。じっさいカメラとはその歴史の発端から、人間の眼では見えないものを見ることのできるメカニズム、つまり人間の視覚には不可視な世界を、より詳細に見ることのできる装置とみなされていた。伝えられるところによれば、エミール・ゾラは「なんであれそれが写真に撮られるまでは、われわれはそれをほんとうに見たと言うことなどできない」[34]と断言したという。写真は現実をとらえる(キャプチャー)と言われている。航空写真や顕微鏡写真にいたっては、文字どおり人間の眼が記録することのできない内的空間や外的空間のイメージを提供することができるのである。

写真による真実という考え方は、写真のメカニックな特性に直接むすびついている。写真はカメラによって産出されるものであるから、そこからは作為がそぎ落とされていると考えられる場合がある。しかし、現代の写真論は、写真が中立的で経験主義的な能力だけでなく、表現や想像力という魔術的な特性をも備えていると論じている。[35]写真の力とは、それがもつ二重の意味から生じるものである。写真は真実を伝えるだけでなく、おそらく同時にそれを超えたものをも語っている。記憶を記録したり死者のイメージを保存する能力が、写真に精神的オブジェとしての意味をあたえているのである。写真はわれわれが到達できないものを表象するが、同時にそれには、到達不可能なものを自分の手中にしたいという欲望が染みこんでいる。スーザン・ソンタグは次のように述べている。

写真は偽りの現在でもあり、不在の徴しでもある。暖炉の薪の焔のように、写真、とりわけ人物や遠い風景、はるかな都市、失われた過去の写真は空想を誘う。写真によって喚び覚まされた、手の届かないものへの想いは、離れているためにますます望ましくなる人びとへの恋情をじかにかきたてる。人妻の財布に秘められた恋人の写真、思春期の子供のベッドの頭上に貼られたロック・スターのポスター写真、有権者の上衣の胸に留められた政治家の顔写真入り選挙バッジ、日除けに挟んだタクシー運転手の子供のスナップ写真――こういうふうに写真をお守りに使うことはみな、感傷的で、それとなく魔術的な気分を表わしている。それらはもうひとつの現実と接触しよう、あるいは所有権を主張しようという試みなのである。★36

到達不可能なものを想像するとともに、それが現実となるように要求するというこの二重感覚は、科学写真の効果にとっても中心となる役割を果たしている。写真と科学との同盟は、その起源にまで遡ることができる。科学者たちはイメージを拡大したり縮小したりする写真の能力のうちに、人間の眼にとってまったく新しい領域を開拓するチャンスを見たのだった。当時よく言われていたように、「存在すら予想されていなかった世界」を明らかにするチャンスである。★37 最初期の写真にすでに、気球をつかって空中からのイメージを撮ったものが登場していた。また顕微鏡写真術は早くも一八八〇年代には実践されていた。人間の身体を描いてきた科学的デッサンが、結局この写真に取って替わられた。そのために、写真はまた、ミシェル・フーコーが生‐権力と呼んだものの不可欠の要素ともなった。生‐権力という近代国家による身体の統制は、十九世紀ヨーロッパと切り離せないものであったが、最初に写真が発明されたのもそこにおいてだったのである。病院には病理的症例や病んだ身体の写真が集められた。同時に、そこに自前の写真スタジオが設置され、国家機関が犯罪者や狂人の写真を撮りはじめていた。このように科学における写真の役割は、監視と社会統制のメカニズムとして写真を利用することと直接にむすびついていたのである。

こうして、カメラとは現実のイメージを生みだす客観的道具であると理解されていた。そこにあるものをただ記録するにすぎない受動的装置というわけである。そのような発想は、その他方で、カメラを能動的で、攻撃的、侵略的ですらある道具として理解することや、写真家をカメラを操る英雄的な人物として表象することと一定の緊張をはらみつつ並存して作用していた。写真は暗闇を見通し、それまで隠されていた場所を照らしだす手段を提供する。顕微鏡写真は科学的真理を明らかにするための方法となった。すでに顕微鏡は、十七世紀以来、科学にとって不可欠な一部をなしてきた。それに写真が加わることによって、顕微鏡でとらえられたイメージは、ひろく行きわたることが可能になったのである。最初の顕微鏡写真(「顕微鏡銀板写真」)はアルフレッド・ドネとレオン・フーコーによって撮影され、一八四五年に出た解剖学図解に掲載された。ドネはその時点でこう書いている。「われわれの観察から結論をひきだすまえに、自然をして彼女自身を再現せしめようではないか。われわれは彼女をそのあらゆる細部や無限の陰影とともに銀板の上に固定しなくてはならない。……われわれは、観察によって新たな事実が得られるたびに、それを厳密に写し取り、あらゆる幻想や先入観から守ろうと決意している」[★38]。このように、女性形で表現される自然という伝統的観念が、写真に撮るというプロセスによって「固定」され、それによって「彼女」は「彼女の」秘密をあらわにするというのである[★39]。

現代の映像化システムは写真術のはるか先まで進み、磁気や赤外線による影像、音波ホログラフィー、高解像度X線写真、コンピュータ補正画像といったものまで生みだすようになった。[40] こうした身体内部を表象する装置は、臨床診断を飛躍的に精密なものにしてきたために、人の生命を救う機械として受けとられている。コンピュータを用いた医療映像によって「医学の世界でも、ほかの科学分野と同じように、われわれは人類史に類例のない科学革命に乗り出しているのです」と、ある科学者が「ナショナル・ジオグラフィック」で語った。[41]

こうしたコンテクストで考えてみると、レナルト・ニルソンが制作した免疫システムの映像は重要な意味をもっている。かれは、人間の体内撮影で知られた写真家である。ニルソンによる免疫システムの写真は、エイズに関する科学ジャーナルや科学読本、医療品の広告やテレビ番組でひろく世間の目にふれてきた。その写真は「ライフ」や「ナショナル・ジオグラフィック」で大々的に取りあげられ、免疫システムに関する娯楽的な写真集『人体の勝利』にまとめられている。[42] ニルソンの写真は免疫システムの直接的な画像、それもとくにHIVのようなウイルスと相互作用を起こしている免疫システムの画像である。この写真は、身体内部の映像化がいかにわれわれの身体にたいする考え方に影響をあたえてきたかを説明するのにとくに重要な意味をもっている。

おそらくニルソンの作品のなかでもっとも有名なのは、人間の胎児の写真であろう。これは堕胎をめぐるはげしい論争のなかで強力な役割を果たしてきた。それらの画像は、生まれるまえの胎児を宇宙のような光景のなかにおく。この写真は母親の身体を消去するので、胎児が自律的な存在なのだという議論に基盤を提供することになる（皮肉にも、そうした「宇宙空間のなかの」胎児の画像は、無人宇宙船ボイジャー1号、2号にのせられて音響信号というかたちで宇宙空間へとじっさいに送りだされたのである）。[43] ニルソンは、世の中の通俗的な評価では英雄的な人物として祭りあげられている。身体の内部を覗きこみ、その真理をかいまみた献身的な科学者にして芸術家、技術の巨匠、そしてパイオニア（かれはDNA分子の写真も撮っている）だというのである。「ライフ」はニルソンを、「見えない世界」への特別の通路を切り開いた人物と評している。

レナルト・ニルソンはインタヴュー、授賞式、ディナー・パーティといった場で「何百回、いやおそらく何千回も」おなじ質問をくりかえし受けてきた。そのような質問の背後にある文脈までがわかるようになった。ひとびとは、「生命はいつ始まるのですか」と尋ねる。あなたならご存知でしょう。精子と卵子をフィルムにおさめ、女性の子宮を凝視し、ちょうどあなたに先立つ偉大な芸術家たちが硬直した死者を描くために死体保管所に足しげく通ったのとおなじように、卵管妊娠が取り除かれるあいだのかぎりない時間を手術室ですごしたのですから。★44

この解説では、ニルソンは真夜中でも写真撮影のためにかけつける待機中の医師といった英雄的模範像で描かれている。しかし、このようなニルソンの写真冒険物語で注目すべきなのは、（先の引用における死体保管所のアナロジーがきわめて能弁なイメージであったのにたいして）そこには、かれが撮影している身体の状態について、いかなる記述も存在していないということである。かれが撮った有名な胎児の映像は、ごくわずかな例外はあるものの、すべて母親の身体から取り出されたあとに撮影されたものである。同様に、かれが顕微鏡写真で用いているサンプルのほとんどすべては、解剖や生体採取材料から取られたものであり、もはや活動してはおらず、もっぱら管理された環境でのみ生存できるものである。★45 ニルソンの顕微鏡写真は実験室という状況でつくられたものなのである。★46

しかし、かれが撮った免疫システムの映像には、それが制作される人工的な滅菌環境が映っていない。むしろそれらの写真は、地平がどこまでもつづく風景の映像であり、奥行きをあたえるためにいくらか着色された、「現実」なるものの幻想的な描写なのである。かれの作品は、写真が到達不可能なものをとらえる能力をもった超自然的な科学であるという評判に裏書きをあたえている。これらの映像は宇宙空間のなかで、質量もたずに浮遊しているように見える。ニルソンの写真における身体は、医療器具を用いて行なわれる切開、解剖、摘出といった現実のコンテクストからは切り離されている。

ニルソンは身体の内部や免疫システムを撮影するばかりでなく、それに関する文章も書いている。「ナショナル・ジオグラフィック」は、ニルソンとその協力者、ヤン・リンドベルイ博士がどのように免疫システムの物語を撮影したのかについて、次のように説明している。

> たとえばマクロファージとバクテリアとの戦闘シーンの場合、ニルソンとリンドベルイは細胞を取り出し、それを生かしつづけるため特殊な栄養素の入った液剤の中に入れる。それからかれらは適当に間隔をあけながら、培養液からサンプルをひとつずつ取り出しては、それぞれにグルトアルデヒドと呼ばれる固定用の液剤をコーティングするという具合に標本を処理していく。このプロセスは、スナップショットのように、それぞれの標本をある瞬間に「コマ止め（フリーズ）」するのである。ちょうど映画製作者がプロットを構成するためにいくつかのシーンをつなぎ合わせるように、ニルソンとリンドベルイは、いくつかのサンプルを数時間にわたって保存することによって、物語のシークェンスをつくりあげた。……何時間も、何日も、何か月もニルソンはそこに座って、物語の要素が現われてくるまで、次々といろいろな標本を試している。★47

したがって、こうした「作動中」の免疫システムの映像は、カメラによって受動的に記録されたものではなく、きわめて特殊な勝利と敗北の物語を語るために大々的に演出され、編集されたものなのである。

ニルソンによる映像のひとつで、ふたつの赤いガン細胞が、それぞれ球状の繊維の塊になって、地をなす表面からぼんやりと現われ出ており、そのあいだには小さな黄色のT細胞がはさまれているものがある。ガン細胞には光があてられ、それによって三次元的な印象をあたえている。ダーク・グリーンを背景にしたガン細胞は、躍動的な質感をまとっており、あたかも地上から不気味に立ち上がってくる巨大生物のように見える。「タイム」に掲載された別の映像には、大きな白黒の細胞が黄色いカプセル型のバクテリアへと腕をのばしながら、平らな表面に広がっているものがある（図22）。この細胞は明るいオレンジ色を背景にして、大洋の波立つ海面を思い起こさせる。バクテリアに向かって腕を伸ばすために、頭をもたげているかのようである。この映像につけられたキャプションはドラマティックな物語を語っている。「敵の息の根をとめるために近づいていく。警戒するマクロファージは、かたときも気を許していない。バクテリア細胞を見つけるや、ほかの防御細胞に警告を発して警戒体制をとらせるよりも早く、細胞の一部を偽足と呼ばれるかたちに延長して、これをのみこみ破壊する」★48。映像のなかのオレンジ色の表面は、光があたることによって燃えたつように劇的な質感を帯び、マクロファージの伸びた腕は付属肢から武器へと変わる。別の映像は、身体組織の光景を創造している。四〇倍に拡大された傷口は、堆積物が茶、赤、黄土色の層をなしている砂漠の風景に見える。舌の表面や消化器官の繊維は、月の丘やクレヴァス、断崖の光景に変貌する。

電子顕微鏡によるそれらの映像はみな、もともとは灰色か青色であとから着色されたものなのだが、そ

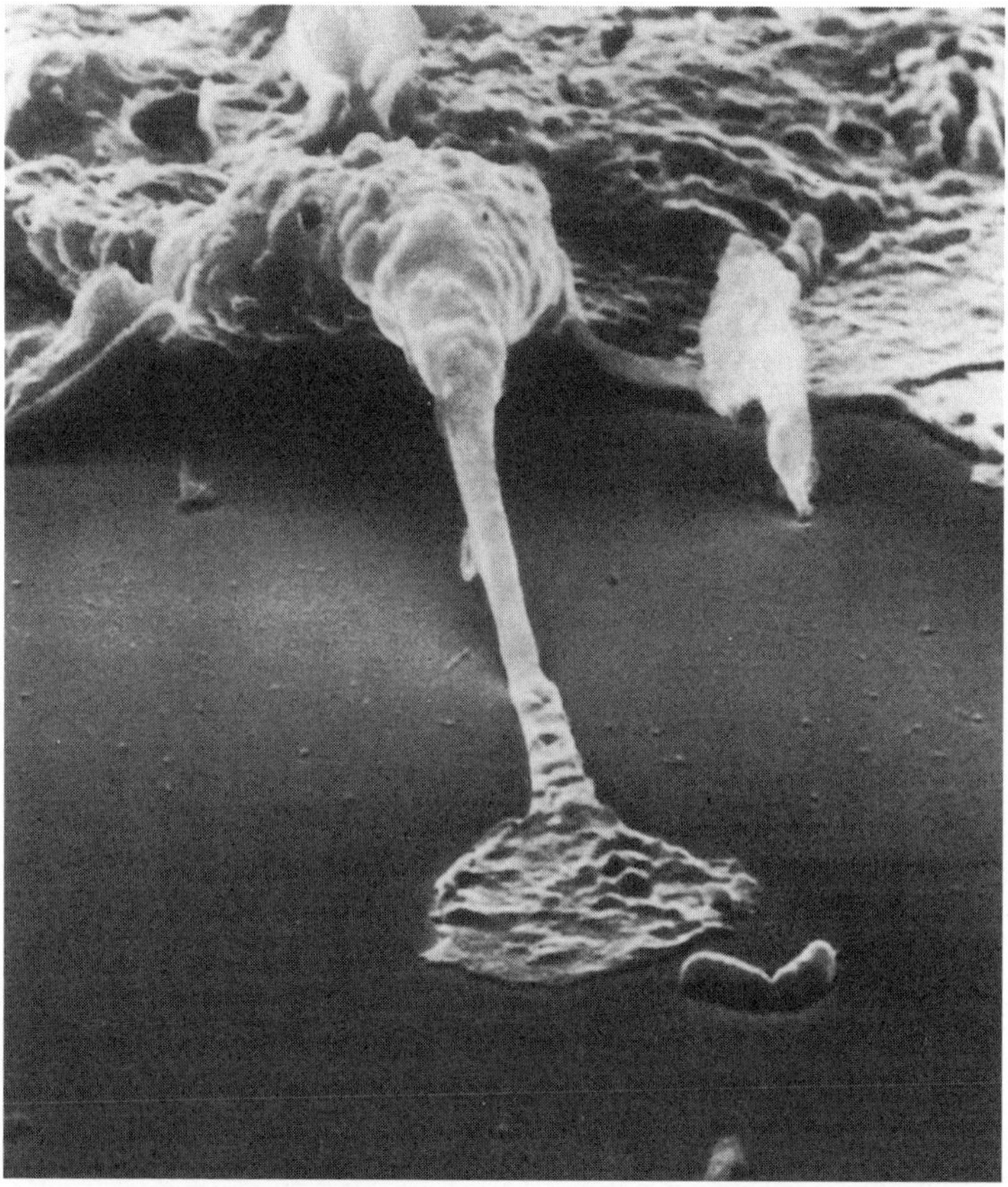

図22　マクロファージが「獲物に襲いかかる」ところ。レナルト・ニルソンによる顕微鏡写真。
© Boehringer Ingelheim International Gmbh.

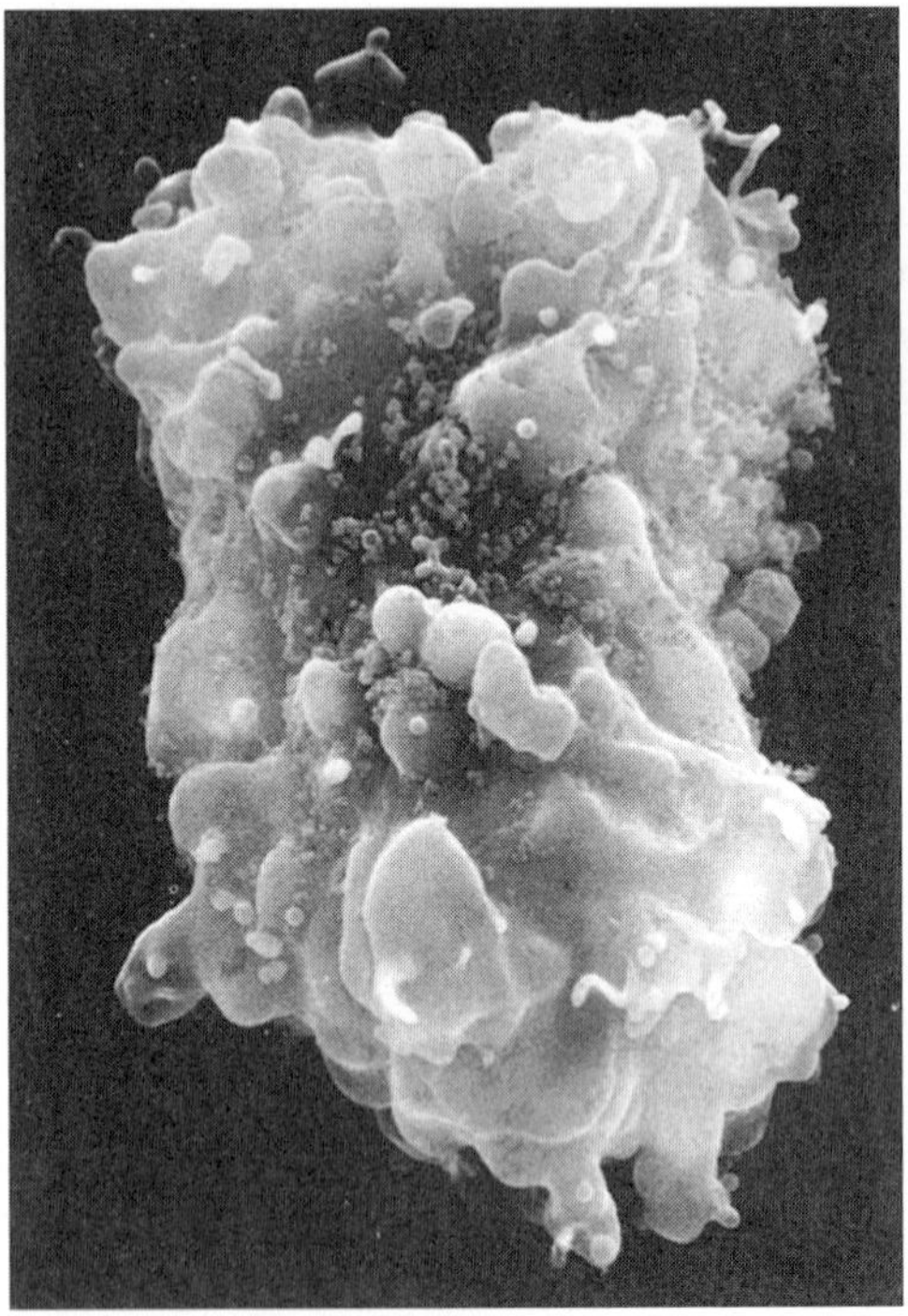

図23　HIVの「攻撃をうけている」T細胞。レナルト・ニルソンによる顕微鏡写真。
© Boehringer Ingelheim International Gmbh.

のことについてはめったに言及されない。「ナショナル・ジオグラフィック」によれば、彩色は「読者が細胞や組織のさまざまな部分を区別しやすいように、補助手段として行なわれた」ものであるという。[★49] しかし、それらの写真では青、黄、赤が自然本来の色であるかのように提示されており、それを使って身体と「よそ者」である抗原との区別が強調されている。たとえばある写真（図23）では、茶色のT細胞に穴があけられ、ＨＩＶを表わす小さな粒子で覆われている。ＨＩＶは鮮やかな青で着色されており、別世界からきたものであるかのような質感をあたえられている。

　身体の内部を風景として視覚的に表現することに、どのような効果があるのだろうか。歴史的にみれば風景画や風景写真とは、超越を、すなわち自由とチャンスを約束する地平をありありと思い浮かべさせるものであった。[50] 顕微鏡術の歴史も、いかに身体を見通しのきく内面の風景として表わすのかに腐心してきた。[51] 免疫システムの写真は、そうした伝統を新しい映像のコンテクストのなかに置き入れる。免疫システムの写真は地上のものとは思えないような光景を提示しており、ある意味で宇宙空間から撮った写真に似ている。ダナ・ハラウェイが書いているように、宇宙写真は、じっさいには宇宙船（何物か）によって撮影されたものであっても、そこに何者かがいたのだということを暗示しているように思われる。[52] 通俗科学は、宇宙の風景にしても、無人の客観的な記録装置によって、ただ受動的に、そこにあるものがそのまま撮影されたかのように演出する。そして、ハラウェイが書いているように、「ナショナル・ジオグラフィック」のコンテクストでは、身体の内部空間と宇宙空間とは同じようなものとしてあつかわれている。

見る者に、外宇宙と内宇宙の二つの空間（スペース）のあいだの兄弟にも似た関係を納得させるのが、写真技術なのである。とはいえ、奇妙なことに、外宇宙では、宇宙飛行士のひとりひとりが、宇宙胎児となって探査機に納まっていたり、探査機周辺を浮遊していたりするのが見えているというのに、地上であるはずのわれわれ自身の内部という空間に見えているのは、ヒューマノイドですらないストレンジャーである。それが、他者たる世界に直面した際に、われわれの身体にとって、われわれの一体性や個としての存在、それどころか人間としての存在を支える手段であるとされるのである。[53]

宇宙の映像化は、宇宙をより近づきやすくし、より人間的なものにする。他方、人間の免疫システムをある種の宇宙的光景として映像化することは、われわれに身体にたいする距離の感覚を作りだすのである。身体の内部が目で見る視覚的光景となると、身体の内部はその自在さを失い、静態的な性質を帯びて現われる。免疫システムの映像は時間のなかで静止し、安定し、凍結させられたものであると同時に、生命を持ち別世界に帰属しているもの、すなわち能動的にしてかつ受動的なのである。

そうした映像のなかで免疫システムは、そもそもあらゆる風景がそうであるように、われわれを探検と征服へといざなうフロンティアの場所となる。[★54] こうした暗示的な含意は、免疫学を前人未踏の領域を突き進む学問として描くことと完全に合致する。ピーター・ジャレットは「ナショナル・ジオグラフィック」のなかで、免疫学を新たに発見された世界の未踏領域に一本一本杭を打ちこんで領有地を広げていく人物になぞらえている。「たぶんいまのところは、われわれが免疫システムについて知っていることはわずかでしかありません、とシータス・コーポレーションの研究者エドワード・ブラッドレーは語っている。ちょうど最初の航海を終えたばかりのコロンブスが、じつはアメリカ大陸についてほとんど何も知らなかったのと同じなんです、と。免疫学の新たなフロンティアたちは、われわれをどのような領域へと導いてくれるのだろうか。人間の細胞核の奥深くであろう、と言ってもおそらくまちがいはない。そこには、細胞をマクロファージにしたり、T細胞にしたりするエレガントなDNAの螺旋が横たわっている」。[★55] こうした光景は「まさにそこに広がっている」のであり、そして、かつての西部の大地のように、われわれによって征服されるのを待っている、というわけだ。これが人間細胞の深部に分け入ろうとする科学についてのスタンダードなナラティヴであり、そこにはすでに位階秩序が書きこまれている（マクロファージからT細胞を、大衆から指導者を、責任能力のない連中から本当の男を区別しているものは何か？）。[★56]

また、「免疫学のフロンティア」における免疫システムのイメージのなかには、かつて写真術にたいしてその初期にあたえられた説明が浮かび上がってくる。当時写真は、人間の眼では見えないものを見るための道具、われわれが見ることのできないものを見せてくれる道具と呼ばれていた。免疫システムの映像も、航空写真や宇宙空間の写真と同じように、人間の視力ではとることのできない特権的な視点から撮影されている。それらは宇宙空間の写真と同じように、「カメラを手にした人間」によってではなく、ハイテク機器（および芸術家や写真家ではなく、科学者というイメージをまとったニルソン）によって撮影されたものだ。人間の身体の顕微鏡写真は、内部光景のもっとも微細な細部を調べては拡大し、小さなものを巨大で怪物のようなものにする。こうした映像が、まったく主観的意図がさしはさまれていないもの、「自然」の姿を模写したものとして受けとられるのである。

しかし、そうした映像はまた、ある種の視覚的快楽をあたえてくれる。西洋の歴史をとおして、風景はただ西洋人を冒険、旅行、征服にいざなうものとしてばかりでなく、崇高なものの表象としても評価されてきた。その場合に自然とは、受動的でありながら、観る者の心を揺さぶる力があり、美しく、高貴で、しかもまことに複雑である。同じように『人体の勝利』が提示する身体も、美的に彩色された風景であり、驚嘆すべき場所である。そうした写真は身体にくわえられた暴力（外科手術、解剖など）を描くことはない。それが繰り広げるのは、血とは無関係な色とりどりの魅惑的な領域である。こうした顕微鏡写真は、スケールを変えることで映像を美的対象たらしめているのであり、それによって見た人はさまざまな風景を思い描かずにはいられなくなる。

エミリー・マーチンは、免疫システムの意味に関する画期的な人類学的研究『免疫複合』において、医学に携わる人もそうでない人もふくめた多くのひとびとを相手にして、自分たちが格闘している免疫システムについてどのようなイメージや考えをもっているかをインタヴューした。ニルソンたちが撮影した細胞が相互作用を起こす映像を見せられると、たいていの協力者は怯えたような反応を示すが、それでも自分自身の身体と映像との関係についてはなんとも両義的な感情を抱くのである。たとえば、ある被験者はマーチンにこう言っている。「わたしにとって、自分の体内にこれらのものがあると想像するのは本当に難しいことです。……それは極微のものなんでしょう。わたしの言いたいことわかります？　ある程度以上に拡大すると、こわいんです[★57]」。マーチンによると、科学的知識を使って作ったこしらえものであるこうした写真について、インタヴューをうけた多くのひとびとは驚きの声をもらすのだが、同時にまたその映像から連想できるものについて、あれこれ想像力を働かせるのがつねである。こうした映像の最たる特徴は、コンテクストを欠いていることだ、と彼女は言う。「顕微鏡写真の描写はあまりにも文脈からかけ離れているため、深海のクラゲから外宇宙のスター・ウォーズにいたるまで何にでもなりうるのだ[★58]」。

顕微鏡による免疫システムの映像が描くのは、一般的で特色のない身体である。これは、ジェンダー、人種、セクシャリティ、年齢という差異——これこそ、エイズという病において身体を有徴化する差異なのだが——をはぎとられた身体である。顕微鏡のイメージは、身体の境界を越えて内部に入っていくときには、あたかもなんの歪曲や歪みも起こらないかのように、われわれを体内世界に連れだす[★59]。イメージは、現実に根ざしたコンテクストを欠いたまま機能している。触ったり、臭いをかいだり、見たりなどといった日常的な身体の機能からも遠く隔てられている。

こうした「至聖の」、実際の生活から切りはなされた光景のなかにエイズが襲来する。これを、通俗的な図版や顕微鏡写真は、視覚的なカオスとして描いている。HIVを描いた科学的イラストには、たいていの場合同じようなスタイルがある。HIVは、先がわかれた連結肢が伸び、真ん中に（RNAの）螺旋をもった球状体であるか、核爆弾によく似た漫画的なシンボルなのである。そこでは、ウイルスは巨大で致死的な存在に見える。連結肢は信管に似ているから、そのひとつに触れると爆発するような気がする。評論家のなかには、映像の中心にある螺旋に触発されて、HIVをそこを引っ張れば爆発する「手榴弾」として描いた者もいた。★60

爆発物としてのHIVというイメージは、このウイルスを恐るべきテロリストとして描くことと対応している。こうした描き方は、HIVやエイズとともに生きるひとびとにはっきりとした直接的影響がある。HIVがなんであり、それがどのように作用しているのかについて、科学はいまだに首尾一貫した説明をあたえることはできていない。ところが、通俗的なメディアでは、それがすでに明確なイメージとしてできあがっている。巨大で、怪物のようで、目で見ることができる存在といった具合に。もっともよく知られたHIVの顕微鏡写真では、形の曖昧な白黒の物体として描かれている。一九八七年の「サイエンティフィック・アメリカン」に載ったある記事は、これを小さいカオス的な形状へと分裂する細胞として描いている。そのキャプションは、「変質していくT4細胞が、新しい大量のウイルス粒子を生みだし、これがエイズをひき起こす」と説明している。★61この図のなかではウイルスそのものが正確にどこに位置するのかは少しも判然としない。この暗いツリー状のイメージには、中心やまとまりがないように見える。一九八五年のある「タイム」の表紙は、形状のはっきりしないHIV映像（図24）を採用したが、そのさいの見出しには「エイズ――増大する脅威。何が起きているのか」とあった。★62読者は小さく印刷された文字から、この映像が「十三万五千倍に拡大されたウイルスがT細胞を破壊しているところ」であることを知る。そのウイルスは、拡大という処置があってはじめて、自分の行く手にあるものすべてを呑みこみ成長する様子が現われたものだ。中にちりばめられた写真では、この「死をもたらす犯罪者」というイメージがレイアウトされている。それはまるで、左側のページにある「エイズ・ファミリー」や、右側にある入院中

図24　「タイム」、1985年８月12日号の表紙
©1985 Time, Inc.

のエイズ患者の映像を呑みこみつつあるように見える。この手の写真のほとんどすべてにおいて、ウイルスは拡大されて、人間の生命を凌ぐような大きな存在という意匠をあたえられている。

ニルソンによるＨＩＶの映像は「不思議な美しさがあり、それでいてぞっとするような姿」だと言われてきたが、前述したように、それはウイルスの部分に美的で見栄えがするように彩色をほどこしたためである。細胞に群がり破壊するＨＩＶは、青いエイリアンとしてショーアップされている。二五万倍に拡大されたために、見たこともない怪物になった。ニルソンの本はお手ごろな内容であり、身体が外部から到来する恐るべき存在と戦争をしていると説明されたり、ＨＩＶのずるがしこさを論じた記事が入っていたりするのだが、そのなかで免疫システムとＨＩＶの写真は、あらかじめ争いの現場を描いたものとして構成されている。そうした映像は、身体を風景として提示することによって、流行病を図像的に解説するための特徴のない一般的身体を作りだすのである。ところがその病気は、現実には、きわめて特殊なありかたで通常人とは異なったものとして有徴化されるように身体に作用している。

エイズ患者がどのように表象されるかということをめぐるポリティクスを考えてみると、免疫システムのイメージは、すでに一筋縄ではいかないコンテクストに入りこんでしまっている。そうしたイメージは、エイズの文化的ポリティクスからなんとか距離をとっていられるような、たんなる科学的映像といったものではありえない。ここからは、免疫システムのイメージが、それ以外の科学的映像にもまして、患者に大きな影響をあたえているのではないかという根本的な問題が起きてくるのである。これは科学者にとって重要かどうかということにはとどまらないのである。われわれは、顕微鏡写真の月面風景のなかで、そこに写っているのが自分だと認知できるだろうか。そうするよう努力すべきなのだろうか。視覚的快感のレベルを超えて、われわれに力を付与するものとして、こうしたイメージを見ることはできないのだろうか。エイズに感染したひとびとにとって、身体内部を視覚化することはつねに本質的な問題なのであるが、流通している免疫システムのイメージは、かれらがそうした現実と交渉しつつ生きていくための生の技法を脅かすのである。

記憶の場としての免疫システム

通俗的な科学言説は、免疫システムを身体的記憶の貯蔵庫と定義する。この物語において、免疫システムの目的はふたつある。ひとつは「よそ者」的要素を破壊すること。いまひとつは、身体がその「よそ者」的要素と遭遇したという記憶を作りだすことである。じっさいのところ、免疫システムは、それをあるメモリアルとして解読することができる。すなわち、身体の活動と、身体を何が通過していったのかということとの記録を保持するテクノロジーである。

免疫システムの概念には、認知に関するメタファーがしみこんでいる。記憶細胞は寿命が長く、数年にわたって身体を循環することができ、すでに認知しているよそ者的な要素にたいしては迅速に対応することができる。たとえわれわれが適切な免疫システムをもって生まれてくるという事実があるにしても、自分とは違う要素と出会うまえから、この「よそ者」についての記憶が存在していたものだと考える説も存在する。次のように論じるものもいる。「もしわれわれが健康な免疫システムをもって生まれてくるとすれば、このシステムはまさに誕生の瞬間から、どのように外来の物質を発見し、制圧するべきかを知っている」[★63]。

身体はたえず自らを再生し、細胞を取り換えている。したがって、生物学的記憶によってあたえられる連続性を維持するためには、新しい細胞はほかの細胞から情報を獲得しなければならない。科学者のなかには、免疫学的記憶を「身体が起こりうる危険を予期し、それによって反応の速度や強さを増大させることができる一種の学習」であるとする者もいる。[★64] そのため、身体は免疫を獲得するたびに、より賢明で、よりしっかりと防御されるようになると考えられている。

通俗的な医学言説は、学習された抗原との出会いのこうした記録を、ある種のデータベースとして描きだしている。データベースというメタファーには、莫大な記録容量というイメージが隠れている。それを免疫システムは即座に利用可能なのである。免疫システムの特性が通俗的には戦場やセキュリティ・システムの比喩で説明されてきているのだから、このデータベースが「犯罪記録」のリストとして、また抗原が捜査用の顔写真で照会される容疑者として表現されたとしても驚くにはあたらない。

こうしたモデルに出てくる免疫システムの記憶というイメージは、伝統的な歴史学が用いる概念にも類似している。その場合は、身体が文書館に「公式の」記録を保存しているということになる。皮肉なことに、こうした歴史文書のイメージを使った説明ではうまく適合しないことがある。たとえば、記録を保存する過程で、この比喩の場合には予防接種にはなんの役回りもあたえられていない。それは、予防接種が、細心の注意を払って収集された歴史文書館というメタファーを台なしにしてしまうからかもしれない。つまり、ワクチンは「にせの（フェイク）」記憶を表わすものと見ることができるからである。それによって身体は、じっさいに遭遇したものよりも強力なウイルスにたいする抗体を作りだすことができる。『ブレードランナー』のレプリカントが写真によってにせの記憶をあたえられていたように、あるいは、国民国家が自分たちのためににせの（フェイク）「国民の歴史」を作り上げるように、ワクチンは、免疫システムに起こったことのない状態をトリックを使って呼びだすのである。これを一種の操作された記憶の生産と呼んでもいい。それは、通俗的なメディアのイメージをとおして獲得される類の記憶、つまり、われわれがまったく経験していない出来事の記憶と変わるところがない。ようするに、免疫システムは想起するとともに忘却もし、記憶を作りだすとともに抑圧もしているわけである。

最近の免疫システムについての科学理論が要請する身体観は、通俗的な説明で用いられているモデルよりもはるかにその境界がゆるやかなものである。そうした理論では、なぜ免疫システムがかつて遭遇した抗原を「想起する」ように見えるのかということだけでなく、なぜ潜在的に「よそ者」になりうる物質の記録までもっているらしいのかという点に関心が集まっている。科学者の理解している免疫システムとは、その多くが特定の潜在的な「侵略者」に対応するために設計された、何兆ものさまざまなタイプの抗体をもつ「予期システム」である、とマーチンは書いている。彼女は言う。「わたしの免疫学の講義者のひとりは、抗体の莫大な多様性を強調して、わたしたちは火星にしか見出されない抗原に対する抗体さえもっているんです！　と好んで言った」[★65]。

もしも免疫システムが、すでにそのなかにあらゆる潜在的抗原にたいする抗体をもっているのであれば、一度身体を通過したことのある要素を識別するということに留まらない活動をしていることになる。これが意味しているのは、「よそ者」的要素とは、まったくよそからきたものではなく、すでに免疫システムのなかで認識されているものなのだということである。デンマークの免疫学者、ニールス・イェルネのような科学者たちは、免疫システムをある動態的な状態にあるものと定義して、「認知と反応は当のシステム内部で行なわれる」としている。このモデルは、「外部からきた侵略者に包囲されながらも、これをうまく防御している要塞」という免疫システムの通俗的イメージと矛盾しているばかりか、ＨＩＶのようなウイルスの通俗的イメージにも影響をあたえる。ウイルスは、外部から来た侵略者やテロリストではなく、すでにわれわれのなかで認知されている親密な要素だというのである。

HIV――よそよそしい忘却のエージェント

通俗的な科学的言説によれば、HIVのようなエージェントは免疫システムを崩壊させることによって、記憶と自己との両方の危機を引き起こすという。通俗的な医学的言説はウイルスを、生き延びて繁殖するために宿主となる身体を占領しなければならない寄生的生物として描写している。かれらは差異と横領によって繁栄する存在であり、自己の境界と定義を混乱に陥れるものである。ウイルスという言葉は、「汚染された」とか「穢れた」という含みをもっている。しかし、細胞のないウイルスは無意味であると言うこともできる。ウイルスは一個の「全体」ではない。ジュディス・ウィリアムソンによれば、「ウイルスほど無意味なものはないだろう。なんの真意も、なんの目的も、なんの計画ももたない。どんな組織の一部でもなく、なんらの内在的な意義ももっていない。しかしながら、われわれにとって意味の完全な不在ほど立ち向かうのに困難なものもない。……無意味であることは、たんに意味の反対ではなく、意味の終焉であり、これはわれわれが世界を了解するための脆い構造をおびやかすのである[★66]」。

通俗的な医学的言説は、ウイルスにありとあらゆる意図をあたえ、これを変化する「エージェント」として描いている。あるウイルスの研究者は、次のように述べている。HIVは「免疫システムとともに進化してきました。こうしたウイルスは、経験によって免疫システムのことをよく知っているのです[★67]」。こうして、ウイルスに知恵があたえられる。ウイルスは「学習」するがゆえに、変異するのである。ウイルスはワクチンによるにせの記憶を信じようとしない。ウイルスが「目的」をもつのは、もっぱら細胞と接触したときだけである。それ以外のときは、実体がないも同然である。ジャレットはこう書いてる。「ウイルスとは、タンパク質に覆われた遺伝子の束であり、自分と同じ複製を作りだす指令をそのうちにもっている。それはたんなる情報にすぎない。厳密に言えば、ウイルスは再生産のための基本的機構を欠いているために、生きることすらできないのである」[68]。ここにはたくさんの矛盾がある。科学によればウイルスは「生きて」いないというのだが、死んでいるわけでもなく、殺されうる存在なのである。それは遺伝子の「束」であり、凝集性を欠いた混乱である。それは「指令をそのうちにもっている」が、明らかに自分でそれを書きこんだのではない。それは「たんなる情報にすぎない」が、情報が意味を獲得するのは、細胞と接触したときだけなのである。

国立衛生研究所のアンソニー・フォーシは、エイズという流行病が免疫システムについての科学的理解を前進させたと述べている。「エイズは、免疫システムを研究するためには、完璧な病気です。このウイルスは、システムの主要な細胞のひとつを破壊します。そんなふうにして、自然はいま、実験をしているんです。自然はちょうど大事なチップを引き抜いたところです。ほかのものすべてがそのせいでめちゃくちゃになっているところを、とりあえずわれわれが観察しているんです」[69]。科学者ならエイズを「完璧」とみなし、HIVをずるがしこい対抗勢力とみなしてもかまわないかもしれないが、HIVやエイズとともに生きるひとびとにとっては、そうした考え方は苦悩のもとになりかねない。多くの科学的説明において、免疫学がこれまで研究してきたことを正当化するのに、HIVは有益だと考えられている。こうして、過去二〇年のあいだに一気に拡大した免疫システムの科学的探求に従事した研究者には、先見の明があったとされるのである。

ＨＩＶは、これまで一般に通用してきたウイルスと免疫システムの相互作用についてのナラティヴを崩壊させる。その理由の一端は、ＨＩＶがレトロウイルスだからという点にある。レトロウイルスは、ＤＮＡからＲＮＡへという遺伝子情報の正常な流れを逆転させる。レトロウイルスは、これまである種のガンとの関係で考えられてきたもので、逆転写酵素と呼ばれる酵素を用いてウイルスの一連のＲＮＡをＤＮＡの相補的連鎖へと変身させる。そして、それが細胞のＤＮＡに統合されるのである。そうしてレトロウイルスは、たとえばガンの原因となるような細胞分裂をひき起こす。ＨＩＶの場合、ＨＩＶウイルスはひとたび細胞を乗っとると、その遺伝子情報すべてを細胞のＤＮＡへと「編みこむ」と言われている。ＨＩＶは、「宿主」細胞の遺伝子組織のなかに完璧なまでに巧みにはいりこむものとして叙述されている。ＨＩＶは、免疫システムの物語を自分自身のＤＮＡのナラティヴと取り換えることで、「書き換える」のである。細胞遺伝子のアイデンティティは、記憶もろとも変更されてしまう。

ＨＩＶはひとたび定着するやカオスのナラティヴを作りだし、コミュニケーション・システムは誤作動をおこす。

つぎに、免疫システムはとうとうＨＩＶを侵略者として認知する。Ｂ細胞はエイズ・ウイルスにたいする抗体を作る。しかし、その抗体は結局、ＣＤ４レセプターをもったほかの免疫システムの細胞を攻撃してしまう羽目になる。ＨＩＶがそれに似ているからである。抗体は、ヘルパーＴ細胞がそうしたほかの免疫細胞とコミュニケートすることを妨げ、免疫反応をショートさせてしまう。同時にＨＩＶに促された抗体は、第二陣の抗体の放出を誘発する。最初の抗体とヘルパーＴ細胞のＣＤ４レセプターに対抗する抗‐抗体である。その結果、ひと握りのＨＩＶが免疫システムの自壊をひき起こす。[70]

どのようにしてＨＩＶが免疫システムにカオスを生みだすかについては数多くのナラティヴがあり、これはそのほんの一部にすぎない。ここでは、わずか「ひと握り」のＨＩＶが免疫システム全体の崩壊をひき起こし、免疫システムはもはや他者から区別された自己のアイデンティティを保つことができなくなる。

医学についての通俗的な言説もＨＩＶを特殊なものとして描いているが、それは風邪やインフルエンザのウイルスと同じように、たえず変化するからである。そのため、身体はたえずそれを再‐識別しなければならない。この変異性は、かならずしもウイルスの側の狡猾さに帰せられるべきではない。ある著者はそれを不注意によるものだと言っている。「ひとりの人間のなかにあってさえ、ウイルスはほぼ数時間で変化することがある。その原因の一端は、ウイルスが自己再生産に関してずさんであり、不正確なコピーを作ってしまうことからくるのである」。[71] この記述が意味しているのは、ＨＩＶが自己についての適切な感覚をもっていないということであり、したがって自分を正確に再生産していないということである。

ＨＩＶは身体のなかで一種の忘却をひき起こし、身体に自己を攻撃させ、自己についての定義を変えてしまう。これはホラー映画によくあるイメージである。たとえば『エイリアン』（一九七九）に登場する生物は、気づかれることなく人間の身体で寄生的に懐胎したあと、自己でありながら明らかに自己でもないその身体内から出現する。一九〇一年、ドイツの細菌学者パウル・エーリッヒは、（たとえば、自己免疫疾患において）身体が自らを攻撃しようとする拒絶反応を「自家中毒恐怖」という術語を用いて表現した。こうした自分自身への攻撃、すなわち自己を非自己から、あるいは友を敵から区別することができなくなるということこそ、ＨＩＶに属している恐怖なのである。

スーザン・ソンタグは、次のように書いている。「癌は自我を萎縮させるものとして、非合理なほどの嫌悪を抱かれる。……癌は心理的な挫折感をもつ人びと、感情表出の苦手な人びと、抑圧のある人びと——とくに怒りや性的感情を抑圧している人びと——がとくにかかりやすい病気とされている」[★72]。このように特徴づけられる属性が含意しているのは、ガンによって抑圧された自己が自己自身に反抗し、その内部から攻撃をするという見方である。それとは対照的に、エイズは侵略による結果と解釈され、自己の外部から来て、自己を変異させるものと受けとられている。エイズというスティグマは、セックスやドラッグの使用によってエイズに感染したひとは、危険な、あるいは「倒錯的」なライフスタイルによって、承知のうえでわが身を危険にさらしたのだという広くゆきわたった通念によって作りだされている。したがって、外部から身体を「侵略」する病気は、通常は無垢なひとびとに感染するとみなされるにもかかわらず、エイズについての通俗的な解釈では、HIVに感染した人間は、自分自身を責任をもって守らなかったのだと決めつけられるのである[★73]。

HIVは免疫システムのもっとも神聖な場所にはいりこみ、その遺伝子の記憶を書きなおすと考えられる。HIVは、つねに細胞の「最内奥の聖地」や身体の「不可侵な環境」にはいりこむ、と記述されるのである[★74]。こうした言葉づかいが、プライヴェートな内なる部屋への侵入というイメージ、侵害された身体というイメージ、もはや安全ではない内側というイメージを呼びさます。これは、病気の器、病気の外延としての患者、あるいはよそ者のエージェントに包囲された身体という伝統的な観念とは違っている。これは、新しいアイデンティティをもった身体のイメージなのである。シンドローム——病気ではなく状態——としてのエイズという定義は、HIVが自己を乗っ取るというこの考え方を強調している。エイズになったひとびとがウイルスとなり、ウイルスはエイズに感染したひとびとになる。通俗的な言説においては、どちらも非難の対象なのである。

そうなるとエイズはどんな類いのものであれ破滅のメタファーになってしまう。とくに社会的破滅のメタファーである。エイズには個々の身体を侵略するばかりでなく、「アメリカ」を殺してしまうほどのポテンシャルがあたえられ、合州国全体を侵略する存在として描かれる。ポーラ・トライクラーが強調しているように、「疫病はわれわれの内部にある」という恐怖感がいやますのは、このウイルスが自己と非自己との境界を無効にするかもしれないということだけでなく、それがひょっとするとアメリカ社会の構造――保険制度、家族、世代の連続性――の破滅の始まりであるかもしれないという疑念によってである。ウイルスについてのこうした表象のもっとも驚くべき様相のひとつは、HIVが忘却を蔓延させ、自己から記憶を消去しかねないという観念である。

文化的記憶と免疫システム

戦争、国民国家、テロリスト、記憶の危機といったメタファーは、免疫システムとエイズが通俗的なレヴェルで記述されるさいに浸透してきている。しかしそうしたメタファーが、必ずしもそれらの生物学的出来事を記述するさいのもっとも精密なものであるとはかぎらない。免疫システムとHIVのどちらに関しても、また別のメタファーが存在するのである。たとえば、メアリー・キャサリン・ベイトソンとリチャード・ゴールズビーはミニチュアの自己制御型エコシステムとして身体を記述している。このモデルは、防衛のイメージと共存のイメージとのあいだでなんとかバランスをとろうとしているものである。

われわれはみな、中心核から独立した地表部分にそれ自身の小さなエコシステムをもっている惑星のようなものである。われわれはみな、巨大でダイナミックな微小生物共同体のホスト役をつとめている。バクテリアは、それがわれわれの歯垢のついた歯をせっせとコーティングしたり、ほかの微生物と競合しあいながら肺のなかに潜伏したり、胃腸のなかで何十億もの数になって生息したりしているのを確認することができるが、それらの多くは有用な仕事をしているのである。そうした場所のどこででも、適切な資源を開拓し、手に入れるためにはげしい闘争が行なわれている。といっても、身体の表皮が維持されているかぎりは、こうした戦闘の大半は微生物間で戦われ、しかも身体の外部において戦われるような良性の出来事なのである。★75

ベイトソンとゴールズビーは、身体がいかに調整役としてバクテリアやよそ者的物質と共存しているかを強調する。しかし、彼女たちが紛争と異質性のメタファーをまったくなしですませられないのは（「はげしい闘争」といった言葉や、防壁として働く表皮という発想に示されているように）、いかにその手のメタファーが強力であるかの例証になっている。

ポーランドのパイオニア的な生物学者ルドヴィック・フレックが一九三〇年代に、免疫システムを紛争のメタファーで表現することを拒絶し、それにかえて本質的にバクテリアと共存する「調和的生命単位」という観念を提案していたが、近年あらためてこのことに注目する理論家たちもいる。フレックのモデルでは、「もはやひとつの有機体を、固定された境界をもつ自足的で独立した単位として解釈することはできない」★76。フレックにとって侵略のメタファーは適切ではなかった。というのも、完全に異質な物質であれば一致する抗体などないだろうからである。かれは次のように述べている。「古い意味での侵略が、自然な状態における完全に異質な物質による干渉という意味であるとすると、はたしてそんなことがありうるものかどうかはじつに疑わしい。完全に異質な有機体であれば、反応可能なレセプターを見いだすことなどできるはずがなく、生物学的プロセスを生みだすことなどないであろう。したがって、複合的な生命単位による複雑な循環過程として論じるほうが、侵略として論じるよりも適正なのである[★77]」。フレックは、自分とは異質な抗原にたいする身体の関係を、有機的な交換と均衡の関係としてとらえている。同じように、抗体の多様性に関する最新理論の場合も、またニールス・イェルネのネットワーク理論の場合も、免疫システムは自分自身内部における認識のシステムと解釈されており、こうしたモデルでは、自己と非自己とのあいだの厳密な区別が否定されるだけでなく、侵略と戦場というメタファーも退けられている。能動的に変容し、鏡像のように複写したり、姿を変えたりするシステムというイメージであり、ダナ・ハラウェイの言葉を用いるならば、「常にダイナミックな内部応答の状態」なのである[★78]。

エイズとともに生きるひとびとのイメージは、こうした免疫システムのモデルによって描きなおす必要がある。かれらは、ウイルスがそうであるのと同様に、われわれの一部であり、けっしてよそ者ではなく、その内部においてしかるべく認知される存在なのである。もっとも重要であるのは、免疫システムが限界のある有限なものであって、けっして全能のハイテクの奇跡ではないという点である。われわれは免疫システムを記憶や学習、そしてもっと広げて言えば治癒の場所と思いなすことによって、HIVのイメージやナラティヴを書き換え、その手のイメージがエイズ患者にあたえている作用を変更する手段を提示することができる。つまり、免疫システムにおいてHIVがひき起こす「記憶の危機」という観念は、文化的記憶に関する積極的な言説によって逆転させることができるのである。

交換と反応の手段としての免疫システムという科学的モデルは、免疫システムについてばかりでなく、エイズについて考えるためにも重要である。こうしたコンテクストにおいては、ＨＩＶを外来のよそ者的エージェントと考えることは不可能である。とくに、ＨＩＶは単独で行動するものだという通説を否定する最近の研究に照らしてみた場合、そのことは歴然としている。最新の研究によってはっきりしたのは、ＨＩＶがかならずしも最近の現象なのではなく、すでに数十年にわたって人類と共存してきていたのかもしれないということである。★79 ＨＩＶは摘発を回避しながら、すばやく自分を複製するものだという説は、物語としては強力かもしれないが、それがじっさいの生物学的プロセスに合致しているのかどうかはますます不明瞭になっている。ＨＩＶやエイズにかかりながら長期間生存しているひとびとについての最近の研究は、さまざまな補助要因という問題に焦点をあてている。これによって、ＨＩＶが「全面的に発症した」エイズへと進行する過程については、ほとんどなにもわかっていないということが明らかになった。こうした要因のどれもが、これまで大手をふってまかり通ってきたＨＩＶをめぐるナラティヴの力を弱める。そして、忘却のエージェントとしてのＨＩＶのイメージ、つまり、細胞の遺伝子を書きなおして記憶を置き換えるＨＩＶというイメージの再考を余儀なくさせている。ＨＩＶはわれわれの身体的記憶の一部なのである。それは親密なものであり、われわれはその存在を理解し承認する。

エイズとともに生きるひとびとも、自分や自分の身体内部を表現するにあたって多様なメタファーを用いている。その多様性は、家政のイメージ、共生のイメージから、はては戦争のイメージにまでおよんでいる。かれらのなかには、ウイルスや合州国政府やアメリカ社会にたいする怒りを伝えるために、戦争のイメージを必要とするひとびともいる。ＡＣＴ ＵＰは、無知で無能な政府の役人やウイルスそのものにたいする戦争というイメージをかきたてている。しかし、ＨＩＶがテロリストや悪役として特徴づけられるにもかかわらず、ウイルスを明確な敵とすることには難点がともなう。たとえば、このことがあるから、病気にたいして歴史的に道徳主義的、宗教的説明があたえられてきたのである。つまり、ウイルスを非難するだけでは十分でない。悪い奴らはほかにいる、というわけである。また、それにくわえてエイズ・キルトが示しているように、エイズに冒されたひとびとのコミュニティにおいては、怒りがエイズ患者にとって有用かどうかをめぐる複雑な論争がある。たとえば「憤怒がおなかや胸に満ちていると感じるときは、わたしからT細胞が失われていくのがわかる」とクリーヴ・ジョーンズは述べている。明らかにかれが指摘しているのは、憤怒によって世界を見てしまうことが、身体のなかのウイルスを自分で視覚的に感じとる感覚とは抵触するのだということである。

しかし、戦争のメタファーが有用だと思うひとびともいる。フランスの作家エマニュエル・ドリュイレは、エイズで亡くなるまえに『死の抱擁』という本を書いている。そのなかでかれは、戦争にかかわる言語を慎重に選びながら、第二次世界大戦の遺産や「レジスタンス戦士」の任務というメタファーによって自分のエイズ体験を表現している。

わたしの個人的な戦争は二年前、わたしがエイズに動員されたときに始まった。オーケストラが演奏を中断し、「たったいま宣戦が布告されました、真珠湾が爆撃されたのです」と支配人にアナウンスさせたときのように、あらゆる平時の喜び、すべてののん気な生活はとつぜん消えてしまった。以来、わたしはもっぱら戦争のために身をささげてきた。民間人の無為の暮らし（わたしの三六年間の健康）などは、《生き延びよ》ということが主要な行為格律になっているところでは、ばかばかしくなる。……わたしはすでに戦争の犠牲者である。負傷して相貌が変わってしまっている。しかし、たとえわたしのように無力な人間であっても、戦いをつづけなければならない。[80]

ドリュイレはエイズをめぐるかれの「戦争」を、ナショナリズムや第二次世界大戦の、そして明らかに伝統的な戦争モデルの語彙で定義している。したがって、敵と味方が混じりあっていたベトナム戦争は、伝統的なモデルには適合せず、闘いのモデルを提供してはくれないということも大切なポイントである。また、かれは「良心的兵役拒否者」に反発して、自分の戦略を防衛する。しかしそうはいっても、かれも戦争のメカニズムとしてのエイズのイメージが無効になる可能性があることは認めている。「パニックに陥ったわたしには、エイズとは行く手にあるものすべてを粉砕し、医学が作ったバリケードをまるで藁でできたもののように引き倒してしまう戦車のようなものなのです。この戦車は、慈悲をもとめる叫びが聞こえても、通り過ぎるときに枝がたてるボキッという音の程度にしか関心をはらいません」[81]。エイズとともに生きる多くのひとびとにとって、こうした種類の破壊のメタファーは、深い無力感をあたえるものである。同時に、ウイルスとともに生きるという観念は決定的な重要性をもっている。多くのひとびとが、家事をこなすイメージや、手入れをするイメージ、ウイルスをきれいにしてやるというイメージを意識的に採用して、ＨＩＶと自分たちの身体とのあいだに、けっして敵対的にはならないような関係を作りだそうと試みてきた。

視覚化したりコメディを用いたりして、免疫システムをもっと具体的なものとして、そしてＨＩＶをそれほど致命的ではないものとして表象するクリエイティヴなこころみも存在する。一九九一年、芸術家ナンシー・バーソンは、ふたつの顕微鏡写真を使ったポスターを創作した。ひとつは健康なＴ細胞のもの、もうひとつはＨＩＶに感染した細胞のものであり、「これを視覚化せよ Visualize This」という言葉がそえ

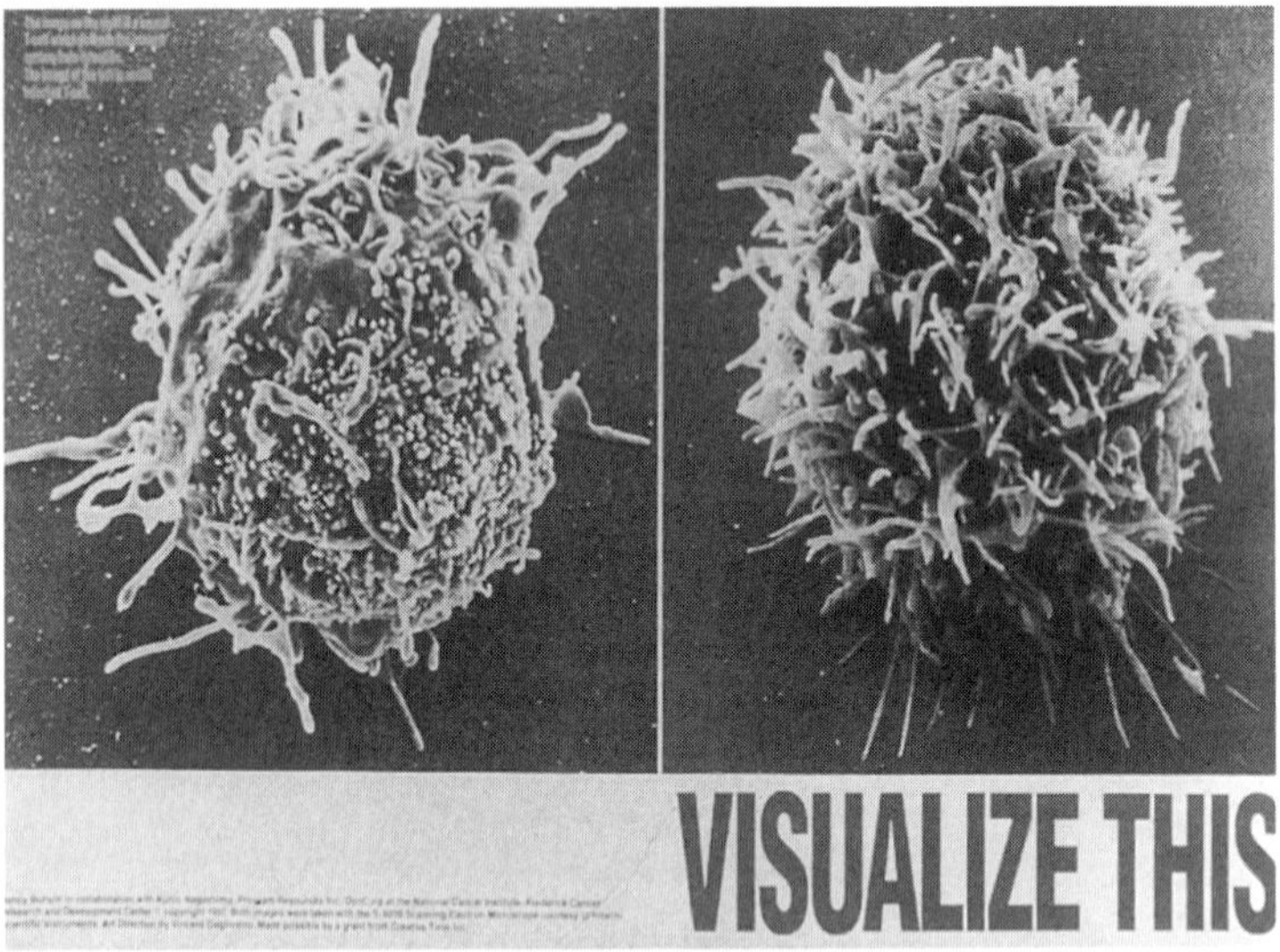

図25　T細胞の写真をつかったナンシー・バーソンのポスター

られている（図25）。バーソンの作品は、エイズ・アクティヴィズムのレトリックを意図的にはずしたものだ。だから、まさしくその理由によって、この作品がエイズにたいする責任をエイズとともに生きるひとびとの側になすりつけたと感じる者もいる。しかし、バーソンの意図はまったく別のところにある。彼女はイメージを視覚的に表象するための道具と考えている。[★82]彼女の作品はＨＩＶの科学的映像と取り組み、その文化的意味をつくりなおそうと試みているのである。ウイルスの映像は科学ルポルタージュ以外ではめったに用いられることがなかったため、彼女の作品は誤解されやすい。ジョン・グレイソンもまた、ＨＩＶと免疫システムを映画『ゼロ・ペイシェンス』で描いている。この作品では、ペイシェント・ゼロという登場人物が顕微鏡で自分の血液細胞をのぞくと、コスチュームをまとった俳優たちが空気チューブと足ひれをつけてプールで泳いでいるのが見えるというシーンがある。この不条理でばかばかしいシーンでは、ＨＩＶは浮遊するドラァグクィーンである（マイケル・キャレンが演じている）。ＨＩＶは、自分も共同で病気の因子という身分になりたいというほかのウイルスたちを罵り、「科学はもっとあたしを理解してくれなくちゃ」と大声で叫んでいる。

ＨＩＶを視覚化し、それをさして略奪的ではないものに見せようとする方法は、通俗心理学の分野でも生まれている。いくつかの本が、エイズとともに生きるひとびとに、ウイルスに向かって話しかけたり、自分たちの免疫システムを絵に描いてみることを勧めている。多くのエイズ商品と同じように、そうした技法は否認の手段でしかないとずっと批判されてきた。エイズにあてて書かれたある手紙の一節である。「ぼくはずいぶんまえから、きみがぼくの一部になっていることに腹を立ててきた。ぼくは、自分の存在がきみに侵害されたような気がしてたんだ。これまでぼくらがつきあってきたなかで、一番強かった感情は怒りだよ！　けれども、ぼくはいまは、きみを別のやりかたで見ている。……いまぼくは、きみがぼくの暮らしのなかで前向きな力になっているのを感じているんだ。……きみにはぼくを支配する力なんてないということを、ぼくにおしえてくれたのもきみだったね。……愛をこめて、ポール」。[★83]ダニエル・ハリスのような評論家は、「共感産業」が虚偽の観念をまき散らし、人間は自分の生活を完全にコントロールできるという考え方を誤って奨励しているという。[★84]しかし、もしひとびとがウイルスに語りかけたり、それを思い浮かべたりすることによって、自分たちの幸福感を増進させる——あるいは、自分たちの免疫システムの力をいっそう高めることすらできる——のであれば、それはなんの害にもならないということもできる。エイズ商品の場合と同じように、おそらくその潜在的効力のほうが、それによってもたらされる表象の問題よりも大きな意味がある。

エイズは、たんに死についての恐怖ばかりでなく、変容への恐怖も生みだす。つまり、ひとびとが恐れているのは、エイズで亡くなった人たちがもはや同じ人物ではないかもしれないということである。免疫システムのアイデンティティや自己がすっかり変異してしまったために、亡くなったのは本当のかれらではないのではないかという不安がついてまわる。たしかにこうしたイメージの効果は、一方で、エイズに感染したひとが以前より充実した生を生きるようになったという多くの物語によって相殺されはするものの、それにもかかわらず、エイズが人間を変容させる作用や、HIVが自己同一性を徐々に脅かすという恐怖心は広く浸透している。エイズは身体の記憶を消しさり、人間のアイデンティティを抹消することができるという一般化した通俗的な考え方があるからこそ、この流行病からむしろ記憶とアイデンティティを創出したいという欲望——エイズ・キルトにおける死者の哀悼と生命の礼賛によってであれ、アイデンティティの証しを公然と表明するエイズ・アクティヴィズムによってであれ——も生まれてくると言ってもよいだろう。

免疫システムとエイズを描写するさいに用いられる記憶と忘却のメタファーは、われわれの身体を、それもとくにエイズとともに生きるひとびとの身体を想像するための対抗的な方法をあたえてくれる。このプロセスは、生き残りのひとびとが文化的記憶の産出において果たす役割を際立たせ、これを歴史を作る営みの限界にまで迫りださせることをわれわれに要求する。ベトナム戦争とエイズのどちらの場合でも、記憶に関する言説はつぎの点を例証している。つまり、アメリカ文化が想起するに値すると考えるものの中心を戦争が占めているということである。ベトナム戦争は、失われた国民的、技術的、男性的ナラティヴが取り戻せる場合にだけ、ナショナルなコンテクストにおける文化的記憶の生成する場となった。エイズという流行病においても戦争のメタファーを用いるという仕掛けは、戦争の記憶についての言説を批判者たちが獲得するために、意図的に仕組まれたのである。それは、エイズとともに生きるひとびとのことが想起され、しかもかれらの名誉が回復される必要があること、そして、かれらは国民的な原因による犠牲者だったのだということを立証するためである。

しかし、どちらの事例においても、記憶がひとびとに力をあたえることができるのは、じつは戦争についての言説からではなく、癒しをめぐる言説によってなのである。ベトナム戦争帰還兵記念碑とエイズ・キルトのどちらについても、個人の喪失、傷み、贖いに力点をおいた場合の方が、文化的記憶の生成にもっとも豊かな土壌をもたらしたのである。戦争を包括的に物語ったり、流行病のポリティクスを強調したりすることから、エイズが敏感な身体、家族、コミュニティ、記憶にどういった作用を及ぼしているのかという観点へと焦点を移行させてみればいい。このようにずらすことは、戦争の言説がもっている本性を変質させる。戦争と記憶の関係が吟味されないままに放置されてはならないということ、そして文化として想起に値すると思われる事物が戦争の言説を超えた広がりをもたなくてはならないということは、決定的に重要な論点なのである。

それから、生き残りのひとびとの役割をエイズのコンテクストにくわえなければならない。末期のボー・ヒューストンは、かつて次のように書いていた。

もちろんわたしも、いやというほど自分をエイズによる犠牲者だとイメージしてきました。寝たきりで、消耗しきって、死にかけている。そんな姿の犠牲者として自分のことを見てきたのです。わたしは自分の葬儀の計画もたてました。それでもときには、思い出にふける生き残りとしての自分の姿を思い浮かべたりもします。するとわたしは、もうウイルスに感染している人間ではなく、エイズという経験によって傷つけられながらも、それによって精神豊かな人間になっているのです。こうした葛藤をぐって生きてきたために、真夜中にどんな夢を見て目が覚めたのかもわからないようなティーンエイジャーたちからすれば、わたしはいかにも気むずかしく思われるかもしれません。けれども、わたしの想像力、わたしのものの見方は、苦痛、罪悪感、恐怖とともに層になって積み重なっていくことでしょう、だが、知恵やユーモア、それに感謝の念もそこには入っているのです。わたしは自分の老いた眼を見つめます。するとどうでしょう。輝くように澄んでいて、信用と不信が入り交じり、シニカルだがおびえていて、……まだ生きているではありませんか。★85

生き残りとは想起する者である。

最終的に文化的記憶が書きなおされ、積極的に創出され、意味があたえられるのは、生き残りのひとびとの手によってである。エイズという流行病においては、生き延びるという単純明快な考え方が、政治的な意味をもっている。このシンプルな概念は、エイズ、HIV、免疫システムについてメディアがまき散らすステレオタイプばかりでなく、科学的モデルをも描きなおすことを要求している。それは文化の全体的状況にたいする挑戦であり、エイズによる死にたいする一般のひとびとの感情麻痺への反抗である。生き残りのひとびとは記憶を体現している。かれらの身体が記憶のテクストであり、かれらの声はその織り束（テクスチャー）である。かれらは記憶と歴史のつなぎ目に立ち、その双方の境界線で、まさにかれらがそこに存在しているという事実によって闘っているのである。

欠如を記憶する——9・11につづく出来事に関する考察

九月十一日以来、アメリカ人は歴史の分岐点に立っている、つまり九月十一日に世界が変わってしまって、この日を境に歴史が永遠に「その前とその後」に画されてしまった、ということがしきりに言われている。歴史意識に根本的な断絶が生じたというこのような宣言は、もちろん、九月十一日以前にもあった。一九二四年に、ヴァージニア・ウルフは、近代の経験について一九一〇年十二月ごろに人間の性格が変化した、と述べた。数十年後、テオドール・アドルノは、アウシュヴィッツ以後に詩を書くことは野蛮であると述べた。アドルノが言おうとしたことは、ホロコーストが文化の生産に取り返しのつかない変化を与えてしまったということであった。歴史を画する衝撃について現在のアメリカで主張されるものを否定する多くの議論がある。これらの議論が挙げる理由には、この最新版がきわめてアメリカ中心主義的で偏狭で田舎臭く、外国のどのような悲惨な出来事よりもアメリカの出来事に歴史的な重要性を与える議論であるというものがある。しかし、つぎのような困った感情は、頑固に存在しつづける。それは、九月十一日がひとつの時代の終末と別の時代の始まりを画するものとして永遠に理解されるであろうという感情、それどころか二〇〇一年九月十一日が二十一世紀の新しい世界の始まりとして記憶されるだろうという感情である。

多くの意味で、この「前と後」という感情が生まれる理由は、予期できない想像を超えたこの出来事の性格、つまり一機また一機と飛行機が世界貿易センター（WTC）の二つのビルに突入したばかりでなく、あまりにも急速に、そして計ったようにビルが崩壊したことに帰せられる。何百万の人びとが、マンハッタンやブルックリンやニュージャージーから、そして全米、全世界の人びとがテレビの画面で目撃したように、飛行機が突入するという劇的なイメージが生んだ衝撃は、同じくらい信じがたいイメージ、つまりニューヨークのスカイラインからツイン・タワーの姿が欠落し、ロワー・マンハッタンに強いつながりをもっていた二つの巨大な建物が消し去られているというイメージに取って替わってしまった。この二つのビルは、瞬時に意味を変えた。というのもWTCは消えてしまってもっとも大きな意味をもつことになったからである。被害を受けていなかった三〇年間、WTCは多くの意味を賦与されていた。大きすぎる公共建築計画の愚行、没落する近代を象徴する陳腐なガラスのタワー、ニューヨーク観光のシンボル、そして後にはアメリカ資本主義の傲慢さなどである。しかしひとたび倒壊すると、WTCはこの世に存在していたときよりずっと多くのことを、その欠如によって物語る。現在、ロワー・マンハッタンのスカイラインを見ることは、その欠如を体験することである。そしてWTCのあらゆるイメージは、九月十一日以前には想像もできなかった悲痛な悲しみを帯びる。

この欠如、とりわけあまりにも多くの人命をともなって暴力的かつ悲劇的にもたらされた欠如に直面して、人びとはある種の存在を作り出す必要を感じる。おそらくこうした理由で、記念碑を作る問題が事件のすぐ後に始まったのだろう。あたかも行方不明者の人数や名前もまだ明らかではなく、生存者の救出が全米の関心の的となっていた事件の翌日に、人びとが記念碑を作ることを語り始めたかのようだった。ワルシャワ蜂起の弾圧にともなうユダヤ人居住区の破壊や広島爆撃のあとに、人びとが記念碑を建設しようと語るなんてことは想像することができない。同様に、ルワンダの人びとは、数十万の人びとが虐殺されたあとで記念碑を建設することを語るだろうか？　歴史上、公的な記念碑建設が始まるのは、たいてい記念される出来事からだいぶ時間がたってからのことである。終戦が宣言されると、小さな町から都市、はては国民国家までが、戦死者や犠牲としてささげた人びとの名前を示して記憶に留めようとする。合州国の場合、ワシントンやリンカーン、ジェファーソン、ルーズヴェルトなどの歴史上の人物が、その死後何十年もたってから記念碑の対象となった。アメリカでもっとも重要視されている記念碑の多くは何十年もかけて建設され、それぞれがまた官僚的な縄張り争いの対象であった。近年、たしかにこの記念碑建設の過程が早くなった。ベトナム戦争記念碑は、ベトナム戦争から撤兵して七年後に建設されたが、このときでさえ建設されるのが遅すぎたと非難する声があった。オクラホマ市の国立記念碑は、一九九五年四月の一六八名が殺された爆破事件から五年後に建設された。多くの点で、この記念碑が急いで建設された理由は、記念碑建設の過程に参加した遺族や生存者の強力な集団の存在があったからであった。[★1]九月十一日の記念碑を建設する問題は、ニューヨーク市の「グラウンド・ゼロ」と呼ばれるものを中心に語られる。この「グラウンド・ゼロ」は、ペンタゴンやペンシルベニア州西部の現場の影を薄くさせ、ニューヨーク市の現場こそがこの悲劇的出来事の象徴的な中心地なのだということをきわだたせる。

一九八四年にフランスの哲学者ミシェル・ド・セルトーは、論文「都市を歩く」のなかで、WTCの屋上展望台は、ニューヨーク市を上から眺める神の視点、自らが視点以外の何ものでもないものになる欲望を満たす視点を売り込む、と述べた。ド・セルトーは、この視点、「まなざしの下、巨大な人群れははたと動きをとめてしまう」視点を、路上で起きる数多くの意味ある行為、都市空間の意味を創り出す歩行者の「スピーチ・アクト」と対比させる。[★2]ニューヨーク市で起きた九月十一日の出来事をめぐってどのような記念碑を作るのかという問題に関して起きている議論は、いろいろな意味でニューヨーク市のこの分裂した視点——聳え立つ摩天楼と路上で創造される意味ある小さな行為とのあいだにある対照的な視点をますますはっきりさせる。この出来事の記憶は、記念碑的な悲しみのイメージと個人的で親密な悲しみのイメージという対立しあうヴィジョンが存在することをすでに示している。

記念碑建設をめぐる多くの議論がこだわっていることは、ニューヨークのスカイラインに残ったままの欠如である。WTCがあった場所をどのように再開発するかという問題をめぐる議論は、WTCの欠如が意味するものについての懸念の感情と避けようもなく絡み合う。この懸念の感情とは、ニューヨークのスカイラインからWTC（あるいは他のどの高層ビルであっても）を欠如したままにしておくことは、弱さと敗北の表現であるとする信念である（私の考えでは、「ニューヨーク・タイムズ」のみが、九月十一日の事件で粉々になってしまったWTCは一九九三年の爆破事件で殺された六名の人びとのための記念碑であったという指摘を行なった）。★3 九月十一日から数週間で、フィリップ・ジョンソンやロバート・スターンのような一群の現代建築家、近代美術館の建築部門のキュレイターであるテレンス・ライリーが、ふたつの高層ビルがかつてあったように再建するべきであるという考え、コロンビア大学建築学部長バーナード・チュミの言葉を借りれば、WTCよりも「大きくより良い」というだけの案を魅力的なやりかたで提示した。★4 しかし、この再建案は、心理学上の基本的原理を無視しているし（新しいテロのターゲットで働きたいと思うものは誰もいないだろう）、いくばくかの歴史的経済的無知を露呈し（WTCは、政府支出がいまとは異なった方法で行なわれていたときに公的機関が税金を用いて建設した）、安全性の問題も無視している（高層ビルから避難するのは著しく困難である）。こうした建築家たちが今になって自分たちの言葉を後悔しているのは、容易に想像がつく。というのも、数ヶ月たって、これらの主張は次のような複雑な問題が理解されるようになって弱まってきたからである。その複雑な問題とは、WTC周辺地域の再生計画を立案実行してこの地域をニューヨーク市の一部に戻すという企画の困難さと、この現場にかかわるさまざまな利権や関心（民間投資家から役人、そして悲しむ家族）である。しかし、事件直後、エリザベス・ディラーとリカルド・スコフィディオという二人の建築家のみが、スカイラインの変容がもつ力をメッセージとして捉えるという考えを示した。「スカイラインを修復するためにビルを建てるようなことはしないでおこう。空白のまま残しておくほうが強力なメッセージになる。われわれは、消え去ったという記憶を消し去ることは悲劇だろうと信じる」。[★5]

ニューヨーク市は、事件以来、記念碑のアイデアやデザイン（素人のものから専門家のもの、禁欲的なものから俗受けするものまで）で溢れかえっている。皮肉にも、これまでに発表された記念碑建設のコンセプトの多くは、WTCの建物を特別に記念碑の対象とするものであった。じつに、事件後の数ヶ月間ニューヨーク市を埋めた絵のじつに多くが、WTCの高層ビルを思い思いの表象で置き換えようとする試みであった。それらは、自分たちの住む場所にWTCのタワーがあるかのように想像する子供たちの絵、タワーの壁画、双子の兄弟への愛情を示すもの、そしてWTCが良く見えた眺望のきく場所から見えるスカイラインに、いまはないWTCを描きこもうとしたイメージなど、一般の人びとがWTCが欠如している状態を変えようとして行なうあらゆる種類の介入であった。ニューヨーク市の美術界もまた、WTCを美学的に再イメージする企画に乗り出した。メトロポリタン美術館のディレクターであるフィリップ・ド・モンテベッロは、崩壊現場のビルの残骸を保存して記念碑の一部に組み込むべきだという考えを示した。[★6]実際、このアイデアは過去に作られた多くの記念碑にみられる。もっとも有名なものは広島平和祈念公園で、原爆ドームが記念碑に組み込まれている。また、第二次世界大戦の記念碑の多くも、イギリスのコベントリー大聖堂のように建物の廃墟を保存することによって後世に訴える。[★7]これら記念碑の多くは、過去の廃墟を利用して人間がどれほど暴力的になりうるかを警告し、苦いメッセージを伝えようとする。ド・

モンテベッロにとってWTCの残骸は、WTCの残存物を象徴するものであるばかりでなく、すでにして「名作」なのだ。その理由は、WTCの残骸が近代の破滅の忘れることのできないイメージを生み出すという誰もが考えるような理由からだけではなく、WTCの残骸がすでに現代芸術の作品のようであるからである。WTCの残骸は、解体されてフレッシュ・キル埋立地に運ばれるまで、現場でゴシック様式の大聖堂（WTCの「外壁」がゴシック様式の用語で説明されていたことを思いもかけず思い出させる）の残骸のように屹立していた。

スカイラインにあったWTCの存在からインスピレーションをえた人もいる。アート・スピーゲルマンは、「ニューヨーカー」の表紙に、黒い背景にわずかに暗い影になって見えるWTCのイメージ、陰鬱でなじみ深く忘れえないイメージを描いた。9・11事件の六ヶ月記念日には、六名の美術家と建築家が協力して作り上げた「光の弔辞」が、青い光でWTCを一時的に再現した。★8 これら「幻のタワー」は、空に達しようとする祈りを込めた奉納キャンドルに似せてデザインされた。この計画は、二つの意味で感動を誘う。まず、WTCの記憶の影をなぞってその存在と不在とを喚起する力において、そしてこの計画が不可避的にもっている陽炎のような一時的な性格において——このキャンドルもまたたんなる思い出になった。九月にニューヨーク市で出現した願いを込めた奉献のキャンドルのように、「光の弔辞」はWTCの形の影、パリンプセスト〔もとの字句を消してそのうえに字句を記した羊皮紙〕、幽霊を提示した。この計画はもともと「光のなかのWTCタワー」という名称だったが、その名称が9・11の遺族の一部から抗議を受けて、つまり追悼の対象となるのはWTCのタワーではなく、そこで死んだ人びとであるべきだという抗議を受けて変更された。この命名論争は、多くの点で記念碑建設をめぐる矛盾と記念碑的なものと個々の死を悼むことのあいだにある緊張とをよく説明する。最終的に「光の弔辞」はWTCのツイン・タワーの不在にかかわる試みとなってしまい、死者を考慮する試みとはならなかった。

しかし、失われた命が深甚な意味をもつという立場から見れば、ツイン・タワーを一番大事なものと考えてその不在に意味を与えることは瑣末なことに思える。WTCのグラウンド・ゼロに立てられる記念碑が最終的にどのようなものであっても、それはWTCのツイン・タワーを追憶するものではなく、九月十一日に歴史の気まぐれで命を失うことになってしまった普通の人びとを追憶するものになるだろう。この現場が否応なく墓場であるという事実は、どのような記念碑計画でも計算に入れられ、この現場に関係をもつ死者の遺族に非常におおきな発言力を与える。アメリカがツイン・タワーという建物の喪失に心を奪われていることは、だから、ツイン・タワーで失われた多くの生命に向き合って影響を受けることを避けようとする試みである。

ある人間が存在したことを示す作業は、9・11で死んだ人びとをめぐる儀式の一部として、企業が全ページ広告で載せた死亡者のリストや、「ニューヨーク・タイムズ」が「悲嘆の肖像」という特集で年末まで毎日載せた犠牲者のひとりひとりの顔写真として早い時期からある。しかし、行方不明者をもとめるポスターこそが、都市景観を追憶の空間に変容させた。行方不明者の写真と身体的特徴を載せたビラが、ロワー・マンハッタンの病院や救護所、街路に貼りだされた。それぞれは一見個人の統計表のように読める。載せられた情報は、生年月日、職場、着衣、最後に目撃された場所、そして身体的な特徴であり、行方不明となった個々人の認知を必死に求めるものであった。最初、これらのポスターは行方不明者が見つかるだろうという希望のメッセージであったが、すぐに死者を象徴するものとなった。写真は、写された人びとが想像不可能なことを想像したはずもない「以前の」ひとときの証言である。さらに言えば、写真に写された人びとは、写真自体が呪符となって、愛する人びとが死んだのではなくたんに「行方不明」になっているだけだと希う信念を伝えるものになるだろうとは想像もしえなかった。

行方不明者の情報を求めるポスターに載せられている写真は、断絶を意味している。過去のイメージ――家族の集合写真や休暇のひととき――が遠くのものであり、将来がどのようなものになるか知ることができない。マリアンヌ・ハーシュが書くように、「これらの写真は、暴力的にひとつの文脈から引き抜かれてまったくつじつまの合わない文脈に押し込まれ、ロラン・バルトのいう写真を見る遡及的なアイロニー、つまり写真を見る人間は写真の人びとが知ることのない恐ろしいことを知っているという事態を典型的に示している」[★9]。多くの方法で、ニューヨークの街のいたるところ、鉄道の駅や病院や救護所の近くに、そして地下鉄のそばに貼られたイメージは、9・11と同義になってしまっていたメディアの作ったイメージに反駁する試みであった。この場合、メディアの作るイメージのもっとも特徴となるものは、WTCから死にいたる墜落をする／飛び降りる人びとのイメージにある[★10]。行方不明者をもとめるポスターは、うれしそうに無邪気にカメラに向かって微笑む人びとのイメージを見せる。しかし、行方不明者を見つける手がかりとして書かれた写真の人物を同定する文章は、すぐに身を凍らせる新しい意味を帯びた。「WTC1、百階」、「九三階で働く」、「カンター・アンド・フィッツジェラルドの従業員」などの文章は、微笑む人びとの写真のイメージを別のイメージに、つまりビルを飲み込む炎のイメージや空中を墜落する人びとのイメージに結びつける[★11]。9・11以後数ヶ月たって雨風や時間の経過によって痛んでいても、これらのポスターはニューヨークの町じゅうに残っていて、いまでも見る人を驚かせ、9・11におきたことを瞬時のうちに思い出させる。

写真術は、9・11がグローバルなメディア・イベントとするために構成されるときに中心的な役割を果たすばかりではなく、存在しないにもかかわらずあるものを存在させようとするもがきにも似た努力においても中心的な役割を果たす。写真のイメージは、現実の痕跡と不在のもののアウラの表現の欠如を媒介する。われわれは、写真をこの世を去った人間の代わりに使用して、死者がわれわれの生活に現存しているがごとく感じる。しかし、写真はその起源から死と関連していた。まさしく写真のこのパラドックス、つまり不在の人びとをまるで魔法によって眼前にいるかのように思い出させる、と同時に写真の注視の前のすべてのものを過去に、死の領域に翻訳してしまうというパラドックスこそが、存在することを請い願うことによって生じるジレンマをわれわれの前に明らかにする。もはや存在しない人をイメージのなかに完全に復元することはけっしてできない。写真のイメージは、人と人との関係、行方不明となっている人物の影を思い出させる。けれども写真のイメージが最終的にできることは、なくなった人びとは生き残った人びとのもとにもう絶対にもどってくることがないという事実を痛みをともなって思い出させることである。

しかし、写真は現実化が不可能であっても、われわれが喪失と向き合うときに中心的な役割を果たす。当初、グラウンド・ゼロの現場は、写真撮影がタブーと考えられていた。そして現場の周縁を訪れる人びとは、写真をとらないように頼まれた。[★12] しかし9・11から数ヶ月たつと、アマチュア・カメラマンや地域住民、救助チームのメンバーが撮った写真を展示する公開写真展がニューヨーク市内でいくつか開かれ、非常に大きな人気を博した。平凡なものであっても優れたものであっても、写真を撮って災害のイメージを見ることへの強い衝動は、明らかにこの出来事を消化吸収するプロセスの一部をなしている。写真は、見世物的なものを通じて畏怖の念やのぞき趣味的な快感を引き起こすばかりではなく、悲劇をある程度のもののなかに閉じ込めておくことができるという感覚を起こさせる。筆者がこれらの写真展を見た経験によると、写真が生み出す効果のひとつは、グラウンド・ゼロという非日常的な景観、一見「私秘的」なイメージをスナップショットふうに見る喜びである。これらのスナップ写真は、ニュースが生み出すイメージよりも生々しく露骨である。

写真を展示したり撮ったりすることをともなう死者を悼む儀式は、残された人びとに大きな慰めを与える行為である。これらの儀式は、たとえば生命を象徴するものとしてキャンドルを点したり、廟堂を設けたり、関係のある場所に何かをもっていったり、さらにはたんに何かをするといった存在様式の創造をとおして、喪失にともなう痛みを和らげる試みである。行方不明者を探すポスターは、事件後いたるところで起きた、たくさんの小さく個人的な追悼と想起の行為の最初の段階のものであった。これらの死者を悼む集合的行為は、この二〇年間の合州国におけるより大きな文脈のなかで考えることができる。死者を悼んでひとりひとりが行なう個人的な儀式と死者への個人的な弔辞は、歴史上、私的な領域で行なわれてきた。しかし、ベトナム戦争記念碑を訪れた人びとがいろいろなものをそこに置き始めてから、そうした個人的な儀式がアメリカの国民文化の一部になった。オクラホマ市では、一九九五年四月の連邦政府ビル爆破事件の後、引き寄せられるように爆破現場を見にきた人びとは、現場を囲うチェーンのフェンスに、写真や鍵の鎖や身分証明書のプレート、名前の書かれたTシャツ、そして死んだ人びとへの手向けの言葉などいろいろなものを残し始めた。そしてこのフェンスは、メディア報道や写真で広く宣伝され、記念碑のなかに組み込まれることになった。

人びとは、自分たちが失ったものを記念するために何かの儀式をしなければならないという必要性を感じ、ニューヨークではユニオン・スクエア・パークや多数の消防署、そして多数のウェブサイトに、小さな記念碑が事件直後から自発的に現われた。花をそなえる、メッセージを書く、キャンドルを点すといったことは、死者ひとりひとりを悼むのだという意思を表明する行為であった。こういう意味で、これらの物やメッセージは、ひとりひとりのアイデンティティを集合的な主体に変容させることを拒絶し、さらには災害の被害者という集合的主体を拒絶する。WTCの破壊は、他の災害と同じように、集合的な身体が傷を負ったかのようなイメージを生んだ。この集合的身体とは、マイケル・ワーナーが、破壊されたWTCタワーのイメージで象徴化された「既存の抽象化された身体」と定義するものである。ワーナーは、自然災害や飛行機事故、そして大量死をもたらすテロリストによる行為のような災害が生む集合的身体は、単一の存在として表象される、と言う。殺された人びとは、集合的な死、死によって単一の主体にされてしまい、この大きなイメージのなかに飲み込まれてしまう。ワーナーは、「いわば災害は人気がある、というのも災害が生んだ一塊となった主体性を使うことができるようになり、そのような一塊の主体の魅力について何かをわれわれに教える」[★13]。メディアの表象は、もちろん、災害のイメージに依存する。そしてそれはワーナーが述べるようにつねに「新聞の一面の見出しを占領する」。さらにメディアの表象は、集合的身体のなかの個々人が類型化しうるようなお話を作り上げることに依存している。追悼儀式のなかで見られる想起のための小さな意思表示は、個々の死者をあらかじめ用意された類型に吸収させてしまうことを阻止する試みなのである。

トラウマ的出来事ののちの自然発生的儀式は、人びとに慰めをあたえ、歴史を通じてしばしば定式化され、そして消え去るか、公的な記念行事の一部に取り込まれるかしてきた。アメリカ国立公園局は、ベトナム戦争記念碑に残されるものに毎日タグをつけ、保存している。オクラホマ市の記念碑は、旅行者の定番の訪問地になっていて、すでに膨大な量の記録がある。この記念碑には、記念の椅子やチェーン・リンクのフェンスに記念品を残すのに手の込んだルールがある。訪問者は、これらの場所を訪れる前に、訪問者が残す記念品が果たす役割を知る。ニューヨークでは報道の影響で、追悼儀式がすでに旅行者の定番ル

ートになってしまい、大衆を魅了するためにとり行なわれている。[★14]

こうして、記憶の儀式は、9・11をめぐるメディアの見世物(スペクタクル)のなかに取り込まれ、メディアが追悼手段の一部になった。わたしの知人の多くは、9・11の数日後に「ニューヨーク・タイムズ」の「悲嘆の肖像」を読み始め、死者に関する簡潔な記述に涙を流した。[★15]「ニューヨーク・タイムズ」の死亡記事の排他性を民主化し、伝統的な死亡記事形式に反抗する試みとして、これらの肖像記事は、公的な悲嘆の形式でもある。遺族や生還者に関する報道は、事件の痛みに近づき、他者の身代わりとなって悲嘆に暮れたいという大衆の欲求を満たす。この過程で、ひとりひとりの人間は、メディアが助長する特定の文化的な表象の型に押し込められてしまう。たとえば、9・11で夫を失った女性は、「9・11の未亡人」として立ち現われてきた。まさしく消防士がこの事件の偶像的な犠牲者として定義されたように（オクラホマ市では子供が偶像的な犠牲者とされた）、未亡人は、たとえば雑誌「ピープルズ」で今や「9・11後」の赤ん坊として知られるようになった新生児を抱いてポーズをとり、悲嘆の偶像的な象徴として立ち現われてきた。このようにきわめて重要な事件においてメディアがしたこととの不可避的な結果こそが、人びとの悲嘆を消費のための人気取りの物語に押し込めてしまうのだ（両義性を生み出さないというわけではないが）。WTCで夫を失ったA・R・トーレスが書いているように、「WTCをテーマにした映画が出てくるのを待っているけれども、それがわたしのことでないことを祈っているわ[★16]」。

現在つづいている人気取りの物語の生産にくわえて、9・11の商品化は多くの形態をとる。たとえば、グラウンド・ゼロを変容させて観覧用の傾斜路と見学者が列をなす観光地にしてしまう、悲嘆を変容させて愛国主義にしてしまいナショナリズムの感情を利用する宣伝キャンペーンにしてしまう、WTCをテーマにした数々の商品を生産する、そしてウェブサイトは、オンライン上で悲嘆の儀式をする。これらの多くは不可避的に、死者を悼むという行為を超えて俗受けを狙うものになってしまう。「光のなかの熾天子(セラフィム)」や「消防士のヘルメットのテディ・ベア」の増殖について、「9・11を俗受けするものにすること」という論文を書いたダニエル・ハリスは次のような問いを発する。「9・11のような規模の破滅的出来事は、その身の毛のよだつ恐ろしさを弱めるために俗受けをするレトリックを必要とするのだろうか？」★17

ここでわれわれは、アドルノが述べたことに戻る必要がある。かれの発言は、ホロコースト後の表象を拒絶するものとしてよりも、そのような表象が潜在的にもつ美的な快感とそれにつづいてこの美的快感がもたらしうる救済の叙述にたいする注意深い警告として理解する必要がある。ロワー・マンハッタンにあるセント・ポール大聖堂の中心部は、布や紙に書かれた連帯と同情のメッセージや行方不明となっている人の写真や喪失の感情を伝えるメッセージで一杯である。この場所は、同時に、観光客がニューヨーク市警の警官といっしょにポーズをとって写真に収まり、破壊の現場の写真をとる場所でもある。私はここを訪れたとき、追悼儀式とツーリズムの混合、破壊を受けた風景がもたらすショックがテーマ・パーク化してゆくことによって弱められてゆくことにとてつもない矛盾を感じた。あの日、命からがら逃げ延びたわたしの友人たちにとって、ツーリズムは選択肢のひとつではない。

しかし、消費主義とツーリズムもまた、人びとが起きたことのもつ意味を理解しようとするさいの手段である。人びとは失ったものの意味を得ようとして、同情のシンボルとしてテディ・ベアや、現場への巡礼のような活動で間に合わせる。同時に、悲嘆の消費主義は、世界政治を単純な感情表現に貶め、グローバルな出来事としての9・11がもつ複雑さを容易に覆い隠している。救済の物語は、次の意味で政治的には抑圧的である。救済の叙述は、苦痛から生じてきた善——新しく発見された愛国主義とかコミュニティの感覚とか——を発見することによって喪失の痛みを和らげようとする試みであるからだ。このような性質をもつものとして、救済の物語は、歴史を通じて政治的な課題を正当化するために使われてきた。9・11の場合、救済の物語はアフガニスタンで死んだ人びとを不可視にしてしまうことに役立った。

もちろん記念碑と消費主義の機能とをわかつことはできない。記念碑は観光客が立ち寄る場所としてデザインされるし、しばしば追悼行為を商品化する原因となる。オクラホマ市の連邦ビル爆破記念碑には土産売り場があり、事件に関する趣味のよい記念品や書籍を販売するばかりでなく、「アメリカの大地で」と書かれているバンパー・スティッカーや記念碑のシンボルマークで飾られたランニング・シャツも売られている。どのようなものであれ、グラウンド・ゼロに建設される記念碑は、もっとも人気ある観光スポットとなり、ニューヨーク市でもっとも観光客をひきつける場所になるだろう。だから記念碑のデザインを作るうえで決定的に重要な問題は、新たに作られる記念碑が、死を悼む場所であるということと観光地であるということとのあいだにあるこの関係をどの程度調整できるかという点である。

死者を記念碑の形で表わすときにかれらをどのように表象するのが適切かという問いは、事件から数ヶ月たって記念碑のデザインが広く流布してくるにつれ、緊急性をましてグラウンド・ゼロにつきまとう。どの美的価値観が9・11の記憶を支配すべきなのか？　歴史的に記念碑の表象の主要な様式は、具象的なものである。しかし、現代芸術の問題と記念碑化の美的スタイルとのあいだにある緊張のなかで、二十世紀には、リアリズムと具象的なものを追究する記念碑のデザインと抽象主義を採用するデザインとのあいだに、非常にはっきりとした分岐が現われる。さらに、多元主義と多文化主義からなる現代の文化的な文脈のなかでは、単一の具象像でより大きな集団を表象させることができるとは思われない。この緊張は、9・11ののちに、消防士を記念する像を計画するときに表面化した。記念碑の計画を消防士自身が、「ポリティカル・コレクトネス」を理由に拒絶したのである。提案された記念碑は、三人の消防士がグラウンド・ゼロに星条旗を掲げるという新聞に載った写真をもとにして、硫黄島で星条旗を立てようとしている海兵隊員を表わした海兵隊記念碑（これも新聞に載った写真をもとにしている）にさかのぼる象徴的なイメージのレプリカであった。しかし、消防士たちはこのデザインを拒否した。というのも、写真に載っていた三人の白人の消防士が、死んだ消防士のエスニシティーを暗喩的に含むために人種的に多様な集団に変えられていたからである[★18]（実際、ニューヨーク市の消防士の九四パーセントが白人であるということは、ニューヨーク市の白人が五〇パーセント以下であることを考えるとショッキングな統計結果である[★19]）。

美意識と表象をめぐるこの論争は、ベトナム戦争記念碑の表象をめぐる論争を思い出させる。具象化は、無言のうちに包含と排除をともなうため差異の問題に敏感な社会では問題となる。死を悼む美的意識は、二つの対極的なアプローチに分裂したままである。そのひとつは、硫黄島の海兵隊戦勝記念碑が典型となっていて、偶像的な写真を模倣した写実主義的彫像である。もうひとつは、ベトナム戦争記念碑が代表するような抽象性を用いて死者を個人として取り戻させるために死者の名前を記す。

すでに、ベトナム戦争記念碑とエイズ・キルトで見てきたように、国立記念碑でもっとも成功したものは、訪問者が潜在的にさまざまな対話や儀式を行なうことができるものであった。さらに重要なのは、訪問者が死者に語りかけることができる空間のある記念碑であることだ。これらの記念碑では、死者の名前を刻むことによって、そして死者をひとりひとりの人間として災害による一塊の集団から引き離すことによって、死者との対話が容易になる。ベトナム戦争記念碑でのひとりひとりの名前を記すというやりかたは、オクラホマ市国立記念碑で繰り返され、ひとりひとりの犠牲者が照明台のあるブロンズ製の椅子で象徴される。この場所は、家族には訪れることができる場を、訪問者にはひとりひとりの人間の生命の意味について深く考える場を提供する。遺族が愛するものに語りかけるために訪れるとき、これらの椅子は、椅子が空席のままで残されていることによって死者がもういないことを、しかし同時に死者がそこに存在することをも効果的に喚起する。[★20]

名前を記念碑に刻むことは、人びとが記念碑でどのようにして意味を生成するのかという問いの中心となるが、これは問題がないわけではない。ベトナム戦争記念碑のときには誰の名前を記念碑に刻むかという論争があったように、WTCで殺された死者のなかには偶然にWTCにいた人や、市民権や労働ビザをもっていない人、そして名前のわからない人がいたことが、すでに明らかになっている。しかし、記念碑に名前を刻む行為は、人間の生命の価値に軽重をつけるわれわれの社会の現実に対抗する試みのひとつの手段である。メディアによる9・11の報道は、死者の序列を確立する。たとえば、事務職員よりも消防士のような公務員の物語が、ガードマンよりも警官の物語が、経済力のないものよりも金持ちの物語が、掃除夫よりも証券売買を行なうトレーダーの物語が特権的に語られる。さらに、遺族への見舞い金の金額をめぐる論争が示すように、遺族の日々の必要性よりも資本主義的な価値（生涯収入で計算される）のほうが、悲嘆に暮れる家族への見舞い金額を決める基礎になる。死者を個人として名前を刻む記念碑は、より民主的でありうるし、そのデザインそのものにおいて、すべての人命が平等に敬意を受けるということを語りうる。ひとつの名前は、その名前をもつ人物の人生や希望、かれらを愛した人びとについてほとんど何もわれわれに語らない。しかし、その名前は、それぞれの名前が意味をもつ人生であったことをわれわれに思い出させる。

グラウンド・ゼロに建てられる記念碑は、不可避的に現場において大衆の役割に特権を与えるものになるだろう。グラウンド・ゼロの空間は、永遠にそこで死んだ死者を通じて、大衆によって象徴的に取り戻される。この取り戻しは、現場にあった私的利権を抑える結果をともなう。というのも、9・11未亡人や犠牲者遺族協会のような集団には、公的な援助を引き出し政治家に影響力を及ぼすことのできる象徴的な権力や道義的権威があるからである。★21

しかし、最後に重要となるのは、9・11の記念碑を建てる過程で、記念碑にはできることとできないことがあることを認め、この事実につねに立ち向かうことである。これまで、国立記念碑は二つの目的を同時に達成することをめざして建てられてきた。ひとつは、国民国家と記念碑が顕彰する歴史的人物についての教育的機能を果たすこと、もうひとつは死者に敬意を払うことである。しかし、この教育的機能は、きわめて限定されたものである。記念碑は、歴史を十分に教えることはできない、なぜなら記念碑の主な役割は、死んだ者を思い出すことであって、なぜかれらが死んだのかという理由を理解させることではないから。ベトナム戦争の悲惨な歴史を知らなくても、アメリカ人がベトナムで死んだ理由を知らなくても、誰でもベトナム戦争記念碑を訪れることができる。また、アメリカ社会のどのような側面が、オクラホマ市の連邦ビルを爆破した右翼テロリストを台頭させたのか、その理由を知らなくてもオクラホマ市の国立記念碑を訪ねることができる。大切なことは、死者を悼むために創り出される場所が、なぜかれらが命を失ったのかという議論を前もって排除するものではないということである。

ある文化のなかで深く力強い影響力を与える記念碑とは、議論が継続する余地を生み出す記念碑、歴史や記憶を閉じ込めようとするのではなく、あらゆる対立のなかで歴史や記憶が生み出される空間を創り出す記念碑である。ニューヨークでこれから果たさなければならない難題は、WTCがかつて建っていた場所に、死者を悼みかれらに話しかけることのできる場所を提供する記念碑を創造すること、しかし同時に意味を探すことをとりつくろったり、終幕がありえない出来事に無理やり終止符を打つような試みを許さない場を提供する記念碑を創造することである。

原註

★1　「アメリカ」という言葉がたんにアメリカ合州国を指すだけでなく、南北アメリカのすべての国々を指すこともあるという点はわきまえている。わたしはできるかぎり「合州国」という言い方はしたが、同時に「アメリカ」という言葉を合州国の文化を指すために用いてもいる。というのも、この言葉はいまだにナショナリストの文化のなかではじつに効力をもったものとして生きているし、わたしとしてはその通俗的な意味を引き出したかったからである。合州国の国民的文化は、しばしば「アメリカ」という概念を、自由、平等、民主主義という特殊な国民的イコンを体現するものとして用いている。そうしたもののいっさいが、本書において扱った記憶の論争の要素をなしている。

★2　Sigmund Freud, *The Interpretation of Dreams*, trans. James Strachey (New York: Avon Books, [1900] 1965). ジグムント・フロイト「夢判断」高橋義孝訳『フロイト著作集第二巻』一九六八年、人文書院。

★3　Maurice Halbwachs, *The Collective Memory*, trans. Francis J. Ditter, Jr. and Vida Yazdi Ditter (New York: Harper & Row, 1980). モーリス・アルブヴァックス著『集合的記憶』小関藤一郎訳、一九八九年、行路社。

★4　Pierre Nora, "Between Memory and History: *Les Lieux de memoire*," trans. Mark Roudebush *Representations* (Spring 1989), p. 9. ピエール・ノラ「記憶と歴史のはざまに」長井伸仁訳『記憶の場　第1巻　対立』二〇〇二年、岩波書店、三二頁。

★5　Michel Foucault, *Power/Knowledge*, ed. Colin Gordon, trans. Colin Gordon, Leo Marshall, John Mepham, and Kate Soper (New York: Pantheon, 1980), p. 82.

★6　Michel Foucault, "Film and Popular Memory: An Interview with Michel Foucault" (trans. Martin Jordan), *Radical Philosophy* (1975), p. 25. フーコーもまた、「対抗的記憶」という言葉を、正統的言説にたいして対抗的に作用する記憶を意味する単語として用いている。

★7　人間は想起する能力において欠損をもっているという考え方について、SFには先入見がある。たとえば、オクタヴィア・バトラーの『クセノゲネシス Xenogenesis』〔異種発生〕シリーズを考えてみればいい。このシリーズでは、オーンカリとよばれるエイリアンが終末論的な世界に人類と雑種化するためにやってきて、倒錯したかたちでの遺伝子構成を保持している。オーンカリはあらゆることを覚えており、人間が記憶について限定的な能力しかもたないこと、そしてその好戦的な特質を欠陥と見ている。「たいていの人類は、新しい記憶を獲得しつつ、古い記憶にアクセスすることができなくなっている。たとえば、かれらは話すことを知っているが、話すことをどう学んできたのかについては思い出すことができない。かれらは、通常は経験が教えることを保持しているが、経験そのものは忘れてしまう。われわれはかれらのためにその経験を取り戻すことができる。かれらにすべてのことを思い出す能力を与えることができる。しかし、それが多すぎると混乱を招くことだろう。かれらは、かれらの記憶がかれらを現在から引き離してしまうほどにたくさんのことを思い出すことになるだろう」(*Adulthood Rites* [New York: Warner Books, 1988], p. 29)。

★8 Milan Kundera, “Afrerword: A Talk with the Author by Philip Roth,” in *The Book of Laughter and Forgetting*, trans. Michael Henry Heim (New York: Penguin, 1980), p. 235. ミラン・クンデラ著『笑いと忘却の書』西永良成訳、一九九二年、集英社。ただしこの後書きは、ミラン・クンデラ、フィリップ・ロス「世界の消滅について」青山南編訳『世界は何回も消滅する』一九九〇年、筑摩書房、九四頁、に所収。

★9 Hayden White, “The Value of Narrativity in the Representation of Reality,” in *The Content of the Form* (Baltimore: Johns Hopkins Press, 1987), p. 24. ヘイドン・ホワイト「歴史における物語性の価値」原田大介訳『物語と歴史』二〇〇一年、《リキエスタ》の会、五三―四頁。

★10 Sigmund Freud, “Screen Memories,” in *The Standard Edition of the Complete Psychological Works of Sigmund Freud*, Vol. 3, trans. James Strachey (London: Hogarth Press, [1899] 1962), pp. 301-22. ジグムント・フロイト「隠蔽記憶について」小此木啓吾訳『フロイト著作集第六巻』一九七〇年、人文書院。

★11 過去はその真偽を確証できるのかどうかという問題を取り上げる場合には、本書はおそらく、記憶研究のなかの「現在主義」アプローチとして名指されてきたような立場に陥ることになるだろう。社会的記憶や集合的記憶に関する現代の社会学者の論文を通じて、この点に関して重要な論争あった。バリー・シュワルツは、アルブヴァックスやかれと立場を同じくするひとたちによって展開された「現在主義的アプローチ」を批判している。アルブヴァックスらは、過去の表象は、現在の関心によって構成されていると論じていた。シュワルツによれば、集合的記憶は、「過去の累積的かつ挿話的な構成」である。シュワルツが言いたいのは、再構成された物語のなかにとどまる事実的な要素が存在するということなのである。(“The Reconstruction of Abraham Lincoln,” in David Middleton and Derek Edwards, eds., *Collective Remembering* [Newbury Park, CA: Sage Publications, 1990], p. 104).

同じように、マイケル・シャゾンも、「一定の関心において、また一定の条件のもとで、過去は、それを改作しようとする努力にたいして強い抵抗を示している」と論じている。(*Watergate in American Memory* [New York: Basic Books, 1992], p. 206). かれはさらに、「過去が統制を受けて再構成されるとしても、これは限界のなかで生じるのであり、過去が提供する抵抗の強固な縁のところで、再構成は停止させられる」(p. 207) とつづけている。シャゾンはまたこう主張している。「これらの要点は素朴な経験主義者たちによって無視されている。経験主義者たちは、蓄積されることで歴史を作り出す強固な事実が存在していると信じている。他方、同時に、これらの要点は、ラディカルな相対主義的構成主義者たちによっても無視されている。構成主義者たちは、言説のみが存在するだけであって、言説がそれに負っているような自立した世界などは存在しないと信じている」(p. 218)。

これらの引用は、記憶研究の一定の領域におけるこうした論争に意味を与えている。この点について概観したものとしては、Barbie Zelizer, *Critical Studies in Mass Communication* (June 1995), pp. 214-39. がある。こういった仕事の多くは、還元的な言説概念によって妨げられてきた。

★12 Andreas Huyssen, *Twilight Memories* (New York: Routledge, 1995), pp. 2-3.

★13 Michel Foucault, "Technologies of the Self," In Luther Martin, Huck Gutman, and Patrick Hutton, eds., *Technologies of the Self* (Amherst: University of Massachusetts Press, 1988), p. 18. ミシェル・フーコーほか著『自己のテクノロジー——フーコー・セミナーの記録』田村俶、雲和子訳、二〇〇四年、岩波現代文庫、一九頁。

★14 伝統的モニュメントから対抗的モニュメントにいたるまで、ホロコースト博物館に関する幅広く内容の濃い議論については、以下を参照せよ。James Young, *The Texture of Memory* (New Haven: Yale University Press, 1993), James Young, ed., *The Art of Memory: Holocaust Memorials in History* (New York; Jewish Museum, 1994).

★15 Pierre Nora, "Between Memory and History", p. 22. ピエール・ノラ「記憶と歴史のはざまに」長井伸仁訳、二九頁—。要するに、弁論家が古典的記憶術で用いている技法は、想起を容易にするために、イメージのなかでの物体や場所に発話の部分を置くということを含んでいる。この論点についてのより踏み込んだ分析については、Frances Yates, *The Art of Memory* (Chicago: University of Chicago, 1966)〔フランセス・A・イエイツ著『記憶術』玉泉八州男監訳、一九九三年、水声社〕を見よ。これは、古代の修辞学的実践が現在にとってもっている重要さを考えるにあたって、決定的な影響を与えてきた。

★16 Roland Barthes, *Camera Lucida*, trans. Richard Howard (New York: Hill and Wang, 1981), p. 93. ロラン・バルト著『明るい部屋——写真についての覚書』花輪光訳、一九九七年、みすず書房、一一六頁。

★17 Richard Terdiman, *Present Past* (Ithaca: Cornell University Press, 1993), pp. 12-13 におけるアドルノに関する議論を参照せよ。

★18 Lauren Berlant, *The Anatomy of National Fantasy* (Chicago: University of Chicago Press, 1991), p. 20.

★19 一九九四年の九月の「沈黙の行進」で、銃砲規制運動の活動家たちは、銃によって殺害されたひとびとを象徴する四万足の靴をワシントン・モールの反射池のまわりに並べた。靴の多くには写真やメモ書きがついていたが、それらは、銃に関係する暴力の法外な犠牲を具体的な物を通じて証明するためにそこにあったのだ（J. Michael Kennedy, "Symbols of the Slaughter," *Los Angeles Times*, September 7. 1991, p. B1; ならびに Fox Butterfield, "'Silent March' on Guns Talks Loudly," *New York Times*, September 21, 1994, p. A18 を参照せよ）。これらの靴は、銃で殺されたひとのものだけでなく、支援を必要としているひとのものも含んでいた。そこで、展示のあとで靴は無償で寄付された。ケネディによれば、靴を集めるというアイデアは、ホロコースト博物館からの借用である。そこには、マイダネクの強制収容所から運ばれた靴の山の展示があったからである。

★20 John Erni, "Articulating the (Im) possible: Popular Media and the Cultural Politics of 'Curing AIDS,'" *Communication 13* (1993), p. 40.

★21 Friedrich Nietzsche, *On the Genealogy of Morals*, trans. Walter Kaufman and R. J. Hollingdale (New York: Vintage, [1887] 1967), p. 61. フリードリッヒ・ニーチェ著『道徳の系譜』木場深定訳、一九六四年、岩波文庫、六六—七頁。

★22 Linda Hutcheon, "Beginning to Theorize Postmodernism," *Textual Practice 1*. no. 1 (1987), p. 25.

★23 たとえばノラは、「真の記憶」を「社会的な、ありのままの記憶である。その典型は、いわゆる原始社会などかつての社会にみられたが、その秘密はそれらの社会とともに失われた」と定義している。"Between Memory and History," p. 8. ピエール・ノラ「記憶と歴史のはざまに」長井伸仁訳、三〇頁。

★24 プラトンはエクリチュールについてこう述べている。「もしも人間がこれを学んだならば、かれらの魂のなかに忘れっぽさを根づかせることになるでしょう。かれらは記憶を実践することをやめてしまうのです。なぜなら、かれらは書かれたものに依存し、思い出すべきことをもはや自分自身のなかからではなく、外にある印によって呼びだそうとするからです」（R. Hackforth, *Plato's Phaedrus* [Cambridge: Cambridge University Press, 1952], p. 157）。

★25 文化的再現と心理学において規定されているような再現とのあいだには区別をしておきたい。文化的再現は、ドキュドラマや過去の別の表象という形態をとっている。心理学の術語では、トラウマに苦しめられてきた個人は、トラウマとなる光景を再現するが、それは彼ないしは彼女がそれを表象することができないからである。ピエール・ジャネのよく知られている事例にはある女性が登場する。彼女は、母親が亡くなった夜に自分がしたことを再現することはできたのだが、何が起こったのかについての物語をすること、つまり、何が起きたのかについての記憶を作り出すことはできなかった。Bessel van der Kolk, Onno van der Hart, "The Intrusive Past: The Inflexibility of Memory and the Engraving of Trauma," in Cathy Caruth, ed., *Trauma: Explorations in Memory* (Baltimore: Johns Hopkins, 1995), pp. 158-63. ベッセル・A・ヴァン・デア・コーク&オノ・ヴァン・デア・ハート「侵入する過去——記憶の柔軟性とトラウマの刻印」安克昌、細澤仁訳『トラウマへの探求　証言の不可能性と可能性』〔キャシー・カルース編、下河辺美知子監訳〕二〇〇〇年、作品社。

第一章

★1　また、「死の象徴（メメント・モリ）」の写真として、つまり死後の写真として、多くのひとびとが肖像写真を利用した。ジェフリー・バッチェンは次のように述べている。「子供を失い悲しみにくれる両親は、自分たちが愛し、いまは自分たちのもとを離れてしまったその子の写真で自らを慰めた。この写真は、もはや死んでしまった死者としてのイメージであり、なんらかのかたちで生き残ったものを支えていた。」("Ghost Stories: The Beginnings and Ends of Photography", *Art Monthly Australia* [December 1994], p. 4.)

★2　Roland Barthes, *Camera Lucida*, trans. Richard Howard (New York: Hill and Wang, 1981), p. 15. ロラン・バルト著『明るい部屋——写真についての覚書』花輪光訳、一九九七年、みすず書房、二五頁。

★3　デジタル技術（テクノロジー）が発達し、カメラで撮影したのでなくとも、写真で撮ったかのようなイメージを作り出すことが可能になってきているが、写真が果たす役割が弱まることはない。バッチェンは次のように述べている。「仮想の技術（テクノロジー）がどれだけ発展しようとも、写真や写真が支える文化が消えてなくなることはない、このことは写真撮影の歴史をよく知っている者にとって明らかである。その始まりからずっと、写真撮影はひとつの技術（テクノロジー）以上のものだったのだ」。カメラやフィルムの技術とは、「写真撮影における理想を具体化するものであり、より正確には、写真において抱かれる欲望と概念による持続的なエコノミーを具体化するものなのである。このエコノミーのなかに書き込まれた概念として、自然、知識、表象、時間、空間、観察する主体、観察される客体、などがある。それゆえ、写真撮影を次のように定義できるかもしれない。意識されるされないにかかわらず、これらの多様な概念のあいだで、ある特定の一組の関係を組織しようとする欲望である、と」（"Ghost Stories", p. 7）。

★4　Kaja Silverman, "Back to the Future", *Camera Obscura* 27 (September 1991), p. 120.

★5　Sigmund Freud, "Screen Memories", pp. 289-322. ジグムント・フロイト「隠蔽記憶について」小此木啓吾訳『フロイト著作集第六巻』一九七〇年、人文書院。

★6　Ibid., p. 322. 前掲邦訳、三四―五頁。

★7　ベンヤミンが歴史を描くのに写真的メタファーを用いていることについて、よりくわしい説明として以下を参照。Eduardo Cadava, "Words of Light: Theses on the Photography of History", *Diacritics* (Fall/Winter 1992), pp. 84-114.

★8　Walter Benjamin, "Theses on the Philosophy of History", in *Illuminations*, trans. Harry Zohn (New York: Schocken Books, 1969), p. 255. ヴァルター・ベンヤミン「歴史哲学テーゼ」野村修訳『ヴァルター・ベンヤミン著作集1』一九六九年、晶文社、一一五―六頁。

★9　写真を撮影するとき、当初は長い露光の時間が必要だったが、カメラの技術が進化するとともにその時間も短くなり、写真撮影が形作る意味にとって「瞬間」という概念が不可欠な役割を果たすようになる。十九世紀後期になると、正確に同時進行で測定されることのなかった時間が、分解して把握されるようにもなる。ヨーロッパで時間が標準化されると、ある瞬間や現在というときを構成するのがなんであるかについて、かなりの関心が寄せられることになった、とステファン・カーンは述べている。カーンの言葉を引いてみよう。「一八八〇年代初頭、ヴィルヘルム・ヴントが、現在というときの長さを正確に測定する実験を行なった。中断のない全体として経験される一区切りの長さをもつ時間として測定しようとしたのだ。ヴントは、その最大限の長さは五秒であるとした。かれの教え子で、その長さを十二秒とした者もいる。耳で聞き分けることができるクリック音の最小限の間隔は、〇・〇〇二秒であり、〇・〇四四秒以下の間隔の光を目で見分けることはできない、なぜなら目は光が消えた後もその像のイメージを保つからである、とする学生もいた」（*The Culture of Time and Space: 1880-1918* [Cambridge: Harvard University Press, 1983], p. 82）。今日われわれが「瞬間」について考えるとき、それはカメラの静止画像で捕らえ固定化させることができる時間のことを指す。

★10　Cadava, "Words of Light", p. 92.

★11　ある子供が行方不明になって、ミルクの紙容器やショッピング・バッグやビラに、この子供を捜していますと写真が貼りつけられるとき、もう死んでしまっているかもしれないという気味の悪い死の感覚が生み出される。行方不明になったころの年齢のまま子供の姿が写真で固定化されることによって、その子がいまは違う姿になっていると示唆される。子供が生きていることを願う意図とは対照的に、そういった写真は哀悼と喪失の感情を呼び起こす。

★12　Benedict Anderson, *Imagined Communities* (London: Verso, 1983), pp. 15-16. ベネディクト・アンダーソン『増補　想像の共同体』白石さや・白石隆訳、NTT出版、一九九七年、二四頁。

★13　Roger Brown and James Kulik, "Flashbulb Memories", in Ulric Neisser, ed., *Memory Observed: Remembering in Natural Contexts* (San Francisco: W. H. Freeman, 1982), p. 24.

★14　Ulric Neisser and Nicole Harsch, "Phantom Flashbulbs", in Eugene Winograd and Ulric Neisser, eds., *Affect and Accuracy in Recall* (New York: Cambridge University Press, 1992).

★15　Richard Stolley, "The Greatest Home Movie Ever Made", *Esquire* (November 1973), p. 135. ザプルーダーは、ある従業員によれば「衝撃を受け錯乱した状態」で自分のオフィスに戻ってき、かれの秘書がFBIに電話してフィルムのことを話した、とストーレイは報告している。コピーが作られ、ワシントンとダラス警察に送られたが、ザプルーダーはもとのフィルムをもっておくことを許可された。ダラス警察から内部情報がもれ、多くの報道機関が、このフィルムを見て交渉するためにザプルーダーのところにやってきたが、まず始めにやってきたのはストーレイであり、印刷の版権を五万ドルで確保した。フィルムの権利によって、ザプルーダーは合計で十五万ドルをえたが、ケネディの死を商売にして利益をえていると揶揄されるのを恐れ、オズワルドが逃げる途中で銃で撃って殺したと思われる、公務員J・D・ティピットの遺族に、二万五千ドルの寄付をしている。フィルムの権利は、いまはザプルーダー家に戻されている。

★16　Robert Hennelly and Jerry Policoff, "JFK: How the Media Assassinated the Real Story", *Village Voice* (March 31, 1992), p. 35.

★17　Stolley, "Home Movie", p. 135. もちろんこのことは、陰謀マニアのひとびとにとっては、ザプルーダーフィルムを一般のひとびとから隠すことにタイム・ライフ社が手を貸していたことの証拠となっている。

★18　Michael Rogin, "Body and Soul Murder: *JFK*", in Marjorie Garber, Jann Matlock, Rebecca Walkowitz, eds., *Media*

Spectacles (New York: Routledge, 1993), p. 9.

★19　国民的意味において、空想がどれほど重要な役割を果たしているかを明らかにする例をあげよう。メディオ・マルチメディア社製品のCD－ROMで、『J・F・Kの暗殺——視覚的調査』というものがある。このCD－ROMは、明らかに素人の陰謀マニアを対象に作られたもので、その内容として、この暗殺事件について書かれたいくつかの本のテクスト、ウォーレン委員会の書類の写し、ザプルーダーフィルムとその他三つの家庭用映像（ホーム・ムービー）をデジタル化したもの、暗殺がいかになされたかについての理論を3Dでアニメーション化したもの、莫大な数の写真、などがある。

★20　アント・ファームはザプルーダーフィルムのコピーを、ある陰謀マニアから入手した。コピーに次ぐコピーが重ねられた、スーパー8ミリの代物である。この人物によると、ザプルーダーフィルムは、それがもともとプリントされた研究室（ラボ）から海賊版が作られ、陰謀マニアのネットワークをとおして何年も出回っていたということである。

★21　テレビの大惨事（カタストロフ）への関係を象徴するものとしてチャレンジャー号爆発を論じた批評は、以下を参照。Mary Ann Doane, "Information, Crisis, Catastrophe", in Patricia Mellencamp, eds., *The Logics of Television* (Bloomington: Indiana University Press, 1990), p. 222-40; Patricia Mellencamp, "TV Time and Catastrophe", in *The Logics of Television*, pp. 240-66.

★22　Constance Penley, "Spaced Out: Remembering Christa McAuliff", *Camera Obscura* 29 (1993), p. 180.

★23　David Ellis, "Challenger: The Final Words", *Time* (December 24, 1990), p. 15.

★24　このことを教えてくれたエリック・フェルナンドに感謝する。

★25　Penley, "Spaced Out", pp. 190-94.

★26　Neisser and Harsch, "Phantom Flashbulbs", p. 25.

★27　Ibid., p. 30.

★28　この出来事の十年後、大統領選の候補者パトリック・ブキャナンが、マコーリフの故郷ニューハンプシャー州のテレビ広告として、チャレンジャー号爆発のイメージを使った。爆発事件の記憶を引用したのは、表向きの理由としては、レーガン政権下に起こった危機の瞬間において、ブキャナンがどのような役割を果たしたのかを示すためであった。しかし、ニューハンプシャーのひとびとがこの出来事の痛々しい記憶をもっていることになんの配慮もされていないとして、このテレビ広告は激しい非難にさらされることになった。Michael Kranish, "Ad on Challenger Disaster Creates an Uproar in N. H.", *Boston Globe* (January 11, 1996) を参照。

★29 Kimberle Crenshaw and Gary Peller, "Reel Time/Real Justice", in Robert Gooding-Williams, ed., *Reading Rodney King/Reading Urban Uprising* (New York: Routledge, 1993), p. 59.

★30 エリザベス・アレクサンダーが、保守的なトークショウの司会者であるルース・リンボーについて指摘している。法廷においてなされたこととパラレルな方法を用いて、リンボーはこのビデオテープのイメージをふたたび演じなおしてみせた。「かれはこのビデオテープから断片的な映像を取り出し、何度も何度も何度もその映像をループさせて繰り返した。その映像に収められた動きがなんの文脈ももたなくなり、ロドニー・キングが警察官よりも先に動いたかに見えるようになるまで、このことを繰り返した。何か脅迫観念的な神経質さ——いうまでもなく不正なもの——でもって、リンボーとクーンは、ビデオテープから取り出した断片的な映像を何度も何度も繰り返し見て、この断片を使って、自分たち白人による支配を自己正当化する物語を強化している」("Can You be BLACK and Look at This?", in Thelma Golden, ed., *Black Male: Representations of Masculinity in Contemporary American Art* [New York: Whitney Museum of American Art, 1991] p. 108)。

★31 Seth Mydans, "With Few Witnesses, Videos Are Crucial in Beating Trial", *New York Times*, September 6, 1993, p. 6; Jessica Crosby, "Truck Driver Says He Doesn't Recall Beating", *Washington Post*, August 26, 1993, p. A4.

★32 Sigmund Freud, *The Interpretation of Dreams*, pp. 526-46. ジグムント・フロイト「夢判断」高橋義孝訳。

第二章

★1 記念碑建立後、一九五七年に死亡した者が確認された。それは順序通りではない形で追加された。Thomas Allen, *Offerings at the Wall* (Atlanta: Turner Publishing, 1995), p. 242 参照。

★2 Arthur Danto, "The Vietnam Veterans Memorial", *The Nation* (August 31, 1985), p. 152.

★3 Charles Griswold, "The Vietnam Veterans Memorial and the Washington Moll", *Critical Inquiry* 12 (Summer 1986), p. 689.

★4 Danto, "The Vietnam Veterans Memorial", p. 153.

★5 しかしデザイナーのマヤ・リンは、フランスのチェッバルにあるサー・エドウィン・ルティエンス設計による、第一次世界大戦のソンムの戦いの戦死者のための、七万三千人の名前が刻まれた大きなアーチ型メモリアルの影響を受けている。

★6　Tom Wolfe, "Art Disputes War", *Washington Post*, October 13, 1982, p. B4.

★7　Kenneth Baker, "Andre in Retrospect", *Art in America*, (April 1980), pp. 88-94.

★8　Robert Storr, "'Tilted Arc': Enemy of the People", in Arlene Raven, ed., *Art in the Public Interest* (Ann Arbor: University of Michigan Press, 1989) と Casey Nelson Blake, "An Atmosphere of Effrontery: Richard Serra, *Tilted Arc*, and the Crisis of Public Art", in Richard Wrightman Fox and T. J. Jackson Lears, eds., *The Power of Culture* (Chicago: University of Chicago Press, 1993), pp. 247-89. 参照。マヤ・リンはセラの作品を称賛しており、セラのリンへの影響は、『傾いた孤』の撤去をめぐるヒアリングの際にこの作品の支持者によって引き合いに出された（Blake, "Atmosphere of Effrontery", p. 276）。

★9　Frederick Hart, "Letter to the Editor", *Art in America*, (November 1983), p. 5.

★10　Rosalind Krauss, "Sculpture in the Expanded Field", in Hal Foster, ed., *The Anti-Aesthetic* (Port Townsend, WA: Bay Press, 1983), pp. 31-42. ロザリンド・クラウス著「彫刻とポストモダン　展開された場における彫刻」室井尚訳、ハル・フォスター編『反美学　ポストモダンの諸相』室井尚、吉岡洋訳、一九八七年、勁草書房。

★11　デザイナーのマヤ・リン自身、「とりわけその場所にねざしたもの」と呼んでおり、現場を訪れるまで最終的なデザインを決定できなかった。しかし壁の巡回用ヴァージョンは大きな効果があった。この効果は、刻まれた名前によって引き起こされた力に加えて、巡回用の壁が本来の壁をつねに参照しつづけていることによってうみ出されている。

★12　Jan Scruggs and Joel Swerdlow, *To Heal a Nation* (New York: Harper & Row, 1985), p. 53.

★13　Tom Carhart, "Insulting Vietnam Vets", *New York Times*, October 24, 1981.

★14　Scruggs and Swerdlow, *To Heal a Nation*, p. 100 での引用。

★15　"Stop That Monument", *National Review*, September 18, 1981, p. 1064.

★16　Mary McLeod, "The Battle for the Monument", in Helene Lipstadt, ed., *The Experimental Tradition* (New York: Princeton Architectural Press, 1989), p. 125 での引用。

★17　コンペティションの他のデザインでは、幅広のアプローチがつなげられているものがあった。法学者のグレイディ・クレイは書いている。「候補作品には「メモリアル」の考えられうるすべての形態と様式が含まれていた。ビルサイズの軍用ヘルメットから、ヘリコプターを上空に見上げる飢えた兵士たちまで。「戦死する戦友」という主題のヴァリエーションが多く見られ、多様なメモリアルの森、壁、塚、丘、迷宮、木立、土製の囲いに魅了された。オープン・サークル、クローズド・サークル、ブロークン・サークル、方尖塔などの幾何学的に配列されたものや、永遠の炎、崩れた円柱、巨大な戦闘用ブーツ、どっしりとしたセラミックタイル製のアメリカ国旗、平和の鳩が羽ばたきする半永久的に維持される鳩小屋といった多様なシンボルもあった」("Vietnam's Aftermath", *Landscape Architecture*, [March 1982], p. 55 参照)。メアリー・マクリオドは、リンのプロジェクトは風景と瞑想的な自然との統合を、「最小限の手段で」成し遂げており、「他の候補作品を派手な虚飾にみちたものにみせた」と書いている ("The Battle for the Monument", p. 120)。

★18　Michael Sorkin, "What Happens When a Woman Designs a War Monument?", *Vogue* (May 1983), p. 122.

★19　"America Remembers: Vietnam Veterans Memorial", *National Geographic* 167, no. 5 (May 1985), p. 557 での引用。

★20　"An Interview with Maya Lin", in Reese Williams, ed., *Unwinding the Vietnam War* (Seattle: Real Comet Press, 1987), p. 271.

★21　Scruggs and Swerdlow, *To Heal a Nation*, p. 79.

★22　ペローのこの論争における役割と、ベトナム戦争記念碑基金を利用する戦略は、一九九二年に彼が大統領候補になったときにメディアによって詳しく検証された。一九五〇年代に四年間海軍に在籍し、帰還兵の代弁者であるペローは、実際一九七〇年代にモニュメントを建てようとしたが果たせなかった。彼はまず一万ドル、その後十六万ドルを基金に寄付した。しかし彼はリンのデザインを嫌悪した。後に彼は基金を脅迫し、そのうえ悪名高いニューヨークの悪徳弁護士、ロイ・コーンを基金の帳簿を調べさせるために雇った。基金は一九八四年に総合会計事務所の会計監査を受けてクリアしていた。ヤン・スクラグスは「私は彼の策略を恐ろしいと思ったが、引き下がらなかった」と語っている。John Mintz, "Perot's War", *Washington Post*, July 7, 1992 参照。

　ペローはハートの彫像の強力な支持者だった。彼の個人ギャラリーには三人の男性の彫像の模型があり、その前で彼はよくポーズをとって写真を撮っている。Michael Kelly, "Where Perot Exhibits a Lifetime of Memories", *New York Times*, June 20, 1992, p. 8. 参照。

★23　Mary McLeod, "The Battle for the Monument", p. 127.

★24　ハートの彫像には公式の名前がなく、「三人の戦う男たち」「三人の男性の彫像」といった名前で呼ばれている。メモリアルのキュレーター、デュエリー・フェルトン・ジュニアは、ハートはこの彫像に伝統的なメモリアルのような名前を付けないことにしたにもかかわらず、人々がそのような名前で呼ばなければならないように受け止めているのは皮肉なことだと言っている（一九九五年六月一日、著者との電話インタビューにおいて）。

★25 "An Interview with Frederick Hart", in Reese Williams, ed., *Unwinding the Vietnam War* (Seattle: Real Comet Press, 1987), p. 274.

★26 Rick Horowitz, "Maya Lin's Angry Objections", *Washington Post*, July 7, 1982, p. B1.

★27 海兵隊戦争記念碑は、近代的なリアリズムのコードに強く依拠している。それはピュリッツァー賞を受賞したフォトジャーナリストのジョー・ローゼンタールが撮影した有名な写真を基にしており、したがって現実の一瞬を捉えたものだと解釈されている。この写真の六名のうち三名が生還しており、彫刻家フェリックス・W・ド・ウェルドンのモデルを引き受けた（フレデリック・ハートは彼の助手を務めたこともある）。皮肉なことに、ローゼンタールの有名な写真は、最初に旗をたてた場面を撮影したのではなく、小さな旗を大きな旗に取り替える場面を撮影したものだった。この硫黄島のメモリアルのイコンとしての意味は、写真のイメージの複製であるというところに直接由来している。Marvin Heiferman, "One Nation, Chiseled in Pictures", *The Archive* 25 (1989), p. 10; the National Park Service brochure on the United States Marine Corps War Memorial; and Karal Ann Marling and John Wetenhall, *Iwo Jima* (Cambridge: Harvard University Press, 1991). を参照。

硫黄島についての本で、このイメージが果たした文化的役割について論じているマーリング&ウェテンホールによると、写真に写っている男性たち（そのうちの一人はネイティヴ・アメリカンである）は、メディアで称賛をうけたが、ルー・ロウリーによって撮影された、最初に頂上に到達し小さな旗を掲げた男性たちは無視された。英雄主義は、そのイコン的イメージにおける描写と直接的な関係をもっているようである。

★28 Scruggs and Swerdlow, *To Heal a Nation*, p. 133 での引用。リンはメモリアルの美学に影響を与え続けている。一九八九年に、彼女は公民権記念碑を、アラバマ州モンゴメリーの南部貧困法律センターのためにデザインした。それは壁に刻まれた名前というモティーフに水を加えたものだった。人びとは、出来事や公民権運動で亡くなった人びとの名前が時間軸にそって刻まれた刻印のうえを水が流れているのに触れることができるのだ。

★29 リンが影響を受けたと言っているソンム記念碑にも死者の名前が刻まれているが、名前の多くは訪問者から非常に離れたアーチに刻まれている。

★30 ポール・フッセルは、アイロニーが戦争の記憶を構成すると論じている。「戦争の回想録のなかには、同じ現象について何度も書いているものがある。過去にアイロニー的行為のパラダイムを適用することによって、想起する者は、他の方法では一般的な潮流に飲みこまれ識別できないような、ある出来事あるいはある瞬間に移動し、前に引き寄せ、ついには意味づけをすることができるようになる」（*The Great War and Modern Memory* [New York: Oxford University Press, 1975], p. 30）。

★31　このように名前を読みあげることについては、反戦運動にその先例がある。それはまた、エイズ・キルトの展示の一部ともなった。一九六九年十一月に四万五千人の人びとが、戦争で亡くなったアメリカ人の名前を書いたプラカードを身につけてワシントンDCを行進し、ひとりずつホワイトハウスの前に立ち、四〇時間かかって名前を読みあげた（James Quay, “Epilogue”, in Grace Sevy, ed., *The American Experience in Vietnam* [Norman: University of Oklahoma Press, 1989], pp. 300-302 参照）。

★32　William Broyles, Jr., “Remembering a War We Want to Forget”, *Newsweek* (November 22, 1982), p. 82.

★33　Judith Butler, “Review Essay: Spirit in Ashes”, *History and Theory* 27, no. 1 (1988), p. 69.,

★34　Associated Press, “38 Living Veterans May Be on Memorial”, *San Jose Mercury News*, February 15, 1991. 参照。この間違いは、国防総省による記録管理の悪さと一九七三年の火災による焼失から来たようだ。ベトナム戦争記念碑基金の創設者のひとり、ロバート・ドゥベックは、三八名の負傷者名を加えることを決めた。なぜなら書き加えないという間違いよりも書き加える間違いの方がましであると感じるからである。このようなケースがどんどん浮上している。

★35　初期のふたつの論争は、危篤状態で家に戻り亡くなった衛生兵と、香港から引きあげる途上の飛行機事故で亡くなった兵士についてのものだった。その時かれらが記念碑から除外されたことは、遺族に非常な苦痛を与えた。「私は完全に打ちひしがれ、再び悪夢のなかを生きることになりました」とチャールズ・マクゴニグル衛生兵の母親、ジェニーは語った（“Mothers of 2 Veterans Angry at Vietnam List”, *New York Times*, November 18, 1982 での引用）。かれらの名前は両方、その後記念碑に加えられた。

★36　Peter Ehrenhaus, “Commemorating the Unwon War”, *Journal of Communication* 39, no. 1 (Winter 1989), p. 105.

★37　九千人以上のベトナム帰還兵が、戦争から帰還してから自殺したと推定されている（Peter Meyer and the editors of *Life*, *The Wall* [New York: St. Martin's Press, 1993], p. 85 参照）。デュエリー・フェルトンによると、約十万人の帰還兵が戦争が関係する理由で死んでいると当局は考えているとのことである。かれらの多くは壁に刻まれた名前によって記憶されようが、いかなる名簿にも登録されていない。「別の名簿が必要だ」と彼は言っている。「しかしどのようにリストアップしうるのだろ

うか？」（一九九五年六月一日、著者との電話インタビューにおいて）

★38 James Young, "Memory and Monument", in Geoffrey Hartman, ed., *Bitburg in Moral and Political Perspective* (Bloomington: Indiana University Press, 1986), p. 105.

★39 しかしベトナム人の排除は、記念碑の訪問者としてのかれらの参加を不可能にしているわけではない。ベトナム系アメリカ人のアンドリュー・ラムは、記念碑とベトナムの聖堂の様式を比較している。「もしアメリカに幽霊がいるなら、かれらはそこに集まりくつろぐだろう。なぜならそこはアメリカで唯一の悲劇的な結末の場所だから」とかれは言う（"My Vietnam, My America", *The Nation* [December 10, 1990], p. 725）。ベトナム人の多くは、戦争で戦った人を許すために記念碑を訪れている。ナパーム弾の爆撃を受け、合州国の部隊により負傷したシュアン・バーンズは、記念碑の前に手紙を置いた。「わたしはいかにわたしが、あなたがわたしやわたしの国のために経験しなければならなかったことを気の毒に思っているかを、あなたに伝えたいのです」（Karlyn Baker, "At the Wall, Sympathy and Sorrow", *Washington Post*, November 11, 1989 での引用）。

★40 帰還兵が、記念碑はかれらのものであると思っていることは、クリントン大統領が就任直後の一九九三年の記念日にそこでスピーチをした時に示された。徴兵忌避者であるクリントン大統領への抗議として、何人かの帰還兵が合図を掲げながら「決して徴兵忌避者を信用するな！」と言い、ブーイングをし、大統領が話しはじめるとかれに背を向けた（Thomas Friedman, "Clinton, in Vietnam War Tribute, Finds Old Wound Is Slow to Heal", *New York Times*, June 1, 1993）。かれは最高指揮官であるにもかかわらず、帰還兵から、この記念碑には関係のない者とみなされていたのである。

★41 Wayne Slater, "Vet Couldn't Forget...Became First Casualty of Vietnam Memorial", *Denver Post*, November 11,1984.

★42 Christopher Buckley, "The Wall", *Esquire* (September 1985), pp. 61-62 での引用。

★43 一九九〇年に、ベトナム帰還兵に関する研究が明らかにしたところによると、十五・二パーセントの男性の帰還兵、すなわち三一四万の男性兵士のうち四七万九千人が、現在もＰＴＳＤに悩まされている（Robert Jay Lifton, "Preface to the 1992 Edition", in *Home from the War: Learning From Vietnam Veterans* (Boston: Beacon Press, [1973] 1992), p. ix）。

★44 Myra MacPherson, "A Different War", in Sevy, ed., *The American Experience in Vietnam*, p. 66.

★45 James Fallows, "What Did You Do in the Class War, Daddy?", in A. D. Horne, ed., *The Wounded Generation* (Englewood Cliffs, NJ: Prentice Hall, 1981), pp. 15-29.

★46 同様にファロウズも、このような階級的分断が、戦争の悲劇的な延長上の一部だったことを記している。「小さな金の星たちがチェルシーやウエスト・ヴァージニアの森林への家路を帰り続けている間、ビバリー・ヒルズの母親たちやチェビー・チェイス、グレイト・ネック、ベルモントは議員に、お前はわたしの息子を殺した、と電話で叫びはしなかったし、大統領に、お前のクレイジーで、間違った、邪悪な戦争が息子たちを地獄に落とし、かれらの人生をめちゃめちゃにしたのだと手紙を書くこともなかった。今では明らかだ。もしハーヴァードの男たちが戦争を止めるためにかれらがなしうる最大限の努力をしたなら、かれらは大勢徴兵にとられるか投獄されていただろう」（"What Did You Do in the Class War, Daddy?", p. 20）。

★47　アメリカの帰還兵に関する研究で、リチャード・セヴィロとルイス・ミルフォードは、帰還兵への政府の対策と大衆の態度において、第二次世界大戦は例外であると指摘している。「第二次世界大戦の兵士は、アメリカ人の圧倒的大多数が目撃した歴史上の極悪人のひとりとの闘いから帰ってきた文句のつけようのない英雄として帰還した。このような熱を帯び力強い日々からすると、勝敗がつかず、愛国心と男らしさが不当にも汚された朝鮮戦争の帰還兵に対するさめた対応は見劣りするものだった……。ベトナム帰還兵もまさにこのパターンだった。かれらもまた、中傷と誤解が広がった朝鮮戦争後のものでなく、第二次世界大戦後の歓迎ぶりこそ普通なのだと思っていた。実際は、「違う人たち」とみなされることに強い異議があったのは、第二次世界大戦後の数年だけなのである」（Richard Severo and Lewis Milford, *The Wages of War* [New York: Simon and Schuster, 1989], p. 420）。

★48　一九九二年の記念碑建立十周年記念のさい、記念碑のまわりで支援サービスをする組織「ベトナム戦争記念碑友の会」と、ロス・ペローが創設し売却もしたエレクトロニック・データ・システム（EDS）は、「イン・タッチ」というプログラムを始めた。この無料の電子サービスは、壁に名前が刻まれた人の知人と連絡をとりたい人たちの手助けをした。このプログラムは、帰還兵どうしの再会に力を発揮した。Andrew Brownstein, "24 Years Later, Two Finally Are Linked by Loss", *Washington Post*, November 12, 1992 を参照。

★49　George Swiers, "'Demented Vets' and Other Myths", in Harrison Salisbury, ed., *Vietnam Reconsidered* (New York: Harper & Row, 1984), p. 198.

★50　Peter Marin, "Conclusion", in Salisbury, ed., *Vietnam Reconsidered*, p. 213.

★51　Susan Wolf, "Women and Vietnam", in Reese Williams, ed., *Unwinding the Vietnam War* (Seattle: Real Comet Press, 1987), p. 245 での引用。

★52　Severo and Milford, *The Wages of War*, p. 424: and Karal Ann Marling and John Wetenhall, "The Sexual Politics of

Memory: The Vietnam Woman's Memorial Project and 'The Wall'", *Prospects* 14 (1989), p. 358を参照。

★53 Renny Christopher, "I Never Really Become a Woman Until...I Saw the Wall", *Sub/Versions* (1992), p. 7での引用。

★54 Benjamin Forgery, "Battle Won for War Memorials", *Washington Post*, September 20, 1991での引用。

★55 驚くべきことではないが、リンは女性兵士の彫像の新設を喜びはしなかった（"A Memorial Too Many", *Time* [June 27, 1988], p. 25を参照）。女性兵士のための公費は一九八九年に認められたが、これがメモリアルへの最後の付け加えだと規定していた。しかし「ネイション」によると、空軍パイロットや海軍兵士、ネイティヴ・アメリカンらといった他のグループも、壁のVの中央に旗を掲げるために、特別に自分たちの彫像を要求していた（David Corn and Jefferson Morley, "Beltway Bandits", *The Nation* [June 4, 1988], p. 780を参照）。他の論者と同様、これらの著者も、こういったグループの構成員たちは壁から排除されていると感じているのだろうと、誤って思いこんでいた。しかしハートの彫像こそが、かれらが排除されていると感じさせているということが明らかになった。

★56 Mark Bousian, "Woman's Viet Memorial Dedicated", *San Francisco Chronicle*, November 12, 1993での引用。

★57 ロジャー・ブロディンによる女性のためのメモリアルのオリジナル・デザインは、ヘルメットを抱えたひとりの女性の立像だった。この「看護婦」と名づけられた彫像のモデルは、メモリアル建立の資金調達のために使われた。しかし、このデザインは芸術委員会によって拒否され、一九九〇年にデザイン・コンペが行なわれた。Peter Perl, "A Matter of Honor", *Washington Post Magazine* (October 25, 1992)、およびMarling and Wetenhall, "The Sexual Politics of Memory"を参照。

★58 Benjamin Forgery, "One Monument Too Many", *Washington Post*, November 6, 1993, p. D7.

★59 Laura Palmer, "How to Bandage a War", *New York Times Magazine* (November 7, 1993), p. 40.

★60 Ibid., p. 38での引用。

★61 Susan Jeffords, *The Remasculinization of America* (Bloomington: Indiana University Press, 1989), pp. 168-69.

★62 Scruggs and Swerdlow, *To Heal a Nation*, p. 93.

★63 Ibid., p. 135.

★64 Harry Haines, "What Kind of War", *Critical Studies in Mass Communication* 3, no. 1 (March 1986), p. 10.

★65 リンカーン記念堂とベトナム戦争記念碑とを結ぶ道では、Tシャツなどの品を販売する業者やMIAの案内所を運営する業者の間で絶好の場所をめぐる「闘い」もある。この争いは、この地で売られるべき商品をめぐって競争やさまざまな意見があった結果である（Nolan Walters, "Vendors' War Mars Vietnam Memorial," *San Jose Mercury News*, November 11, 1991, p. 2A を参照）。

★66　ワシントン・モールには、スミソニアン博物館に埋葬されているジェイムズ・スミッソン以外誰も埋葬されていない（Charles Griswold, "The Vietnam Veterans Memorial and the Washington Mall", p. 715 を参照）。戦場から遺体を送還することは、歴史上比較的新しい現象である。第一次世界大戦および第二次世界大戦の死者の多くはヨーロッパに埋葬されているし、ベトナムからアメリカ人の遺体を送還するにもかなりの労力を要した。アメリカという国には、海難者の場合のように、死者をその身体の不在のまま記念するという長い伝統もある。たとえばアーリントン国立墓地には、遺体を収容することのできなかった湾岸戦争の死者を記念する四つの墓石がある。

★67　Duncan Spencer, *Facing the Wall* (New York: Macmillan, 1986), p. 51.

★68　Michael Herr, *Dispatches* (New York: Avon, 1978), p. 111. マイケル・ハー著『ディスパッチズ　ヴェトナム特電』増子光訳、一九九〇年、筑摩書房、一三四頁。

★69　Elaine Scarry, *The Body in Pain* (New York: Oxford University Press, 1985), pp. 115-16.

★70　Ibid., p. 71.

★71　国立公園局の推計では約二二〇万人、ベトナム戦争記念碑基金の推計では三百万人である。

★72　こうしたベトナム帰還兵にたいする一五〇もの記念碑について、エリザベス・ハーは次のように述べている。「ベトナム戦争記念碑の複製にたいして（保守的な）美学的およびイデオロギー的先例を与えることとなったのは、マヤ・リンというよりも、むしろほとんどの場合フレデリック・ハートである。それらの新しくつくられた記念碑においては、リンのデザインにあるラディカルな要素を取り入れるというより、縮減しようという強力な欲望がはたらいていることは明らかである」（"Vietnam: Memorials of Misfortune," in Reese Williams, ed., *Unwinding the Vietnam War* [Seattle: Real Comet Press, 1987], p. 275）。これらの新しい記念碑の大半は伝統の写実主義的デザインであるが、記念するということにたいする革新的なアプローチで際立っているものもいくつかある。ウィスコンシン州のあるプロジェクトは、百エーカーのメモリアル・パークとさまざまな作品や記念品を展示するミュージアムから成る。また、記念樹とタイムカプセルをつかったプロジェクトもある（Hess, "Memorials of Misfortune," p. 276 および Ben A. Franklin, "143 Vietnam Memorials, Vast and Small, Rising around Nation", *New York Times*, November 9, 1986, p. 26 を参照）。

カリフォルニア州バークリーでは、コミュニティ・メモリー・プロジェクトという誰でもアクセスできるコンピュータ・ネットワークで、帰還兵のメモリアルとなるアラメダ郡帰還兵メモリアル（Alameda County Veterans' Memorial）が作製された（Judy Ronningen, "Volunteers Create a Computerized War Memorial," *Oakland Tribune*, November 11, 1991, p. A1. および、Barbara Sullivan, "A High-Tech Memorial," *Daily Californian*, November 12, 1991, p. 1 を参照）。音楽家であり活動家でもあるカントリー・ジョー・マクドナルドの話によれば、このメモリアルは基本的にひとびとが性別、階級、個人といったカテゴリー別にアクセスでき、しかもそこに自分たちの想い出を書き込むことのできる帰還兵情報のデータベースである。

朝鮮戦争記念碑の設計案は芸術委員会によって二度却下され、最終的に承認されたのは一九九二年三月のことである（Sarah Booth Conroy, "Korean War Memorial Design Fails Again," *Washington Post*, October 25, 1991 および "New Revision for Korean Veterans Memorial," *Washington Post*, March 6, 1992, p. B2 を参照）。最終案には、衛生兵や看護兵などの援護部隊の壁画が描かれた黒い御影石の壁が含まれている。朝鮮半島を表現した壁の延長部には、「自由には代償が必要である（Freedom Is Not Free）」と記銘されている。Todd Purdum, "War in Korea, Fast Receding, Gets a Memorial," *New York Times* (July 28, 1995), pp. A1, A18 を参照。

★73　Michael Clark, "Remembering Vietnam," *Cultural Critique* 3 (Spring 1986), p. 49.

★74　ハートは一九八七年までに八万五千ドルの印税を受けとったが、その大半は著作権侵害を訴えた裁判の費用につかわれた（William Welch, "$85,000 in Royalties for Memorial Sculptor," *Washington Post*, November 11, 1987, D1, D6 を参照）。

★75　一九八九年に映画化もされたボビー・アン・メイソンの小説 *In Country* (New York: Harper & Row, 1985) が、若い世代がベトナム戦争に興味を抱くさまを見事に描いている。この小説の主人公となるサムという女の子は、生まれる前に父をベトナムで亡くした。彼女は帰還兵の叔父と暮らしている。物語の中心となるのは、彼女がベトナム戦争をなんとか理解し、どうにかそれを経験しようとするさまである。小説は、ちょうど彼女が叔父、祖母とベトナム戦争記念碑を訪れるところで終わる。感動的なくだりであるが、彼女は父の名を見つけ、指で触れる。そしてサムは、自分と同じ名前を、殺された兵士のリストのなかに見つけるのだ。「サム・A・ヒューズ。それは列の一番最初にあった。じゅうぶんに手のとどく高さだ。彼女は自分の名前に触れた。なんておかしなこと。まるでアメリカ中の名前という名前がこの壁を飾るために使われているようだわ」（p. 245）。

★76　この壁が経済的影響力を秘めていることの証拠は、ビールで有名なクアーズ社と、葬儀と墓地運営の両方を行なっているサービス・コーポレーション・インターナショナル（ＳＣＩ）という二つの会社が壁を悪用して行なったキャンペーンに見てとれる。両社とも、巡回メモリアル担当の帰還兵の希望に背いて、宣伝を目的とした自前の「移動する」壁を作製したのである。クアーズ社は帰還兵らによって告訴されたが、クアーズ社は逆告訴した。結局クアーズは両裁判で敗訴し、テキサスの退役軍人会に壁を寄贈することになった。こうした帰還兵の憤慨を受けて、ＳＣＩはヤン・スクラグスをアドヴァイザーとして雇った。Michelle Guido, “A Wall Divided by Commercialism”, *San Jose Mercury News*, March 14, 1991 を参照。

★77　スクラグスの本に付け加えるとしたら、以下のものがある。*The Wall: Image and Offerings from the Vietnam Veterans Memorial*, by Sal Lopes; *The Last Firebase: A Guide to the Vietnam Veterans Memorial*, by Lydia Fish; *The Vietnam Veterans Memorial*, by Michael Katakis; *Facing the Wall: Americans at the Vietnam Veterans Memorial*, by Duncun Spencer; *Shrapnel in the Heart: Letters and Remembrances from the Vietnam Veterans Memorial*, by Laura Palmer; *Always to Remember: The Story of the Vietnam Veterans Memorial*, by Brent Ashabranner; *Reflections on the Wall: The Vietnam Veterans Memorial*, by Edward Ezell; *Let us Remember: The Vietnam Veterans Memorial,* by Louise Graves; *The Wall: A Day at the Veterans Memorial*, edited by Peter Meyer and the editors of *Life*; a children’s book, *The Wall*, by Eve Bunting: and *Offerings at the Wall: Artifacts from the Vietnam Veterans Memorial Collection*, by Thomas Allen.

★78　これらの品物は大半は壁の前に残されたが、なかにはハートの彫像の前や、女性像の前に置かれたものもある。記念碑に品物を残していくという儀礼は、記念碑建立時から始まっていた。戦争で殺されたパイロットの兄弟が、名誉負傷章をコンクリートに垂れ下がっているかのように取り付けたのである。

★79　一人のベトナム人男性とおそらくかれの小さい娘の写った古びた写真が添えられたこの手紙は、Allen, *Offerings at the Wall*, p. 52 のなかで紹介されている。

★80　無名兵士の墓はこの手の儀礼にもっともふさわしい場所だろうが、個人的品物を残していこうという気持ちをもっとも萎えさせるのが、この場所を儀礼的にパトロールしている守衛の存在である。

★81　アーカイヴは、メリーランド州ランハムの博物館兼地域考古資料保管所（ＭＡＲＳ）という施設にある。そのコレクションには、設計案の計画図、ハートの彫像の鋳型、ベトナム戦争記念碑のドキュメントや横断幕、名前を載せたパネルのテンプレートが含まれている。

★82　Lydia Fish, *The Last Firebase* (Shippensburg, PA: White Mane, 1987), p. 54 に引用。

★83 Laura Palmer, *Shrapnel in the Heart: Letters and Remembrances from the Vietnam Veterans Memorial* (New York: Vintage, 1988), p. 227.

★84 Michel Foucault, *The Archaeology of Knowledge* (New York: Pantheon, 1972), p. 129. ミシェル・フーコー著『知の考古学』中村雄二郎訳、一九八一年、河出書房新社、一〇九頁。

★85 一九九一年八月二十二日メリーランド州ランハムにて、著者がデュエリー・フェルトン・ジュニアに行なったインタヴューより。

★86 一九九五年六月一日、著者が行なった電話インタヴューより。

★87 すくなくとも、明確に戦争の両側の当事者を記憶しているメモリアルが一つある。沖縄において一九九五年六月の沖縄戦五〇周年記念日に除幕された記念碑は、戦闘で亡くなった二三万四一二三人すべての名前が記されている。名前は、戦争で亡くなった沖縄のひとびとすべてを含めて国籍で分けられ、そして調査がまだ継続中であるため、名前もさらにつけ加えられつづけていくことになっている。わたしの知るかぎり、これはかつての敵と自国の死者の両方を記憶する唯一のメモリアルである。Masaie Ishihara, "The Memories of War and the Role of Okinawa in the Promotion of War Peace," paper presented at "The Politics of Remembering the Asia/Pacific War," East-West Center, Honolulu, September 1995.

★88 Robert Storr, "Chris Burden," *MoMA Members Quarterly* (Fall 1991), p. 5. ストールは展覧会カタログでバーデンの作品について論じている（*Dislocations* (New York: Museum of Modern Art, 1991), pp. 26-28.）。

★89 Lauren Berlant, "The Theory of Infantile Citizenship," *Public Culture* 5 (1993), p. 395.

★90 文化的記憶を国民を中心に語ることの限界は、とくに湾岸戦争時の反戦運動でベトナム戦争記念碑が領有されたときに明らかになった。ベトナム戦争記念碑が戦争の人的被害について訴えるものとしてイコン的な地位をもつことを示すかのように、湾岸戦争の反戦集会ではいくつかの「砂漠の嵐メモリアル・ウォール」が目立っていた。しかしこうした場で、十から二〇人のアメリカ人の名前を記銘することなど、無数のイラク人が殺されたという報告に照らしてみればまったくばかげたことであろう。したがって、湾岸戦争時におけるベトナム戦争記念碑の領有は、ベトナム戦争記念碑のイコン的力とともにその限界をも示したのである。

★1 William Adams, "Still Shooting After All These Years," *Mother Jones* (January 1988), p. 49.

★2 Martin Walker, "US Divided over Lessons of History," *Manchester Guardian Weekly* (April 23, 1995), p. 6.

★3 Miriam Cooke, "Postmodern Wars," *Journal of Urban and Cultural Studies* 2, no. 1 (1991), p. 29.

★4 たとえばデヴィッド・ジェームズは、ベトナム戦争映画のいたる所に、ロック音楽が登場するのは、このような「表象を超えた状況が存在する」ことの証しであると言及する ("Rock and Roll in Representations of the Invasion of Vietnam," *Representations* 29 [Winter 1990], p. 85).

★5 Herr, *Dispatches*, p. 188. マイケル・ハー著『ディスパッチズ　ヴェトナム特電』増子光訳、二二八―九頁。

★6 James, "Rock and Roll," p. 87.

★7 ここに挙げた映画のみがベトナム戦争に関するものだとも、『グリーン・ベレー』がベトナム戦争に関する最初の映画だとも示唆するつもりはない。インドシナを舞台とした最初のアメリカ映画は、『獣人タイガ』（トッド・ブラウニング監督、一九二九）である。ベトナムにおける内戦に言及した最初の映画は、『サイゴン密輸空路』（レスリー・フェントン監督、一九四八）で、アラン・ラッドとヴェロニカ・レイクが出演した。この映画では、三人の空軍退役軍人が、サイゴンにおける貨幣密輸計画を暴くところで終わる。『インドシナのヤンキー』（ウォーレス・グリセル監督、一九五二）では、数人のアメリカ人が、より深く戦争にかかわる。かれらは、共産主義者のために飛行機に積み込まれた軍需品を爆破し、それからフランス軍とベトナム軍に助けられる（混乱した筋書きは、そののちにおきた多くのことを予兆させる）。マイケル・リー・ラニングの詳細な研究、*Vietnam at the Movies* (New York: Fawcett Columbine, 1994) を見よ。筆者がここで挙げた映画は、ベトナム戦争にとくに関係のある映画のなかでも広く見られたものである。しかしベトナム戦争に関する映画やベトナム戦争帰還兵に関する映画は他にもたくさんある。たとえば、『明日の壁をぶち破れ』（トム・ローリン監督、一九七一）、『タクシードライバー』（マーティン・スコセッシ監督、一九七六）、『ローリング・サンダー』（ジョン・フリン監督、一九七七）がその例である。ベトナム戦争との関連が隠されてはいるが、同名の映画（ロバート・アルトマン監督、一九六九）の副産物であり非常に人気のあったテレビシリーズ『M★A★S★H』が著名である。表向きの設定は朝鮮戦争期の野戦病院だが、『M★A★S★H』は間違いなくベトナム戦争に言及している（映画はベトナム戦争が最高潮に達しているときに封切られた）。それは、反戦と不遜なまでの反軍姿勢、およびアジアを舞台にしていること、反共産主義というわべの大義のために外国で戦われている戦争であることから明らかである。映画であれテレビシリーズであれ、ハリウッドと商業テレビの制限のなかでベトナム戦争を直接表現できなかったということは、とりわけ戦争期間中とその直後の時期のベトナム戦争の表象可能性の問題であることを証明している。

★8　マルコム・ブラウンが一九六三年に撮った、サイゴンにおいてベトナム戦争に抗議して仏僧が行なった焼身自殺の写真も、ベトナム戦争の象徴とみなされえた映像であった。

★9　Douglas Kahn, "Body Lags," in Nancy Peters, ed., *War after War* (San Francisco: City Lights Books, 1992), p. 44.

★10　Robert Hamilton, "Image and Context," in Jeffrey Walsh and James Aulich, eds., *Vietnam Images* (London: Macmillan, 1989), p. 173.

★11　アダムズは、この写真を撮影したことについて次のように説明する。「急にどこからともなく、国家警察長官ロアン将軍が現われた。わたしはかれから約一・五メートルほどのところにいて、かれがピストルに手を伸ばすのを見た。かれが、捕虜を脅迫するのかと思った。かれがピストルを取り出す素早さと同じくらいの速さでシャッターを切った。しかし、結果としてかれは捕虜を撃った。そして、わたしのシャッターのスピード……。弾丸はまだ捕虜の頭を貫通していなかった。反対にちょうど出てくるところだった。捕虜が地面に倒れるまで血は出なかった。そしてぴゅっと出てきた。このときわたしは背を向けて、写真は撮ろうとは思わなかった。限界というものがあって、写真を撮らないときもある」(Eddie Adams, "The Tet Photo," in Al Santoli, ed., *To Bear Any Burden* [New York: E. P. Dutton, 1985], p. 184)。射殺の映像を撮ったのは、アダムズといっしょにいたNBCのクルーだった。NBCニュースは、翌日「ハントリー＝ブリンクリー・リポート」で放映され、二千万人の視聴者がこれを見たとされている (Robert Hamilton, "Image and Context," pp. 173-74)。アダムズは、のちになって、ロアン将軍が射殺した男が、ロアンの友人であった警察署長とその家族全員を殺していたことを知った。そののちにこの事件がよく知られるようになると、ロアンは降格させられた。ロアンはのちにアダムズに次のように語った。「あれが起きた後、妻はフィルムを写真家から取り上げなかったことに、それはもう怒った。わかるだろう。わたしが心配すべきことは写真家のフィルムだったはずだ、と彼女は考えている」(Adams, "The Tet Photo," p. 185)。

★12　Jorge Lewinski, *The Camera at War* (Secaucus, NJ: Chartwell Books, 1978), p. 211. もっともよく知られた反戦ポスターのひとつは、ヘーベルの撮影した道路に撒き散らされた遺体のイメージを使った。ポスターには、「質問：そして赤ん坊も？

答え：そう、赤ん坊も」という言葉が添えられている。この応答は、マイク・ウォレスが行なったミ・ライ虐殺事件の参加者ポール・ミアドロとのインタヴューの一節である（Lucy Lippard, *A Different War* [Seattle: Real comet Press, 1990], p. 28を見よ）。ミアドロの証言は、次のようにつづく。「質問：あなたはそのとき何をしたのですか？　答え：わたしはM16をかれらに向けていた。質問：なぜ？　答え：なぜならかれらはわれわれを攻撃するかもしれないからだ。質問：かれらは子供や赤ん坊だったでしょう？　答え：そうだ。質問：それでもかれらは攻撃するかもしれない？　子供や赤ん坊も？　答え：かれらは身に一杯の手榴弾をもっていたかもしれない。かれらの母親がその手榴弾をわれわれに向かって投げたかもしれない。質問：赤ん坊も？　答え：そうだ」。

★13　かれの映画は、Kim Phuc (1984) である。

★14　Lippard, *A Different War*, pp. 105-109.

★15　Herr, *Dispatches*, pp. 209-10. ハー著『ディスパッチズ　ヴェトナム特電』増子光訳、二五一―二頁。

★16　Ron Kovic, *Born on the Fourth of July* (New York: Pocket Books, 1976), p. 54. ロン・コビック著『7月4日に生まれて』日高義樹訳、一九九〇年、集英社文庫、六〇頁。

★17　Thomas Bird, "Man and Boy Confront the Images of War," *New York Times*, May 27, 1990, p. 11.

★18　Marine quated in Herr, *Dispatches*, p. 188. ハー著『ディスパッチズ　ヴェトナム特電』増子光訳、二二九頁。

★19　Tim O'Brien, *Going after Cacciato* (New York: Delacorte, 1978).

★20　Henry Allen, "Why We Aren't in Vietnam," *Washington Post*, January 25, 1987, p. A25.

★21　Oliver Stone and Richard Boyle, *Platoon and Salvador* (New York: Vintage, 1987) の裏表紙からのスティーヴン・スピルバーグの引用。

★22　Richard Corliss, "Platoon," *Time* (January 26, 1987), p. 56.

★23　Albert Auster and Leonard Quart, *How the War Was Remembered* (New York: Praeger, 1988), p. 132.

★24　Corliss, "Platoon," p. 58 からのデヴィッド・ハルバースタムの引用。

★25　Dan Goodgame, "How the War Was Won," *Time* (January 26, 1987), p. 58 での引用。

★26　ドキュメンタリー映画『ハート・オブ・ダークネス――コッポラの黙示録』（ファックス・バー、ジョージ・ヒッケンルーパー、エレノア・コッポラ監督、一九九一）での引用。

★27　Joan Scott, "Experience," in Judith Butler and Joan Scott, eds., *Feminists Theorize the Political* (New York: Routledge, 1992), pp. 24-25.

★28　Karen Jaehne, "Company Man," *Film Comment* 25, no. 2 (March/April 1989), p. 15からの引用。

★29　Pat Aufderheide, "Good Soldiers," in Mark Crispin Miller, ed., *Seeing through Movies* (New York: Pantheon, 1990), p. 84.

★30　Ron Kovic, cover of *Born on the Fourth of July*. ロン・コビック『7月4日に生まれて』日高義樹訳、一九九〇年、集英社文庫、七頁。

★31　Stanley Karnow, *Vietnam: A History* (New York: Viking, 1983).

★32　ジェームズは、独立系ドキュメンタリーと前衛映画の領域でこそ、ベトナム戦争を飾りたてずに見せることができると主張する。かれは、このような映画の例として、キャロリー・シーマンの *Viet-Flakes* (1965) やエミール・デ・アントニオによるドキュメンタリー *In the Years of Pig* (1968) やデヴィッド・ローブ・ワイスの *No Vietnamese Ever Called Me Nigger* (1968)、ピーター・デイヴィスの *Hearts and Minds* (1974) を挙げている（*To Take the Glamour out of War*, Program Notes, Whitney Museum of American Art, 1990）。

★33　Herr, *Dispatches*, p. 160. ハー著『ディスパッチズ　ヴェトナム特電』増子光訳、一九〇頁。

★34　William Broyles, "Why Men Love War," *Esquire* (November 1984), p. 62.

★35　Stone, *Platoon and Salvador*, pp. 93-94.

★36　Ibid., p. 95.

★37　Jeffords, *The Remasculinization of America*, p. 201.

★38　Stone, *Platoon and Salvador*, p. 8.

★39　Ibid., pp. 9-10.

★40　Jeffords, *The Remasculinization of America*, p. 167.

★41　Ibid., p. 53.

★42　Charley Trujillo, *Soldados* (San Jose: Chusma House, 1990), p. 34での引用。

★43　Wallace Terry II, "Bringing the War Home," in Clyde Taylor, ed., *Vietnam and Black America* (Garden City, NY: Anchor,

1973), p. 209.

★44 Ruben Treviso, "Hispanics and the Vietnam War," in Harrison E. Salisbury, ed., *Vietnam Reconsidered* (New York: Harper & Row, 1984).

★45 Peter Levy, "Blacks and the Vietnam War," in D. Michael Shafer, ed., *The Legacy* (Boston: Beacon Press, 1990), p. 214.

★46 Clyde Taylor, "The Colonialist Subtext in Platoon," in Linda Dittmar and Gene Michaud, eds., *From Hanoi to Hollywood* (New Brunswick: Rutgers University Press, 1990), p. 171.

★47 東南アジアの人びとが、主役ではないが明確な人格をもって現われる数少ない映画がある。『グリーン・ベレー』（一九六八）、『グッドモーニング・ベトナム』（一九八七）、そして『キリング・フィールド』（一九八四）である。『グッドモーニング・ベトナム』では若いベトナム人共産主義者がアメリカ人と友人になり、かれを裏切る。『キリング・フィールド』は、カンボジア人写真家ディス・プランがクメール・ルージュのカンボジア制圧後に経験したことと、アメリカ人記者シドニー・シャンバーグとの友情にもとづいている。

★48 Lifton, *Home from the War*, pp. 35-36.

★49 Peter Marin, "What the Vietnam Veterans Can Teach Us," *The Nation* (November 27, 1982), pp. 558-59.

★50 Bruce Weigl, "Stone Incountry," *Cineaste* 15, no. 4 (1987), p. 10.

★51 皮肉にも、『プラトーン』の家庭用ビデオ版のはじまりで、クライスラー社元会長リー・アイアコッカが、ジープの傍らに立って、この映画のことを記念碑として次のように説明する。「この映画『プラトーン』は、記念碑である。これは戦争への記念碑ではなく、誰にもわからない時と場所で、戦った男女、たったひとつのこと、つまり召集され出かけていったことのみを知っている男女のための記念碑である……。本当の意味でのアメリカ魂である。このことを理解すればするほど、アメリカ魂を生きつづけさせるこうした男女をより深く尊敬する」。

コマーシャリズムと愛国主義と商売人根性がないまぜになったアイアコッカのメッセージは、聞く人間をがっかりさせる。もしもアメリカ魂が、ひとたび召集されれば疑問をもつことなく海外に行くことであるなら、明らかにベトナム戦争の教訓は意味がなかったということになる。

★52 Corliss, "Platoon," p. 57 での引用。

★53 Bird, "Man and Boy," p. 16.

第四章

★1 この章の題辞はつぎの著作から引用した。Asu Aksoy and Kevin Robins, "Exterminating Angels," in Hamid Mowlana, George Gerbner, and Herbert Schiller, eds., *Triumph of the Image* (Boulder: Westview Press, 1992), p. 206.

★2 リチャード・ブロディとリチャード・モーリンによれば、反干渉主義の「症候群」がベトナム戦争後のものであると結論することはできない。かれらは、アメリカ人はつねに干渉に反対であり、第二次世界大戦中もそうであった、そして湾岸戦争はこの感情にいっさいの変化を生まなかった、と主張する（"From Vietnam to Iraq: The Great American Syndrome Myth," *Washington Post*, March 31, 1991, p. B1）。

★3 つぎの記事を参照。E. J. Dionne, "Kicking the 'Vietnam Syndrome,'" *Washington Post*, March 4, 1991, p. A1.

★4 Abouali Farmanfarmanian, "Sexuality in the Gulf War: Did you Measure Up?" *Genders* 13 (Spring 1992), p. 17.

★5 Raymond Williams, *Television, Technology, and Cultural Form* (New York: Schocken Books, 1974), pp. 8994.

★6 テレビのテクノロジーと現象学は、放送／伝達と即時性のイデオロギーの産物である。文書保存と保存容量の問題は、一九五〇年代と一九六〇年代に発展したテレビの技術的問題では一顧だにされなかった。デジタル保存が最終的にはビデオテープにとってかわるだろうけれども、多くのビデオテープやテレビ番組がすでに消滅している。ビデオテープは劣化する——じつに保存棚のビデオテープの寿命を誰も知らない——、そして古いテープは、そのフォーマットを再生する機器が時代遅れになってしまうと再生することができない。だから皮肉にも、テレビ放送の質とスピードは、保存の問題に対応している機器を驚くべきスピードで生んだ。もちろんこれはつい最近始まったばかりである。

★7 George Gerbner, "Persian Gulf War, the Movie," in Mowlana, Gerbner and Shiller, eds., *Triumph of the Image*, p. 244.

★8 Ernest Larsen, "Gulf War TV," *Jump Cut* 36 (1991), p. 8.

★9 『U・S・ニュース&ワールド・レポート』が一九九二年に報道したところによれば、アメリカ諜報員はコンピュータ・ウィルスを使ってイラク防空ネットワークを使用不能にしようとした。このウィルス攻撃が成功したかどうかは明らかではない（"The Gulf War Flu," *U. S. News & World Report* [January 20, 1992], p. 50）。

★10 McKenzie Wark, "News Bites," *Meanjin* 50, no. 1 (Autumn 1991), pp. 67.

★11 Scott Simon, "Weekend Edition," National Public Radio, January 18, 1992.

★12 引用はつぎの著作から。Otto Friedrich and the editors of *Time*, eds., *Desert Storm* (Boston: Little, Brown, 1991), pp. 37-38.

★13 ジャーナリスト、フィリップ・ナイトリーはサイモンに次のように語った。「われわれが見ていたものは、実際にスカッドミサイルが自分の意思で、あるいはイラクのミサイル制御士官のコントロールによって分解したことである。なぜならイラクはつぎのことを理解していたからである。パトリオットミサイルが命中するまえにスカッドミサイルを分割してしまえば、スカッドミサイルのどの部分を攻撃すべきかパトリオットミサイルはわからなくなる。だからパトリオットによる迎撃は、イスラエルやサウジアラビアの夜空のすばらしい花火に見えた。しかし、われわれが目撃していたものは、目撃すると教えられていたものではなかった」（"Weekend Edition," National Public Radio, January 18, 1992）。

★14 Wark, "News Bites," p. 15.

★15 Paul Virilio, *War and Cinema*, trans. Patrick Camiller (New York: Verso, 1989), p. 3. ポール・ヴィリリオ著『戦争と映画——知覚の兵站術』石井直志・千葉文夫訳、一九九九年、平凡社、一六頁。

★16 戦時の検閲では、映像が撮られることを阻止したり、とりわけ政府の構築するナラティヴと食い違う映像を排除する。たとえば、著名なビデオ・ドキュメンタリー作家ジョン・アルパートは、NBCの『トゥディ・ショウ』のために十五年間、中央アメリカやそのほかのテーマについてニュースを製作していた。かれはラムゼイ・クラークといっしょにイラクで爆撃による非戦闘員の死者と破壊とに関するニュースを製作した。NBCはこれを放送することを拒否したばかりでなく（これは、ニューヨーク公共テレビ局WNET——放送後、このテレビ局は敵対的なコメントの攻撃対象となった——と、皮肉にもMTVで放映された）、アルバートはNBCの特約記者としての仕事も失った。NBCの所有者はゼネラル・エレクトリック社で、アメリカ最大の軍需産業のひとつである（Danny Schechter, "The Gulf War and the Death of the TV News," *The Independent* [January/February 1992], p. 28 を見よ）。

★17 湾岸戦争以来、イラクで投下された爆弾のうち「スマート」兵器の占める割合が非常に低く、約八・八パーセントであったことが明らかになっている（Schechter, "The Gulf War and the Death of the TV News," p. 31 を見よ）。スコット・サイモンによれば、「イラクに投下された爆弾の九〇パーセント以上は、巨大な音響爆弾や、肺のなかの空気も燃やす燃料気化爆弾、あるいは悪魔的なバスケットボール型のバウンシングベティ、これは人の平均的身長の高さにはねて爆発し人体の脊椎を破壊する、こういった爆弾だった」(“Weekend Edition,” National Public Radio, January 18, 1992)。

★18 Scarry, *The Body in Pain*, p. 71. 単一の塊という幻想は、敵が誰かという混乱の程度を弱めなかった。湾岸戦争の一四八名の米軍戦死傷者のうち三五名について、アメリカ政府は、その原因が「味方による砲爆撃」、軍が「兄弟殺し」と呼ぶものであったことを認めた。すべての戦争で、多くのひとびとが友軍からの砲爆撃で死んだ。第一次世界大戦では、七万五千名がこのために死亡したとされる。しかし、湾岸戦争では、この割合は相対的に高い(“Talk of the Nation,” National Public Radio, March 4, 1992)。

★19 Hugh Gusterson, “Nuclear War, the Gulf War, and the Disappearing Body,” *Journal of Urban and Cultural Studies* (1991), 2, no. 1, p. 51.

★20 Elaine Scarry, “Watching and Authorizing the Gulf War,” in Marjorie Garber, Jann Matlock, and Rebecca Walkowitz, eds., *Media Spectacles* (New York: Routledge, 1993), p. 68.

★21 Mark Crispin Miller, *Spectacle: Operation Desert Storm and the Triumph of Illusion* (New York: Simon and Schuster, 1993) を見よ。ミラーによれば、一九九〇年八月、「自由クウェート市民」は、広告会社のヒル&ノールトン社を五六四万ドルで雇った。この広告会社は、テレビニュース映像でニュース供給会社を飽和させ、大学キャンパスで「クウェート学生情報デー」を組織し、イラクによる虐待に関する五二五頁のパンフレットをすべての議員に配った。

★22 Stephen Heath, “Representing Television,” in Patricia Mellencamp, ed., *The Logics of Television: Essays in Cultural Criticism* (Bloomington: Indiana University Press, 1990), p. 279.

★23 Michale Rogin, “‘Make My Day!’: Spectacle as Amnesia in Imperial Politics,” *Representations* 29 (Winter 1990), p. 106.

★24 『戦火の勇気』は湾岸戦争が大衆文化に現われた最初の例である。湾岸戦争勃発時に製作途上にあったいくつかのアクション映画は、湾岸戦争を含むために筋を変更した(Kathleen Hughes, “Hollywood Rushes Iraq Angles into Plots,” *Wall Street Journal*, January 21, 1991, p. B1 を見よ)。ABCは、一九九一年の秋に「砂漠の英雄たち」というテレビ映画を放送した。ニュース映像の場面と俳優および実践に参加した兵士による再現との混合であるこの番組は、冒頭の声明で「リアリズムを実現するために、二つの部分のあいだにある区別を明らかにしない」とうたっている。この番組のイントロダクションを引き受けたのはブッシュ大統領であった。

★25 George Gerbner, "Persian Gulf War, the Movie," p. 254.
★26 Mitchell, "From CNN to *JFK*," p. 13.
★27 Robert Stam, "Mobilizing Fictions," *Public Culture* (Spring 1992), p. 106.
★28 Mitchell, "From CNN to *JFK*," p. 14.
★29 Michael Morgan, Justin Lewis, and Sut Jhally, "More Viewing, Less Knowledge," in Hamid Mowlana, George Gerbner, and Herbert Schiller, eds., *Triumph of the Image* (Boulder: Westview Press, 1992), pp. 216-33.
★30 John Farrell, "Where We Shroud Our Heroes," *Boston Globe*, February 27, 1991, p. 57.
★31 黄色いリボンの起源について該博な議論を行なった研究として、次を見よ。Lisa Heilbronn, "Yellow Ribbons and Remembrance," *Sociological Inquiry* 64, no. 2 (May 1994), pp. 151-78.
★32 Laura U. Marks, "Tie a Yellow Ribbon around Me," *Camera Obscura* 27 (September 1991), p. 55.
★33 Ann Cvetkovich, "The War against AIDS and War in the Middle East," in Michael Ryan and Avery Gordon, eds., *Body Politics* (Boulder: Westview Press, 1994), p. 38から引用。
★34 Marlene Cimons, "Gulf War Syndrome May be Contagious, Survey Shows," *Los Angeles Times*, October 21, 1994, p. A4; and Kenneth Miller, "The tiny Victims of Desert Storm," *Life* (Novembr 1995), pp. 46-62.
★35 Philip Hilts, "Gulf War Syndrome: A Clue," *New York Times*, April 21, 1996, p. E2を見よ。
★36 Lifton, "Preface," *Home from the War*, p. xiii.

第五章

★1 ゲイ男性や都市部の人びととは異なり、血友病のひとは自分たちをまず人種、そして／もしくはジェンダーによって定義づけることをしなかった。血友病のひとはみな男性だったが、血友病のコミュニティには、その家族、妻、恋人、子どもたちがおり、かれらの多くがエイズで亡くなった。血友病の人は、血液製剤によって感染したので、ほかの犠牲者よりもイノセントであるとおおかた考えられていた。しかしかれらは、エイズの汚染の烙印を捺されるようになってきてもいる。一九八四年にインディアナ州キモトで、コミュニティがリヤン・ホワイトを公立の学校から排除するように抗議し、一九八七年にフロリダ州アルカディアで、血友病の子どもが居るレイ一家が燃やされたのは、その証拠となろう。

★2 Paula Treichler, "AIDS, Homophobia, and Biomedical Discourse: An Epidemic of Signification," in Douglas Crimp, ed., *AIDS: Cultural Activism/Cultural Analysis* (Cambridge: MIT Press, 1988), pp. 31-70.

★3 Sander Gilman, *Disease and Representation: Images of Illness from Madness to AIDS* (Ithaca: Cornell University Press, 1988), p. 248. サンダー・ギルマン著『病気と表象――狂気からエイズにいたる病のイメージ』本橋哲也訳、一九九六年、ありな書房。

★4 Susan Sontag, *AIDS and Its Metaphors* (New York: Farrar, Strauss and Giroux, 1989), p. 23. スーザン・ソンタグ著『隠喩としての病い――エイズとその隠喩』富山太佳夫訳、一九九二年、みすず書房、一六三―四頁。

★5 Gilman, *Disease and Representation*, p. 258. サンダー・ギルマン著『病気と表象』本橋哲也訳、三六六―七頁。

★6 Katherine Park, "Kimberly Bergalis, AIDS, and the Plague Metaphor," in Marjorie Garber, Jann Matlock, Rebecca Walkwitz, eds., *Media Spectacles* (New York: Routledge, 1993), p. 241.

★7 R. I. Moore, *The Formation of a Persecuting Society*, Park, "Kimberly Bergalis" からの引用。

★8 Randy Shilts, *And the Band Played on* (New York: Penguin, 1987), p. 97.〔ランディ・シルツ著『そしてエイズは蔓延した(上・下)』曾田能宗訳、一九九一年、草思社〕と Richard Goldstein, "AIDS and Social Contract," in Erica Carter and Simon Watney, eds., *Talking Libertues: AIDS and Cultural Politics* (London: Serpent's Tale, 1989), pp. 81-94. を参照のこと。

★9 ロック・ハドソンによって演じられた清潔なセクシュアリティのイメージの分析としては、Richard Meyer, "Rock Hudson's Body," in Diana Fuss, ed., *Inside/Out: Lesbian Theories, Gay Theories* (New York: Routledge, 1991), pp. 259-88. を参照のこと。

★10 Frank Rich, "The Gay Decades," *Esquire* (November 1987), p. 99.

★11 Edward Barnes and Anne Hollister, "Now No One Is Safe from AIDS: The New Victims," *Life* (July 1985).

★12 Roberta McGrath, "Medical Police," *Ten*. 8. 14 (1984), p. 15.

★13 Douglas Crimp, "Portraits of People with AIDS," in Lawrence Grossberg, Cary Nelson, and Paula Treichler, eds., *Cultural Studies* (New York: Routledge, 1992), p. 118.

★14 Crimp, "Portraits of People with AIDS," p. 130.

★15 ibid., p. 118での引用。

★16 Simon Watney, "Representing AIDS," in Tessa Boffin and Sunil Gupta, eds., *Ecstatic Bodies* (London: Rivers Oram Press, 1990), p. 185.

★17 Jan Zita Grover, "Visible Lesions: Images of the PWA in America," in James Miller, ed., *Fluid Exchanges* (Toronto: University of Toronto Press, 1992), p. 41.

★18 Cindy Patton, *Inventing AIDS* (New York: Routledge, 1990), p. 21.

★19 William Deresiewicz, "Against All Odds," in Nancy Mckenzie, ed., *The AIDS Reader* (New York: Meridian, 1991), pp. 534-42.

★20 Shilts, *And the Band Plays on*, p. 87. ランディ・シルツ著『そしてエイズは蔓延した（上・下）』曾田能宗訳。

★21 Goldstein, "AIDS and the Social Contract," pp. 81-94.

★22 Patton, *Inventing AIDS*, p. 11.

★23 アフリカにエイズの起源を求める神話的な物語は、ランディ・シルツの『そしてエイズは蔓延した』など、エイズ流行の歴史のなかで繰り返されてきた。これらのエイズ流行の歴史は、アフリカを、すべての病気の感染源の熱帯であるというお決まりの物語によって描いてきた。他の多くの著作では、この仮説は批判されている。たとえば Richard and Rosalind Chirimuuta, *AIDS, Africa and Racism* や Renée Sabatier, *Blaming Others* など。アフリカではエイズは、白人による発明であると受けとめられていた（Treichler, "AIDS and HIV Infection in the Third World" in Barbara Kruger and Phil Mariani, eds., *Remarking History* [Seattle: Bay Press, 1989], p. 46を参照のこと）。ローリー・ギャレットによれば、一九八〇年代後半にはエイズの起源の問題は、かなり政治的な争点となったため、世界保健機関（ＷＨＯ）は、多数の科学者の見解とは異なり、エイズは三大陸で同時に起こったのだと主張した。ＨＩＶは少なくとも数十年間にわたって存在していたし、一九七〇年代初頭のとくにグローバルな状況がＨＩＶの広がりを容易にしたのだと一般に信じられているにもかかわらず、この問題に関する統一的な見解はまだない。ギャレットは「現在、少なくとも四大陸の偉大な生物医療学者たちの関心の的であるにもかかわらず、一九九四年時点では、ＨＩＶの出現には何が鍵となる出来事だったのか、それがいつであり、どこで起こったのか、を特定している者はいない」と述べている（*The Coming Plague* [New York: Penguin, 1994], p. 389. ローリー・ギャレット著『カミング・プレイグ——迫りくる病原体の恐怖　下巻』野中浩一・大西正夫訳、二〇〇〇年、河出書房新社、四四頁)。

★24　*New York Times*, May 12, 1992, p. A22の「黒人にたいするエイズの「プロット」(AIDS 'Plot' against Blacks)」を参照のこと。この社説によると、黒人教会のメンバーのおよそ三五パーセントが、エイズは黒人のジェノサイドであると信じているということが、一九九〇年と一九九一年の研究であきらかになったという。これには、かなりの数の手紙が殺到した。

★25　bell hooks, *Talking Black* (Boston: South End Press, 1989), p. 122.

★26　Harlon Dalton, "AIDS in Blackface," in Nancy Mckenzie, ed., *The AIDS Reader: Social and Political Issues* (New York: Meridian, 1991), pp. 127-28.

★27　この論争は、一九九四年に掲載されたニューヨーカーの記事に、もっとも顕著にみられるだろう。その記事は、舞踏批評家のアーリーン・クロスによって書かれたもので、ビル・T・ジョーンズの『スティル／ヒア Still/Here』という題の作品について論じられている。クロスは作品の前宣伝から、作品の関心がアートにではなく死ぬことにあると主張し、作品を観てから批判を書くことを拒んだため、多くの怒りを引きおこした。彼女は以下のように書いている。「もしわたしが『スティル／ヒア』を理解するとすれば……、それはある種の救済的な巡業の医療ショーで、致命的な病に苦しんでいるひとたちに役立つために設計されたものであると言わざるをえない。配役の点でも、おそらく何千人以上にもわたるだろう観客という点においても」。彼女は、ジョーンズが死にかけている人びとともに働き、「誰も『スティル／ヒア』に踊りにはいけないだろう」と宣言することで、批評を超えたところに自分自身を置いていると非難した("Discussing the Undiscussable", *New Yorker* [December 26, 1994/January 2, 1995], p. 53)。振り付けが語られた言葉を演じる真面目なダンス劇場作品であるこの作品について、クロスが根本的に間違っているということよりも、「本当」のアートは、死や死にゆくこととは関係がなく(この主題を扱う芸術作品は、通歴史的にたくさんある)、観客はこれらの問題の前で覗き趣味的にならざるをえないという主張のほうが重要である。これは、いかに犠牲者論についての論争が成り立ち得ないかを示す主要な例となろう。

★28　Jan Zita Grover, "AIDS: Keywords," in Crimp, *AIDS*, p. 29. グローヴァーによるこの論文は、トライクラーによる"AIDS, Homophobia and Biomedical Discourse,"とともに、エイズの批評において重要なテクストである。エイズを言い表わすさいに使用された言葉についてのこれらの分析は、メディアでのエイズの表象をめぐる論争に大きな影響を与えた。

★29　ダグラス・クリンプは、以下のように述べている。ＨＩＶとエイズを区別してくれるメディアを得るために、エイズ活動家は何年もの年月を費やした。一九九一年の秋にマジック・ジョンソンが皆に宣言したことによって、それは起こった。正確には、「マジック・ジョンソンはついにＨＩＶに感染したが、エイズではないと保証して、マジックのファンに応える必要があった」からなのだが。（"Accommodating Magic," in Marjorie Garber, Jann Matlock, and Rebecca Walkowitz, eds., *Media Spectacles* [New York: Routledge, 1993], p. 261).

★30　このピンク・トライアングルは、ナチのドイツで同性愛者がつけさせられたピンク・トライアングルを転倒させたものである。

★31　Douglas Crimp and Adam Rolston, *AIDS Demo Graphics* (Seattle: Bay Press, 1990), pp. 19-20.

★32　Walt Odets, "AIDS Education and Harm Reduction for Gay Men: Psychological Approaches for the 21st Century," *AIDS and Public Policy Journal* (Spring 1994), pp. 1-16.

★33　ibid., p. 4.

★34　ibid.

★35　Michael Warner, "Unsafe: Why Gay Men Are Having Risky Sex," *Village Voice*, January 31, 1995, p. 35.

★36　Jane Gross, "Second Wave of AIDS Feared by Officials in San Francisco," *New York Times*, December 11, 1993, p. 8 ("Teen Girls Prove They're Tough by Having Sex with HIV Carriers," *San Diego Uniontribune*, April 27, 1993) より。この危険を引き受けることと、自分自身を証明することの結びつきは、テキサスのサン・アントニオの若い少女たちの例でもあきらかであろう。彼女たちはギャングの儀式に参加したが、その儀式はＨＩＶポジティブとわかっているギャングのメンバーとのセックスを含むのであった。

★37　David Roman, *Acts of Intervention: Performance, Gay Culture, and AIDS* (Unnatural Acts) (Bloomington: Indiana University Press, 1998).

★38　Daniel Harris, "Making Kitsch from AIDS," *Harper's* (July 1994), p. 58.

★39　このテーマは、一九九五年のハリウッドの映画『アウトブレイク』でもあきらかである。映画はアフリカの猿から合州国にもたらされた架空のウィルスについての話であり、ウィルスはまさにすべての街を、ひょっとしたら国中を滅ぼしてしまおうとしている。この映画がエイズ嫌悪に満ちていることはいうまでもない。しかし映画は皮肉なことに（映画会社にしてみれば、幸運なことかもしれないが）、一九九五年の春にザイールでエボラ熱が急激に発生（アウトブレイク）するまえに封切られた。映画ではウィルスはとても感染しやすく、ひとびとは数時間のうちに死んでしまうことになっている。しかし映画は多くのエイズの神話の特徴をうみだした。それはアフリカの猿が病気の起源であるという理論だけではなく、病気が皮膚の損傷をもうみだすというものでもあった。ウィルスを追跡する科学者を演じたのはダスティン・ホフマンであった。レネ・ルッソ演じるかつての妻が病床でかれの頬をなでようとするとき、ホフマンは死んでしまう危険性をわかっていながら、彼女の指を頬に触れさせるために安全装置を脱ぐのである。このシーンにみえる真実の愛とは、親密性と愛の表現のために自分の生命を賭けることである。この場面のメッセージは、薄気味悪いことに一九九〇年代のエイズの文脈に置き換えられる。というのも、それは自己を感染させる行為を、ロマン主義化して描いているからである。

★40 Simon Watney, *Practices of Freedom* (Durham: Duke University Press, 1994), p. 146. より。

★41 本論文におけるこの点、さらにほかの点にわたしの注意を向けさせてくれたデヴィッド・スローンに感謝する。

★42 Douglas Crimp, "AIDS: Cultrual Analysis/Cultural Activism," in Crimp, *AIDS*, p. 7.

★43 Wayne Salazar, "Fighting AIDS with Kitsch," (Letter to the Editor) *Harper's* (October 1994), p. 4.

★44 Harris, "Making Kitsch from AIDS," p. 57.

★45 たとえばケネス・コールは、ワールド・エイズ・デイに売り上げた靴の利益の五〇パーセントを、エイズ・サービス組織に寄付した。

★46 カービーの家族は、写真が広告に使われるのはとても重要であると感じていた。というのも、写真が家族をエイズのひとを暖かく迎えいれるものとして描かれていたからである（Cheryl Curry, "AIDS Victim's Photo in Ad Tells a Story," *San Jose Mercury News*, May 12 1992, p. 9A）。また Vicki Goldberg, "Images of Catastrophe as Corporate Ballyhoo," *New York Times*, May 3, 1992. も参照のこと。

★47 Ingrid Sischy, "Advertising Taboos: Talking with Luciano Benetton and Oliviero Toscani," *Interview* (April 1992), p. 69.

★48 Barth Healey, "The Red Ribbon of AIDS Awareness," *New York Times*, November 28, 1993, p. V17.

★49 エイズについてのインディペンデント・ビデオのうちのもっとも重要な作品は、以下のもの。*Bright Eye* (Stuart Marshall, 1984), *Danny* (Stashu Kybartus, 1987), *Doctors, Liars, and Women* (ACT UP, 1988), *Tongues United* (Marlon Riggs, 1989), *Zero Patience* (John Greyson, 1993)〔ジョン・グレイソン監督『ゼロ・ペイシェンス』〕, *Fast Trip, Long Drop* (Greg Bordowitz, 1993). またエイズ・ビデオについては、Ann Cvetkovich, "Video, AIDS, and Activism," *Afterimage* (September 1991), pp. 8-11; Alexis Danzig, "Acting UP: Independent Video and the AIDS Crisis," *Afterimage* (May 1989), pp. 5-7; Martha

Gever, "Pictures of Sickness: Stuart Marshall's *Bright Eyes*," in Crimp, ed., *AIDS*, pp. 109-26; Brian Goldfarb, "Video Activism and Critical Pedagogy," *Afterimage* (May 1993), pp. 4-8; Alexandra Juhasz, "WAVE in the Media Environment: Camcorder Activism and the Making of *HIV TV*," *Camera Obscura 28* (1992), pp. 135-54; *AIDS TV* (Durham: Duke University Press, 1995); Lorraine Kenny, "Testing the Limits: An Interview," *Afterimage* (October 1989), pp. 4-7; and Paula Treichler, "Beyond *Cosmo*: AIDS, Identity, and Inscriptions of Gender," *Camera Obscura 28* (1992), pp. 21-78. を参照のこと。

第六章

★1　現在ＮＡＭＥＳプロジェクトは二九の国々に独立した支部をもっており、それぞれの支部でエイズ・キルトは保管されている。これは合州国の場合と同じであって、合州国では、エイズ・キルトのうちで合州国内の他の地域で展示されていないものは、サンフランシスコの本部に保管されている。国外のこれらの支部からパネルが送られてきて、合州国内で展示されることも時としてあり、一九九二年十月にワシントンでエイズ・キルトの展示があったときなどがそうである。しかしエイズ・キルトの展示の、大半のパネルはアメリカ人のものである。

★2　合州国内の場合、パネルが作られると、サンフランシスコにあるネーム・プロジェクトの本部にそれが送られる。ＮＡＭＥＳプロジェクトの本部で、送られてきたパネル八枚が縫い合わされ、約三・五メートル×三・五メートルの一セクションが作り出される。このとき、パネルがどの地域から送られてきたものであるか、パネルの飾りつけ方や色合いはどのようなものであるか、パネルはどのようなコミュニティを背景にもつものであるかなどが規準となる。支部ごとに十二のセクションが保管され、それぞれの地域で展示されるときにはこのセクションが使われる。

★3　サンフランシスコでは、一九九五年までに一万四千人がエイズで死んでいる。

★4　Cindy Ruskin, *The Quilt* (New York: Pocket Books, 1988) p. 5.

★5　一九九一年十月二十二日に著者が行なったインタビューより。ジョーンズは以下のように述べた。「それが起源の物語のようなものかもしれないね。だけどそれが本当のところなんだよ！」以下のジョーンズの言葉の引用で、とくに断わりのない場合は、このインタビューからの言葉である。ジョーンズはもうＮＡＭＥＳプロジェクトの指導者ではないが、いまもエイズ・キルトのスポークスマンとしてプロジェクトにかかわっている。
★6　一九九五年五月十八日、サンフランシスコにて著者が行なったインタヴューより。ターニーの言葉の引用は、すべてこのインタヴューからの言葉である。
★7　Joe Brown, "The Quilt", *Washington Post*. October 2, 1988での引用より。
★8　Gary Abrams, "AIDS Quilt Comforting U. S. Grief", *Los Angeles Times*, March 22, 1988での引用より。
★9　Patricia Mainardi, *Quilts: The Great American Art*(San Pedro, CA: Miles and Weir, 1978) 参照。
★10　Harris, "Making Kitsch from AIDS", p. 60.
★11　都会と病とが関連づけて連想されることと対照的なかたちで、キルトではまた、田舎という文脈が呼び起こされる（ギルマン『病気と表象』参照）。エイズ・キルトによって、ゲイの男性が合州国中の都会、とくにニューヨーク、サンフランシスコ、ヒューストン、ロサンゼルスに移動していることが図式化されて効果的に示されている、ということもよくいわれている（Lawrence Howe, "The Moving Text", 一九九一年四月に行なわれた、カリフォルニアアメリカ研究協会で配られたもの、参照）。それゆえ、エイズ・キルトが田舎を連想させるということは、病に冒された都会の環境というイメージを一般化する機能を果たしている。
★12　以上のようなキルトのほかに、ボイーズ平和祈念キルトプロジェクトの女性たちが営んできた政治的なキルトの伝統もある。この集団的なプロジェクトは一九八一年に始まり、非暴力や平和といった概念を世界中に広めるために多くのキルトを作ってきた。共同作業によるソビエト連邦との友情のキルト、広島キルト、中央アメリカからの政治的亡命者のための避難所キルト、ニカラグアへのキルトなどがそうである。一九八四年にこのプロジェクトは、国民平和キルトを構想し、五〇の州からそれぞれひとりずつ子どもを集め、その子どもたちに自分たちがどのように平和というものをイメージするか絵で描いてもらい、その絵をもとにしてキルトを作った。さらに、すべての合州国上院議員に一晩そのキルトを抱いて寝てもらい、平和の小屋でその感想を述べてもらうよう計らった。このことなどは、物質面・現象面でキルトがどのような効果があると信じられているのかをはっきりと示している。キルトの優しく包んでくれるものとしての効果によって、ひとびとの心が動かされる、というように信じられているのだ。ボイーズ平和祈念キルトプロジェクト発行のパンフレット、およびナイジェル・ノーブルによるビデオ ***A Stitch For Time*** **(1987)** を参照。クリーブ・ジョーンズは、エイズ・キルトを考え出したとき、ボイーズ平和祈念キルトプロジェクトによって営まれてきたこの伝統を参考にしたことを認めている。

★13 Jonathan Pearlman, "Remembering the Innocent", unpublished paper, 1990.
★14 Larry Rinder, "The AIDS Quilt", *Artpaper Minneapolis* (May 1988).
★15 Elinor Fuchs, "The AIDS Quilt", *The Nation*(October 31, 1988) p. 409 参照.
★16 エイズ・キルトに影響を与えた作品として、チリの女性たちが作った麻布も引用されている。エイズ・キルトは初めはジョーンズによってカストロ地区で作り出されたものであるが、それがジョーンズの手を離れて大きくなっていくと、このチリの女性たちが作った麻布に非常に似たものとなってくる。この麻布は壁かけ用のもので、小さな刺繍とパッチワークによってできており、女性たちの日々の闘争が描かれている。そこでは、ピノチェト将軍によるチリ軍事政権下の抑圧により何千ものひとびとが「消えた」ことへの非難がなされている。この麻布は、政治的な目的のために匿名で作り出されたもので、チリで政治的な抑圧が行なわれていることに関心を引き寄せるためにチリ国外に密輸された。政治的な緊急性を呼び起こすという点で、エイズ・キルトと共通した性質をもっている。Majorie Agosin, *Scraps of Life: Chilean Arpilleras*, trans. Cola Franzen (Trenton: Red Sea Press, 1987) 参照。
★17 Judy Chicago, *The Dinner Party* (Garden City, NY: Anchor Press, 1979).
★18 ロバート・エプスタインとジェフリー・フリードマンによる映画、*Common Threads* (1987) のなかでの発言より。
★19 Brown, "The Quilt" での引用より。
★20 Ruskin, *The Quilt* p. 45 での引用より。
★21 エイズ・キルトにしてもベトナム戦争記念碑にしても、死んでいった大人のために子ども用おもちゃが置いていかれることが多いことには驚かされる。たとえばベトナム戦争記念碑にテディーベアの人形が残されていることが多いのであるが、このことなどは、子どもっぽい純粋さが含意されており、若い兵士を、それよりももっと若い無垢な子どもとして記憶しようとする欲望が読み取れるのだ。ゲイ・コミュニティにおいてはエイズ患者にテディーベアを贈るという伝統があり、エイズ・キルトにおいても多くのパネルでテディーベアが素材として使われている。
★22 Scarry, *The Body in Pain*, p. 175 参照。
★23 エイズ・キルトが展示されることは事前に郵便によって告知されるため、ひとびとはどのパネルを展示して欲しいのかリクエストすることができる（しかしパネルは八枚が縫い合わされて約三・五メートル×三・五メートルの一セクションとなっており、またできるだけ展示場所を考慮して組み合わされるようになっているので、スケジュール的な問題が起こることになる)。リクエストのあるパネルのすべてが展示されるのではなく、「一時倉庫」で保管され、リクエストに応じて持ち出され開かれるのを待つことになるものもある。現在、展示の数自体はそれほど増えているわけではないが、それらはそれぞれの地方の支部によって組織運営される。

★24 悲しみを公に表現することが本当に治癒として機能しているのかをめぐっても議論がなされている。エイズ・キルトにかかわっている人のほとんどが、エイズ・キルトには治癒としての機能があると信じている(しかし多くの人が、この治癒としての機能は、エイズ・キルトの政治的な機能や基金を引き出す機能と対立してしまうとも考えている)一方で、悲しみを公に表現することが部分的にしか治癒として機能していないと考える者もいる。ロサンゼルスにあるグリーフ・リカバリー研究所の指導者であるラッセル・フリードマンは次のように述べている。「悲しみを公に表現することは、実際にはなんの役にもたっていない。「自分は何か良いことをしている」という幻想が生み出されているだけである。たしかにエイズ・キルトは素晴らしいものであるけれど、それは治癒としては機能しない。思うに、悲しみを公に表現することには少し危険がともなってしまうのではないだろうか……。エイズ・キルトによってわれわれの悲しみが完結することはないのである」(Ellen Uzelac, "The Public Eye of Mourning", *Common Boundary* [November/ December 1994], p. 42 での引用より)。

★25 ACT UPのマイク・シニョライルの言葉。Dan Bellm, "And Sew It Goes", *Mother Jones* (January 1989), p. 35 での引用より。

★26 ジグムント・フロイト「悲哀とメランコリー」井村恒郎、小此木啓吾訳『フロイト著作集第六集』一九七〇年、人文書院、一三八頁。

★27 Douglas Crimp, "Mourning and Militancy", *October* (Winter 1989), p. 9.

★28 Patton, *Inventing AIDS*, p. 61.

★29 ACT UP/New York Women and AIDS Book Group, *Women, AIDS & Activism* (Boston: South End Press, 1990) 参照。Nancy Stoller Shaw, "Preventing AIDS Among Women", *The AIDS Reader* pp. 505-21. Paula Treichler, "AIDS, Gender, and Biomedical Discourse", Elizabeth Fee and Daniel Fox, eds., *AIDS: Burdens of History* (Berkely: University of California Press, 1988) pp. 190-266. Cindy Patton, *Last Served? Gendering the HIV Pandemic* (London: Taylor and Francis, 1994).

★30 Treichler, "AIDS, Gender, and Biomedical Discourse", p. 217.

★31 Michael Kimmel and Martin Levine, "A Hidden Factor in AIDS", *Los Angeles Times*, June 3, 1990.

★32　Ruskin, *The Quilt*, p. 53.

★33　ゲイの死者の母親たちがキルトに残す言葉とくらべ、父親たちが残す言葉は短いという傾向がある。ＮＡＭＥＳプロジェクトに送られてきたある手紙を見てみよう。母親は長く文章を書いたあとで、「母が子どもを抱くのはほんの短い期間であるけれど、その胸のなかにいつまでも抱きつづける」という言葉で締めている。父親の言葉はたしかに心を動かされる言葉ではあるが短く、「かれはわたしの息子だった。息子を愛していた、いなくなって寂しい」といったものである。また、妻が自分とゲイの息子とのあいだを取りもったという話を語る男性も多い。キルトの展示を見にきたひとりの男性が次のように述べている。「息子が、自分がホモセクシャルだと打ち明けてから、わたしは息子と一度も話していない。わたしのなかではお前はもう自分の息子ではないし、もしお前がエイズになったとしても、そのことをわたしは知りたくないと伝えた。妻が無理にここに来させようとした、だからここに来た。ここに来てもわたしの気持ちは変わらないと妻には言ってある……しかし、家に帰ったらすぐに息子に電話して、かれがいいというなら話をしようと思う……遅くならないうちにね」（Judy Weiser, "Stitched to the Beat of a Heart", *Art Therapy* [November 1989]. p. 113での引用）。わたしはここで、エイズ・キルトに関係のある両親のすべてがこのようであると言いたいわけではない。このような話が、数が多いために目立つのだということを言いたいだけである。

★34　Rinder, "The AIDS Quilt" p. 9.

★35　Paul-David Wadler, "Internal Strategies, Community Responses", *Boston Gay Community News*, December 4-10, 1988 での引用。

★36　Whitney Otto, *How to Make an American Quilt* (New York: Villard Books, 1991), p. 110 参照。

★37　Ruskin, *The Quilt*, p. 69.

★38　Frances Fitzgerald, *Cities on a Hill* (New York: Simon and Schuster, 1991) pp. 116-117.

★39　ibid. p. 115 での引用。

★40　"Sewing up Memories", *San Francisco Sentinel*, September 18, 1987.

★41　Robin Hardy, "Die Haeder", *Village Voice*, July 2, 1991, p. 33.

★42　エイズの文脈において「家族」という語は、実際に「子どもや両親がゲイやレズビアンであることを、あるいは麻薬使用者であることをオープンに認め受け入れている家族が多いにもかかわらず」、ジョン・グルーバーが指摘するように、ＨＩ

V陰性であるひとびとを意味することが多い(“AIDS: Keywords”, p. 23)。グルーバーがこのことを示す例としてあげているのは、一九八六年に実質的に反対意見なしに議会を通過した、エイズと家族についての法案である。誰ともわからない提供者(ドナー)から輸血してHIVに感染することを避けるという名目で、家族内の人間で輸血することを可能とする、指名提供者(ドナー)のプールを作ることが、この法案では定められている。ここでは、家族とはHIV陰性であることがあらかじめ前提とされており、逆にHIV陽性であるひとびとは家族の領域の外側にあることが前提とされている。しかし一九九二年に国立保健研究所の研究によって明らかになったように、HIVの感染を除いたそのほかの感染については、「愛するひとびと」から輸血された場合、誰とも特定しない提供者(ドナー)から輸血するという一般的な輸血と比べても、感染の媒介物から必ずしも安全であるとはいえないのだ。一般的な輸血の場合、感染が起こるのは十万の輸血のうちに十回であるのにたいし、家族からの輸血の場合、その割合は、十万の輸血のうちに四・六回であった(Associated Press, “Blood of Loved Ones Is No Safer Than General Supply”, *New York Times*, November 12, 1992, p. A9)。

★43 Ruskin, *The Quilt*, p. 63.

★44 一九九四年にNAMESプロジェクトは、ナショナル・ハイスクール・キルト・プログラムを立ち上げた。その目的は、教育とHIVの予防のための手段として、国内の高校においてエイズ・キルトを使う、というものである。NAMESプロジェクトは各高校につき約三・五メートル×三・五メートルのセクションをひとつ提供する。この提供されたセクションが、すでに学校で行なわれていたHIV予防のためのプログラムで、中心的な題材として使われる。NAMESプロジェクトの調査によると、エイズを自分ではどのように受けとめているか、エイズになれば自分がどういった危険性を負うのか、エイズで死ぬことが何を意味するかについて自分ではどのように考えているのか、といったことについて、セクションのひとつを目の前にして、いままでと違った考えをするようになる生徒が八五から九〇%を占める。ターニーは次のように述べている。「エイズ・キルトは、エイズがどれだけ多くの人に影響を与えているのかということへ人の目を向けさせる。HIV予防のプログラムの大半は、このような統計的にあまりに莫大な数字と、その数字が示す恐ろしさについてのものなのだ」。ターニーによると、このプログラムで生徒たちは自分たちでキルトのパネルを管理することになっており、キルトが来ているうちは、生徒たちはそのパネルに没頭するかたちになる。

★45 Associated Press, “AIDS Advocates Report Quilt Vandalized”, *New York Times*, September 20, 1990, p. B5.

★46 実際エイズ・キルトには、異常なぐらい熱心に献身的に付き従うひとびとがいて、あるひとびとのあいだでは、エイズ・キルトはカルト的な地位をえている。エイズ・キルトが展示から展示へと移動するのにいっしょについて回る者もいる。NAMESプロジェクトのスタッフは、このようなひとびとのことを「糸の頭 threadheads」と呼んでいる。

★47 Steve Abbott, "Meaning Adrift", *San Francisco Sentinel*, October 14, 1988.

★48 Michael Musto, "La Dolce Musto", *Village Voice*, October 25, 1988.

★49 Elizabeth Kastor, "Mending a Patchwork of Pain", *Washington Post*, October 8, 1992, p. C9での引用より。

★50 Abbott, "Meaning Adrift".

★51 Richard Mohr, "Text(ile)", in *Gay Ideas* (Boston: Beacon Press, 1992) p. 121.

★52 Henry Abelove, "The Politics of the 'Gay Plague': AIDS as a U. S. Ideology", in Michael Ryan and Avery Gorden, *Body Politics: Disease, Desire, and the Family* (Boulder: Westview, 1994), p. 7.

★53 Wadler, "Internal Strategies, Community Responses" からの引用。

★54 Peter Hawkins, "Naming Names", *Critical Inquiry* (Summer 1993), p. 777.

★55 一九八八年に、スミソニアン協会がエイズ・キルトのセクションの一部を入手し、それらが医学研究所に展示されることになった。エイズ・キルトがスミソニアン協会の国民の言説のなかに包括されることになったのだが、エイズ・キルトが国民の言説に「適合した」といってもそれはぎこちないものでもある。スミソニアン協会のキュレーターであるレイ・コンドラタスは次のように述べている。「われわれがエイズ・キルトの一部を手に入れるべきかどうかについてはなんの疑問もなくそうすべきである。しかし、それが一般のひとびとにいかに受けとめられるかということや、いかに公開されるかということは、かなり微妙な問題である。われわれは国民の協会であり、論争を呼ぶような主題を扱う場合には、その扱い方をめぐってとても注意深くならなければならない」（Coimbra Sirica, "Smithsonian to Collect some AIDS Quilt Panels", *San Francisco Chronicle*, October 7, 1988）。これを読んで、ある病の流行を記憶することの何がそれほど論争を呼ぶのだろうか、こう尋ねてみたくもなるのである。

★56 エイズという病の特異性について、また病一般の流行を追悼することについて、エイズ・キルトによって疑問が投げかけられることにもなっている。エイズの特異性を論じることには二重の側面がある。一方で、エイズの活動家やエイズ治療の専門家は、エイズが優先的に基金を集め治療する必要のある特別な病だと主張する。他方かれらは、差別的な理由でエイズを特別扱いする政策には反対する。

エイズをめぐる活動によって、エイズ以外の病において調査や処置がどのようになされているのかについても疑問が投げかけられるようになった。エイズ・キルトの存在によって明らかになったように、エイズ以外の病で死んでいったひとびとが集団的に追悼されることはいままでなかった。実際エイズ・キルトの影響で、他にもキルトが数多く作り出されてきている。子どもキルトプロジェクト（ＨＩＶの子供たちのためのプロジェクト）、癌のキルトなどがあり、病以外のキルトとしても、デトロイトにおける都市の暴力の犠牲者となったティーンエイジャーのためのキルト、オクラホマ市爆弾事件の犠牲者のためのキルトがある。エイズ・キルト以前では、中世のペストの記念碑を除いては、病の流行で死んだひとびとのために記念碑が作られたことはなかった。

第七章

★1　Anne Marie Moulin, "The Immune System: A Key Concept for the History of Immunology," *History and Philosophy of the Life Sciences* (1989), pp. 221-36.

★2　Nancy Leys Stepan, "Race and Gender: The Role of Analogy in Science," *ISIS* (1986), p. 267.

★3　たとえば、バーニー・シーゲルによるポピュラーな本 *Love, Medicine and Miracles* (New York: Harper & Row, 1986)〔バーニー・シーゲル著『奇跡的治癒とはなにか――外科医が学んだ生還者たちの難病克服の秘訣』石井清子訳、一九八八年、日本教文社〕、それから Howard Kaplan, "Social Psychology of the Immune System: A Conceptual Framework and Review of Literature," *Social Science and Medicine* (1991), pp. 909-23 を参照。

★4　Patton, *Inventing AIDS*, p. 59.

★5　T細胞は下位グループに分けられる。そこには、初期の免疫応答を拡充するヘルパーT細胞、異物的な抗原を含んだ細胞を中和する細胞傷害性T細胞、すなわちキラーT細胞、「事件」が片づいたときに免疫応答を縮小させるサプレッサーT細胞が含まれる。

★6　Mary Catherine Bateson and Richard Goldsby, *Thinking AIDS* (New York: Addison-Wesley, 1988), p. 30.

★7　John Dwyer, *The Body at War* (New York: Mentor/Penguin, 1990), p. 39.

★8　Leon Jaroff, "Stop That Germ!" *Time* (May 23, 1988), p. 56.

★9　Peter Jaret, "Our Immune System: The Wars within," *National Geographic* (June 1986), p. 702. エミリー・マーチンによれば、ジャレットのこの論文はかなりポピュラーで、おおくの出版物で免疫系がカバーストーリーで取り上げられるときは、この論文が後ろ盾になっている。Martin, *Flexible Bodies* (Boston: Beacon Press, 1994), pp. 50-51〔エミリー・マーチン著『免疫複合——流動化する身体と社会』菅靖彦訳、一九九六年、青土社〕を見られたい。

★10　Dwyer, *The Body at War*, p. 41.

★11　Lennart Nilsson with Jan Lindberg, *The Body Victorious* (New York: Delacorte, 1987), p. 20. レナルト・ニルソン写真、キィル・リンドクビスト、スティーグ・ノードフェルト著、本文監修ヤーン・リンドベルイ、日本語版監修嶋井和世、『人体の勝利——レナルト・ニルソンの世界』一九九一年、小学館。

★12　ひとが自分の防御力、すなわち「軍隊」を統制しなければならないという考え方は、じっさい皮肉にも（しかしたんなる偶然でもなく）、ベトナム戦争と類比的であるように思われる。ベトナム戦争では軍隊の統制が失われていたのである。

★13　Donna Haraway, "The Biological Enterprise: Sex, Mind and Profit from Human Engineering to Sociobiology," in *Simians, Cyborgs, and Woman* (New York: Routledge, 1991)〔ダナ・ハラウェイ著『猿と女とサイボーグ——自然の再発明』高橋さきの訳、二〇〇〇年、青土社〕、それに Treichler, "AIDS, Homophobia, and Biomedical Discourse," p. 59 を見られたい。

★14　Dwyer, *The Body at War*, p. 41.

★15　Emily Martin, "Toward an Anthropology of Immunology: The Body as Nation State," *Medical Anthropology Quarterly* (December 1990), p. 412. それに *Flexible Bodies*〔『免疫複合』〕の第一章を見られたい。

★16　Nilsson and Lindberg, *The Body Victorious*, p. 28.

★17　Jaret, "Our Immune System," p. 723.

★18　Christine Gorman, "Returning Fire against AIDS," *Time* (June 24, 1991), p. 44.

★19　たとえば、ジュディス・ウィリアムソンの次の分析を見られたい。"Every Virus Tells a Story: The Meaning of HIV and AIDS," in Erica Carter and Simon Watney, eds., *Taking Liberties: AIDS and Cultural Politics* (London: Serpent's Tale, 1989), pp. 69-80.

★20　Thomas Matthews and Dani Bolognesi, "AIDS Vaccines," in *The Science of AIDS: Readings From Scientific American*

(New York: W. H. Freeman, 1988), p. 101.

★21 Treichler, "AIDS, Homophobia, and Biomedical Discourse," p. 60.

★22 Gina Kolata, "How AIDS Smolders: Immune System Studies Follow the Tracks of H.I.V.," *New York Times*, March 17, 1992, p. B5.

★23 Dwyer, *The Body at War*, p. 18.

★24 Jaret, "Our Immune System," p. 708.

★25 Martin, "Toward an Antholopology of Immunology," p. 416.

★26 Jaret, "Our Immune System," p. 716 に引用されている。

★27 Jaret, "Our Immune System," p. 708.

★28 Patton, *Inventing AIDS*, p. 127.

★29 おおくの男性異性愛科学者がもっている同性愛嫌悪的（ホモフォビック）なことばづかいと仲間内の連帯を確認するような態度についての解説で、デヴィッド・ブラックは、ある科学者が食細胞（phagocytes）を「fagocytes」と呼び、「ホモども（fags）を絶滅させるのが仕事」と書きくわえていることを指摘している。ブラックはこれを「社会的免疫系」の一例と呼んでおり、それによってこうした医者たちは自己と非自己を区別し、要するに、ストレートな男性としてのかれら自身をゲイの男性から区別しようとしているのである、としている（*The Plague Years: A Chronicle of AIDS, Epidemic of Our Times* [New York: Simon and Schuster, 1986], p. 81)。

★30 エミリー・マーチンは、彼女の研究のなかでとりあげられる、免疫系について非軍事的なイメージをもちいる人びとが、ベビーブームに生まれた人びとより下の世代であることに注目している。「われわれのインタヴューでは、あらゆる種類の人々が軍事的イメージを思い描くことができた。若い人や年老いた人、そしてとりわけ、身体を要塞や城とみなすイメージが非常に強かった一九四〇年代から五〇年代の、冷戦時代に誕生した中年のベビーブーム時代の人々。一方、軍事的イメージからの周到な離脱を鮮明に果たしているという印象をわたしに与えたのは、すべて、十代後半から二十代初期の人たちだった。それは、冷戦構造が劇的に揺らぎ、身体が世界とどのように関わっているかについて新しい感性が浮上しつつあった時代に誕生した人たちである」（*Flexible Bodies*, p. 71、『免疫複合』一一二頁）。

★31 Carol Cohn, "Sex and Death in the Rational World of Defense Intellectuals," *Signs* (1987), pp. 687-718.

★32　Scarry, *The Body in Pain*, p. 41.

★33　Steve Connor and Sharon Kingman, *The Search for the Virus* (New York: Penguin, 1988), p. 2.

★34　Georges Didi-Huberman, "Photography–Scientific and Pseudo-scientific," in Jean-Claude Lemagny and André Rouille, eds., *A History of Photography: Social and Cultural Perspectives*, trans. Janet Lloyd (New York: Cambridge University Press, 1987), p. 71. に引用されている。

★35　Allan Sekula, "On the Invention of Photographic Meaning," in Victor Burgin, ed., *Thinking Photography* (London: Macmillan, 1982), p. 108. を見られたい。

★36　Susan Sontag, *On Photography* (New York: Delta, 1977), p. 16. スーザン・ソンタグ著『写真論』近藤耕人訳、一九七九年、晶文社、二三一四頁。

★37　Didi-Huberman, "Photography–Scientific and Pseudo-scientific," p. 71.

★38　ibid., p. 70. に引用されている。

★39　自然は女性的存在者として、科学が飼いならし、制御し「貫通」しなければならないという考え方は、近代の科学的思考の「父」、フランシス・ベーコンのような思想家とともに、十七世紀に現われたものである。エヴリン・フォックス・ケラーのようなフェミニズムの立場で科学を批判している者は、こうした考え方が女性は自然を代表し、男性は文化の領域を代表するという観念を永続させていると批判してきた。たとえば、Evelyn Fox Keller, *Reflections on Gender and Science* (New Haven: Yale University Press, 1985)〔エヴリン・フォックス・ケラー著『ジェンダーと科学――プラトン、ベーコンからマクリントックへ』幾島幸子、川島慶子訳、一九九三年、工作舎〕を見られたい。

★40　Howard Sochurek, "Medicine's New Vision," *National Geographic* (January 1987), pp. 2-41.

★41　ibid., p. 40. に引用されている。

★42　ニルソンの本には、*Sweden in Profiles* (1954), *Life in the Sea* (1961), *A Child Is Born* (1966), *Behold Man* (1973), *Nature Magnified* (1984), *The Body Victorious* (1987) がある。一九七三年に出版された『人間を見る *Behold Man*』においては、免疫系という考え方がかなり控えめにあつかわれている、というよりほとんど言及されていないことに注意しておくことは興味深い。その一方で、十四年後の『人体の勝利』では、免疫系という考え方が賛美されているのだから。

★43　展覧会のカタログ *Lennart Nilsson* (Goteborg, Sweden: Hasselblad Center, 1990) に収められたルネ・ハスナーによる論

文を見られたい。胎児の自律性という考え方を促進させるさいに映像が果たす役割の分析については、次のものを見られたい。Rosalind Petchesky, "Foetal Images: The Power of Visual Culture in the Politics of Reproduction," in Michelle Stanworth, ed., *Reproductive Technologies* (Minneapolis: University of Minnesota Press, 1987)、それに Carol Stabile, "Shooting the Mother: Fetal Photography and the Politics of Disappearance," *Camera Obscura* 28 (January 1992), pp. 179-205.

★44　David Van Biema, "Master of 'Unbelievable, Invisible World,'" *Life* (August 1990), p. 44.

★45　Robert Poole, ed., *The Incredible Machine* (Washington, D. C.: National Geographic Society, 1986), p. 376.

★46　ニルソンはファイバーオプティックスや小型ビデオ・カメラをもちいることで、生きている身体の内部をも写真撮影している。ノヴァ・テレビの番組、『生命の奇跡 The Miracle Life』（一九八二）は、生殖過程についてのドキュメンタリーなのだが、ニルソンは大半の映像をファイバーオプティックスによって撮影している。ニルソンが人間の標本に接近する仕方について述べたものは、次の「ライフ」の記事のように、かなり曲解され、むしろひとを驚かせるようなものになる傾向がある。「ニルソンは、人間の卵細胞を、拡大写真をとるあいだ環境の制御された箱のなかに保存し、そのあとで、それを借りてきた産婦人科に無傷でもどすことができるのである」（Van Biema, "Master of an 'Unbelievable, Invisible World,'" p. 46）。かれに許可をあたえたのはだれなのか、その卵子を所有する女性はそれがどこかにいっていたことを知っているのだろうか、と聞いてみたいものである。

★47　Poole, *The Incredible Machine*, pp. 376-77.

★48　Jaroff, "Stop That Germ!," p. 57.

★49　Poole, *The Incredible Machine*, p. 376.

★50　Christopher Knight, "The Persistent Observer," in *25 Years of Space Photography* (Pasadena: Baxter Art Gallery, 1985), p. 11. を見られたい。

★51　たとえば、Lisa Cartwright, *Screening the Body* (Minneapolis: University of Minnesota Press, 1995) におけるX線の映像と医学的写真の歴史についての議論を見られたい。

★52　Donna Haraway, "The Biopolitics of Postmodern Bodies: Constitutions of Self in Immune System Discourse," in *Simians, Cyborg, and Women*, p. 221. ダナ・ハラウェイ著「ポスト近代の身体／生体のバイオポリティクス——免疫系の言説における自己の構成」『猿と女とサイボーグ——自然の再発明』高橋さきの訳、二〇〇〇年、青土社。

★53　Ibid., p. 222. 前掲邦訳四三四頁。

★54　一九六六年のＳＦ映画『ミクロの決死圏』は、人間身体の内部を宇宙の風景であるとともに、冷戦の衝突の場でもあるものとして構成している。この映画のなかでは、ペンタゴンが発明した技術で、どんなものでも顕微鏡並の割合に縮小されるのだが、そこには「別世界」があるかのようだ。問題は、それが六〇分間しかもたないということだ。その時間を延ばすための秘密は、高名なロシアの科学者が知っているのだが、かれは亡命したときにスパイによって傷を負わされ、現在は昏睡状態にある。軍部は宇宙船のように見える原子力潜水艦に入った外科チーム（そこには、有名な外科医の美人アシスタントとしてラクエル・ウェルチが――そしてもちろん、任務をサボタージュしようとする反逆者も――ふくまれている）を縮小する。チームは患者の血流に注入され、かれの脳内の血塊を破壊しようとする。いくつかのドラマがそこで起こるのだが、ウェルチが非常に攻撃的な抗原に攻撃されるところがある。最後のシーンでは、反逆者である科学者が、いまや追放された中尉（sub）といっしょに、大きな白血球によって飲み込まれる。

この映画の冒頭のテクストは、明らかに身体内部をある種の宇宙空間として位置づけている。「この映画はあなたを、まだだれも行なったことのないところへと連れて行くでしょう。あなたがこれから目にしようとするものを実際に目撃した者は、だれひとりいないのです。しかし、月に行く時代をまもなくむかえようとしているわれわれのこの世界、とても信じられない出来事が身の回りで起こっているわれわれのこの世界では、いつの日か、いやひょっとしたら明日にでも、あなたがこれから目にしようとしている空想的な出来事は起こりうるし、起こることになるでしょう」。『ミクロの決死圏』は、フロリダ州オーランドにあるウォルト・ディズニー・センターのエプコット・センターでもっとも人気のある乗り物、「ボディ・ウォーズ」の発想のもとになった。この乗り物では、観客が油圧式フライト・シミュレーターが装備された部屋でスクリーンの前にすわる。観客は自分たちが縮小され、ある人間の身体のなかに注入されていると想像することになる。その身体の持ち主である人間は、指にとげが刺さってしまっており、観客は医師のあとにつづいて、肺、心臓、脳を通っていくのである。「ボディ・ウォーズ」があるのは「生命の驚異館」（メトロポリタン生命がスポンサーになっている）で、そこで来場者は「頭蓋骨司令部」と呼ばれるアニメ・ショーを見ることもできる。それは「脳が身体のコミュニケーション・センターとしてどのように機能しているか」（ウォルト・ディズニーのプレスリリース）を描いたものである。

★55　Jaret, "Our Immune System," p. 732.

★56　この物語はまた、ＨＩＶを一種の永続的ツーリスト、寄生的旅行者という人物像で描いてもいる。免疫系が身体を通過したものの記録を保持するかぎり、ＨＩＶは立ち去ることを拒否する旅行者——植民者——とみなされうる。エイズの起源に関する論争では、つねにこの病気の起源がアフリカであることが前提とされ、ウイルスは猿から人間に伝染したと示唆されているが、それがコロニアルな物語とポストコロニアルな物語の問題にするどく焦点をあてている。植民地化された大陸であるアフリカは、あらゆるウイルスや「新しい」病気の起源であると解釈され、制御不可能な微生物、傷つきやすい身体、自然と文化とのあいだの境界侵犯といった比喩の場としてコード化されている（Donna Haraway, ***Primate Visions*** **[New York: Routledge, 1989]**を見られたい）。アフリカはポストコロニアルな状態にあって、今度は代わりにアメリカ人の身体を植民地化するウイルス、霊長類の動物（推論によって、アフリカ人はその動物にきわめて接近しているとみなされる。十九世紀の人種差別的科学のなごりである）に由来するウイルスの源泉と解釈される。アフリカ起源の物語において、エイズにかかっているアフリカ人の身体は消去され、ウイルスはポストコロニアリズムという汚染された場から西洋を再植民地化するものとして解釈される。

★57　Martin, *Flexible Bodies*, p. 173.『免疫複合』二六二頁で引用されている。

★58　Martin, *Flexible Bodies*, p. 179.『免疫複合』二七二頁。

★59　「タイム」の免疫系とエイズについての記事（Jaroff, "Stop That Germ!"）の扉には、自分の胸を見下ろしている男の写真がのせられているが、それを開くと「驚異の白血球」が「悪いウイルス」を箱に入れる場面の漫画が現われる。イメージはユーモラスなものを意図していても、写真と漫画を組み合わせることで、ひとを不安にさせるような効果がある。このイメージは、免疫系についてのよくある漫画や顕微鏡写真が承認してはいない身体の境界の侵犯を表わしているのである。

★60　Treichler, "AIDS, Homophobia, and Biomedical Discourse," p. 61. それに、Jan Grover, "AIDS, Keywords, and Cultural Work," in Lawrence Grossberg, Cary Nelson, and Paula Treichler, eds., *Cultural Studies*, p. 238. を見られたい。

★61　Robert Gallo, "The AIDS Virus," *Scientific American* (January 1987), p. 47.

★62　Claudia Wallis, "AIDS: A Growing Threat," *Time* (August 12, 1985).

★63　Nilsson and Lindberg, *The Body Victorious*, p. 27.

★64　Bateson and Goldsby, *Thinking AIDS*, p. 33.

★65　Martin, *Flexible Bodies*, p. 36.『免疫複合』六二頁。

★66　Williamson, "Every Virus Tells a Story," p. 69.

★67 "Many Masks of AIDS Virus That Defeat Immune System," *Newsday*, December 12, 1991. に引用されている。

★68 Jaret, "Our Immune System," p. 710.

★69 Jaroff, "Stop That Germ!" p. 57. に引用されている。

★70 Joel Davis, *Defending the Body* (New York: Atheneum, 1989), p. 186.

★71 Joel Achenbach, "AIDS Conundrum," *Oakland Tribune*, February 5, 1991.

★72 Sontag, *AIDS and Its Metaphors*, p. 12. スーザン・ソンタグ著『新版　隠喩としての病——エイズとその隠喩』富山太佳夫訳、一九九二年、みすず書房、一四七頁。

★73 ＨＩＶの描写は、ベトナム戦争というポストモダン的な戦争を特徴づける語りもうみだしている。つまり、ベトコンや「非戦闘員」のすがたをした目に見えず、気づかれない敵、ゲリラ戦が「伝統的」な戦争にあたえる破壊的効果、アメリカ人の男らしさの浸食、テクノロジーの優位、国民的武勇といったものである。ちょうどベトナム戦争の表象がそれを「敵との戦いではなく、われわれ自身との戦い」として特徴づけているように、エイズにかかった身体は、侵入者と戦争中の身体であると同時に、自分自身とも戦争をしている身体として解釈されるのである。

★74 Connor and Kingman, *The Search for the Virus*, p. 2. そして、Dwyer, *The Body at War*, p. 39.

★75 Bateson and Goldsby, *Thinking AIDS*, p. 27.

★76 Ludwick Fleck, *Genesis and Development of a Scientific Fact*, ed. Thaddeus Trenn and Robert Merton, trans. Fred Bradley and Thaddeus Trenn (Chicago: University of Chicago Press, [1935] 1979), p. 60.

★77 Fleck, *Genesis and Development of a Scientific Fact*, p. 61.

★78 Harraway, "The Biopolitics of Postmodern Bodies," p. 218. ハラウェイ「ポスト近代の身体／生体のバイオポリティクス」高橋さきの訳、四二六頁。

★79 ＨＩＶの起源についての論争と衝突の物語を詳細に描いたものとしては、Garrett, *The Coming Plague*, pp. 361-89. を見られたい。

★80 Emmanuel Dreuilhe, *Mortal Embrace*, trans. Linda Coverdale (New York: Hill and Wang, 1988), pp. 7-8.

★81 Ibid., p. 28.

★82 Robert Atkins and Thomas Sokolowski, eds., *From Media to Metaphor: Art about AIDS* (New York: Independent

Curators Incorporated, 1992), p. 34. を見られたい。

★83　Harris, "Making Kitsch from AIDS," p. 58. に引用されている。

★84　Harris, "Making Kitsch from AIDS," p. 58.

★85　Bo Huston, "After War," in Nancy Peters, ed., *War after War* (San Francisco: City Lights Books, 1992), p. 141.

増補エッセイ

この論文は、もともと、ニューヨークの社会科学研究協議会（the Social Science Research Council）がわたしに委託したものである。この論文の草稿段階で洞察に満ちたコメントをくれたダナ・ポーランとアメリア・ジョーンズとに感謝する。また、9・11をめぐる討論を二〇〇一年秋学期のコミュニケーションにおける文化研究をテーマとした大学院セミナーで行なった。ここでの議論はこの論文のテーマを考えるうえで非常に参考になった。このセミナーの参加者にも感謝する。

★1　オクラホマ市国立記念碑の設計への生存者や遺族のかかわりについてのくわしい研究として、Edward T. Linenthal, *The Unfinished Bombing: Oklahoma City in American Memory* (New York: Oxford University Press, 2001) を見よ。

★2　Michel de Certeau, "Walking in the City," *The Practice of Everyday Life*, trans. Steven Rendall (Berkeley: University of California Press, 1984), 91; 92. ミシェル・ド・セルトー著『日常的実践のポイエティーク』山田登世子訳、一九八七年、国文社、一九九頁。

★3　Jim Dwyer, "The Memorial That Vanished," *New York Times Magazine* (Sept. 23, 2001), 81.

★4　"To Rebuild or Not: Architects Respond," *New York Times Magazine* (Sept. 23, 2001), 81.

★5　Ibid.

★6　Philippe de Montebello, "The Iconic Power of an Artifact," *New York Times* (Sept. 25, 2001), A29.

★7　広島の記憶をめぐる論争と記念碑に関する分析として Lisa Yoneyama, *Hiroshima Traces: Time, Space, and the Dialectics of Memory* (Berkeley: University of California Press, 1999)〔米山リサ著『広島　記憶のポリティクス』小沢弘明他訳、二〇〇五年、岩波書店〕を見よ。

★8　この計画は二人の美術家ジュリアン・ラヴェルディエールとポール・ミョダが9・11直後にはじめた。この二人は、攻撃が起きる前にＷＴＣに関する美術製作をはじめていた。また、ジョン・ベネットとグスタヴォ・ボネヴァルディも、同様のアイデアを考えた。この四人に建築家のリチャード・ナッシュ・グールドと照明デザイナーのポール・マランツが加わった。この計画を支援したのは、ニューヨーク市美術協会と公的な美術組織のクリエイティヴ・タイムであった。*The New York Times Magazine* (Sept. 23, 2001); "Update" *New York Times Magazine* (Oct. 7, 2001), 12 の表紙と *the Creative Time web site*: http://www. creativetime. org/towers/ とを見よ。

★9　Marianne Hirsch, "The Day Time Stopped," *The Chronicle of Higher Education* (Jan. 25, 2002).

★10　Ａ・Ｒ・トーレスは、ＷＴＣで働き始めて二日目にこの事件で死んだ夫について語るエッセイで次のように記した、「わたしの悲劇は個人的なものだけれども、夜のニュースや新聞、そしてニューススタンドのあらゆる出版物がわたしの悲劇のとてもひどい部分をわたしに見せつける。このような印刷物で夫の最後の瞬間を目撃せざるをえなくなったかもしれない」。トーレスはつづけて、ＷＴＣから墜落する人の姿を見たり、ビルディングからぶら下がってまさに飛び降りようとしている人物（トーレスは、この人物が夫だと信じている）を見ることがどのようなものか説明する。「ここに夫がいる。ぞっとするような表情で、パラシュートもないスカイダイビングの覚悟をしている」。A. R. Torres, "The Reluctant Icon," *Salon. com* (Jan. 25, 2002). http://www. salon. com/mwt/feature/2002/01/25/widow_speaks/

★11　Marshall Sella, "Missing: How a Grief Ritual is Born," *New York Times Magazine* (Oct. 7, 2001), 48-51 を参照せよ。

★12　マリアンヌ・ハーシュは、９・11との関係で写真術の役割について論じたエッセイで、救助隊員が事故直後の数週間、写真撮影を禁じた理由を説明している。それは、現場が墓地であること、犯罪現場であること、そしてジュリアーニ市長が禁止しているからだ、というものであった（"The Day Time Stopped."）。

★13　Michael Warner, "The Mass Public and the Mass Subject," in *The Phantom Public Sphere*, edited by Bruce Robbins (Minneapolis: University of Minnesota Press, 1993), 248.

★14　コロンビア大学は、９・11関連の資料を収集するためにＷＴＣアーカイブを設立した。

★15　The "Portraits of Grief" は、次のタイトルで出版される。*New York Times, Portraits 9/11/01: The Collected "Portraits of Grief"* (New York: Times Books, 2002).

★16　A. R. Torres, "The Reluctant Icon."

★17　Daniel Harris, "The Kitschification of Sept. 11," *Salon. com*, (Jan. 25, 2002), http://www. salon. com/news/feature/

2002/01/25/kitsch/.

★18 Kevin Flynn, "Firefighters Block a Plan for Statue in Their Honor," *New York Times* (Jan. 18, 2002), A21.

★19 John Ydstie, host, Leon Wynter, reporter, Story on the New York City Fire Department, *Weekend Edition Saturday*, National Public Radio, Feb. 16, 2002.

★20 ある家族は、爆破事件で殺された新婦の父親の椅子に彼の写真を置いて、オクラホマ市記念碑で結婚式を行なった。

★21 Dan Barry, "As Sept. 11 Widows Unite, Grief Finds a Political Voice," *New York Times* (Nov. 25, 2001), A1.

文化的記憶を体現する存在としての「生き残ったひとびと（サヴァイヴァー）」について論じることで、本書を締めくくりたい。もっとも、これは一筋縄ではいかないことである。総じて生き残った犠牲者たちは、歴史が作られる過程では、良心の声とでもいった役回りを担う場合が多い。しかし、合州国における九〇年代の生き残りたちが担った意味は、その程度の曖昧な含意で済ましておくわけにはいかない。われわれが生きている時代は、トラウマの経験や生き残りの立場のひとつひとつを考えてみても、実に複雑で厄介なものとなっている。たとえば、結構な商売になる通俗的な心理学産業のことを考えてみてほしい。この手の言説は、われわれがみな、それが本当に幼児虐待であったかどうかはともかく、いずれにしろ「自分では記憶のない虐待行為のような暴力から生き残った人間なのだ」というアイデアをぬけぬけと商品化し、成功をおさめている。それによって「生き残り」という術語そのものが、まことに怪しげなものになってしまったことは否定できない。

トラウマとなった歴史的出来事に生き残ったひとびとは、総じて強力な文化的形象となっている。かれらに道徳的権威が与えられ、その経験が文化的価値という重みをもつからである。しかし、そうした生き残りたちのひとりひとりが、すべて文化的重要性を担った形象として扱われているというわけでもない。歴史的出来事の生き残りたちは、個人としては黙殺されながらも、通俗的な記憶のなかでは、特別な知恵を手にいれた人物として表象されることが多いということなのだ。本書のなかでは、生き残ってしまったという経験からたち現われてくるさまざまな文化的意味を吟味してきた。まず、ベトナム帰還兵の生き残りの物語は、男らしさや戦士にふさわしい生き方といった伝統的な観念を呼び覚ますと同時に、それを作り変えもしていた。その場合に、ナショナリズムによる制限があるために、こうした物語は、ベトナムのひとびともやはり生き残りとしての位置をもっているという点を文化的視野から消去してしまう手段として機能していた。それとは対照的に、エイズの生き残りたちの物語ははじめから政治的用語で書かざるをえなかった。かれらは、自分たちを表象せよという要求を掲げたのである。ベトナム戦争とエイズというふたつの形象が、八〇年代、九〇年代の合州国の、歴史的、文化的契機を決定づけているが、これはさらに、ホロコーストの生き残りたちの伝説に裏づけられている。そして、時代が経るなかで、こうしたエイズの生き残りやベトナム戦争帰還兵は、そのあとに続くさらなるトラウマの生き残りと認められたひとびととの関係のなかで文化的に引用され、その意味を変容させていくことだろう。生き残りたちの存在が放つメッセージはそれぞれに多様であり、政治的には不安定であるが、ともあれかれらが、遺言やイメージや再現行為を通じて過去を再生産し、記憶の力という深い暗がりを抱えた手だてを用いて語っていくことは同じである。

本書は、生き残りたちの物語と症候群(シンドローム)という概念とのあいだに存在する緊張関係についても分析した。症候群という概念がアメリカ史における最近の出来事に亡霊のようにとり憑いているのは、アイロニカルである。男らしさを喪失した臆病な国民というイメージに苦しむベトナム戦争症候群のあとに、戦略的侵入者(インベーダー)によって身体が変容させられ破壊させられる後天性免疫不全症候群が続いた。さらにそれを追って、湾岸戦争症候群が来る。湾岸戦争は、説明のつかない多くの症状や遺伝的障碍に襲われ、英雄どころか、憤激しながらもただ脱力感に苦しむ帰還兵を生みだした。考えてみると、症候群という概念は、多くの点で生き残りという概念と対立している。というのも、症候群は、それ自体がどんどんその姿を変えて進行していくひとつの過程を示しているからである。言い換えれば、それは、ある時点で一時的に降りかかってくる災いというよりは、むしろある実体の本質的存在条件を指し示している。そして、この過程や存在条件が個人または国民にとりついて、それをなにか別のものに変化させるからである。また、症候群という考え方は、行為主体や抵抗という考え方そのものを掘り崩す。もっと言えば、誰がある特定の症候群の生き残りと呼ばれるべきであるかをはっきりさせるためには、症候群という術語そのものの定義も必要になる。

ベトナム戦争帰還兵やエイズ感染者はともに、特殊なサブ・カルチャーのなかでは、ひとびとを魅きつける欲望の対象になっている。かれらの受難はかれらに知恵を、つまり人生の目的を理解し、高度の価値感覚を与えていると見なされるからである。生き残りは、怖れの対象であるとともに、羨望の対象でもある。それはまさしく、かれらが、人間本性や人間の尊厳の極限形態をかいまみ、人間の野獣性と壊れやすさを経験し、死というものに真っ向から向かい合った人間として描かれるからである。つまり、ベトナム戦争帰還兵の通俗的なロマン主義化の動因となっているのは、公共的に存在する罪責感だけではないのである。ベトナム戦争帰還兵は、ただ戦闘行為という暴力に直面したことがあるというだけでなく、そもそもかれら自身が残忍で暴力的能力を発揮してしまう存在であるという事実を知っているというのである。そして、その点で帰還兵を賞賛してしまう感覚も、かれらをロマン主義化する原因となっている。帰還兵は、われわれのひとりひとりのなかに残酷な能力が隠れているということを告知する存在として受け取られる。他方、HIVポジティヴのひとびとは、かれないし彼女の経験がどんなものであったにしても、一般に、生命の有限性、身体の傷つきやすさ、死の不可避性に対する集合的な怖れに社会を誘い込んでいる。帰還兵やＨＩＶポジティヴのようになりたいという願望は、惰性の生活から抜け出して、特別の価値をもった人生の意味と目的を手にいれたいと渇望することである。こうした願望は深い意味においてアイロニカルなものだ。こうした願望は、トラウマをロマン主義化しようとする現代の傾向の指標である。生き残ったという経験をこのように卑小な生活哲学にしてしまい、それをいかにロマンティックに表現するのかという点に腐心する傾向が、いまの社会にはたしかに存在するのである。

ところで、ベトナム戦争やエイズ流行は、伝統的に文化的意味が発生すると考えられている領域を再形象化することにも寄与してきた。こうした出来事は、政府、アカデミー、広告や商品文化、ポピュラー・ミュージックや映画・テレビ、ニューメディア、アート、運動、フォークロアなどといった諸領域で、わたしが本書で分析してきたようにそれを横断する形で表象されてきた。文化的生産といった二十世紀の明確に隔絶されていた領域の境界が変容しつつあるということを表わしている。写真から身体にいたるまで、さまざまな記憶のテクノロジーが想起の物語を生みだし、ひとつひとつの文化的アリーナを横断して、互いに交差したり他の領域に依拠して発展したりするのである。

わたしは、現代のカルチュラル・スタディーズのコンテクストのなかで、文化的記憶がいかにして国民文化という支配的形式に対する抵抗のアリーナを形成できるのかを探求してきた。しかし、抵抗というのは、そうした記憶がとるひとつの形式であるにすぎない。したがって、できるならば本書は、文化的抵抗をそれ自体がもっている権力性にも目をつむらないで考察しているような著作と関わらせつつ読んでいただきたい。国民的な性格をもつ文化の意味は、つねに、しかも積極的な意味で争いの渦中にある。文化的意味は、これらの歴史や記憶の争われているアスペクトに即して産出されている。まさしくそこで作用するダイナミズムが、自分をアメリカの公共性を構成しているもの、ないしはそれに参与しているものであると考えるために、むしろ一般に国民文化として受容されている価値に同意できないひとびとの存在を可能にする。他方、それはまた、多様な視聴者に、国民的意義をもっている出来事をテレビで見ながら、自分は国民的聴衆のひとりであると思うことを許してくれるものでもある。

文化的意味は、ベトナム戦争記念碑や、チャレンジャー号爆発事故といった、特定の対象が作り出すテクストに固定的に内属しているのではない。文化的意味は、「消費」という行為のなかで作られるのであり、この行為のなかでは観客であり、しかも市民であるひとりひとりが、その意味形成過程に深くコミットしている。したがって、ベトナム戦争記念碑やエイズ・キルトがたくさんの矛盾しあう解釈を生み出すという事実があったとしても、記憶のオブジェとしての作用力を減殺することはない。同様に、「エイズ・キッチュ」がエイズとの闘いの経験の価値を貶めるように感じるひとがいるにしても、こうしたオブジェは、芸術と商品文化と記念碑のあいだの境界が次第にぼやけていき、そのことがアメリカの大衆という概念に対するさまざまな種類のアンガージュを促したということとの証左となりうる。

このような意味の争いは、公式の制度の権力関係の内部でも起きるし、マス・メディアの内部でも生じているが、それはつねに公共的文化の対抗的アリーナに対応しながら進行する。主流派のハリウッド映画である『プラトーン』によって作られたベトナム戦争のイメージの方が、ベトナム戦争記念碑の前に、自分の記憶に関わる何らかの遺物を供えていく帰還兵の置き書きよりも、文化的イメージを産出したり作り変えたりする力という点ではより強力である。また、ＨＩＶを人間の身体内部の挑発的なカオスとして描いている「タイム」の表紙の見出しの方が、ナンシー・バーソンのポスター「これを視覚化せよ」のような作品よりははるかに影響力が大きい。映画『フィラデルフィア』のなかでエイズによって死んでいくトム・ハンクス演じるゲイの男性は、エイズ患者について総じて何も知らないアメリカの大衆にとって、すべてのゲイの立場を代表しているような力をもって迫ってくる。だから、すべての文化的形式が意味を創造するその能力において等価であるわけではないのだ。しかし、本書で扱った物語は、聴衆、観客、鑑賞者、ツーリスト、市民が、文化的生産物とのあいだで行なっている相互作用が、いかに複雑なものとなりうるということを示している。そうした物語は、国民的文化の概念と、反国民的文化のアスペクトとがどのように共存するのかの実例だったのである。

ベトナム戦争やエイズ流行を素材とする文化的生産物が登場するのは、まさしくそうした事件が、危機という出来事を代表しているからである。文化的規則が破壊され、文化的アリーナの境界がますます侵犯されやすくなるときに、そして、文化の構造と基盤がともにはっきりと可視的になるときにこそ、危機は生じる。ベトナム戦争帰還兵によって代表される男性性の危機は、一九五〇年代や六〇年代のアメリカ男性のモデルがいかに脆弱なものであるかを露呈しただけでなく、男性らしさという観念が国民的意味にとっていかに中心的役割を果たしているのかということもさらけ出した。また、科学をもってしてもHIVの機能を理解することができないということは、病気をめぐる多くの科学的なナラティヴが無力な一面をもっているということばかりでなく、病気と闘っているひとびとによる病気の定義に、われわれがより深く参与することができるのだという可能性にも扉を開いていたのでもある。非常に多くの若者を死なせてしまった、という国民的トラウマは、新しい関心の共同性の形成を促すこともあれば、他方で「伝統的なアメリカの家族」を再建すべきだという望みのない政治の流れに勢いを与えることにもなった。いずれにしろ、エイズとベトナム戦争の双方が示してきたのは、国民文化の規定というものがいかに希薄で頼りないものであるのかということであり、しかも同時に、それがいかにひとびとを拘束する排他的な制約であるのかということでもある。

本書は、記憶の概念を人間の生を理解するために必要不可欠な構成要素であると理解するとともに、それが癒しを与えるものであると理解している。本書の意図は、記憶や文化的生産における記憶の役割を考察する新しい様式を提示しようとすることである。真理や証拠や実在の表象の外部において記憶の問題群を考察するというわたしの議論は、記憶を創意的な社会的実践としてとらえる試みでもあったのである。文化というものが、いかに記憶を、経験の頼りない痕跡としてではなく、むしろ経験そのものの等価物として位置づけているのかをよくよく考えてみなくてはならない。記憶が、想起と想像力と創意性という諸要素からなる社会的個人的実践であると再定義することが可能であるならば、その場合には記憶は、「真理を代理表象する」という疑わしげな役割から解放し、意味を創造する能動的で社会参与的な実践という新しい役割に転位させることができる。

記憶と忘却の言説は、国民的意味の構成にとってはどちらもなくてはならないものである。忘却の「経験」という言い方をする場合に、それは共有された忘却という行為が起きたのだということをしっかりと認めることを意味する。こうした忘却の「経験」は、他面である集合性を確立することにも寄与している。アメリカ文化において良心の具体的形象とされるベトナム戦争帰還兵のまさしく特殊な位置は、帰還兵が最初は忘却され、不可視なものにされていたのだという理解に依拠している。エイズ流行のただなかで犠牲者を想起したいという衝動は、エイズで死んだひとびとのことが集合的に忘却されているということをあらかじめはっきりと認識しているから可能になる。つまり、忘却のテクノロジーに関与しているために、アメリカ人としての自分を経験するように促される事態が頻出するのである。

アイロニカルに聞こえるかもしれないが、記憶の規定は、それが実在的なものを呼び出す力であるということによりも、それが忘却との統合された関係のなかに存在するものだということにあるという点を強調しておきたい。そのことを主張して本書を閉じる。文化的記憶は、それ自体がただちに癒しの過程となるのではない。文化的記憶は不安定で信頼のおけないものである。その正統性は、なんらかの本来的経験が啓示されることから出てくるのではなく、文化を活性化し、それに連続性を与える過程のなかで記憶が果たしている役割のなかから生まれてくる。つまり、その文化のなかで価値を創造すること、そして、文化を規定する基本的な物質性のなかから生まれてくる。記憶は多様な予想もつかない形で現われてくる。記憶は、想像力、創意性、再現行為をその構成要素としている。さらに記憶は、過去を喚起する手段というよりは、むしろ過去への参与の過程である。こうした点をはっきりと見据えることによってはじめて、過去に現在の価値を交錯させる過程で、われわれひとりひとりもそこでの自分の役割を理解できるようになるのではないか。

本書は、Marita Sturken, *Tangled Memories, the Vietnam War, the AIDS Epidemic, and the Politics of Remembering*, 1997 の翻訳である。マリタ・スターケン氏はすでに二度来日経験があるが、とくに二〇〇二年三月の日仏会館シンポジウム『戦争とメディア』にはパネラーのひとりとして参加され、世界貿易センタービルに対する攻撃以後のアメリカ社会の「哀悼のポリティクス」をめぐって、実に明晰な解読と批判を提出されたことがある。わたしたちにはその姿がなお印象深い。このときの報告「テロルの記憶」は、樹本健氏の翻訳で「現代思想 特集・戦争とメディア」(二〇〇二年七月号)に収録されている。

彼女は、アメリカ社会の集合的記憶、文化的記憶を、エイズ・メモリアル・キルト、ベトナム戦争記念碑、ドキュメンタリー映像やハリウッド映画など、さまざまなメディアを手がかりに縦横に分析し、そこにある記憶と想起の複雑な作用を、それこそ文字通り「絡みあった記憶」tangled memoriesとして多面的に解読してみせている。

たしかにこれは一九九七年に発表された作品ではあるが、そこに描き出されているダイナミクスは、そのまま《9・11》以後の社会状況のなかで、グロテスクなまでに増幅して再演されてきていると言えるだろう。容易には名状できない出来事を前にしたひとびとのなかに、さまざまな集合的記憶が吹き上がり、それが作為的に動員され、やがてアフガニスタン報復戦争からイラク戦争、そしてテロルと報復の世界大でのスパイラルを招いている。そこには大掛かりな操作の詐術があり、不安と憎悪が組織されているのだが、他方では、そうした計算すら超えた文化的・集合的記憶の反逆とでもいうべき意想外の偶発的展開も生まれてしまう。

日本語訳にあたってとくに望むのは、これをアメリカ社会の特異な問題としてだけ読んでいただきたくはないという一点である。むしろこれが、わたしたちの足もとでも進行している度し難い忘却と健忘症にすこしでも気づくきっかけとならんことを。この社会ではいま、「拉致問題」の語り方と「日本人の家族」の物語が、あるいは繰り返し引用される北朝鮮の表象の洪水が、私たちの今を規定している膨大な記憶を阻む隠蔽記憶として働いているではないか。たとえば、拉致問題を象徴するとして突然称揚されるようになったブルーリボンという記号は、日の丸・君が代の強制に抗して良心の自律を表すために市民運動ふぇみんが始めたブルーリボンの《横領》である。しかも、その良心の自由のためのリボンは、拉致問題を自身の政治的浮揚の道具にして跳梁するほかならぬあの悪質な政治家たちによって、それを身につけることだけでも教育現場では弾圧の対象とされていたのではなかったか。こうした厚かましい転倒は、スターケン氏の「黄色いリボン」の記憶をめぐる分析とつき合わせてみるだけで、はるかに見通しのきくこととなる。

本書は、まず日本語版序文、序章、第二章、あとがきを岩崎稔が、第三章と第四章を杉山茂が、第五章を千田有紀が、第一章を平山陽洋が、第六章と第七章を高橋明史が担当した。また、《9・11》直後にスターケン氏が書いた論考「欠如を記憶する」も増補エッセーとして再録したが、それは杉山が担当した。そのうえで、担当者がそれぞれ訳出した草稿をもとに、あらためて岩崎と高橋とがそれぞれの訳者の調子を尊重しつつ、全体に手を入れた。第二章の別ヴァージョンとでもいうべき論文「壁、スクリーン、イメージ――ベトナム戦争記念碑」は、すでに一九九八年の「思想」八月号に中條献氏の手で訳出されており、大いに参考にさせていただいた。

そもそも集合的記憶論として注目を浴びていた本書をぜひ日本語訳してみたいという話は、東京外国語大学で行なわれているWorkshop in Critical Theories（ＷＩＮＣ）に参加していた未來社の岩崎清氏から提案された。それを受けて岩崎、千田、杉山、平山、高橋らが相談して着手した。しかし、ある程度進んだ段階で、岩崎清氏も、またもうひとりの担当編集者であった浜田優氏も、ともに未來社を去ることになり、そのいきさつからこの仕事はいったん宙吊りになっていた。この中途の訳稿が再度取り上げられることになったのは、その後に未來社にはいり編集者としての仕事を新たに始められた小柳暁子氏が現れてからであった。この訳書がどうにか公刊にまでいたったのも、わたしたちをふたたび動かし、辛抱強く督促しただけでなく、出てきた訳文に適切な意見を述べ、また図書館での調べ物まで熱心に分担してくださった彼女のおかげである。訳者たちの怠惰を深くお詫びするとともに、この小柳さんの目をみはる奮戦ぶりに対するわたしたちの深甚なる感謝をとくに記しておきたい。しかし、本書になおも残る誤読や拙さについては、もちろん訳者がすべてその責任を負っている。

二〇〇四年十月四日　　訳者一同

■訳者紹介

岩崎稔（いわさき・みのる）
早稲田大学大学院政治学研究科政治思想専攻博士後期課程修了。哲学／政治思想専攻。現在、東京外国語大学外国語学部助教授。
共編著に『激震！　国立大学』（未來社）、共著に『ハーバーマスと現代』（新評論）『ファシズムの想像力』（人文書院）『総力戦と現代化』（柏書房）『ナショナル・ヒストリーを超えて』（東京大学出版会）など。訳書にドゥブラヴカ・ウグレシィチ著『バルカン・ブルース』、ソール・フリードランダー編『アウシュヴィッツと表象の限界』（ともに未來社）、マンフレート・フランク著『ハーバーマスとリオタール』（三元社）、アルバート・O・ハーシュマン著『反動のレトリック』（法政大学出版局）など。

杉山茂（すぎやま・しげる）
カリフォルニア大学大学院歴史学研究科博士課程学位取得（Ph.D.）修了。現代アメリカ史専攻。現在、静岡大学情報学部助教授。
論文に "Reluctant Neighbors: U.S.-Mexican Relations and the Failure of Cardenista Reforms, 1934-1948." Ph.D. Dissertation. University of California, Santa Barbara, December 1996.、「銀と石油――善隣外交とメキシコのカルデナス改革の後退　1938-40年」（「史林」80(5) 1997.9 p745-76）。

千田有紀（せんだ・ゆき）
東京大学大学院人文社会系研究科博士課程終了。現代社会学専攻。現在、東京外国語大学外国語学部助教授。
論文に「構築主義の系譜学」（上野千鶴子編『構築主義とは何か』勁草書房）、「「家」のメタ社会学：家族社会学における「日本近代」の構築」（佐々木潤之介編『日本家族史論集1　家族史の方法』吉川弘文館）、「家族規範の成立と変容」「さまざまな「家族」のかたち」（土屋葉編『これからの家族関係学』角川書店）など。

高橋明史（たかはし・ひろし）
東京外国語大学地域文化研究科博士後期課程単位取得退学。ヨーロッパ思想文化論。
論文に「隠喩としての神話――ハンス・ブルーメンベルクの神話論」（『地域研究ブックレヴュー』15、東京外国語大学海外事情研究所、1998）。翻訳にクロード・ランズマン「理解することの猥褻さ――クロード・ランズマンとの夕べ」（キャシー・カルース編『トラウマへの探求』作品社）など。

平山陽洋（ひらやま・あきひろ）
東京外国語大学大学院地域文化研究科博士後期課程。ベトナム現代史・文学。
論文に「戦場のリアリティ？――バオ・ニン『戦争の悲しみ』をめぐって」（「未来」第420号、2001.9）、「第三世界表象論――ベトナム戦争とメディア」（伊藤守編『文化の実践、文化の研究――増殖するカルチュラル・スタディーズ』せりか書房）、書評論文として「第二次大戦後ベトナムにおける社会主義国家建設と知識人（Kim Ngoc Bao Ninh, *A World Transformed: The Politics of Culture in Revolutionary Vietnam, 1945-1965,* Ann Arbor: The University of Michigan Press, 2002.）」（「クァドランテ［四文儀］」第4号、2004. 3）。

■著者紹介

マリタ・スターケン（Marita Sturken）
南カリフォルニア大学準教授。著書に *Thelma and Louise* (University of California Press, 2000)、共著に *Practices of Looking: An Introduction to Visual Culture* (with Lisa Cartwright. Oxford University Press, 2001)、*Los Angeles and the Future of Urban Cultures: A Special Issue of American Quarterly* (The Johns Hopkins University Press, 2005)、共編著に *Technological Visions: The Hopes and Fears that Shape New Technologies* (edited by Marita Sturken, Douglas Thomas and Sandra Ball-Rokeach. Temple University Press, 2004) ほか。

アメリカという記憶
——ベトナム戦争、エイズ、記念碑的表象

2004年11月10日　初版第1刷発行
2006年7月20日　　第2刷発行

定価（本体3800円＋税）

著　者　マリタ・スターケン
訳　者　岩崎稔・杉山茂・千田有紀・高橋明史・平山陽洋
発行者　西谷能英

発行所　株式会社　未來社
〒112-0002　東京都文京区小石川3−7−2
電話　03-3814-5521(代)　FAX　03-3814-5596／8600
振替　00170-3-87385
http://www.miraisha.co.jp/　Email: info@miraisha.co.jp

印刷・製本＝萩原印刷
ISBN 4-624-11177-X C0022

（消費税別）

ソール・フリードランダー編／上村・小沢・岩崎訳

アウシュヴィッツと表象の限界

アウシュヴィッツに象徴されるユダヤ人虐殺の本質とは何か。歴史学における〈表象〉の問題をギンズブルグ、ホワイトらの議論を中心に展開された白熱のシンポジウムの成果。 三二〇〇円

ドゥブラヴカ・ウグレシィチ著／岩崎稔訳

バルカン・ブルース

バルカン半島の旧ユーゴ内戦（一九九〇―九五）のさなかに綴られた、クロアチアの女性作家によるエッセイ。国民＝民族的同一性を再生する「忘却と想起のテロル」を暴く、痛切な警鐘の書。 二五〇〇円

岩崎稔・小沢弘明編

激震！ 国立大学

〔独立行政法人化のゆくえ〕行政改革の一環として浮上した国立大学の「独立行政法人」化を徹底検証する。市場原理主義とヴィジョンなき行政改革への警告。関連資料も多数収録。 一六〇〇円

R・N・ベラー著／松本滋・中川徹子訳

〔新装版〕破られた契約

〔アメリカ宗教思想の伝統と試練〕建国の宗教的アイデンティティをなした神との契約を見すえ、現代アメリカ社会の苦難の原因を聖なる契約の破棄にあるとする市民宗教論。 二五〇〇円

マイク・マークシー著／藤永康政訳

モハメド・アリとその時代

〔グローバル・ヒーローの肖像〕圧倒的な強さを誇り、過激な発言で物議をかもした不世出のボクサーの最盛期を描きつつ、六〇年代アメリカを風靡した抵抗の精神をいまに甦らせる。 二八〇〇円

カレン・カプラン著／村山淳彦訳

移動の時代

〔旅からディアスポラへ〕フェミニズムの視点からポストモダンの諸言説にみられる〈旅〉や〈移動〉という事象をめぐる思考の限界と問題点を脱構築的に批判する文芸／社会評論。 三五〇〇円

H・A・ベイカー・ジュニア著／小林憲二訳

モダニズムとハーレム・ルネッサンス

〔黒人文化とアメリカ〕ミンストレル・ショー、ブルース、演説などからアメリカのブラックカルチャーにおけるモダニズムの形成過程をたどるポストコロニアル批評の先駆。 二〇〇〇円